KB094078

중국어말하기시험

口语

HSKK 중급

한권으로
끝내기

중 국 어 말 하 기 시 험

HSKK 口语 중급 한권으로 끝내기

지은이 남미숙
펴낸이 정규도
펴낸곳 (주)다락원

제1판 1쇄 발행 2022년 9월 15일
제1판 2쇄 발행 2024년 8월 21일

기획·편집 김현주, 이상윤
디자인 김나경
조판 최영란
녹음 朴龙君, 郭洋, 허강원

다락원 경기도 파주시 문발로 211
전화 (02)736-2031(내선 250~252 / 내선 561, 430)
팩스 (02)732-2037
출판등록 1977년 9월 16일 제406-2008-000007호

ISBN 978-89-277-2306-6 14720
       978-89-277-2305-9(set)

www.darakwon.co.kr
다락원 홈페이지를 방문하시면 상세한 출판 정보와 함께 동영상 강좌, MP3 자료 등 다양한 어학 정보를 얻으실 수 있습니다.

중국어말하기시험

口语

HSKK 중급

한권으로
끝내기

남미숙 저

다락원

저자의 말

세계 무역 규모 1위, 우리나라 수출 규모 1위, IPO를 통한 투자 규모 세계 1위. 중국 경제의 현재 모습입니다. 점점 치열해지는 글로벌 시장에서 경쟁해야 하는 우리에게 중국어는 선택의 대상이 아닌 필수가 되었습니다. HSK 7~9급 신설과 함께 읽고 쓰는 능력에 더해 중국어로 말하는 역량을 요구하는 대학과 기업들이 증가함에 따라 진학·유학·취업·이직·승진을 위해 HSK와 함께 HSKK를 준비하는 사람들이 점점 많아지고 있습니다.

『중국어 말하기 시험 HSKK 중급 한권으로 끝내기』는 HSK 부문 누적판매량1위(교보문고, 영풍문고 베스트셀러 HSK부문/2010년 7월 1일~2020년 11월 11일/HSK 한권으로 끝내기 시리즈 합산 기준) 및 출간 이후 현재(2022년 7월)까지의 누적판매량 41만 7천여 부의 大기록을 써나가고 있는 『HSK 한권으로 끝내기』 시리즈의 커리큘럼과 학습 방법을 연계한 HSKK 시리즈 교재입니다. 본 교재는 수험생 여러분이 올바른 방향으로 HSKK를 준비할 수 있도록 안내하는 지침서 역할을 할 것입니다.

1타강사 남미숙의 완벽한 HSKK 솔루션　1타강사 남미숙의 중국어 교학 20년 노하우 및 '남미숙 중국어 연구소'의 철저한 분석을 기반으로 기초부터 실전까지 한권으로 HSKK를 정복할 수 있는 완벽한 솔루션을 제시합니다.

최신 출제 경향 완벽 반영 HSKK 기출문제 국내 최다 보유 기관이자 HSK와 HSKK 국내 최고 전문가 그룹인 '남미숙 중국어 연구소'가 최신 기출 문제 빅데이터 분석을 통해 구술시험 기초를 탄탄히 다질 수 있는 어법, 시험에 자주 나오는 구문과 고정격식, 시험장에서 틀리기 쉬운 발음들을 최신 출제 경향에 맞추어 완벽하게 정리하였습니다.

동영상 강의, 중급자 템플릿 및 실전 모의고사 제공 출제 경향 및 문제 풀이 비법 동영상, 어휘만 바꿔 실제 시험 답변에 적용할 수 있는 중급자용 만능 답변 템플릿, 실전 연습에 도움이 되는 음원 파일, 시험장에서 빛을 발하는 실전 꿀팁, 그리고 최신개정 시험 경향을 반영한 실전 모의고사 5회를 제공합니다.

마지막으로, 이 책의 완성도를 높일 수 있게 도와주신 모정 선생님, 이영현 선생님, 시인혜 선생님, 우문시 선생님, 신선아 선생님, 김민서 선생님 그리고 그 외 남미숙 중국어 연구소 선생님들, 베타테스트에 성실히 참여해 주신 한국과 중국의 대학(원)생 및 연구원 여러분, 그리고 김동준 님께 감사의 말씀을 드립니다.

본 시리즈를 통해 수험생 여러분 모두 원하는 목표를 꼭 달성하시길 기원합니다.

남미숙

제1부분 | 듣고 따라 말하기 听后重复 • 22

▼ 주의해야 할 성조 변화 및 끊어 읽기

시험에서 자연스럽게 말하기 위한 기초를 다지기 위해 앞부분에서 먼저 중국어의 성조 변화와
끊어 읽기의 규칙을 익혀 봅니다.

▼ 제1~3부분 설명 및 공략법

각 부분의 시험 유형과 주의해야 할 사항에 대해서 설명하고,
각 부분에 필요한 공략법을 자세히 정리했습니다.
출제 경향 및 풀이 비법 동영상(저자 직강)도 제공됩니다.

합격비법 동영상

제1~3부분 본문은 STEP 1 유형 파악하기 → STEP 2 내공 쌓기 → STEP 3 실력 다지기로 구성되어 있습니다.

STEP 1 유형 파악하기

최신 출제 경향을 알고 그에 맞는 문제 풀이 요령을 익혀봅니다. 예제를 통해 어떤 문제가 출제되는지 간단히 파악해 봅니다.

STEP 2 내공 쌓기

내공 쌓기 파트에서는 핵심적인 어법 지식과 관련 어휘 및 표현, 자주 나오는 문제 등 각 부분의 문제를 풀기 위해 필요한 지식을 알차게 정리하였습니다.

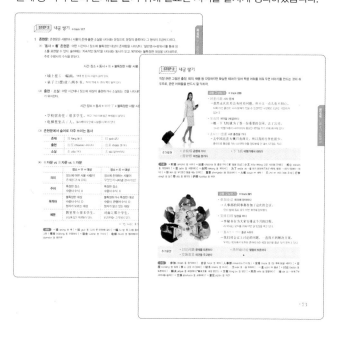

STEP 3 실력 다지기

내공 쌓기에서 익힌 내용들을 활용하여 각 유형에 대해 문제를 풀어보면서 실제 시험에 익숙해지도록 연습합니다.

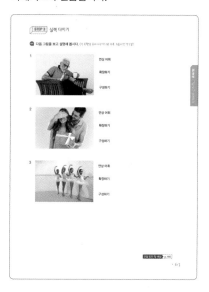

▼ 모의고사

실전에 대비하기 위해 모의고사 5회분을 수록하였습니다. 실제 시험 시간과
똑같이 구성된 녹음을 듣고 답변을 녹음해 보면서, 실전 감각을 길러봅시다.

▼ 모범 답안 및 해설

실력 다지기와 모의고사 문제에 대해 자세한 해설과 모범 답안을 수
록하였습니다. 책에 수록된 모범 답안을 보고 자신의 생각을 정리하
면서 시험에 대비해 봅시다.

모든 모범 답안에는 관련tip과 끊어 읽기가 제공됩니다. 표
현 tip은 ㉠ ㉡ ㉢으로 표시하고 밑줄이 있으며, 발음 tip은
① ② ③으로 표시하고 녹색 글자로 강조되어 있습니다.

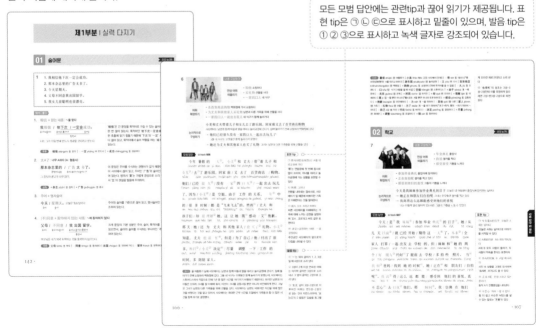

📖 핵심요약집 + 필수단어장

각 부분에 실린 필수 표현이 요점 정리되어 있습니다. 본문에 수록된 어휘 중
필수 암기 어휘가 발음 순으로 정리되어 있으며, 테마별 필수 어휘도 따로 모
아두었습니다.

⊙ MP3 음원 다운로드

예제, 내공 쌓기, 실력 다지기 일부 문항, 모의고사 및 모범 답안 내용은 MP3 음원 다운로드가 제공됩니다.
해당 녹음 부분에 MP3 음원 트랙 번호가 기재되어 있습니다. ⊙ track **101**

* MP3 음원은 다락원 홈페이지(www.darakwon.co.kr)에서 무료로 다운로드할 수 있습니다.

* 스마트폰으로 QR코드를 스캔하면 MP3 음원 다운로드 및 실시간 재생 가능한 페이지로 바로 연결됩니다.

☑ 일러두기

① 지명, 관광 명소 등의 고유명사는 외래어 표기법에 따라 중국어 발음을 한국어로 표기하는 것을 원칙으로 하였습
니다. 인명의 경우 각 나라에서 실제 읽는 발음을 기준으로 한국어로 발음을 표기하였습니다.

② 수록 어휘 중 HSK 3급 어휘 앞에는 ☆, HSK 4~5급 어휘 앞에는 ★을 표기했습니다.

③ 품사는 다음과 같은 약어로 표기했습니다.

품사	약자	품사	약자	품사	약자
명사/고유명사	명/고유	형용사	형	개사	개
대사	대	부사	부	접속사	접
동사	동	수사	수	조사	조
조동사	조동	양사	양	성어	성

1 HSKK 개요

(1) HSKK는 '汉语水平口语考试(Hànyǔ Shuǐpíng Kǒuyǔ Kǎoshì)' 한어병음의 약어로 중국 교육부령에 의거하고 중국 교육부에서 출제·채점 및 성적표 발급을 담당하는 회화 능력 평가 시험이다.

(2) HSKK는 제1언어가 중국어가 아닌 사람의 중국어 회화 능력을 평가하기 위해 만들어진 중국 정부 유일의 국제 중국어 능력 표준화 고시로, 일상생활·학습·업무상 필요한 중국어 운용 능력을 중점적으로 평가하는 시험이며, 현재 세계 112개 국가, 860개 지역에서 시행되고 있다.

(3) HSKK는 초급·중급·고급으로 나뉘며, 급별로 각각 실시된다.

2 HSKK 등급별 수준 안내

HSKK 등급	HSK 등급	수준	어휘량	국제중국어 능력기준	유럽언어공통 참조기준(CEF)
HSKK 초급	HSK 1급	중국어로 익숙한 일상생활의 화제를 듣고 이해할 수 있으며, 기본적인 일상 회화가 가능하다.	약 200개	1급	A1
HSKK 초급	HSK 2급			2급	A2
HSKK 중급	HSK 3급	중국인과의 기본적인 교류에서 듣고 이해할 수 있으며, 중국어로 비교적 유창하게 회화를 진행할 수 있다	약 900개	3급	B1
HSKK 중급	HSK 4급			4급	B2
HSKK 고급	HSK 5급	중국어를 듣고 이해할 수 있으며, 유창하게 자신의 견해를 표현할 수 있다.	약 3000개	5급	C1
HSKK 고급	HSK 6급				C2

3 HSKK 용도

(1) 국내외 대학(원) 및 특목고 입학·졸업 및 학점 수여에 대한 평가 기준

(2) 중국 정부 장학생 선발 기준

(3) 각급 업체 및 기관의 직원 채용·승진을 위한 평가 기준

4 HSKK 성적 조회 및 성적표

(1) HSKK 성적은 시험일로부터 1개월 후 성적 조회가 가능하다.

(2) HSKK 개인 성적표는 시험일로부터 45일 후 수령이 가능하다.

(3) HSKK 성적은 시험일로부터 2년간 유효하다.

1 HSKK 중급 수준 및 응시 대상

(1) HSKK중급의 수준은《국제중국어능력기준》3, 4급과《유럽언어공동참고프레임(CEF)》B급(B1, B2)에 해당한다.

(2) HSKK 중급에 합격한 응시자는 중국인과의 교류에서 듣고 이해할 수 있으며, 중국어로 비교적 유창하게 회화를 진행할 수 있다.

(3) 매주 2~3시간씩 1~2년 중국어를 학습하고, 약 900개의 상용 어휘와 관련 어법 지식을 마스터한 응시자를 대상으로 한다.

2 시험 구성 및 상세 내용

(1) **제1부분** 듣고 따라 말하기(听后重复): 문장을 듣고, 녹음 내용을 따라서 말하기 (10문항)

(2) **제2부분** 그림 보고 설명하기(看图说话): 주어진 그림이나 사진을 보고 설명하기 (2문항)

(3) **제3부분** 질문에 대답하기(回答问题): 주어진 문제(병음 기재됨)에 대해 대답하기 (2문항)

시험 내용		문항 수	시험 시간
시험 진행에 앞서 응시자 정보(이름·국적·수험번호 등)에 대한 질의 응답이 이루어짐			
제1부분	듣고 따라 말하기	10문항	5분
준비 시간			10분
제2부분	그림 보고 설명하기	2문항	4분
제3부분	질문에 대답하기	2문항	4분
총계		**14문항**	**약 23분**

3 시험 성적 및 결과

HSKK 중급은 100점 만점으로 총점 60점 이상이면 합격이며, 성적은 시험일로부터 2년간 유효하다.

1 시험 순서

(1) **고사장 및 좌석표 확인:** 수험표 번호로 고사장 확인 후, 입구에서 좌석 확인

(2) **시험 안내:** 감독관이 응시자 본인 확인 및 유의사항 안내, 시험 설명

(3) **언어 선택**

(4) **응시 주의사항 및 로그인:** 수험번호 및 비밀번호가 시험 당일 모니터 하단에 부착되어 있음

(5) **응시자 정보 확인**

(6) 마이크 테스트

① 테스트 듣기(试听): 클릭해서 테스트 음원 송출, 헤드셋 소리가 나오는지 확인.
　　　　　　　　　　한 번 더 누르면 재생 정지. 양쪽의 + − 버튼을 눌러서 볼륨 조절

② 녹음(录音): 클릭해서 녹음이 되는지 확인. 한 번 더 누르면 녹음 정지

③ 녹음 재생(播放): 클릭해서 녹음된 소리 확인. 한 번 더 누르면 재생 정지

(7) 시험 문제 다운로드: 다운로드가 완료되면 '다음' 버튼을 눌러서 시험 시작

(8) 시험 진행

(9) 제출: 답안지 제출 버튼을 누르면 시험이 종료되므로, 반드시 시험을 모두 끝내고 클릭할 것

2 시험 녹음 내용

(1) 응시자 정보 질의 응답

你好，你叫什么名字? 안녕하세요, 당신의 이름은 무엇입니까? → 我叫○○○。 저의 이름은 ○○○입니다.

你是哪国人? 당신은 어느 나라 사람입니까? → 我是韩国人。 저는 한국인입니다.

你的序号是多少? 당신의 수험번호는 몇 번입니까? → 我的序号是○○○。 저의 수험번호는 ○○○입니다.

① 오른쪽 상단에 남은 시간 표시

② 응시자 정보 질의 응답을 녹음하는 동안 마이크 볼륨이 활성화 됨

③ 답안지 제출 버튼을 누르면 시험이 종료되므로, 문제를 모두 풀기 전에는 절대 클릭 금지

(2) 제1부분 시험 안내

好，现在开始第1到10题。每题你会听到一个句子，请在"嘀"声后重复这个句子。现在开始第1题。 그럼 지금부터 1번~10번 문제를 시작하겠습니다. 문제마다 한 문장을 듣게 됩니다. '삐'소리 후에 이 문장을 따라 말하세요. 지금부터 1번 문제를 시작합니다.

① 오른쪽 상단에 남은 시간 표시

② 답을 녹음하는 동안 마이크 볼륨이 활성화 됨

(3) 제2~3부분 준비 시간 안내

好，现在开始准备第11到14题。可以在试卷上写提纲。准备时间为10分钟。

그럼 지금부터 11번~14번 문제를 준비하십시오. 시험지에 개요를 메모해도 좋습니다.
준비 시간은 10분입니다.

① 오른쪽 상단에 남은 준비 시간 표시
② 메모 작성란에 중국어로 입력 가능 (점수에 계산되지 않음)

(4) 제2~3부분 시험 안내

准备时间结束。现在开始第11题。준비 시간이 끝났습니다. 지금부터 11번 문제를 시작하십시오.

第11题结束。现在开始第12题。11번 문제가 끝났습니다. 지금부터 12번 문제를 시작하십시오.

① 오른쪽 상단에 남은 시간 표시
② 답을 녹음하는 동안 마이크 볼륨이 활성화 됨

第12题结束。现在开始回答第13题。 12번 문제가 끝났습니다. 지금부터 13번 문제의 답변을 시작하십시오.

第13题结束。现在开始回答第14题。 13번 문제가 끝났습니다. 지금부터 14번 문제의 답변을 시작하십시오.

① 오른쪽 상단에 남은 시간 표시

② 답을 녹음하는 동안 마이크 볼륨이 활성화 됨

(5) 시험 종료 안내

好，考试现在结束，谢谢你！ 이제 시험이 끝났습니다. 감사합니다!

이제 시험이 끝났습니다. 감사합니다!

 중국어 입력 tip

• 일반적으로 Alt+Shift 키를 누르면 중국어 자판으로 변경되며, 마우스로 변경도 가능함

• [ü] 발음의 중국어를 입력할 때는 알파벳 v를 입력함

• 상용 중국어는 입력기 초반에 표시되므로, 내가 입력하려는 글자가 맞는지 확인해야 함

주의해야 할 성조 변화 및 끊어 읽기

1 성조 변화

(1) 3성+3성의 성조 변화

일반적으로 3성의 글자가 연속하여 나란히 있을 경우, 앞의 3성은 모두 2성으로 읽고 마지막 글자의 성조만 3성(혹은 반3성)으로 읽는다.

你好。 안녕하세요.
Nǐ hǎo. → Ní hǎo.
3성+3성 2성+3성(반3성)

* 이 때 '好'는 반3성으로 읽는 것이 더 좋다!

我 很 喜欢 做 运动。 나는 운동하는 것을 좋아한다.
Wǒ hěn xǐhuan zuò yùndòng. → Wó hén xǐhuan zuò yùndòng.
3성+3성+3성   2성+2성+3성

* 반3성은 3성(내려갔다 올라오는 음)을 발음할 때 올라오는 과정에서 올리지 않는 것을 의미한다.

(2) '一'의 성조 변화

'一'의 원래 성조는 1성으로, '一'가 단독으로 쓰이거나 순서 및 서수를 나타낼 때는 원래의 성조 그대로 발음한다. 하지만 이 외 경우에는 뒷글자의 성조에 따라 '一'의 성조도 바뀌기 때문에 주의해서 읽어야 한다.

① '一' + 1·2·3성 → 4성
　　一天 yì tiān 하루　　　　　一年 yì nián 일년　　　　　一种 yì zhǒng 한 종류

② '一' + 4성 → 2성
　　一次 yí cì 한 번

(3) '不'의 성조 변화

'不'의 원래 성조는 4성이지만 뒤에 오는 글자의 성조 역시 4성일 때, 2성으로 바뀐다.

① '不' + 1·2·3성 → 4성
　　不知道 bù zhīdào 모르다　　　不如 bùrú ~만 못하다　　　不仅 bùjǐn ~일 뿐만 아니라

② '不' + 4성 → 2성
　　不错 búcuò 괜찮다

2 끊어 읽기

끊어 읽기에는 어법상 끊는 것과 어감상 끊는 것의 두 가지 방법이 있다. 어감상 끊어 읽기는 말하는 사람이나 상황에 따라 끊는 구간과 강조하고 싶은 부분이 다르기 때문에, 아래는 어법상 끊어 읽는 기준만을 기재하였으며 각 문장성분이 짧을 때는 붙여 읽는 경우도 많다.

(1) 주어와 술어는 일반적으로 끊어 읽지만 주어와 술어 모두 1음절인 경우에는 붙여 읽는다.

这个 电影 / 很 好看。이 영화는 재미있다.　　　他去。그가 간다.
관형어+주어　　부사어+술어　　　　　　　　　　　주어+술어

(2) 술어와 목적어는 보통 붙여 읽는다.

我吃饭。나는 밥을 먹는다.
주어+술어+목적어

(3) 목적어가 절일 때는 첫 번째 동사 뒤에서 끊어 읽는 경우가 많다.

他 希望 / 你们明天再来。그는 너희가 내일 다시 오길 바란다.
주어+술어　　　목적어

(4) 목적어가 두 개일 때는 보통 간접목적어 뒤에서 끊어 읽는다.

你 / 告诉 她 / 明天上课。네가 그녀에게 내일 수업한다고 알려 줘.
주어　술어+간접목적어　직접목적어

(5) 연동문을 읽을 때는 주로 두 번째 술어 앞에서 끊어 읽는다.

我 / 去 超市 / 买 东西。나는 물건을 사러 슈퍼마켓에 간다.
주어　술어1+목적어1　술어2+목적어2

(6) 겸어문을 읽을 때는 대개의 경우, 첫 번째 목적어이자 두 번째 술어의 주어인 겸어 뒤에서 끊어 읽는다.

老板 / 让 我 / 去 上海。사장님은 나로 하여금 상하이에 가게 한다.
주어　술어1+목적어1　술어2+목적어2
　　　　(=의미상 주어)

(7) 정도보어가 길 때는 구조조사 '得' 뒤에서 끊어 읽는다.

他 最近 忙 得 / 没有时间回家吃饭。그는 요즘 바빠서 집에 돌아가서 밥을 먹을 시간이 없다.
주어+부사어+술어+得　　　　　보어

(8) 결과보어는 주로 술어와 붙여 읽고, 결과보어 뒤에 명사구가 오면 끊어 읽는다.

他 做 完 / 今天的 工作。그는 오늘의 업무를 다 끝냈다.
주어+술어+보어　관형어+的+목적어

20 ·

⑼ 구조조사 '的'·'地' 뒤에 오는 부분이 너무 길면 '的'·'地'까지 읽은 후 그 뒤를 읽는다.

妈妈 / 紧紧地 / 抱着 / 她的 孩子。 엄마는 그녀의 아이를 꼭 안고 있다.

주어　　　부사어+地　　술어+着　관형어+的+목적어

⑽ 일반적으로 개사구 앞에서 한 번 끊어 읽으며, 개사구는 한꺼번에 읽고 술어까지 한꺼번에 읽기도 한다.

长时间看电视 / 对眼睛不好。 긴 시간 TV를 보는 것은 눈에 좋지 않다.

주어　　　　　　부사어+술어

⑾ 수량사를 읽을 때는 수사와 양사를 항상 이어서 읽어야 한다.

他 已经 / 出差 / 两个月了。 그가 출장 간 지 이미 두 달이 되었다.

주어+부사어　　술어　　　보어+了

⑿ 경성으로 시작되는 단어(们) 앞에서는 끊어 읽지 않는다.

他们 / 接受了 / 我的 邀请。 그들은 나의 초대를 받아들였다.

주어　　술어+了　관형어+的+목적어

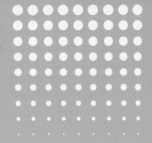

第一部分 听后重复

제1부분 | 듣고 따라 말하기

문장을 듣고 녹음 내용을 따라서 말하는 영역으로, 총 10문제가 출제되며 시험 시간은 5분이다.

각 문제당 한 문장씩 들려주며, 문장을 들은 후 '삐'소리가 나면 들었던 문장을 따라 말해야 한다. 녹음된 문장은 단 한 번씩만 들려주기 때문에 주의 깊게 잘 들어야 하고, 한 문제당 10초의 시간이 주어지므로 급하게 말하지 말고 정확한 발음과 성조를 떠올리며 말하도록 한다.

기본 어법의 문장 구조를 알고 있어야 그 구조를 토대로 문장이 들리고 문장을 더 잘 기억할 수 있기 때문에 이 책에서 제1부분은 어법을 위주로 설명하고 있다.

제1부분 공략법

1 회화 시험이라고 어법 지식을 무시하지 말자

HSKK 제1부분은 녹음에서 한 문장이 제시되므로, 해당 문장의 어법 포인트를 알면 그 구조를 토대로 문장을 잘 기억할 수 있다. 따라서 HSK 4~5급 수준의 어법 지식을 잘 익혀 두어야 한다.

2 끊어 읽기에 유의하자

한국어를 한 번도 끊지 않고 이어 읽으면 어색하고 이해하기 힘들 듯, 중국어 또한 적당한 구간에서 끊어 읽어야 한다. 가장 좋은 방법은 실제 녹음에서 들려준 것을 잘 기억하여 그대로 끊어 읽는 것이다. 한 문장이 일반적으로 15자 내외로 출제되므로, 2~3번 정도 끊어 읽는 것이 좋고 너무 많이 끊어 읽으면 유창하게 들리지 않는다.

3 짧은 문장부터 듣기 연습을 시작하자

처음부터 길고 복잡한 문형의 문장을 듣고 바로 암기해서 정확히 따라 읽기는 어려우며, 금방 포기하게 될 수 있다. 따라서 처음부터 어려운 문장을 암기하고 읽기보다는 짧은 문장부터 연습하고, 차츰 익숙해지고 자신감이 붙으면 긴 문장을 듣고 따라 읽는 연습을 하자.

01 술어문

문장을 들을 때 술어를 가장 먼저 파악하면 이에 따른 주어, 목적어 및 기타 문장성분의 파악이 한결 쉽고 문장을 전반적으로 빨리 이해할 수 있다.

▶ 출제 경향

- 동사술어문과 형용사술어문은 중국어에서 가장 기본이 되는 문형으로 시험에서도 가장 많이 출제된다. (매 시험마다 3~4문제 이상 출제되는 경우가 많다.)
- 명사술어문은 아주 드물게 출제되지만, 소홀히 하면 문제로 나왔을 경우 당황해서 다른 문제에 영향을 줄 수 있으므로 미리 대비해야 한다.

▶ 문제 풀이 비법

- 동사술어문의 경우 짝꿍 어휘를 많이 알고 있으면 문장을 보다 쉽게 기억할 수 있고, 읽을 때 일반적으로 주어 / 술어+목적어 혹은 주어 / 술어 / 목적어로 크게 끊어 읽는 경우가 많다. (짝꿍 어휘는 본서 제2부분의 연상 어휘를 참고하자.)
- 형용사술어문이나 명사술어문을 읽을 때는 주로 주어와 술어 위주로 끊어 읽으며, 술어를 강조하며 읽는다.

💬 **예제 1** 🔊 track 101

해석&풀이 ▶

[정도부사 + 형용사]

小李的　男朋友　/　十分　幽默。 샤오리의 남자 친구는 매우 유머러스하다.
관형어+的 ＋ 주어　　　부사어 ＋ 술어

문장에서 핵심 내용인 주어(男朋友)와 술어(幽默)를 강조해서 읽고, 주어부와 술어부는 일반적으로 끊어 읽기 때문에 '男朋友'를 기준으로 끊어 읽는다. '小李'는 3성이 두 개 이어졌으므로, '小'를 2성으로 발음한다.

어휘 小李 Xiǎo Lǐ 고유 샤오리 [인명] | ★十分 shífēn 분 매우 [≒非常] | ★幽默 yōumò 형 유머러스하다

STEP 2 내공 쌓기 ● track **102**

술어는 문장에서 가장 기본이 되는 문장성분으로, 술어에는 동사, 형용사가 가장 많이 들어가며 간혹 명사도 술어의 역할을 할 수 있다.

1 동사술어문: 동사가 술어로 쓰인 문장으로, 주로 뒤에 목적어를 가진다. 부사어가 있을 때는 일반적으로 부사어의 앞뒤를 기준으로 끊어 읽는다.

(부사어) + (관형어) + **주어** + (부사어) + **동사술어** + (보어) + (관형어) + **목적어**

- 昨天我的朋友已经查完了毕业论文的资料。 어제 내 친구는 졸업 논문 자료를 이미 다 조사했다.
- 晚上我的弟弟已经做完了老师留下的作业。 저녁에 나의 남동생은 선생님이 내 주신 숙제를 이미 다 했다.

어휘 查 chá 图 조사하다 | ★毕业 bìyè 図 졸업 | ★论文 lùnwén 図 논문 | ★资料 zīliào 図 자료 | ☆留 liú 图 남기다 | ☆作业 zuòyè 図 숙제

2 형용사술어문: 형용사가 술어로 쓰인 문장으로, 목적어를 가지지 않는다.

(관형어) + **주어** + (부사어) + **형용사술어**

- 这只小狗非常可爱。 이 강아지는 매우 귀엽다.
- 星期天的那场表演相当精彩。 일요일의 그 공연은 상당히 훌륭했다.

어휘 ☆只 zhī 図 마리 [짐승을 세는 단위] [성조 주의] | 可爱 kě'ài 図 귀엽다 | 星期天 xīngqītiān 図 일요일 | ★场 chǎng 図 회 [오락·체육활동·시험 등의 횟수를 세는 단위] | ★表演 biǎoyǎn 図 공연 [읽을 때 2성-3성] | ★相当 xiāngdāng 图 상당히 | ★精彩 jīngcǎi 図 훌륭하다

3 명사술어문: 명사가 술어로 쓰인 문장으로, 일반적으로 시간·나이·금액 등 수와 관련된 명사가 술어로 많이 쓰인다.

(관형어) + **주어** + (부사어) + **명사술어**

- 我的儿子今年二十岁了。 내 아들은 올해 스무 살이 되었다.
- 这些苹果一共十块钱。 이 사과들은 모두 10위안이다.

어휘 ☆一共 yígòng 图 모두

다음 문장을 듣고 따라 말해 봅시다. ◉ track **103**

1

1.
2.
3.
4.
5.

2

1.
2.
3.
4.
5.

3

1.
2.
3.
4.
5.

4

1.
2.
3.
4.
5.

모범 답안 및 해설 ▶ p.142

02 부사어·보어

STEP 1 유형 파악하기

부사어와 보어는 문장을 꾸미는 성분으로, 술어를 수식하여 문장을 더욱 풍성하게 만들어 준다.

> **출제 경향**
> • '已经A(동사)了'나 '还没A(동사)呢'와 같은 패턴은 통째로 외우는 것이 좋다.
> • 보어 파트에서는 정도보어가 가장 많이 출제된다.

> **문제 풀이 비법**
> • 부사어는 일반적으로 술어를 수식하는 역할을 하는 문장성분으로, 술어와 목적어를 강조하여 읽는 경우가 많다.
> • 보어는 술어를 보충 설명하는 문장성분으로 보어가 있는 문장을 읽을 때는 일반적으로 보어 부분을 강조하여 읽는다.

💬 **예제 2** 🔊 track 104

해석&풀이

[이합동사 + 이합동사의 동사 부분 + 得 + 정도보어: ~하는 정도가 ~하다]

他　跑步　/　跑得很快。 그는 빠르게 달린다.
주어+술어+목적어　　술어+得+보어

문장에서 중요 내용을 강조하여 읽는 것이 일반적이다. 술어가 이합동사인데 정도보어를 쓸 경우, 이합동사의 목적어 부분인 '跑步'까지만 강조하여 읽고 '得' 앞의 '跑'는 가볍게 읽는다. 또한 보어 부분인 '快'도 강조하여 읽는다.

1 부사어: 술어나 문장 전체를 꾸며 주는 문장성분으로, 주로 주어 뒤, 술어 앞에 오지만 시간사, 비교적 긴 개사구, 일부 어기·시간·빈도부사는 주어 앞에 올 수도 있다.

(1) **부사어와 '地'**: '부사어+地+술어'의 형식으로 써서 구조조사 '地'가 부사어와 술어를 연결해 준다.

· 女儿开心地打开了爸爸给她的礼物。 딸은 기쁘게 아버지가 그녀에게 주신 선물을 풀었다.

때에 따라서 '地'를 생략하거나 아예 쓰지 않기도 한다.

· 我已经给教授地发完电子邮件了。 (X) *부사와 개사구가 부사어로 쓰일 때 일반적으로 '地' 사용 X

· 我已经给教授发完电子邮件了。 (O) 나는 이미 교수님께 이메일을 보냈다.

(2) **부사어의 어순**

① 여러 개의 부사어가 함께 쓰였을 경우, 순서는 아래와 같다.

$$주어 + \underline{부사 + 조동사 + 개사구} + 술어$$
$$부사어$$

· 弟弟特别想给奶奶做一顿饭。 남동생은 특별히 할머니께 밥 한 끼를 해 드리고 싶어 한다.
　　 부사 + 조동사 + 개사구

· 小丽一直想跟老师商量这件事。 샤오리는 줄곧 선생님과 이 일을 상의하고 싶었다.
　　 부사 + 조동사 + 개사구

일부 부사는 동사(술어)를 직접 수식하기도 한다. *예외!

· 同学之间应该互相帮助。 학우들 간에는 서로 도와야 한다.
　　　 조동사 + 부사

② 부사가 여러 개일 경우, 부정부사는 일반적으로 다른 부사 뒤에 위치한다.

· 新老师还没熟悉这里的环境。 새로 오신 선생님은 아직 이곳의 환경에 익숙하지 않으시다.
　 일반부사 + 부정부사

어휘 ★**开心** kāixīn 형 기쁘다 │ ☆**地** de 조 ~하게 [*부사어+地+술어] │ **打开** dǎkāi 동 풀다 │ ☆**礼物** lǐwù 명 선물 │ ★**教授** jiàoshòu 명 교수 │ **发** fā 동 보내다 │ ☆**电子邮件** diànzǐ yóujiàn 이메일 │ ☆**特别** tèbié 부 특별히 │ ★**顿** dùn 양 끼[식사·질책·권고 등을 세는 단위] │ **小丽** Xiǎo Lì 고유 샤오리 [인명] │ ☆**一直** yìzhí 부 줄곧 │ **跟** gēn 개 ~과 │ ★**商量** shāngliang 동 상의하다 │ **之间** zhījiān 명 ~의 사이 │ ☆**应该** yīnggāi 조동 (마땅히) ~해야 한다 │ ★**互相** hùxiāng 부 서로 │ ★**熟悉** shúxī 동 잘 알다 │ ☆**环境** huánjìng 동 환경

2 보어: 술어 뒤에서 술어의 정도, 결과, 방향, 수량, 가능을 보충하는 역할을 하는 문장성분이다.

(1) **정도보어**: 술어가 도달한 정도나 상태를 나타내는 보어로 '술어+得+정도보어'가 기본 형식이다.

· 所有的事情都进行得很顺利。 모든 일이 순조롭게 진행된다.

술어로 쓰인 동사가 목적어를 취할 때는 '(동사 술어)+목적어+동사 술어+得+정도보어(정도부사+형용사)'의 형식으로 쓰인다.

· 牟老师(教)汉语教得非常好。 모(牟) 선생님은 중국어를 매우 잘 가르치신다.

(2) **결과보어**: 술어 뒤에서 동작이나 상태의 결과를 나타내는 보어로, 동사·형용사·개사(구)가 결과보어로 쓰인다.

결과보어	의미	예시	결과보어	의미	예시
完	다 ~하다	写完 다 쓰다	饱	배부르다	吃饱 배불리 먹다
懂	이해하다, 알다	看懂 보고 이해하다	在	~에(서)	住在 ~에 살다
见	보다, 듣다	听见 듣다, 들리다	给	~에게	送给 ~에게 주다
到	~했다/해내다 ~로, ~까지	找到 찾아내다 学到 ~까지 공부하다	好	잘하다	准备好 잘 준비하다

• 丈夫听到妻子的声音后就出来了。 남편은 아내의 목소리를 듣고 바로 나왔다.
• 这位老师住在补习班附近。 이 선생님은 학원 근처에 사신다.

(3) **방향보어**: 술어 뒤에서 동작의 방향을 나타내는 보어로, 단순방향보어와 복합방향보어로 나뉜다.

① 단순방향보어

방향보어	의미	예시	방향보어	의미	예시
来	오다	进来 들어오다	出	나가다	走出 걸어나(오/가)다
去	가다	进去 들어가다	回	돌아오다	走回 걸어서 돌아(오/가)다
上	오르다	爬上 기어오르다	过	지나다	走过 걸어서 지나(오/가)다
下	내리다	脱下 벗다	起	일어나다	站起 일어나다
进	~에 들어가다	走进 걸어 들어(오/가)다			

• 儿子一回家就脱下了衣服。 아들은 집에 돌아오자마자 옷을 벗었다.
• 孩子开心地走出了教室。 아이는 기쁘게 교실을 걸어 나갔다.

② 복합방향보어

	上	下	进	出	过	回	起
来	上来 올라오다	下来 내려오다	进来 들어오다	出来 나오다	过来 다가오다	回来 돌아오다	起来 일어나다
去	上去 올라가다	下去 내려가다	进去 들어가다	出去 나가다	过去 지나가다	回去 돌아가다	X

• 这个消息已经传出去了。 이 소식은 이미 널리 퍼져 나갔다.
• 南老师一直告诉学生要坚持下去。 남(南) 선생님은 줄곧 학생들에게 끝까지 버텨 나가야 한다고 알려주신다.

＊ 복합방향보어에서 '来·去'는 가볍게 경성으로 발음한다

(4) **수량보어**: 동작의 횟수를 나타내는 '동량보어'와 동작이 진행된 시간을 나타내는 '시량보어'가 있다.

① 동량보어: 술어+동량보어(수사+동량사)
• 考试前，我把学过的内容复习了三遍。 시험 전에 나는 배운 내용을 세 번 복습했다.

② 시량보어: 술어+시량보어(수사+시량사)
• 老板和小王在会议室谈了一个小时。 사장님은 샤오왕과 회의실에서 한 시간 동안 이야기했다.
＊'一个小时'는 '1시간'으로 시간의 양을 말하고, '一点'은 '1시'로 시각을 의미한다

(5) **가능보어**: 동작의 실현 가능성을 나타내는 보어로, 긍정을 나타낼 때는 '得', 부정을 나타낼 때는 '不'를 사용한다.

① 가능보어의 긍정형: 술어+得+결과·방향보어

• 这本书很薄，三天看得完。 이 책은 얇아서, 사흘이면 볼 수 있다.

② 가능보어의 부정형: 술어+不+결과·방향보어

• 今天做得太多了，我一个人吃不完。 오늘 (음식을) 너무 많이 해서, 나 혼자서는 다 먹을 수가 없다.

> **어휘** ★所有 suǒyǒu 형 모든 | 进行 jìnxíng 동 진행하다 | 得 de 조 ~하는 정도가 ~하다 | ★顺利 shùnlì 형 순조롭다 | 牟 Mù 고유 모 [성씨] | ☆教 jiāo 동 가르치다 | ☆声音 shēngyīn 명 목소리 | ☆位 wèi 양 분 [공경의 뜻을 내포함] | 补习班 bǔxíbān 명 학원 | ☆附近 fùjìn 명 근처 | ★脱 tuō 동 (몸에서) 벗다 | ★开心 kāixīn 형 기쁘다 | ☆地 de 조 ~하게 [*부사어+地 +술어] | ★消息 xiāoxi 명 소식 | 传 chuán 동 퍼지다 | 南 Nán 고유 남 [성씨] | ☆一直 yìzhí 부 줄곧 | ★坚持 jiānchí 끝까지 버티다 | ☆把 bǎ 개 ~을 [*주어+把+목적어+술어+기타성분] | ★内容 nèiróng 명 내용 | ☆复习 fùxí 동 복습하다 | ★遍 biàn 양 번 [한 동작의 처음부터 끝까지의 전 과정을 가리킴] | ★老板 lǎobǎn 명 사장 | 小王 Xiǎo Wáng 고유 샤오왕 [인명] | 会议室 huìyìshì 명 회의실 | ★谈 tán 동 이야기하다 | ★薄 báo 형 얇다

STEP 3 실력 다지기

💬 다음 문장을 듣고 따라 말해 봅시다. ◉ track **106**

5

1.
2.
3.
4.
5.

6

1.
2.
3.
4.
5.

모범 답안 및 해설 ▶ p.146

03 '是'자문

STEP 1 유형 파악하기

'是'자문은 '是'가 술어가 되는 문장으로, 중국어의 기본 문형 중 하나이다.

▶ **출제 경향**

· '是'자문은 대부분 'A(특정어휘) 是 B(설명/……的명사)' 형식의 문장으로 출제된다.

▶ **문제 풀이 비법**

· '是'자문에서 목적어 앞에 관형어가 길게 나오면 '是'와 관형어, 목적어를 끊어 읽는다.

💬 예제 3 ● track **107**

해석&풀이

[A是B: A는 B이다 (A: 특정 어휘 · B: 설명/……的+명사)]

绿色 / 是 我最喜欢的 / 颜色。 녹색은 내가 가장 좋아하는 색이다.
주어   술어 + 관형어+的   목적어

'是' 앞에서 한 번 끊고 문장의 주어, 목적어를 강하게 읽는다. '绿[lǜ]'를 발음할 때는 입술을 동그랗게 오므린 채로 [이] 소리를 낸다. 참고로 회화에서는 주어와 목적어를 바꿔서 '我最喜欢的颜色是绿色。 (내가 가장 좋아하는 색은 녹색이다.)'라고도 말할 수 있다.

어휘 绿色 lǜsè 명 녹색

'是'자문은 '是'가 술어로 쓰인 문장으로 주어에는 특정 어휘가, 목적어에는 주어에 대한 설명이 들어가며 동격, 존재, 분류 등을 나타낸다.

1 기본형

> A(사람·사물·지시대사) 是 B(사람·사물)   A는 B이다 (동격)

- 她是一位护士。 그녀는 간호사이다.
- 这是一本关于时尚的杂志。 이것은 패션에 관한 잡지이다.

> A 是 B之一   A는 B 중의 하나이다

- 这是我最喜欢的饼干之一。 이것은 내가 가장 좋아하는 과자 중 하나이다.
- 三星是代表韩国的品牌之一。 삼성은 한국을 대표하는 브랜드 중 하나이다.

> A(장소) 是 B(사람·사물)   A는 B이다 (존재)

- 公司旁边是一家面包店。 회사 옆에는 빵집이 하나 있다(회사 옆은 빵집이다).
- 图书馆前面是我家。 도서관 앞은 우리 집이다.

> A(대상) 是 B(설명)   A는 B의 것이다 (분류)   *문장 끝에 '的'가 자주 쓰인다

- 这个手机是新买的。 이 핸드폰은 새로 산 것이다.
- 那件衣服是我为爸爸做的。 그 옷은 내가 아빠를 위해 만든 것이다.

어휘 ☆ **位** wèi 양 분 [공경의 뜻] | ★ **护士** hùshi 명 간호사 | ☆ **关于** guānyú 개 ~에 관한 | ★ **时尚** shíshàng 명 시대적 유행 | ★ **杂志** zázhì 명 잡지 | **之一** zhīyī 명 ~중의 하나 | ★ **饼干** bǐnggān 명 과자 | **三星** Sānxīng 고유 삼성 [기업명] | ★ **代表** dàibiǎo 동 대표하다 | **韩国** Hánguó 고유 한국 | **品牌** pǐnpái 동 브랜드 | **面包店** miànbāodiàn 빵집 | ☆ **图书馆** túshūguǎn 명 도서관 | ☆ **为** wèi 개 ~을 위하여

2 부정형: '没'를 사용하지 않는다.

> A 不是 B   A는 B가 아니다

- 我不是他的女朋友。 나는 그의 여자 친구가 아니다.
- 那杯咖啡不是拿铁。 그 커피는 라테(라떼)가 아니다.

어휘 **拿铁** nátiě 명 라테(라떼)

3 의문형

A 是 · 不是 B 吗? = A 是不是 B? A는 B이니?   *정반의문에서는 '吗'를 쓰지 않는다

- 你喜欢的颜色是红色吗? 네가 좋아하는 색은 빨간색이니?
- 这是不是你的笔记本电脑? 이건 네 노트북이니?

어휘 红色 hóngsè 명 붉은색 | 笔记本电脑 bǐjìběn diànnǎo 명 노트북 (컴퓨터)

STEP 3 실력 다지기

💬 다음 문장을 듣고 따라 말해 봅시다. ● track **109**

7

1.
2.
3.
4.
5.

8

1.
2.
3.
4.
5.

모범 답안 및 해설 ▶ p.148

• 33

04 '有'자문

STEP 1 유형 파악하기

'有'자문은 '有'가 술어가 되는 문장으로, '是'자문과 함께 중국어의 기본 문형 중 하나이다.

> **출제 경향**
> • HSKK 중급에는 존현문이나 소유에 관한 '有'자문이 많이 출제된다.

> **문제 풀이 비법**
> • '有' 앞뒤의 주어, 목적어를 강조하여 읽는 경우가 많다.
> • '有' 뒤에 나오는 단어의 성조에 따라 원래 성조인 3성으로 발음할지, 2성으로 발음할지 혹은 반3성으로 발음할지 잘 구분해야 한다.

💬 **예제 4** 🔊 track 110

해석&풀이

[A有B: A에 B가 있다 (A: 장소·B: 사물)**]**

机场附近 / 有 很多 宾馆。 공항 근처에는 많은 호텔이 있다.
관형어+주어 　　술어+ 관형어 + 목적어

주어부와 술어+목적어부로 나누어 읽고 주어와 목적어를 강조해서 읽는다. '有很多'는 2성-3성-1성으로 소리를 낸다.

어휘 ☆附近 fùjìn 명 근처

'有'자문은 '有'가 술어로 쓰인 문장으로 존재, 소유, 설명·평가, 발생·출현, 정도나 수량 도달·비교 등을 나타낸다.

1 기본형

A(시간·장소) 有 B(사람·사물)   A에 B가 있다 (존재)

- 明天上午有会议。 내일 오전에 회의가 있다.
- 弟弟的房间里有一只狗。 남동생의 방 안에는 개 한 마리가 있다.

A(사람·조직) 有 B(소유하는 대상)   A는 B가 있다 (소유)

- 南教授有三台平板电脑，我很羡慕她。 남(南) 교수님은 3대의 태블릿 PC가 있는데, 나는 그녀가 부럽다.
- 那家商店有各种各样的产品。 그 상점에는 여러 종류의 제품이 있다.

A(대상) 有 B(추상명사)   A는 B가 있다 (설명·평가)   (*이때 '有'는 정도부사의 수식을 받을 수 있다)

- 这个新来的职员很有能力。 이 새로 온 직원은 능력이 있다.
- 每个人都有自己的魅力。 모든 사람은 모두 자신만의 매력이 있다.

> **어휘** ☆ **会议** huìyì 명 회의 | ☆ **只** zhī 양 마리 [주로 날짐승이나 길짐승을 세는 단위] [성조 주의] | **南** Nán 고유 남 [성씨] | ★ **教授** jiàoshòu 명 교수 | ★ **台** tái 양 대 [기계·설비를 세는 단위] | **平板电脑** píngbǎn diànnǎo 태블릿 PC | ★ **羡慕** xiànmù 동 부러워하다 | **各种各样** gèzhǒnggèyàng 성 여러 종류 | ★ **产品** chǎnpǐn 명 제품 | **职员** zhíyuán 명 직원 [권설음 zh 주의] | ★ **能力** nénglì 명 능력 | ☆ **自己** zìjǐ 대 자신 | ★ **魅力** mèilì 명 매력

2 부정형: '不'를 사용하지 않는다.

A 没有 B   A는 B가 없다

- 冰箱里没有蔬菜。 냉장고 안에 채소가 없다.
- 他没有钱买车。 그는 차를 살 돈이 없다.

> **어휘** ☆ **冰箱** bīngxiāng 명 냉장고 | ★ **蔬菜** shūcài 명 채소

3 의문형

A 有·没有 B 吗? = A 有没有 B?   A는 B가 있니?   *정반의문문에서는 '吗'를 쓰지 않는다

- 公司里没有会说汉语的人吗? 회사에 중국어를 할 줄 아는 사람 없나요?
- 你有没有解决问题的方法? 당신은 문제를 해결할 방법이 있나요?

> **어휘** ☆ **解决** jiějué 동 해결하다 [*解决问题: 문제를 해결하다] ['解' 반3성으로 발음] | ★ **方法** fāngfǎ 명 방법

💬 다음 문장을 듣고 따라 말해 봅시다. ◉ track **112**

9

1.
2.
3.
4.
5.

10

1.
2.
3.
4.
5.

모범 답안 및 해설 ▶ p.150

05 특수구문

STEP 1 유형 파악하기

아래 설명할 특수구문은 모두 개사구를 이루어 주로 문장에서 부사어 역할을 하므로, 술어 앞에 위치한다.

▶ **출제 경향**
  • HSK 쓰기 1부분의 출제율만큼 HSKK에서 자주 나오는 문형은 아니지만, 기본 공식을 반드시 알고 있어야 듣고 따라 읽을 수 있는 문형이다.

▶ **문제 풀이 비법**
  • 주어 / 比·把·被자로 이루어진 개사구 부사어 / 술어의 세 부분으로 크게 끊어 읽는 것이 일반적이다.
  • '比'자 비교문에서 술어 앞에 '更'이나 '还'가 있다면 이 두 부사를 강조하여 읽는다.

💬 **예제 5** 🔊 track 113

해석&풀이

[A比B更술어: A는 B보다 더 ~하다 (A·B: 비교 대상)]

刘教授的 / 教学经验 / 比我 / 更丰富。 류 교수의 교육 경험은 나보다 더 풍부하다.
관형어+的   관형어+주어   부사어   술어

주어를 수식하는 관형어가 길기 때문에 '的'까지 읽은 후 나머지 관형어와 주어를 읽는다. 이후 '比'자문을 이루는 개사구 부사어 '比我'를 읽고 나머지 부분을 읽어준다. 좀 더 빠르게 읽고 싶다면 '比' 앞에서 한 번만 끊어 읽어도 된다. 주어부와 술어부를 강조해서 읽는다.

어휘 刘 Liú 고유 류 [성씨] | ★教授 jiàoshòu 명 교수 | 教学 jiàoxué 명 교육 | ★经验 jīngyàn 명 경험 | ☆更 gèng 부 더 | ★丰富 fēngfù 형 풍부하다

1 '比'자 비교문

(1) **기본형**: 비교대상A를 구체적으로 쓰고, 비교대상B의 중복되는 표현은 일반적으로 생략한다.

비교대상A + 比 + 비교대상B + 술어   A는 B보다 ~하다

- 今天的天气比昨天的(天气)冷。 오늘 날씨는 어제보다 춥다.
- 这条裙子比那条(裙子)漂亮。 이 치마는 저 치마보다 예쁘다.

(2) **확장형**: 다른 정도부사 '很'·'非常'·'十分' 등이나 정도보어 '极了' 등은 사용할 수 없다. (매우 많이 틀리는 부분이니 꼭 주의하자.)

비교대상A + 比 + 비교대상B + 更·还 + 술어   A는 B보다 더·훨씬 ~하다

- 国产的牛肉比进口的更贵。 국산 소고기는 수입산보다 더 비싸다.
- 新搬的房子比原来的(房子)还好。 새로 이사한 집이 원래의 집보다 훨씬 좋다.

비교대상A + 比 + 비교대상B + 술어 + 구체적인 차이   A는 B보다 ~만큼 ~하다

- 他哥哥比他大一岁。 그의 형은 그보다 한 살 더 많다.
- 上星期新买的手机比以前的(手机)贵1000元。
  지난주에 새로 산 핸드폰은 이전 것보다 1000위안 비싸다.

비교대상A + 比 + 비교대상B + 술어 + 一点儿·一些   A는 B보다 조금 ~하다

- 儿子比女儿高一点儿。 아들은 딸보다 조금 더 크다.
- 这次考试的成绩比上次好一些。 이번 시험 성적이 지난 번보다 조금 더 좋다.

비교대상A + 比 + 비교대상B + 술어 + 多了·得多·很多   A는 B보다 훨씬 많이 ~하다

- 这家烤肉店比我家附近的烤肉店便宜多了。
  이 숯불구이 고깃집은 우리 집 근처에 있는 숯불구이 고깃집보다 훨씬 많이 싸다.
- 我比以前胖得多。 나는 예전보다 살이 훨씬 많이 쪘다.
- 坐地铁上班比坐公共汽车快很多。 지하철을 타고 출근하는 것이 버스를 타는 것보다 훨씬 빠르다.

> **어휘** ☆条 tiáo 양 벌 [치마·바지를 세는 단위] | ☆裙子 qúnzi 명 치마 | 国产 guóchǎn 명 국산 | 牛肉 niúròu 명 소고기 | ★进口 jìnkǒu 동 수입하다 | ☆搬 bān 동 이사하다 | 房子 fángzi 명 집 | ★原来 yuánlái 형 원래의 | ☆以前 yǐqián 명 이전 | ☆成绩 chéngjì 명 성적 | 烤肉店 kǎoròudiàn 숯불구이 고깃집 | ☆附近 fùjìn 명 근처 | ☆胖 pàng 형 살찌다 | ☆地铁 dìtiě 명 지하철

2 '把'자문

(1) 기본형: '술어(행위)'에 초점을 두며, 기타성분으로 동태조사 '过'와 가능보어는 올 수 없다.

주어 + <u>把</u> + 목적어 + 술어 + 기타성분
       부사어

- 学生<u>把</u>作业交给老师了。 학생은 숙제를 선생님께 제출했다.
- 我<u>把</u>这些衣服洗干净了。 나는 이 옷들을 깨끗하게 다 빨았다.

(2) 확장형

주어 + <u>시간명사·시간부사·부정부사·조동사</u> + <u>把</u> + 목적어 + 술어 + 기타성분
                 부사어

- 他今天已经<u>把</u>这些资料整理完了。 그는 오늘 이미 이 자료들을 다 정리했다.
- 我还没<u>把</u>我的房间打扫完。 나는 아직 내 방을 다 청소하지 못했다.

(3) 시험에 많이 나오는 '把'자문 고정격식

把A放在B bǎ　fàngzài	A를 B에 두다	他把自己的画放在了桌子上。 그는 자신의 그림을 탁자 위에 뒀다.
把A扔在B bǎ　rēngzài	A를 B에 버리다	那个人把垃圾扔在了地上。 그 사람은 쓰레기를 땅에 버렸다.
把A挂在B bǎ　guàzài	A를 B에 걸다	妈妈把我的成绩单挂在了墙上。 엄마는 나의 성적표를 벽에 거셨다.
把A送给B bǎ　sònggěi	A를 B에게 (선물)주다	孩子们把礼物送给了新老师。 아이들은 선물을 새로운 선생님께 드렸다.
把A称为B bǎ　chēngwéi	A를 B라고 부르다	学生们把南老师称为"HSK专家"。 학생들은 남(南) 선생님을 'HSK 전문가'라고 부른다.

어휘 ☆ **把** bǎ 〔개〕 ~를 [*주어+把+목적어+술어+기타성분] | ☆ **作业** zuòyè 〔명〕 숙제 | ★ **交** jiāo 〔동〕 제출하다 | ★ **干净** gānjìng 〔형〕 깨끗하다 | ★ **资料** zīliào 〔명〕 자료 | ★ **整理** zhěnglǐ 〔동〕 정리하다 | ★ **打扫** dǎsǎo 〔동〕 청소하다 | ☆ **放** fàng 〔동〕 두다 | ☆ **画** huà 〔명〕 그림 | ★ **扔** rēng 〔동〕 버리다 | ★ **垃圾** lājī 〔명〕 쓰레기 | ☆ **地** dì 〔명〕 땅 | ★ **挂** guà 〔동〕 (고리·못 따위에) 걸다 | ★ **成绩单** chéngjìdān 〔명〕 성적표 | ★ **墙** qiáng 〔명〕 벽 | ★ **礼物** lǐwù 〔명〕 선물 | ★ **称为** chēngwéi 〔동〕 ~라고 부르다 | ★ **南** Nán 〔고유〕 남 [성씨] | ★ **专家** zhuānjiā 〔명〕 전문가

3 '被'자문

(1) **기본형**: 목적어(가해자)는 생략 가능하며, 기타성분으로 동태조사 '着', 동사 중첩, 가능보어는 올 수 없다.

주어 + <u>被</u> + (목적어) + 술어 + 기타성분
　　　　부사어

- 弟弟买的咖啡<u>被</u>我喝了。 남동생이 산 커피를 내가 마셨다.
- 这次的比赛<u>被</u>取消了。 이번 경기는 취소되었다.

(2) **확장형**

주어 + 시간명사·시간부사·부정부사·조동사 + <u>被</u> + 목적어 + (给) + 술어 + 기타성분
　　　　　　　　　부사어

- 小丽从来没<u>被</u>老板批评过。 샤오리는 이제까지 사장님께 혼난 적이 없다.
- 宿舍里的垃圾昨天没能<u>被</u>我们扔完。 기숙사의 쓰레기는 어제 우리가 다 버리지 못했다.

(3) **시험에 많이 나오는 '被'자문 고정격식**

被(A)感动 bèi　gǎndòng	(A에 의해) 감동을 받다	所有人都<u>被</u>(这部电影)感动了。 모든 사람들이 (이 영화에) 감동을 받았다.
被(A)偷走 bèi　tōuzǒu	(A에 의해) 훔침을 당하다 (=A에게 도둑맞다)	我的钱包<u>被</u>(小偷)偷走了。 나의 지갑은 (좀도둑에게) 도둑맞았다.
被(A)批评 bèi　pīpíng	(A에 의해) 꾸지람을 받다	因为哥哥一直熬夜玩儿游戏，所以他<u>被</u>(爸爸)批评了。 형은 계속 밤을 새고 게임을 해서, 그는 (아빠께) 꾸지람을 들었다.
被(A)打碎 bèi　dǎsuì	(A에 의해) 깨지다	我从家带来的杯子<u>被</u>(同事)打碎了。 내가 집에서 가져온 컵이 (동료에 의해) 깨졌다.
被(A)称为B bèi　chēngwéi	(A에 의해) B라고 불리다	丘比特<u>被</u>(很多中国人)称为"爱神"。 큐피드는 (많은 중국인에게) '사랑의 신'으로 불린다.

어휘 ☆ **被** bèi 깨 ~에게 ~를 당하다 [*주어+被+목적어+술어+기타성분] | ☆ **比赛** bǐsài 몡 경기 | ★ **取消** qǔxiāo 됭 취소하다 | **小丽** Xiǎo Lì 고유 샤오리 [인명] | ★ **从来** cónglái 뷔 (과거부터) 이제까지 [*从来+没+동사+过] | ★ **老板** lǎobǎn 몡 사장 | ★ **批评** pīpíng 됭 꾸짖다 | ★ **宿舍** sùshè 몡 기숙사 | **垃圾** lājī 몡 쓰레기 | ☆ **扔** rēng 됭 버리다 | ☆ **感动** gǎndòng 됭 감동하다 | ★ **所有** suǒyǒu 혱 모든 [*所有+명사+都] | ★ **部** bù 먕 편 [영화나 서적의 편수를 세는 단위] | ★ **偷** tōu 됭 훔치다 | **钱包** qiánbāo 몡 지갑 | **小偷** xiǎotōu 좀도둑 | ☆ **一直** yìzhí 뷔 계속 | ★ **熬夜** áoyè 됭 밤새다 | ☆ **游戏** yóuxì 몡 게임 [*玩游戏: 게임을 하다] | **打碎** dǎsuì 됭 깨지다 | ☆ **带** dài 됭 가지다 [*带来: 가져오다] | **称为** chēngwéi 됭 ~라고 부르다 | **丘比特** Qiūbǐtè 고유 큐피드 | **爱神** àishén 몡 사랑의 신

STEP 3 **STEP 3** 실력 다지기

💬 다음 문장을 듣고 따라 말해 봅시다. ⊙ track **115**

11

1.

2.

3.

4.

5.

12

1.

2.

3.

4.

5.

모범 답안 및 해설 ▶ p.152

06 존현문 · 연동문 · 겸어문

STEP 1 유형 파악하기

앞에서 익힌 '是'자 존현문, '有'자 존현문 외의 다른 형식의 존현문과 '在'자문까지 정확히 알아 두어야 한다.
('是'자 존현문은 03 '是'자문, '有'자 존현문은 04 '有'자문 참고)

▷ 출제 경향

- 연동문의 첫 번째 동사로 '去', '坐'가 가장 많이 출제된다.
- 겸어문은 거의 '让'이 사용된 문형이 출제된다.
- 연동문이 겸어문에 비해 많이 출제된다.

▷ 문제 풀이 비법

- 존현문은 주어(시간, 장소) / 술어 / 목적어(불특정 사람, 사물)와 같이 세 부분이나 주어(시간, 장소) / 술어+목적어(불특정 사람, 사물)와 같이 두 부분으로 끊어 읽을 수 있다.
- 연동문은 일반적으로 두 번째 술어(동사) 앞에서 한 번 끊어 읽는다.
- 겸어문은 주로 첫 번째 목적어(의미상 주어)와 두 번째 술어 사이에서 잠깐 끊어 읽는다.

💬 예제 6 🔊 track 116

해석&풀이

[A放着B: A에 B가 놓여 있다 (A: 장소 · B: 불특정한 사물)]

桌子上 / 放着一台 / 笔记本。 탁자 위에 노트북 한 대가 놓여 있다.
　주어　　술어+着+관형어　　목적어

이 문장은 존현문으로 술어부터 목적어까지 한숨에 읽어도 상관 없지만, 목적어가 비교적 길기 때문에 장소 주어 / 술어+관형어 / 사물 목적어의 세 부분으로 끊어 읽는 것이 실수할 가능성이 적다. 주어와 목적어를 강조해서 읽으며, '台'가 2성이기 때문에, 그 앞의 '一'는 4성으로 발음해야 한다.

어휘 ★台 tái 양 대 [기계 · 차량 · 설비 등을 세는 단위] | ☆笔记本 bǐjìběn 명 노트북

STEP 2 내공 쌓기 ● track **117**

1 존현문: 존현문은 <u>사람이나 사물의 존재·출현·소실을 나타내는 문장</u>으로, 문장의 종류마다 그 형식이 조금씩 다르다.

(1) **'동사 + 着' 존현문:** 어떤 시간이나 장소에 불특정한 대상이 존재함을 나타낸다. '일반명사+방위사'를 통해 장소를 표현할 수 있다. 술어에는 '지속적인 동작'을 나타내는 동사가 오고, 목적어는 불특정한 대상을 나타내므로, 주로 수량사의 수식을 받는다.

시간·장소 + 동사 + 着 + 불특정한 사람·사물

- 墙上挂着一幅画。 벽에 한 장의 그림이 걸려 있다.
- 桌子上(摆)放着两本书。 탁자 위에 두 권의 책이 놓여 있다.

(2) **출현 · 소실:** 어떤 시간대나 장소에 대상이 출현하거나 소실되는 것을 나타내며, 동사 뒤에는 보어나 조사 '了'가 위치한다.

시간·장소 + 동사 + 보어·了 + 불특정한 사람·사물

- 学校宿舍住了很多学生。 학교 기숙사에 많은 학생들이 살았다.
- 电梯里坐满了人。 엘리베이터 안에 사람들이 꽉 차 있다.

(3) **존현문에서 술어로 자주 쓰이는 동사**

존재	放 fàng 놓다	挂 guà 걸다	站 zhàn 서다
출현	出现 chūxiàn 나타나다	出来 chūlái 생기다	发生 fāshēng 발생하다
소실	走 zǒu 가다	丢 diū 잃어버리다	死 sǐ 사라지다

(4) **有자문 vs 是자문 vs 在자문**

	장소 + 有 + 대상	장소 + 是 + 대상	사물·사람 + 在 + 장소
의미	장소에 어떤 사물·사람이 존재함 [존재 유무]	장소에 존재하는 사물이 무엇인지 나타냄 [존재 대상]	사물·사람이 어디에 존재함 [존재 위치]
주어	특정한 장소 수량사 수식 X	특정한 장소 수량사 수식 X	특정한 사물·사람 수량사 수식 X
목적어	불특정한 대상 수량사 수식 O 청자가 모르는 대상	불특정하거나 특정한 대상 수량사, 관형어 수식 O 청자가 알고 있는 대상	특정한 장소 수량사 수식 X
예문	教室里有很多学生。 교실에 많은 학생들이 있다.	对面是那个学生。 맞은편에는 그 학생이 있다.	那个学生在教室里。 그 학생은 교실에 있다.

＊ '在'자문은 '특정한 대상'의 존재를 나타내는 문형이다

어휘 ★ **墙** qiáng 몡 벽 | ★ **挂** guà 동 (고리·못 따위에) 걸다 | ★ **幅** fú 양 폭 [그림·종이·옷감 등을 세는 단위] | ☆ **画** huà 몡 그림 | **摆放** bǎifàng 동 진열하다 | ★ **宿舍** sùshè 몡 기숙사 | ☆ **电梯** diàntī 몡 엘리베이터 | ★ **满** mǎn 혱 가득 차다 | ★ **对面** duìmiàn 몡 맞은편

2 연동문: 하나의 주어가 두 개 이상의 동사를 술어로 가지는 문장을 말한다.

(1) 기본형

주어 + **술어1** + (목적어1) + **술어2** + (목적어2)

· 我要去百货商店买皮包。 나는 가죽 가방을 사러 백화점에 갈 것이다.
　　　술어1　　　　　술어2

· 他们带孩子去了动物园。 그들은 아이를 데리고 동물원에 갔다.
　　　술어1　　술어2

(2) 연동문 특징

① 부사, 조동사는 일반적으로 첫 번째 동사 앞에 위치한다.

· 爷爷经常去朋友家玩儿。 할아버지께서는 종종 친구 집에 가서 노신다.

· 姐姐很想去欧洲度假。 언니는 유럽에서 방학을 보내고 싶어한다.

② 동태조사 '了'와 '过'는 일반적으로 두 번째 동사 뒤에 위치하며, '着'는 첫 번째 동사 뒤에 위치한다.

· 他来书店买了两本书。 그는 서점에 와서 책 두 권을 샀다.

· 我陪父母去过中国。 나는 부모님을 모시고 중국에 간 적이 있다.

· 奶奶坐着看报纸。 할머니께서는 앉아서 신문을 보고 계신다.

(3) 시험에 많이 나오는 연동문 문형

去 + A(장소) + B(행동) qù	B하러 A에 가다, A에 가서 B하다	我明天要去图书馆借书。 나는 내일 책을 빌리러 도서관에 갈 것이다.
坐 + A(교통수단) + B(행동) zuò	A를 타고 B하다	他不想坐飞机去上海。 그는 비행기를 타고 상하이에 가고 싶지 않다.
用 + A(도구, 수단) + B(행동) yòng	A를 사용해서 B하다	爸爸打算用手机结账。 아빠는 핸드폰을 사용하여 계산하실(지불하실) 계획이다.
带 + A(사람, 사물) + B(행동) dài	A를 데리고 B하다	妈妈答应我生日带我去电影院。 엄마는 내 생일에 나를 영화관에 데려가겠다고 대답하셨다.
陪 + A(사람) + B(행동) péi	A를 동반해서·모시고 B하다	老师，谢谢您陪我去大使馆。 선생님, 저를 안내하여 대사관에 가 주셔서 감사합니다.

어휘 **百货商店** bǎihuòshāngdiàn 몡 백화점 ｜ **皮包** píbāo 몡 가죽 가방 ｜ ☆**带** dài 동 데리다 ｜ **动物园** dòngwùyuán 몡 동물원 ｜ ☆**经常** jīngcháng 閉 종종 ｜ ★**欧洲** Ōuzhōu 고유 유럽 ｜ **度假** dùjià 동 휴가를 보내다 ｜ **书店** shūdiàn 서점 ｜ ★**陪** péi 동 안내하다, 동반하다 ｜ **父母** fùmǔ 몡 부모 ｜ ☆**图书馆** túshūguǎn 몡 도서관 ｜ **借书** jièshū 책을 빌리다 ｜ **上海** Shànghǎi 고유 상하이 ｜ ☆**用** yòng 동 사용하다 ｜ ★**打算** dǎsuàn 동 ~할 계획이다 ｜ ★**结账** jiézhàng 동 계산하다 ｜ ★**答应** dāying 동 대답하다 ｜ **电影院** diànyǐngyuàn 몡 영화관 ｜ **大使馆** dàshǐguǎn 몡 대사관

3 겸어문: 한 문장에 동사가 두 개 이상 있고, 첫 번째 동사의 목적어가 두 번째 동사의 의미상의 주어를 겸하는 문장을 겸어문이라고 한다.

(1) 기본형

주어 + 술어1 + 목적어1 + 술어2 + (목적어2)
(=술어2의 의미상 주어)

- 教授让我学汉语。 교수님은 내게 중국어를 배우게 하셨다.
  　　　　술어1　　술어2

- 我请朋友们来我家吃饭。 나는 친구들에게 나의 집에 와 밥을 먹을 것을 청했다. *겸어문인 동시에 연동문인 문장
  　술어1　　　　술어2　　술어3

(2) 겸어문 특징

① 부사, 조동사는 일반적으로 첫 번째 동사 앞에 위치한다.
- 听这个歌手的音乐总是能让我放松心情。 이 가수의 음악을 들으면 줄곧 내 마음이 편안해진다.
- 妈妈不想让我去北京。 엄마는 내가 베이징에 가는 것을 원치 않으신다.

② 첫 번째 동사 뒤에는 일반적으로 동태조사를 쓰지 않고, 두 번째 동사 뒤에 '了'나 '过'를 쓸 수 있다.
- 丈夫叫我去了邮局。 남편이 나보고 우체국에 가라고 했다.
- 他请我喝过好几次咖啡。 그는 나에게 여러 번 커피를 사 준 적이 있다.

(3) 시험에 많이 나오는 겸어문 문형

让 + A(대상) + B(동작) ràng	A가 B하도록 하다	老师一直让我做题。 선생님은 줄곧 내게 문제를 풀게 하신다.
请 + A(대상) + B(동작) qǐng	A가 B하도록 청하다	我请老师教我汉语。 나는 선생님께 중국어를 가르쳐 달라고 청했다.
叫 + A(대상) + B(동작) jiào	A가 B하도록 시키다	爸爸叫妹妹去上海。 아빠는 여동생이 상하이에 가도록 시키셨다.
令 + A(대상) + B(감정) lìng	A가 B하도록 하다	那本小说令我很感动。 그 소설은 내가 감동 받게 했다.
使 + A(대상) + B(감정) shǐ	A가 B하도록 하다	这件事使弟弟很难过。 이 일은 남동생을 괴롭게 했다.
批评 + A(대상) + B(동작) pīpíng	A가 B하는 것을 비평하다	教练批评我做得不好。 코치는 내가 잘 못한다고 비평한다.

어휘 ★教授 jiàoshòu 몡 교수 | 歌手 gēshǒu 몡 가수 | ★总是 zǒngshì 뿐 줄곧 | ★放松 fàngsōng 동 늦추다 | ★心情 xīnqíng 몡 마음 | ★邮局 yóujú 몡 우체국 | 好几 hǎojǐ 쉬 여러 | ☆一直 yìzhí 뿐 줄곧 | 做题 zuòtí 동 문제를 풀다 | ★教 jiāo 동 가르치다 | 上海 Shànghǎi 고유 상하이 | 令 lìng 동 ~하게 하다 | ★小说 xiǎoshuō 몡 소설 | ★感动 gǎndòng 동 감동하다 | ★使 shǐ 동 ~하게 하다 | 事 shì 몡 일 | ★难过 nánguò 혱 괴롭다 | ★批评 pīpíng 동 꾸짖다 | ★教练 jiàoliàn 몡 코치

💬 다음 문장을 듣고 따라 말해 봅시다. ⊙ track **118**

13

1.

2.

3.

4.

5.

14

1.

2.

3.

4.

5.

모범 답안 및 해설 ▶ p.154

07 제1부분 | 듣고 따라 말하기
고정격식

STEP 1 유형 파악하기

고정격식은 제1부분에서 많이 출제되며, 중국인들이 즐겨 쓰는 고정격식을 잘 활용하면 제2부분과 제3부분에서도 고득점을 받을 수 있다.

▷ **출제 경향**

• 개사구 고정격식은 출제율이 비교적 높은 편이고, 암기만 하고 있어도 듣고 빠르게 이해할 수 있다.

▷ **문제 풀이 비법**

• 고정격식을 이용한 문장을 읽을 때는 일반적으로 개사구 앞이나 동사 술어 앞에서 끊어 읽는다.

💬 **예제 7** ● track 119

해석&풀이

[A对B满意 : A는 B에 대해 만족하다 (A: 주체자·B: 대상)]

老师 对我的回答 / 很满意。 선생님은 나의 대답에 대해 만족하신다.
주어 + 　　　부사어　　　술어

'A对B满意(A는 B에 대해 만족하다)'라는 개사구 고정격식에 관한 문장으로, 주어와 개사구 '老师对我的回答'까지 끊어 읽고 나머지 부분을 읽는다. '很满意'에서 '很'은 원래 성조인 3성이 아닌 2성으로 발음하는 것을 잊지 말자.

어휘 ☆回答 huídá 명 대답 | ☆满意 mǎnyì 형 만족하다

각 개사를 활용한 빈출 고정격식을 외워 두자.

1 시간·장소를 나타내는 고정격식

A在B(장소)C(행동) zài	A는 B에서 C하다	我正在中国生活呢。 나는 지금 중국에서 생활하고 있다.
A(장소)离B(기준점)远·近 lí　　yuǎn jìn	A는 B로부터 멀다·가깝다	我家离中国银行很远。 우리 집은 중국은행으로부터 멀다.
A有利于B (=A对B有利) yǒulìyú　　duì yǒulì	A는 B에 유리하다	多运动有利于减肥。 운동을 많이 하는 것은 다이어트에 유리하다.
从A(출발점)到B(도착점) cóng　　dào	A부터 B까지	从我家到地铁站走路要十分钟。 우리 집부터 지하철역까지 걸어서 10분 걸린다.
从A(출발점)开始B(행동) cóng　　kāishǐ	A에서(부터) B를 시작하다	我要从今天开始准备考试。 나는 오늘부터 시험 준비를 할 것이다.
A(대상)由B(주체자)负责 yóu　　fùzé	A는 B가 책임지다	上次活动由王经理负责了。 지난 행사는 왕(王) 매니저가 책임졌다.

> 어휘 　★ 正 zhèng 图 마침｜★ 生活 shēnghuó 图 생활하다｜☆ 银行 yínháng 명 은행｜★ 有利 yǒulì 형 유리하다 ['有利于'로도 쓰임]｜★ 减肥 jiǎnféi 图 다이어트를 하다｜地铁站 ditiězhàn 지하철역｜走路 zǒulù 图 걷다｜★ 由 yóu 개 ~가｜★ 负责 fùzé 图 책임지다｜活动 huódòng 명 행사｜王 Wáng 고유 왕 [성씨]｜☆ 经理 jīnglǐ 명 매니저

2 대상을 나타내는 고정격식

A(대상)给B(대상)打电话 gěi　　dǎ diànhuà	A가 B에(게) 전화를 걸다	女儿给男朋友打电话。 딸이 남자 친구에게 전화를 건다.
A(대상)给B(대상)买C(물건) gěi　　mǎi	A는 B에(게) C를 사 주다	妈妈给我买了一条漂亮的裙子。 엄마는 내게 예쁜 치마 한 벌을 사 주셨다.
A(대상·행동)对B(대상)(不)好 duì　　(bù) hǎo	A는 B에(게) 좋다(좋지 않다)	躺着吃饭对健康不好。 누워서 밥을 먹는 것은 건강에 좋지 않다.
A(대상)对B(대상)感兴趣·有兴趣 duì　　gǎnxìngqù yǒuxìngqù	A는 B에(게) 흥미를 느끼다 ·흥미가 있다	我对中国历史有兴趣。 나는 중국 역사에 흥미가 있다.
A(주체자)对B(대상)有信心 duì　　yǒu xìnxīn	A는 B에 대해 자신이 있다	我对这次考试很有信心。 나는 이번 시험에 자신이 있다.
A(주체자)对B(대상)满意 duì　　mǎnyì	A는 B에 대해 만족하다	我们对这个服务员的服务态度很满意。 우리는 이 종업원의 서비스 태도에 만족한다.
A对B(대상)了解 duì　　liǎojiě	A는 B에 대해 알다	他对这个地方的文化很了解。 그는 이 지역의 문화에 대해 안다.
A(주체자)跟B(대상)商量C(상의 내용) gēn　　shāngliang	A가 B와 C를 상의하다	你要跟老板商量这件事。 너는 사장님과 이 일을 상의해야 한다.
A(사람)跟B(사람)吵架 gēn　　chǎojià	A는 B와 말다툼하다	我孩子跟朋友吵架了。 내 아이는 친구와 말다툼했다.

48

A(대상)跟B(대상)一起C(행동) gēn　　yìqǐ	A와 B는 함께 C하다	我今晚要跟同事们一起吃晚饭。 나는 오늘 밤 동료들과 함께 저녁밥을 먹을 것이다.

(*개사 '跟' 대신에 '和'나 '与'로 바꿔 사용할 수 있다)

어휘 ☆ 条 tiáo 양 벌 [치마·바지를 세는 단위] | ☆ 裙子 qúnzi 명 치마 | ★ 躺 tǎng 동 눕다 | ☆ 健康 jiànkāng 명 건강 | 兴趣 xìngqù 명 흥미 | ☆ 历史 lìshǐ 명 역사 | ★ 信心 xìnxīn 명 자신 | ☆ 满意 mǎnyì 형 만족하다 | 服务 fúwù 명 서비스 | ★ 态度 tàidu 명 태도 | ☆ 了解 liǎojiě 동 (자세하게 잘) 알다 | ☆ 地方 dìfang 명 지역 | ☆ 文化 wénhuà 명 문화 | ☆ 跟 gēn 개 ~와 | ★ 商量 shāngliang 동 상의하다 | ★ 老板 lǎobǎn 명 사장 | 事 shì 명 일 | ★ 吵架 chǎojià 동 말다툼하다 | 今晚 jīnwǎn 명 오늘밤 | ★ 与 yǔ 개 ~와

3 방향·목적·원인을 나타내는 고정격식

A(주체자)向B(대상)表示感谢 xiàng　　biǎoshì gǎnxiè	A가 B에게 감사를 표하다	我们要向父母表示感谢。 우리는 부모님께 감사를 표해야 한다.
A(주체자)向B(대상)介绍C(대상·내용) xiàng　　jièshào	A가 B에게 C를 소개하다	你向我们介绍一下自己吧。 네가 우리에게 자기 소개를 해 봐.
A(주체자)向B(대상)说明C(대상·내용) xiàng　　shuōmíng	A가 B에게 C를 설명하다	老师向我们说明了这个问题。 선생님은 우리에게 이 문제를 설명해 주셨다.
(A(주체자))为B(대상·내용)干杯 wèi　　gānbēi	(A가) B를 위해 건배하다	为我们的友谊干杯！ 우리들의 우정을 위해 건배!

어휘 ☆ 向 xiàng 개 ~를 향하여, ~에게 | ★ 表示 biǎoshì 동 표시하다 | ★ 感谢 gǎnxiè 동 감사하다 | ☆ 父母 fùmǔ 명 부모 | ☆ 自己 zìjǐ 대 자신 | ★ 说明 shuōmíng 동 설명하다 | ☆ 为 wèi 개 ~을 위하여 | ★ 干杯 gānbēi 동 건배하다 | ★ 友谊 yǒuyì 명 우정

💬 다음 문장을 듣고 따라 말해 봅시다. ⊙ track **121**

15
1.
2.
3.
4.
5.

16
1.
2.
3.
4.
5.

모범 답안 및 해설 ▶ p.156

08 기타

STEP 1 유형 파악하기

시험에 두 번 이상 출제된 상용 표현을 모아 놓은 단원으로, 표현을 통째로 외우는 것이 좋다.

> **출제 경향**
> - 이 부분에서는 '別A', '不要A' 등의 금지 표현이 가장 많이 출제된다.
> - 제1부분 시험에서 접속사 표현이 출제될 때, 둘 중 하나가 생략되어 출제되기도 한다.

> **문제 풀이 비법**
> - 이 부분에 수록된 문형은 출제율이 높지 않지만, 하나의 패턴으로 외워 둔다면 문제가 나왔을 때 반드시 맞출 수 있다.

💬 **예제 8** 🔊 track 122

해석&풀이

[別忘了A: A 하는 것을 잊지 마 (A: 잊지 말아야 할 내용)]

別　忘了 / 帶　照相机。카메라 챙기는 것 잊지 마.
부사어+술어1+了　술어2 + 목적어

'別'는 금지를 나타내는 표현으로, 두 번째 술어인 '帶' 앞에서 끊어 읽고 잊지 말아야 하는 내용을 강조해서 읽는다.

어휘 忘 wàng 图 잊다 | ☆ 帶 dài 图 지니다 | ☆ 照相机 zhàoxiàngjī 圀 카메라

STEP 2 내공 쌓기 🔊 track 123

1 **금지**: '別[bié]'나 '不要[búyào]'는 '~하지 마라'라는 뜻을 가진 금지 표현으로 뒤에는 금지하는 내용이 들어간다. 앞에 주어를 생략하여 쓸 수 있으며, 어기조사 '吧'와 함께 쓰이지 않는 것에 주의하자.

- 听说今天下雨，(你)别忘了带雨伞。오늘 비가 내린다던데, (너) 우산 챙기는 거 잊지 마.
- 明天九点准时上课，你不要迟到。내일 9시 정각에 수업을 할 거니까, 너 지각하지 말아라.
- 别去吧!(X)

어휘 听说 tīngshuō ~이라 한다 | 忘 wàng 图 잊다 | ☆ 帶 dài 图 챙기다 | ☆ 雨伞 yǔsǎn 圀 우산 | ★ 准时 zhǔnshí 圀 시간에 맞다 [권설음 sh 주의] | 上课 shàngkè 图 수업을 하다 | ☆ 迟到 chídào 图 지각하다 [권설음 ch 주의]

2 **도치:** 문장의 기본 어순은 '주어+술어+목적어'이지만, 강조하기 위해 <u>목적어</u>를 주어 앞으로 뺀 것을 도치라고 한다.

- 这件事我们已经商量过了。이 일을 우리는 이미 상의한 적이 있다.
- 只要你在我身边，这个困难我就能克服。네가 내 곁에 있어 주기만 한다면, 이 어려움을 나는 극복할 수 있다.

어휘 ★商量 shāngliang 통 상의하다 | ★只要 zhǐyào 접 ~하기만 하면 [*只要A就B: A하기만 하면, B 하다] | 身边 shēnbiān 명 곁 | ★困难 kùnnan 명 어려움 | ★克服 kèfú 통 극복하다

3 **접속사:** 접속사는 단어와 단어, 구어 구, 문장과 문장을 연결하는 말이다. (본서 제3부분에서도 다양한 접속사를 다루고 있으니 참고하자.)

(1) 병렬·점층·전환

一边A，一边B yìbiān yìbiān	A하면서 B하다	我喜欢一边看电视，一边吃零食。 나는 TV를 보면서 간식을 먹는 것을 좋아한다.
又·既A，又B yòu jì yòu	A이기도 하고, B이기도 하다	她又善良，又漂亮。 그녀는 선량하고 예쁘다.
不但·不仅A，而且B búdàn bùjǐn érqiě	A할 뿐만 아니라, 게다가 B하다	这些问题不但很容易，而且很简单。 이 문제들은 쉬울 뿐만 아니라 게다가 간단하다.
虽然A，但(是)·可(是)B suīrán dàn(shì) kě(shì)	비록 A하지만, B하다	他虽然白天工作很忙，但晚上努力准备考试。그는 비록 낮에 일이 바쁘지만, 저녁에 열심히 시험 준비를 한다.

(2) 가설·조건·인과

如果·假如A(的话)， rúguǒ jiǎrú (dehuà)， 那么·就B nàme jiù	만약 A라면, B하다	如果你有想说的话，就可以说。 만약 네가 하고 싶은 말이 있다면, 말해도 돼.
只要A，就B zhǐyào jiù	A하기만 하면, B하다	只要做运动，就能保持健康。 운동을 하기만 하면, 건강을 유지할 수 있다.
只有A，才B zhǐyǒu cái	A해야만, B하다	只有坚持积极的生活态度，才能过得愉快。긍정적인 생활 태도를 견지해야만 비로소 즐겁게 지낼 수 있다.
因为A，所以B yīnwèi suǒyǐ	A이기 때문에, B하다	因为我喝了两杯咖啡，所以睡不着。 나는 오늘 커피 두 잔을 마셨기 때문에 잠이 오지 않는다.

(3) 선택·목적·선후

与其A，不如B yǔqí bùrú	A하느니 B하는 편이 낫다	与其玩电子游戏，不如睡觉。 컴퓨터 게임을 하느니, 자는 편이 낫다.
为了A，B wèile	A하기 위해서 B하다	为了提高汉语水平，我每天努力学习。 중국어 수준을 높이기 위해 나는 매일 열심히 공부한다.
先A，然后B xiān ránhòu	먼저 A하고, 그 다음에 B하다	我们先商量一下，然后决定吧。 우리 상의 좀 하고 그 다음에 결정하자.

어휘 ★零食 língshí 명 간식 | ★善良 shànliáng 형 선량하다 | ☆容易 róngyì 형 쉽다 | ☆简单 jiǎndān 형 간단하다 | 白天 báitiān 명 낮 | ☆努力 nǔlì 통 노력하다 | ★保持 bǎochí 통 유지하다 | ☆健康 jiànkāng 명 건강 | ★坚持 jiānchí 통 견지하다 |

★积极 jījí 휑 긍정적이다 | ★生活 shēnghuó 몡 생활 | ★态度 tàidu 몡 태도 | ★愉快 yúkuài 휑 즐겁다 | 电子游戏 diànzǐ yóuxì 컴퓨터 게임 | ☆提高 tígāo 통 높이다 | ☆水平 shuǐpíng 몡 수준 | ★商量 shāngliang 통 상의하다 | ☆决定 juédìng 통 결정하다

4 '请': '请'이 문장 맨 앞에 오면서 '请+사람+행위'의 형식으로 쓰인 경우, '~해 주세요'라고 해석하며, 정중하게 부탁할 때 쓴다.

- 请大家注意一下。모두 주의해 주세요.
- 我听不懂，请你再说一遍。못 알아듣겠는데 다시 한 번 말해 주세요.

어휘 ☆注意 zhùyì 통 주의하다 | ★遍 biàn 양 번 [한 동작의 처음부터 끝까지의 전 과정을 가리킴]

5 '值得': '值得'는 '~할 만한 가치가 있다'라는 뜻으로, 뒤에 동사나 동사구를 목적어로 가지는 특징이 있다.

- 我认为这个办法值得试(一)试。나는 이 방법이 시도해 볼 만하다고 생각한다.
- 这部电影很好看，值得一看。이 영화는 재미있어서, 볼 만해.

어휘 ☆认为 rènwéi 통 생각하다 | ☆办法 bànfǎ 몡 방법 | ★值得 zhídé 통 ~할 만한 가치가 있다 [권설음 zh 주의] | ☆试 shì 통 시험 삼아 해보다 | 部 bù 양 편 [영화나 서적의 편수를 세는 단위] | 好看 hǎokàn 휑 재미있다

STEP 3 실력 다지기

💬 다음 문장을 듣고 따라 말해 봅시다. ◉ track **124**

17
1.
2.
3.
4.
5.

18
1.
2.
3.
4.
5.

모범 답안 및 해설 ▶ p.158

第二部分 看图说话

제2부분은 문제에 제시된 2개의 그림과 어울리는 이야기를 만들어 4분 동안 말하는 영역으로, HSK 5급 쓰기 2부분의 그림 작문과 그 유형이 비슷하다. 기출 문제로 나왔던 그림을 보고 관련된 핵심 어휘를 떠올려 이야기를 확장해 나가는 연습이 중요하다. 각 유형의 그림을 보며 관련 표현을 잘 익혀서 실제 시험에 활용해야 한다.

준비 시간 10분은 제2~3부분 질문을 모두 준비하는 시간으로, 제2부분 대답을 준비하는 데 그 시간을 전부 할애하면 안 되는 것에 주의하자.

저자 직강

제2부분 공략법

1 그림의 키워드를 떠올리자

제시된 그림을 보고 빠르게 키워드를 떠올린 후, 이를 확장하여 육하원칙 (누가/언제/어디에서/무엇을/어떻게/왜)에 맞춰 그림에 해당하거나 어울리는 스토리를 만들어 나간다.

2 그림을 묘사하는 것에만 그치지 말자

단순히 그림을 묘사하는 것에 그치지 않고, 그림과 관련된 줄거리로 이야기를 만들면 보다 쉽게 풍부한 내용의 답안을 만들 수 있다.

3 쉽고 자주 쓸 수 있는 표현을 많이 알아 두자

제2~3부분의 답안은 오류가 없는 문장을 정확한 발음으로 녹음하는 것이 중요하다. 잘 쓰지 않는 어려운 중국어로 답안을 만들어서 틀린 말을 녹음하는 것보다, 쉬운 표현을 써서 문장을 만드는 것이 높은 점수를 받는 데 훨씬 유리하다. 따라서 여러 그림에 다양하게 활용할 수 있는 '주어+술어', '술어+목적어', '부사어+술어'나 고정격식 표현을 실제 시험에서 유창하게 쓸 수 있을 정도로 익혀 두어야 한다.

4 이야기는 짜임새 있게 만드는 것이 좋다

'도입→전개→마무리'로 나누어 이야기를 만들고, 도입 부분은 그림이나 뒤에 이어지는 이야기의 배경을 설명하고, 전개 부분에서 사건이나 상황을 자세히 이야기하는 것이 좋다. 마무리에서 사건이나 상황에 대한 결과나 이를 통해 얻은 교훈, 느낀 소감 등을 말하면 탄탄한 이야기를 만들어 낼 수 있다.

5 만능 패턴을 만들어 반복해서 익히자

처음부터 좋은 문장을 많이 쓰기는 힘들다. 베스트셀러 작가도 모방과 습작에서 시작하듯, 답안에서 많이 쓸 수 있는 패턴을 선별해서 반복 연습하면, 중국인과 비슷하게 문장을 만들고 유창하게 말할 수 있다.

01 일상

STEP 1 유형 파악하기

일상은 다양한 세부 카테고리가 있고 우리의 생활과 가장 밀접하게 연결되어 있는 만큼, HSKK 중급 제2부분에서 가장 많이 출제된다.

> **출제 경향**
> • 취미, 쇼핑, 요리, 운동, 진료, 게임, 반려동물 기르기와 관련한 그림들이 최근 출제된 바 있다.

> **문제 풀이 비법**
> • 그림을 보고 어울리는 짝꿍 어휘를 생각해내고 그에 적절한 이야기를 만들어 나가야 한다.
> • 본서 제3부분 일상 파트의 STEP2 내공 쌓기에 나오는 표현을 적절하게 활용하면 완성도 높은 문장을 만들 수 있다.

💬 **예제 1**

내용 구상하기

연상 어휘 떠올리기	• 看比赛 경기를 보다 • 获得冠军 우승을 하다 • 赢得掌声 박수를 받다
어휘 확장하기	• 聚在一起看比赛 함께 모여서 경기를 보다 • 没有获得冠军 우승을 하지 못하다 • 赢得观众的掌声 관중의 박수를 받다

논리적으로
구성하기

我们聚在一起看比赛 　우리는 함께 모여서 경기를 본다

→ 我们支持的球队没有获得冠军 　우리가 응원한 팀이 우승을 하지는 못했다

→ 球队的表现都十分出色，因此赢得了观众的掌声
　　팀 모두 좋은 활약을 펼쳤기 때문에 관중의 박수를 받았다

我 和 几 个 好 朋友 / 都 是① 足球迷, / 一ⓛ 有① 足球
Wǒ hé jǐ ge hǎo péngyou dōu shì zúqiúmí, yì yǒu zúqiú

比赛 / 我们 / 就ⓒ 会 聚在 一起 / 看 比赛。 上 周六 / 是 世界杯
bǐsài wǒmen jiù huì jùzài yìqǐ kàn bǐsài. Shàng zhōuliù shì Shìjièbēi

决赛, 我们 / 约好了 来 我 家 / 看 这次 比赛。 我们 / 一边
juésài, wǒmen yuēhǎole lái wǒ jiā kàn zhècì bǐsài. Wǒmen yìbiān

聊天 / 一边 等 比赛② 开始, 还 在 快 开始 的 时候, 叫了
liáotiān yìbiān děng bǐsài kāishǐ, hái zài kuài kāishǐ de shíhou, jiàole

外卖。那 天 的 比赛 / 非常 精彩,我们 支持 的 球队 / 先进了
wàimài. Nà tiān de bǐsài fēicháng jīngcǎi, wǒmen zhīchí de qiúduì xiānjìnle

一 个③ 球, 那 一 刻③ / 每 个 人 / 都 兴奋 不已ⓒ。最后, 虽然
yí ge qiú, nà yí kè měi ge rén dōu xīngfèn bùyǐ. Zuìhòu, suīrán

我们 支持 的 球队 / 没有 获得 冠军, 但 / 我们 仍然 非常
wǒmen zhīchí de qiúduì méiyǒu huòdé guànjūn, dàn wǒmen réngrán fēicháng

开心, 因为 / 两 支 球队 的 表现 / 都 十分 出色, 因此 / 都
kāixīn, yīnwèi liǎng zhī qiúduì de biǎoxiàn dōu shífēn chūsè, yīncǐ dōu

赢得了 观众 的 掌声。 我 想②, 这 就是 / 足球 的 魅力
yíngdéle guānzhòng de zhǎngshēng. Wǒ xiǎng, zhè jiùshì zúqiú de mèilì

吧！
ba!

해석 나와 몇몇 친한 친구들은 모두 축구 팬으로, 축구 경기가 있으면 우리는 함께 모여서 경기를 본다. 지난주 토요일은 월드컵 결승전이었는데, 우리는 이번 경기를 보러 우리 집에 오기로 약속했다. 우리는 이야기를 나누며 경기가 시작되기를 기다렸고, 거의 시작할 때쯤 배달을 시켰다. 그날 경기는 매우 훌륭했는데, 우리가 응원하는 팀이 먼저 한 골을 넣었고, 그 순간 모든 사람들은 한껏 흥분했다. 마지막엔 비록 우리가 응원한 팀이 우승을 하지는 못했지만, 우리는 여전히 매우 기뻤다. 두 팀 모두 좋은 활약을 펼쳤기 때문에 모두 관중의 박수를 받았다. 나는 이것이 축구의 매력이라고 생각한다!

어휘 足球迷 zúqiúmí 축구 팬 | 足球 zúqiú 명 축구 [*足球迷: 축구 팬] | ☆ 比赛 bǐsài 명 경기 [*看比赛: 경기를 보다] | 聚 jù 동 모이다 | 世界杯 Shìjièbēi 고유 월드컵 | ★ 决赛 juésài 결승전 | 约 yuē 동 약속하다 | ☆ 一边 yìbiān 접 한편으로 ~하면서 [*一边A一边B: A하면서 B하다 (동시 동작 표현)] | 聊天 liáotiān 동 이야기하다 | 外卖 wàimài 명 배달 음식 | ★ 精彩 jīngcǎi 형 훌륭하다 | ★ 支持 zhīchí 동 지지하다 [권설음 주의] | 球队 qiúduì 명 (구기) 팀 | ☆ 先 xiān 부 먼저 | 进球 jìnqiú 골을 넣다 | ☆ 刻 kè 명 순간 | ★ 兴奋 xīngfèn 형 흥분하다 | 不已 bùyǐ 동 ~해 마지 않다 | ☆ 最后 zuìhòu 명 마지막 | ★ 获得 huòdé 동 얻다 [*获得冠军: 우승을 하다] | ★ 冠军 guànjūn 명 우승 | 仍然 réngrán 부 여전히 [≒还] | ★ 开心 kāixīn 형 기쁘다 | 十分 shífēn 부 매우 [≒非常] | ★ 出色 chūsè 형 (표현, 성적 업무 등이) 대단히 뛰어나다 | ★ 因此 yīncǐ 접 이 때문에 [≒所以] | 赢得 yíngdé 동 (박수를) 받다 [*赢得掌声: 박수 (소리)를 받다] | ★ 观众 guānzhòng 명 관중 | 掌声 zhǎngshēng 명 박수 소리 | ★ 魅力 mèilì 명 매력

제2부분 | 그림 보고 설명하기

표현 tip

㉠ A(특정어휘)是B(설명) A는 B이다
여러 친구들이 축구공을 들고 티브이를 보며 환호하는 것을 보고 'A是B' 구문을 사용해 '우리는 축구팬이다'라고 쓸 수 있다

ⓛ 一A就B A하자마자 B하다
앞에 축구팬이라 언급했기 때문에 축구 경기가 있을 때마다 함께 경기를 본다고 언급할 수 있다

ⓒ 不已 (~해) 마지 않다
흥분을 멈추지 못했다는 것을 강조하는 것으로, '不已'라는 어휘가 생각나지 않는다면 생략해도 괜찮다

발음 tip

① '有'와 같이 3성 단어 앞에 있는 '一'는 4성으로 바뀐다

② 3성이 두 개 이상 이어지는 어휘를 읽을 때, 맨 마지막 글자만 3성을 지키고 그 앞은 2성으로 읽어준다

③ 4성인 글자 앞에 '一'가 위치하면 2성이 된다. 많이 틀리는 '一'의 성조 변화에 주의하자. 양사 '个'는 경성으로 읽지만 본래 글자 자체는 4성임을 기억하자

여기에서는 일상 그림과 관련된 동사 술어를 중심으로 연상 어휘를 떠올리고, 어휘를 확장하는 방법을 제시하고 있다. 아래에 나오지 않은 그림이라도 일상과 관련된 다양한 명사를 알아 두면 아래 술어와 함께 쓸 수가 있으므로, 관련 표현과 고정격식, 접속사 구문 등의 활용구를 반드시 암기하자.

내용 구상하기 ▶ ● track 202

• 去逛街 쇼핑을 가다
  → 很多男人喜欢自己去逛街。 많은 남자들이 혼자 쇼핑하러 가는 것을 좋아한다.

• 刷信用卡 신용카드로 결제하다
  → 人们购物时常常刷信用卡。
    사람들은 물건을 살 때 종종 신용카드로 결제한다.

• A(주체자)为B(대상)买C(물건) A가 B에게 C를 사주다
  → 爸爸为我和姐姐买了很多我们喜欢的东西。
    아빠는 나와 언니에게 우리가 좋아하는 많은 것들을 사 주었다.

추가표현	• 男朋友 남자 친구	• 去百货商店 백화점에 가다
	• 商店 상점	• 买衣服 옷을 사다
	• 缓解压力 스트레스를 풀다	• 购物袋 쇼핑백

어휘 逛街 guàngjiē 동 (아이)쇼핑하다 | 刷 shuā 동 닦다 | ☆信用卡 xìnyòngkǎ 명 신용카드 | 常常 chángcháng 부 종종 | ★购物 gòuwù 동 물건을 사다 [≒买东西] | ☆为 wèi 개 ~을 위하여 | 百货商店 bǎihuòshāngdiàn 명 백화점 | ★缓解 huǎnjiě 동 완화시키다 | ★压力 yālì 명 스트레스 | 购物袋 gòuwùdài 쇼핑백

내용 구상하기 ▶ ● track 203

• 保持健康 건강을 유지하다
  → 运动是保持健康的好方法。
    운동은 건강을 유지하는 좋은 방법이다.

• 跑步 달리다
  → 我坚持跑步已经快两年了。
    나는 달리기를 계속한 지 벌써 곧 2년이 다 되어 간다.

• 已经A(술어)了 이미 A하다
  → 虽然已经很瘦了，但是姐姐还是一直在减肥。
    이미 말랐지만 누나는 여전히 계속 다이어트를 하고 있다.

추가표현	• 做运动 운동을 하다	• 慢跑 조깅	• 生活习惯 생활 습관
	• 坚持下去 계속 해 나가다	• 锻炼身体 신체를 단련하다	

어휘 ★保持 bǎochí 동 (좋은 상태를) 유지하다 [*保持+유지하고 싶은 내용] | ☆健康 jiànkāng 명 건강 | ★方法 fāngfǎ 명 방법 | ★坚持 jiānchí 동 유지하다 | 快 kuài 부 곧 [*快A了: 곧 A하다] | 瘦 shòu 형 마르다 | ☆还是 háishi 부 여전히 | ☆一直 yìzhí 부 계속 | ★减肥 jiǎnféi 동 다이어트하다 | 慢跑 mànpǎo 명 조깅 | ★生活 shēnghuó 명 생활 | ☆习惯 xíguàn 명 습관 | ★锻炼 duànliàn 동 (몸과 마음을) 단련하다

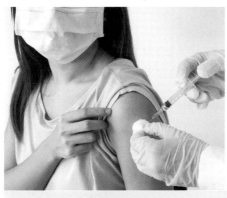

내용 구상하기 ⊙ track **204**

- 看医生 진료를 받다
  → 生病了要赶快去医院看医生。
  병이 나면 얼른 병원에 가서 진료를 받아야 한다.

- 身体不舒服 몸이 좋지 않다 (≒身体不好)
  → 老师这几天总是身体不舒服。
  선생님은 요 며칠 줄곧 몸이 좋지 않으시다.

- A(주체자)给B(대상)打针 A가 B에게 주사를 놓다
  → 我不喜欢实习医生给我打针。
  나는 레지던트가 내게 주사를 놓는 것을 좋아하지 않는다.

추가표현	• 生病 병이 나다	• 去医院 병원에 가다	• 住院 입원하다
	• 出院 퇴원하다	• 护士 간호사	• 口罩 마스크

어휘 ★赶快 gǎnkuài 閉 얼른 | ☆舒服 shūfu 휑 편안하다 | ☆总是 zǒngshì 閉 줄곧, 늘 | ★打针 dǎzhēn 통 주사를 놓다 | 实习医生 shíxí yīshēng 레지던트 | 住院 zhùyuàn 통 입원하다 | 出院 chūyuàn 통 퇴원하다 | ★护士 hùshi 몡 간호사 | 口罩 kǒuzhào 몡 마스크

내용 구상하기 ⊙ track **205**

- 弹钢琴 피아노를 치다
  → 弹钢琴已经成了姐姐生活的一部分。
  피아노를 치는 것은 이미 언니 삶의 일부분이 되었다.

- 热爱音乐 음악을 사랑하다 (≒喜欢音乐 음악을 좋아하다)
  → 自从开始学钢琴后，我就越来越热爱音乐了。
  피아노를 배우기 시작한 후부터 나는 점점 음악을 사랑하게 되었다.

- 之所以A(결과), 是因为B(원인) A하는 것은 B하기 때문이다
  → 女儿之所以这么努力练习，是因为她要参加下个月的比赛。
  딸이 이렇게 열심히 연습을 하는 것은 다음 달에 대회에 참가할 것이기 때문이다.

추가표현	• 弹钢琴弹得很好 피아노를 잘 치다	• 兴趣爱好 취미와 애호
	• 享受音乐 음악을 즐기다	

어휘 ★弹钢琴 tán gāngqín 피아노를 치다 | 成 chéng 통 ~이 되다 | ★生活 shēnghuó 몡 생활 | 一部分 yíbùfen 몡 일부분 | ★热爱 rè'ài 통 뜨겁게 사랑하다 | ☆音乐 yīnyuè 몡 음악 | ★自从 zìcóng 개 ~한 후 | 钢琴 gāngqín 몡 피아노 | 越来越 yuèláiyuè 점점 | ☆努力 nǔlì 통 열심히 하다 | ☆练习 liànxí 통 연습하다 | ★参加 cānjiā 통 참가하다 | ☆比赛 bǐsài 몡 대회, 경기 | 兴趣 xìngqù 몡 흥미 | 爱好 àihào 몡 취미 | ★享受 xiǎngshòu 통 즐기다

내용 구상하기 ▶ ● track **206**

- 看棒球比赛 야구 경기를 보다
  → 我和朋友约好了这个周末在我家看棒球比赛。
  나는 친구와 이번 주말에 우리 집에서 야구 경기를 보기로 약속했다.

- 获得冠军 우승을 하다
  → 因为小李支持的球队没能获得冠军，所以他感到很失望。
  샤오리가 응원한 팀이 우승하지 못해서 그는 실망했다.

- A(주체자)为B(대상)加油 A가 B를 위해 응원하다
  → 哥哥一直在为他喜欢的球队加油。
  형은 줄곧 그가 좋아하는 팀을 위해 응원하고 있다.

추가표현
- 弟弟 남동생
- 总决赛 결승전
- 星期天 일요일
- 吃零食 간식을 먹다
- 喜欢看比赛 경기를 보는 것을 좋아하다

어휘 棒球 bàngqiú 몡 야구 | ☆ 比赛 bǐsài 몡 경기 | 约 yuē 됭 약속하다 | ☆ 周末 zhōumò 몡 주말 | ★ 获得 huòdé 됭 얻다 | ★ 冠军 guànjūn 몡 우승 | 小李 Xiǎo Lǐ 고유 샤오리 [인명] | ★ 支持 zhīchí 됭 지지하다 | 球队 qiúduì 몡 (구기) 팀 | 感到 gǎndào 됭 느끼다 [*感到+감정: ~을 느끼다] | ★ 失望 shīwàng 혱 실망하다 | ☆ 为 wèi 게 ~을 위하여 | 加油 jiāyóu 됭 응원하다 | ☆ 一直 yìzhí 틧 계속 | 总决赛 zǒng juésài 결승전 | ★ 零食 língshí 몡 간식

내용 구상하기 ▶ ● track **207**

- 看书 책을 보다
  → 看书是这位作家打发时间的方式。
  책을 보는 것은 이 작가 분이 시간을 보내는 방식이다.

- 坐在沙发上 소파에 앉다
  → 我总是会在睡觉前坐在卧室的沙发上看一会儿书。
  나는 늘 자기 전에 침실의 소파에 앉아 잠시 책을 본다.

- A(주체자)对B(대상)感兴趣 A가 B에 흥미를 느끼다
  → 父亲对我写的小说很感兴趣。
  아버지는 내가 쓴 소설에 흥미를 느끼신다.

추가표현
- 读书 책을 읽다
- 客厅里 거실 (안)
- 在家休息 집에서 쉬다
- 去图书馆借书 책을 빌리러 도서관에 가다
- 爸爸 아빠

어휘 ☆ 位 wèi 양 분 [공경의 뜻을 내포함] | ★ 作家 zuòjiā 몡 작가 | 打发 dǎfa 됭 시간을 보내다 [*打发时间: 시간을 보내다] | ★ 方式 fāngshì 몡 방법 | ★ 沙发 shāfā 몡 소파 | ★ 总是 zǒngshì 틧 늘 | ★ 卧室 wòshì 몡 침실 | ★ 感兴趣 gǎnxìngqù 흥미가 있다 | ★ 父亲 fùqīn 몡 아버지 | ★ 小说 xiǎoshuō 몡 소설 | ★ 客厅 kètīng 몡 거실 | ☆ 图书馆 túshūguǎn 몡 도서관 | ☆ 借 jiè 됭 빌리다

내용 구상하기 ▶ ● track **208**

- 感到幸福 행복을 느끼다
  → 对孩子们来说，打游戏是最能让他们感到幸福的事。
  아이들에게 있어서 게임을 하는 것은 그들이 가장 행복을 느끼게 하는 일이다.

- 度过愉快的时间 즐거운 시간을 보내다
  → 这个假期，孩子们度过了非常愉快的时间。
  이번 휴가 때 아이들은 매우 즐거운 시간을 보냈다.

- 一A就B A하기만 하면 B하다
  → 一到周末，我就会跟姐姐一起玩儿游戏。
  주말이 되기만 하면 나는 누나와 함께 게임을 하곤 한다.

추가표현
- 沙发 소파
- 小孩子 아이
- 精神集中在游戏 정신이 게임에 집중되다
- 平时 평소
- 心情很好 기분이 좋다
- 玩儿游戏 게임을 하다

어휘 感到 gǎndào 동 느끼다 [*感到+감정: ~을 느끼다] | ★幸福 xìngfú 형 행복하다 | 来说 láishuō ~으로 말하자면 [*对A来说: A에게 있어서] | ☆游戏 yóuxì 명 게임 [*打游戏: 게임을 하다] | 事 shì 명 일 | 度过 dùguò 동 (시간을) 보내다 [*度过时间: 시간을 보내다] | ★愉快 yúkuài 형 즐겁다 | 假期 jiàqī 명 휴가 | ☆周末 zhōumò 명 주말 | ☆跟 gēn 개 ~와 [*跟A(대상)一起B(행동): A와 함께 B하다] | ★精神 jīngshén 명 정신 | 集中 jízhōng 동 집중하다 | ★平时 píngshí 명 평소 | ★心情 xīnqíng 명 기분

내용 구상하기 ▶ ● track **209**

- 庆祝生日 생일을 축하하다
  → 为了庆祝女友的生日，我精心地准备了一份礼物。
  여자 친구의 생일을 축하하기 위해 나는 진심을 다해 선물을 준비했다.

- 买礼物 선물을 사다
  → 哥哥给妹妹买了一份非常贵重的礼物。
  오빠는 여동생에게 아주 귀중한 선물을 사 주었다.

- A(주체자)给B(대상)惊喜 A가 B에게 서프라이즈를 해 주다
  → 结婚纪念日那天，丈夫给了妻子一个大大的惊喜。
  결혼기념일 그날에 남편은 아내에게 빅 서프라이즈를 해 주었다.

추가표현
- 求婚 청혼하다
- 开心地笑 즐겁게 웃다
- 求婚戒指 프로포즈 반지
- 买A(물건) A를 사다
- 准备礼物 선물을 준비하다

어휘 ★庆祝 qìngzhù 동 축하하다 [*庆祝+축원 내용] | ☆为了 wèile 개 ~를 하기 위하여 [*为了+목적, 행위: ~하기 위하여 ~하다] | 女友 nǚyǒu 명 여자 친구 | 精心 jīngxīn 형 정성을 들이다 | ☆地 de 조 ~하게 [*부사어+地+술어] | ★份 fèn 양 선물을 세는 단위 | ★礼物 lǐwù 명 선물 | 贵重 guìzhòng 형 귀중하다 | 惊喜 jīngxǐ 명 놀람과 기쁨 [여기서는 '서프라이즈'로 쓰임] | ☆结婚 jiéhūn 동 결혼하다 | 纪念日 jìniànrì 명 기념일 | 求婚 qiúhūn 동 청혼하다 | ★开心 kāixīn 형 즐겁다 | ★戒指 jièzhi 명 반지

- 做菜 요리를 하다
  → 今天是我第一次做菜。 오늘은 내가 처음 요리를 하는 것이다.
- 邀请客人·朋友 손님·친구를 초대하다
  → 姐姐邀请了朋友来她家聚会，现在正在准备晚餐。
  언니는 친구를 그녀의 집에 초대해서, 지금 저녁 식사를 준비하고 있다.
- A(주체자)在B(장소)C(행동·행위) A가 B에서 C하다
  → 妈妈在厨房为家人准备早饭。
  엄마는 주방에서 가족을 위해 아침 식사를 준비하고 계신다.

추가표현	• 沙拉 샐러드	• 家里 집	• 做早饭 아침밥을 하다
	• 接待客人 손님을 접대하다	• 节食减肥 음식을 절제하여 다이어트하다	

어휘　★邀请 yāoqǐng 동 초대하다 | ★聚会 jùhuì 동 모이다 | 晚餐 wǎncān 명 저녁 식사 | ★厨房 chúfáng 명 주방 | ☆为 wèi 개 ~을 위하여 | 家人 jiārén 명 가족 | 早饭 zǎofàn 명 아침 식사 | 沙拉 shālā 명 샐러드 | ★接待 jiēdài 동 접대하다 | ☆客人 kèrén 명 손님 | 节食 jiéshí 동 절식하다 | ★减肥 jiǎnféi 동 다이어트하다

- 一只狗 개 한 마리
  → 爸爸给妹妹买了一只狗。
  아버지는 여동생에게 개 한 마리를 사 주셨다.
- 养宠物 애완동물을 기르다
  → 养宠物能培养孩子的爱心。
  애완동물을 기르는 것은 아이의 사랑하는 마음을 길러 줄 수 있다.
- A(대상)和B(대상)互相C(행동) A는 B와 서로 C하다
  → 爸妈不在的时候，我和我的狗会互相陪伴。
  아빠, 엄마가 안 계실 때, 나는 나의 개와 서로 함께 하곤 한다.

추가표현	• 小狗 강아지	• 女儿 딸	• 放松心情 마음을 편안하게 하다

어휘　☆只 zhī 양 마리 [짐승을 세는 단위] [성조 조심] | 养 yǎng 동 (동물을) 기르다 [*养+동식물: ~을 기르다] | ★宠物 chǒngwù 명 애완동물 | ★培养 péiyǎng 동 길러 내다 | ★爱心 àixīn 명 (인간이나 환경에 대한) 사랑하는 마음 | ★互相 hùxiāng 부 서로 | 陪伴 péibàn 동 함께 하다 | ★放松 fàngsōng 동 늦추다 | ★心情 xīnqíng 명 기분

STEP 3 실력 다지기

💬 **다음 그림을 보고 설명해 봅시다.** (각 문항당 준비 시간 약 2분 30초, 녹음 시간 약 2분)

1

연상 어휘

확장하기

구성하기

2

연상 어휘

확장하기

구성하기

3

연상 어휘

확장하기

구성하기

모범 답안 및 해설 ▶ p.160

4

연상 어휘

확장하기

구성하기

5

연상 어휘

확장하기

구성하기

6

연상 어휘

확장하기

구성하기

모범 답안 및 해설 ▶ p.163

02 제2부분 | 그림 보고 설명하기
학교

STEP 1 | 유형 파악하기

학교 및 학습 파트는 평소 중국어를 공부하면서 익힌 표현을 활용하면 이야기를 생각해 내는 것이 비교적 어렵지 않은 부분이다.

> **출제 경향**
>
> • 열심히 공부하느라 피곤해 하거나 지쳐 있는 그림, 시험을 보거나 성적을 받은 그림, 수업을 받고 있는 그림 등이 많이 출제된다.
> • 졸업 가운을 입고 학사모를 쓴 그림도 많이 출제되고 있다.

> **문제 풀이 비법**
>
> • 그림을 보고 어울리는 스토리를 빠르게 머릿속으로 생각하고, 그에 해당하는 어휘들까지 잘 기억해서 말한다. 그림을 직접적으로 묘사하기 힘들 경우, 관련 경험을 이야기해도 좋다.
> • STEP2 내공 쌓기에 나오는 학교 관련 표현을 잘 외워 두자.

💬 예제 2

내용 구상하기

연상 어휘 떠올리기	• 努力 열심히 하다 • 睡着 잠이 들다 • 累 지치다
어휘 확장하기	• 大家都努力 다들 열심히 하다 • 在电脑前睡着 컴퓨터 앞에서 잠이 들다 • 每天这么累 매일 이렇게 지치다

논리적으로 구성하기

在电脑前这样睡着 컴퓨터 앞에서 이렇게 잠이 들다
→ 看他每天这么累，全家人都很心疼 매일 이렇게 지쳐 있는 형(그)을 보면 온 가족이 안타까워하다
→ 大家都努力我不努力就落后了 다들 열심히 하는데, 내가 열심히 하지 않으면 뒤처진다

我 的 哥哥 / 是① 首尔 大学 的 学生, 在 电脑 前 /
Wǒ de gēge shì Shǒu'ěr Dàxué de xuésheng, zài diànnǎo qián

这样 睡着① 的 情况 / 对ⓒ 他 来说ⓒ, 是 很 常② / 发生
zhèyàng shuìzháo de qíngkuàng duì tā láishuō, shì hěn cháng fāshēng

的 事。看 他 / 每天 这么 累, 全 家人 / 都 很 心疼, 然而 /
de shì. Kàn tā měitiān zhème lèi, quán jiārén dōu hěn xīnténg, rán'ér

每次 / 我 问 他, 他 / 都 只是 / 淡淡 一 笑③, 说: / "大家 /
měi cì wǒ wèn tā, tā dōu zhǐshì dàndàn yí xiào, shuō: "Dàjiā

都 努力, 我 / 不 努力 / 就 落后 了 呀。" 每次 / 听 他 / 这么
dōu nǔlì, wǒ bù nǔlì jiù luòhòu le ya." Měi cì tīng tā zhème

说, 我 都 会 / 有 这样 的 想法: / 原来, 优秀 的 人 / 并
shuō, wǒ dōu huì yǒu zhèyàng de xiǎngfa: yuánlái, yōuxiù de rén bìng

不是④ / 没有 理由⑤ 的 啊! 哥哥 / 一直 / 是 我 想 学习
búshì méiyǒu lǐyóu de a! Gēge yìzhí shì wǒ xiǎng xuéxí

的 榜样, 虽然 / 我 的 成绩 / 不如ⓒ 他, 但 / 我 自己 / 还是
de bǎngyàng, suīrán wǒ de chéngjì bùrú tā, dàn wǒ zìjǐ háishi

很 满意⑥ 的, 毕竟 / 每 个 人⑦ / 都 有 各自 的 长处。 我 /
hěn mǎnyì de, bìjìng měi ge rén dōu yǒu gèzì de chángchù. Wǒ

也 真心 地 / 希望 / 哥哥 毕业 后 / 能 一切 顺利。
yě zhēnxīn de xīwàng gēge bìyè hòu néng yíqiè shùnlì.

해석 우리 형은 서울대생인데, 컴퓨터 앞에서 이렇게 잠이 드는 상황은 그에게 흔히 일어나는 일이다. 매일 이렇게 지쳐 있는 형(그)을 보면 온 가족이 안타까워하지만, 내가 물어볼 때마다 형(그)은 그저 "다들 열심히 하는데, 내가 열심히 하지 않으면 뒤처지잖아"라고 말하며 웃음만 짓는다. 형(그)이 이렇게 말하는 것을 들을 때마다 나는 이런 생각을 하게 된다. 알고 보니 우수한 사람은 이유가 없는 게 아니구나(있구나)! 형은 늘 내가 본받고 싶은 롤 모델이다. 비록 내 성적은 형(그)보다 못하지만, 나 스스로는 만족한다. 어쨌든 사람마다 모두 각자의 장점을 가지고 있다. 나 역시 형이 졸업 후 모든 일이 잘 되기를 진심으로 바란다.

어휘 首尔 Shǒu'ěr [고유] 서울 | 大学 dàxué [명] 대학 | ★情况 qíngkuàng [명] 상황 | 来说 láishuō ~으로 말하자면 | ★发生 fāshēng [동] 생기다 | 事 shì [명] 일 | 全 quán [형] 모든 | 家人 jiārén [명] 가족 | 心疼 xīnténg [동] 안타까워하다 | ★然而 rán'ér [접] 그러나 [≒但是] | 淡淡 dàndàn [형] (마음이) 담담하다 | ★努力 nǔlì [동] 노력하다 | ★落后 luòhòu [동] 뒤처지다 | ★呀 ya [조] 어세를 돕기 위하여 문장의 끝에 사용하는 어기 조사 | 想法 xiǎngfa [명] 생각 | ★原来 yuánlái [부] 알고 보니 | ★优秀 yōuxiù [형] 우수하다 | 并 bìng [부] 결코 [부정사 앞에 쓰여 부정의 어투 강조] | ★理由 lǐyóu [명] 이유 | ☆啊 a [조] (문장 끝에 쓰여) 감탄·찬탄을 나타냄 | ★一直 yìzhí [부] 줄곧 | 榜样 bǎngyàng [명] 롤 모델 | ☆成绩 chéngjì [명] 성적 | ★不如 bùrú [동] ~만 못하다 [≒没有] | 自己 zìjǐ [부] 스스로 | ☆还是 háishi [부] 그래도 | ☆满意 mǎnyì [형] 만족하다 | ★毕竟 bìjìng [부] 어쨌든 | 各自 gèzì 각자 | 长处 chángchù [명] 장점 [≒好处] | 真心 zhēnxīn [명] 진심 [*真心地: 진심으로] | ☆地 de [조] ~하게 [*부사어+地+술어] | ★毕业 bìyè [동] 졸업하다 | ★一切 yíqiè [명] 모든 | ★顺利 shùnlì [형] 순조롭다

표현 tip

㉠ A(특정어휘)是B(설명) A는 B이다
형의 신분을 나타내는 것으로 'A 是B'는 어디서든 쓸 수 있는 패턴이니, 잘 기억해 두자

ⓒ 对A来说 A에게 있어서
대상 A의 입장을 대변해서 쓰는 말로 '对A来说' 역시 자주 쓰는 표현이니 기억하자

ⓒ A不如B A가 B만 못하다
A보다 B가 낫다는 뜻으로 A와 B를 바꿔서 쓰면 완전히 반대의 의미가 되는데, 생각보다 위치를 많이 틀리기 때문에 주의하자

발음 tip

① '睡着'에서 '着'는 다의어로 '잠이 들다'라는 의미에서는 [zhe]가 아니라 [zháo]라고 읽어야 한다

② '很常'을 한 호흡에 읽으려면 반3성-2성으로 읽는 것이 자연스럽다

③ 4성인 글자 앞에 '一'가 위치하면 2성이 된다

④ '不'는 본래 4성이지만 그 뒤에 4성인 '是'가 있기 때문에 2성으로 바뀐다

⑤ '没有理由'의 성조는 2성-3성-3성-2성으로, 자연스럽게 읽으려면 2성-2성-반3성-2성으로 소리 내야 한다

⑥ 3성이 두 개 이상 있는 어휘는 맨 마지막 글자만 3성으로 읽고, 그 앞은 2성으로 읽는다

⑦ '个'의 본래 성조는 4성이지만 양사로 쓰일 때는 경성으로 가볍게 읽는다

STEP 2 내공 쌓기

학교 관련 그림은 평소 해당 어휘만 잘 익혀 두면, 실제 시험에 출제될 때 비교적 어렵지 않게 스토리를 떠올릴 수 있다.

내용 구상하기 ● track 213

- **准备考试** 시험을 준비하다
  → **朋友准备考试的这段时间，我们不常联系。**
  친구가 시험을 준비하는 이 기간에, 우리는 자주 연락하지 않는다.

- **努力学习** 열심히 공부하다
  → **为了下个月的资格证考试，妹妹每天都努力学习。**
  다음 달 자격증 시험을 위해 여동생은 매일 열심히 공부한다.

- **对A来说** A에게 있어서 [입장 표명할 때]
  → **对我来说，熬夜学习的效果最好。**
  나에게는 밤을 새 공부하는 것이 효과가 가장 좋다.

추가표현
- **集中学习** 공부에 집중하다
- **用功学习** 힘써서 공부하다
- **考试期间** 시험 기간
- **熬夜学习** 밤을 새워 공부하다
- **姐姐** 언니

어휘 ☆ **段** duàn 양 동안 [시간·공간의 일정한 거리를 나타낼 때 쓰임] | **常** cháng 부 늘 [≒常常] | ★ **联系** liánxì 동 연락하다 | ☆ **努力** nǔlì 동 열심히 하다 | ☆ **为了** wèile 개 ~를 하기 위하여 [*为了+목적, 행위: ~하기 위하여 ~하다] | **资格证** zīgézhèng 자격증 | **来说** láishuō ~으로 말하자면 [*对A来说: A에게 있어서] | ★ **熬夜** áoyè 밤새다 | ★ **效果** xiàoguǒ 명 효과 | ☆ **集中** jízhōng 동 집중하다 | ★ **期间** qījiān 명 기간 | ★ **用功** yònggōng 동 열심히 공부하다

내용 구상하기 ● track 214

- **集中精神** 정신을 집중하다
  → **上课时，集中精神是非常重要的。**
  수업할 때 정신을 집중하는 것은 매우 중요하다

- **保持安静** 조용히 하다
  → **考试还没结束，请保持安静。**
  시험이 아직 끝나지 않았으니 조용히 해 주세요.

- **又A**(형용사)**又B**(형용사) A하고 B하다
  → **天气又热又干燥，但学生们仍然在认真(地)听课。**
  날씨가 덥고 건조하지만 학생들은 여전히 열심히 수업을 받고 있다.

추가표현
- **听课** 수업을 듣다
- **认真听讲** 열심히 강의를 듣다
- **正在考试** 시험을 보고 있다
- **复习** 복습하다
- **同学** 학우

어휘 ★ **集中** jízhōng 동 집중하다 | ★ **精神** jīngshén 명 정신 | **上课** shàngkè 동 수업을 듣다 | ☆ **重要** zhòngyào 형 중요하다 | ★ **保持** bǎochí 동 (좋은 상태를) 유지하다 | ☆ **安静** ānjìng 형 조용하다 | ★ **结束** jiéshù 동 끝나다 | ☆ **又** yòu 부 (~하면서) 또한 동시에(~하다) [*又A又B: A하면서 동시에 B하다] | ★ **干燥** gānzào 형 건조하다 | ★ **仍然** réngrán 부 여전히 | ☆ **认真** rènzhēn 형 열심히 하다 | ☆ **地** de 조 ~하게 [*부사어+地+술어] | **听课** tīngkè 동 수업을 듣다 | **听讲** tīngjiǎng 동 강의를 듣다 | ☆ **复习** fùxí 동 복습하다

내용 구상하기 ▶ ● track 215

- 举手发言 손을 들어 발표하다
  → 学生们对今天的话题很感兴趣，都想举手发言。
  학생들은 오늘의 화제에 대해 흥미를 느껴 모두 손을 들어 발표하고
  싶어 한다.

- 气氛热烈 분위기가 열렬하다
  → 金老师上课时，课堂气氛总是很热烈。
  김(金) 선생님이 수업하실 때 교실 분위기는 항상 열렬하다.

- 感到A(감정) A를 느끼다
  → 看到大家积极地回答问题，老师感到很开心。
  모두 적극적으로 질문에 답하는 것을 보고 선생님은 기뻐하신다.

추가표현	• 教授 교수	• 说出意见 의견을 말하다	• 提出意见 의견을 제시하다
	• 正确答案 정답	• 教室 교실	• 热烈地讨论 열렬하게 토론하다

어휘 ★举 jǔ 图 들다 [*举手: 손을 들다] | ★发言 fāyán 图 의견을 발표하다 | ★话题 huàtí 阅 화제 | ☆感兴趣 gǎnxìngqù 흥미가 있다 [*对A感兴趣: A에 흥미가 있다] | ★气氛 qìfēn 阅 분위기 | ★热烈 rèliè 阅 열렬하다 | 金 Jīn 고유 김 [성씨] | 课堂 kètáng 阅 교실 | ☆总是 zǒngshì 图 늘 | 感到 gǎndào 图 느끼다 | ★积极 jījí 图 적극적이다 | ☆地 de 图 ~하게 [*부사어+地+술어] | ☆回答 huídá 图 대답하다 [*回答问题: 질문에 대답하다] | ★开心 kāixīn 阅 기쁘다 | ★教授 jiàoshòu 阅 교수 | ★意见 yìjiàn 阅 의견 | 提出 tíchū 图 제시하다 | ★正确 zhèngquè 阅 정확하다 | ★答案 dá'àn 阅 답 | ★讨论 tǎolùn 图 토론하다

내용 구상하기 ▶ ● track 216

- 查资料 자료를 찾아보다
  → 在查资料的过程中，姐姐了解到很多以前不知道的知识。
  자료를 찾아보던 중, 언니는 이전에는 몰랐던 많은 지식을 알게 되었다.

- 写论文 논문을 쓰다
  → 为了写毕业论文我每天去图书馆查资料。
  졸업 논문을 쓰기 위해 나는 매일 도서관에 가서 자료를 찾아본다.

- 终于A(동사)了 마침내 A하다
  → 室友几天没睡，终于完成了教授留的作业。
  룸메이트는 며칠 동안 잠을 안 자더니 마침내 교수님이 내 주신 과제를 끝냈다.

추가표현	• 借书 책을 빌리다	• 参考资料 참고 자료	• 做作业 과제를 하다
	• 忙于写论文 논문을 쓰느라 바쁘다	• 学姐 여자 선배	• 学妹 여자 후배

어휘 查 chá 图 찾아보다 | ★资料 zīliào 阅 자료 | ★过程 guòchéng 阅 과정 | ☆了解 liǎojiě 图 알다 | ★以前 yǐqián 阅 이전 | ★知识 zhīshí 阅 지식 | ★论文 lùnwén 阅 논문 | ★为了 wèile 께 ~를 하기 위하여 [*为了+목적, 행위: ~하기 위해 ~하다] | ★毕业 bìyè 图 졸업하다 | 每天 měitiān 阅 매일 | ☆图书馆 túshūguǎn 阅 도서관 | ☆终于 zhōngyú 图 마침내 [*终于A了: 마침내 A하다] | 室友 shìyǒu 阅 룸메이트 | ★完成 wánchéng 图 끝내다 | ★教授 jiàoshòu 阅 교수 | ★留 liú 图 남기다 | ☆作业 zuòyè 阅 과제 | 借 jiè 图 빌리다 | ★参考 cānkǎo 图 참고하다 | 学姐 xuéjiě 여자 선배 | 学妹 xuémèi 여자 후배

내용 구상하기 ► ● track **217**

- 通过考试 시험에 합격하다
  → 丽丽通过了留学前的最后一次考试，她感到非常开心。
    리리는 유학 전 마지막 시험에 합격하여, 매우 기쁘다.

- 取得成绩 성적을 받다
  → 我没想到自己会取得这么好的成绩。
    나는 내 자신이 이렇게 좋은 성적을 받을 줄 생각지도 못했다.

- A(특정 어휘)是B(설명) A는 B이다
  → 妹妹考试得了"A+"，这是她用功学习的成果。
    여동생은 시험에서 'A+'를 받았고, 이것은 그녀가 열심히 공부한 성과이다.

추가표현 • 得第一名 1등을 하다 • 感到骄傲 자랑스럽다 • 非常满意 매우 만족하다

어휘 ★通过 tōngguò 통 통과하다 | 丽丽 Lìli 고유 리리 [인명] | ☆留学 liúxué 통 유학하다 | ☆最后 zuìhòu 형 최후의 | 感到 gǎndào 통 느끼다 [*感到+감정: ~을 느끼다] | ★开心 kāixīn 형 기쁘다 | 取得 qǔdé 통 얻다 | ★成绩 chéngjì 명 성적 | ☆自己 zìjǐ 대 자신 | 这么 zhème 대 이렇게 | ★得 dé 통 받다 | ★用功 yònggōng 통 열심히 공부하다 | ★成果 chéngguǒ 명 성과 | 第一名 dìyīmíng 명 일등 | 骄傲 jiāo'ào 형 자랑스럽다 | ☆满意 mǎnyì 형 만족하다

내용 구상하기 ► ● track **218**

- 大学毕业 대학을 졸업하다
  → 很多人大学毕业后，就很难再见面了。
    많은 사람들이 대학을 졸업하면 다시 만나기 힘들어진다.

- 参加毕业典礼 졸업식에 참석하다
  → 我的家人和朋友都来参加了我的毕业典礼。
    나의 가족과 친구들이 모두 나의 졸업식에 참석해 주었다.

- 为了A(목적), B(행위) A하기 위해 B하다
  → 为了留下美好的回忆，学生们在毕业典礼那天会拍
    很多照片。
    아름다운 추억을 남기기 위해 학생들은 졸업식 날 많은 사진을 찍는다.

추가표현 • 好朋友 좋은 친구 • 毕业于A(학교명) A학교 출신이다 • 出国留学 해외 유학하다
         • 女朋友 여자 친구 • 合影 단체 사진을 찍다

어휘 大学 dàxué 명 대학 | ☆毕业 bìyè 통 졸업하다 | ☆难 nán 형 힘들다 | ☆见面 jiànmiàn 통 만나다 | ☆参加 cānjiā 통 참석하다 [*参加+졸업식/시험/시합] | 典礼 diǎnlǐ 명 의식 [*毕业典礼: 졸업식] | 家人 jiārén 명 가족 | ☆为了 wèile 개 ~를 하기 위하여 | 美好 měihǎo 형 아름답다 | ★回忆 huíyì 명 추억 | ★拍 pāi 통 촬영하다 | ☆照片 zhàopiàn 명 사진 | 出国 chūguó 통 외국에 가다 | ☆留学 liúxué 통 유학하다 | ★合影 héyǐng 명 단체 사진 통 단체 사진을 찍다

💬 다음 그림을 보고 설명해 봅시다. (각 문항당 준비 시간 약 2분 30초, 녹음 시간 약 2분)

7

연상 어휘

확장하기

구성하기

8

연상 어휘

확장하기

구성하기

모범 답안 및 해설 ▶ p.167

03

제2부분 | 그림 보고 설명하기

직장

STEP 1 **유형 파악하기**

직장 관련 그림 역시 학교 관련 그림과 마찬가지로 HSK를 공부하면서 접한 표현을 많이 활용할 수 있는 파트로, 확실히 대비하여 출제되면 유창하게 대답할 수 있어야 한다.

➤ 출제 경향

- 캐리어를 끌고 출장을 가거나 사무실에서 컴퓨터를 하고 있는 직장인에 대한 그림이 자주 출제되고 있으니, 이 그림에 관해서는 시험장에 들어가기 전에 꼭 준비해 두는 것이 좋다.
- 직장 관련 그림은 주로 양복을 입은 사람들이 등장한다.

➤ 문제 풀이 비법

- 다양한 어기를 나타내는 부사나 접속사 등을 활용하여 이야기를 완성하면 내용이 보다 다채로워진다.
- STEP2 내공 쌓기에 나오는 직장 관련 표현을 잘 외워 두자.

💬 **예제 3**

내용 구상하기

연상 어휘 떠올리기	• 迟到 지각하다 • 起晚 늦게 일어나다 • 醒 깨다
어휘 확장하기	• 差点儿迟到 하마터면 지각할 뻔하다 • 早上起晚了 아침에 늦게 일어났다 • 还没醒 (아직) 깨지 않았다

**논리적으로
구성하기**

弟弟今天又差点儿迟到 남동생은 오늘 또 하마터면 지각할 뻔했다
→ 他还没醒 그는 (아직) 깨지 않았다 → 早上又起晚了 아침에 또 늦게 일어났다

我 的 弟弟 / 今天 又 差点儿^① / 迟到, 这个 月 / 有 世界杯
Wǒ de dìdi jīntiān yòu chàdiǎnr chídào, zhège yuè yǒu Shìjièbēi

足球赛, 他 / 好几^① 次 / 为了 看 比赛 直播 / 熬夜。早上 全
zúqiúsài, tā hǎojǐ cì wèile kàn bǐsài zhíbō áoyè. Zǎoshang quán

家人 都 / 被 他 的 闹钟 / 吵醒^① 了, 但 / 他 / 还 没 醒, 今天
jiārén dōu bèi tā de nàozhōng chǎoxǐng le, dàn tā hái méi xǐng, jīntiān

/ 也 是 这样。昨天 的 比赛 / 结束 时, 已经 是 凌晨 5点^①
yě shì zhèyàng. Zuótiān de bǐsài jiéshù shí, yǐjīng shì língchén 5diǎn

了, 他 / 只 能^② 睡 / 两个 小时^②。果然^{ⓛ②}, 早上 / 又 起晚了^①,
le, tā zhǐ néng shuì liǎng ge xiǎoshí. Guǒrán, zǎoshang yòu qǐwǎnle,

看 他 / 着急 的 样子, 我 / 感到 / 又[ⓒ] 生气, 又[ⓒ] 好笑。本来^②
kàn tā zháojí de yàngzi, wǒ gǎndào yòu shēngqì, yòu hǎoxiào. Běnlái

想 晚上^① 和 弟弟 一起 / 叫 外卖, 但 / 没 想到[ⓔ], 我 / 刚
xiǎng wǎnshang hé dìdi yìqǐ jiào wàimài, dàn méi xiǎngdào, wǒ gāng

到 家 / 就 收到了^③ 弟弟 要 加班 的 短信, 看来 / 他 / 今天
dào jiā jiù shōudàole dìdi yào jiābān de duǎnxìn, kànlái tā jīntiān

没法 熬夜 / 看 足球 了。
méifǎ áoyè kàn zúqiú le.

해석 나의 남동생은 오늘 또 하마터면 지각할 뻔했다. 이번 달은 월드컵 축구 경기가 있어서 그는 여러 번 경기 생중계를 보기 위해 밤을 새웠다. 아침에 온 가족이 그의 알람에 잠을 깼지만 그는 깨지 않았고, 오늘도 그랬다. 어제 경기가 끝났을 때는 이미 새벽 5시였고, 그는 두 시간밖에 못 잤다. 아니나 다를까 아침에 또 늦게 일어나서 조급해 하는 모습을 보니, 나는 화가 나기도 하고 우습기도 했다. 원래 저녁에 남동생과 함께 배달 음식을 시키려고 했는데, 생각지도 못하게 내가 집에 도착하자마자 남동생이 야근을 할 거라는 문자를 받았고, 보아하니 그는 오늘 밤을 새워 축구를 볼 수 없을 것 같다.

어휘 ☆ 又 yòu 뷘 또 뷘 (~하면서) 또한 동시에 (~하다) [*又A又B: A하면서 동시에 B하다] | 差点儿 chàdiǎnr 뷘 하마터면 | ☆ 迟到 chídào 통 지각하다 | 世界杯 Shìjièbēi 고유 월드컵 | 足球 zúqiú 명 축구 | 赛 sài 명 경기 | 好几 hǎojǐ 쉬 여러 | ☆ 为了 wèile 개 ~를 위하여 | 比赛 bǐsài 명 경기 [*看比赛: 경기를 보다] | 直播 zhíbō 명 생중계 | ★ 熬夜 áoyè 통 밤을 새다 | 全 quán 형 모든 | 家人 jiārén 명 가족 | ☆ 被 bèi 개 ~에게 ~를 당하다 [*주어+被+목적어+술어+기타성분] | 闹钟 nàozhōng 명 알람 | 吵 chǎo 형 시끄럽다[*吵醒: 시끄러워 잠이 깨다] | 醒 xǐng 통 잠에서 깨다 | ☆ 结束 jiéshù 통 끝나다 | 凌晨 língchén 명 이른 새벽 | ★ 果然 guǒrán 뷘 아니나 다를까 | ★ 着急 zháojí 통 조급해 하다 ['着' 발음 주의] | ★ 样子 yàngzi 명 모습 | 感到 gǎndào 통 느끼다 [*感到+감정: ~을 느끼다] | ☆ 生气 shēngqì 통 화내다 | 好笑 hǎoxiào 형 우습다 | ★ 本来 běnlái 뷘 원래 | 外卖 wàimài 명 배달 음식 [*叫外卖: 배달 음식을 시키다] | ★ 刚 gāng 뷘 막 | 收到 shōudào 통 받다 [*收到短信: 문자를 받다] | ★ 加班 jiābān 통 야근하다 | ★ 短信 duǎnxìn 명 문자 | 没法 méifǎ 방법이 없다

표현 tip

㉠ 差点儿+바라지 않는 일
하마터면 ~할 뻔하다
바라지 않는 일이 발생하려고 하다가 결국 발생하지 않았으므로 다행임을 나타낸다

㉡ 果然 과연
'果然'의 앞에는 늦게 잤다는 내용으로, 아니나 다를까 늦게 일어났다고 표현할 수 있다. 즉, 예상한 일이 일어났을 때 주로 쓴다

㉢ 又A又B A하고 B하다
동시 상황을 나타내며 화자가 느낀 두 감정을 나타낸다

㉣ 没想到 생각지 못하게
뒤에 예상하지 못했던 내용이 오며, 그에 대한 놀라움을 나타낸다

발음 tip

① 3성으로 이루어진 글자가 2개 이상 있을 때는 앞은 2성으로, 맨 뒷글자만 3성으로 읽는다. '5点'의 경우 발음하기 힘들다면 5[wǔ] 대신 4[sì]나 6[liù]라고 말해도 무방하다

② '只能'이나 '小时'처럼 3성-2성으로 구성된 구나 단어는 반3성-2성으로 읽으면 보다 더 유창하게 들린다

③ '收到'의 '收'는 1성으로 뒤에 구체적인 목적어를 가진다. 반면에 추상적인 목적어를 가지는 '受到'의 '受'는 4성이므로 반드시 구분해서 소리 내야 한다

STEP 2 내공 쌓기

직장 관련 그림은 출장, 회의, 채용 등 다양하지만 확실한 테마가 있어 짝꿍 어휘를 외워 두면 이야기를 만드는 것이 쉬우므로, 관련 어휘들을 반드시 잘 익히자.

내용 구상하기 ▶ ● track 220

- **时差问题** 시차 문제
  → 虽然这次出差会有时差问题，但小王一点儿也不担心。
  비록 이번 출장은 시차 문제가 있을 수 있겠지만 샤오왕은 조금도 걱정하지 않는다.

- **签合同** 계약을 (체결)하다
  → 她一下飞机就为了签一份重要的合同，去了公司。
  그녀는 비행기에서 내리자마자 중요한 계약을 하기 위해 회사에 갔다.

- **去A(장소)出差** A로 출장을 가다
  → 去中国出差大概只有两天，所以我的行李也很少。
  중국으로 출장을 가는 데 대략 이틀 정도밖에 안 돼서, 내 짐도 적다.

추가표현
- **去机场** 공항에 가다
- **带护照** 여권을 챙기다
- **下飞机** 비행기에서 내리다

어휘 ★**时差** shíchā 명 시차 | ★**出差** chūchāi 동 출장 가다 ['差' 발음 조심] | **小王** Xiǎo Wáng 고유 샤오왕 [인명] | ☆**担心** dānxīn 동 걱정하다 | ★**签** qiān 동 서명하다 | ★**合同** hétong 명 계약서 | **为了** wèile 개 ~를 하기 위하여 [*为了+목적, 행위: ~하기 위하여 ~하다] | **份** fèn 양 부 [문건 등을 세는 단위] | ☆**重要** zhòngyào 형 중요하다 | ★**大概** dàgài 부 대략 | ☆**只** zhǐ 부 겨우 [성조 주의] | **行李** xíngli 명 짐 | **带** dài 동 챙기다 | **护照** hùzhào 명 여권

내용 구상하기 ▶ ● track 221

- **参加会议** 회의에 참여하다
  → 人事部的同事都参加了这次的会议。
  인사 팀의 동료 모두 이번 회의에 참여했다.

- **安排日程** 일정을 짜다
  → 李秘书在为大家安排这个月的日程。
  리 비서는 모두를 위해 이번 달 일정을 짜고 있다.

- **一直A(동사·행위)** 줄곧 A하다
  → 我们对会议上讨论的问题，一直找不到解决方案。
  우리는 회의에서 토론한 문제에 대한 해결 방안을 줄곧 찾지 못하고 있다.

추가표현
- **讨论问题** 문제를 토론하다
- **交换意见** 의견을 주고받다
- **热烈地讨论** 열렬히 토론하다

어휘 ☆**参加** cānjiā 동 참가하다 | ☆**会议** huìyì 명 회의 | **人事部** rénshìbù 인사 팀 | ★**安排** ānpái 동 (일·계획 등을) 세우다 | ★**日程** rìchéng 명 일정 | **李** Lǐ 고유 리 [성씨] | ★**秘书** mìshū 명 비서 | ☆**为** wèi 개 ~을 위하여 | ★**一直** yìzhí 부 줄곧 | ★**讨论** tǎolùn 동 토론하다 | ☆**解决** jiějué 동 해결하다 [*解决方案: 해결 방안] | ★**方案** fāng'àn 명 방안 | ★**热烈** rèliè 형 열렬하다 | ☆**地** de 조 ~하게 [*부사어+地+술어] | ★**交换** jiāohuàn 동 교환하다 | ★**意见** yìjiàn 명 의견

- 担任工作 업무를 맡다

  → 这次我和前辈共同担任了一项重要的工作。
  이번에 나는 선배와 함께 중요한 업무를 맡았다.

- 办理业务 업무를 처리하다

  → 午休时间一过，就有很多人来银行办理业务。
  점심 휴식 시간이 지나가자마자 많은 사람들이 은행에 와서 업무를 처리한다.

- 在A的过程中 A하는 과정 중에

  → 同事们在处理问题的过程中，产生了信任。
  동료들은 문제를 해결하는 과정에서 신뢰가 생겼다.

추가표현	• 办公室 사무실	• 努力工作 열심히 일하다	• 解决问题 문제를 해결하다
	• 老板 사장	• 认真地工作 착실하게 일하다	• 文件 서류

어휘 ★担任 dānrèn 동 맡다 | 前辈 qiánbèi 명 선배 | ★共同 gòngtóng 분 함께 | ★项 xiàng 양 항목 | ☆重要 zhòngyào 형 중요하다 | ★办理 bànlǐ 처리하다 | ★业务 yèwù 명 업무 | 午休 wǔxiū 점심 휴식을 취하다 | ★银行 yínháng 명 은행 | ★过程 guòchéng 명 과정 | ★处理 chǔlǐ 동 해결하다 | ★产生 chǎnshēng 동 생기다 | 信任 xìnrèn 명 신뢰 | ☆办公室 bàngōngshì 명 사무실 | ☆努力 nǔlì 열심히 하다 | ☆解决 jiějué 동 해결하다 | ★老板 lǎobǎn 명 사장 [읽을 때는 2성-3성] | ☆认真 rènzhēn 형 열심히 하다 | ☆地 de 조 ~하게 [*부사어+地+술어] | ★文件 wénjiàn 명 서류

- 完成任务 임무를 완수하다

  → 大家都没想到这么快就完成了任务。
  모두 이렇게 빨리 임무를 완수할 줄 생각지도 못했다.

- 互相合作 서로 협력하다

  → 同事间的互相合作在工作中起到了很大作用。
  동료 간에 서로 협력하는 것이 업무에 큰 역할을 했다.

- 没有A的努力 A의 노력이 없었다면

  → 没有同事们的努力，这次的谈判就无法取得成功。
  동료들의 노력이 없었다면 이번 협상은 성공할 수 없었을 것이다.

추가표현	• 合作的态度 협조적인 태도	• 充满信心 자신감이 넘치다
	• 击掌 하이 파이브 하다	• 十分开心 매우 기쁘다 (≒非常高兴)

어휘 ☆完成 wánchéng 동 완수하다 | ★任务 rènwu 명 임무 | 这么 zhème 대 이렇게 [*这么+형용사: 형용사 강조] | ★互相 hùxiāng 분 서로 | ★合作 hézuò 동 협력하다 | 间 jiān 명 사이 | ★作用 zuòyòng 명 역할 [*起作用: 역할을 하다] | ☆努力 nǔlì 명 노력 | ★谈判 tánpàn 명 협상 | 无法 wúfǎ 동 할 수 없다 | 取得 qǔdé 동 얻다 [*取得成功: 성공을 얻다] | ★成功 chénggōng 명 성공 | ★态度 tàidu 명 태도 | ★充满 chōngmǎn 동 넘치다 | ★信心 xìnxīn 명 자신감 | 击掌 jīzhǎng 하이 파이브 하다 | ★十分 shífēn 분 매우 | ★开心 kāixīn 형 기쁘다

내용 구상하기 ● track 224

- 接电话 전화를 받다
  → 王秘书每天都要接很多电话。
  왕(王) 비서는 매일 많은 전화를 받아야 한다.

- 采取措施 조치를 취하다
  → 公司对这次事故采取了有效的解决措施。
  회사는 이번 사고에 대해 효과적인 해결 조치를 취했다.

- 跟·与·和A商量 A와 상의하다
  → 小李一直在打电话跟对方商量这次的合作。
  샤오리는 줄곧 전화를 걸어 상대방과 이번 콜라보에 대해 상의하고 있다.

추가표현	● 总经理 (기업의) 최고 경영인	● 处理业务 업무를 처리하다
	● 接待顾客 고객을 응대(접대)하다	● 用户服务 고객 서비스(CS)
	● 一边看电脑，一边打电话 컴퓨터를 보면서 전화를 하다	

어휘 ☆接 jiē 통 받다 | 电话 diànhuà 명 전화 | 王 Wáng 고유 왕 [성씨] | 每天 měitiān 명 매일 | ★采取 cǎiqǔ 통 취하다 | ★措施 cuòshī 명 조치 | 事故 shìgù 명 사고 | 有效 yǒuxiào 형 효과가 있다 | ☆解决 jiějué 통 해결하다 | ☆跟 gēn 개 ~과 | ☆与 yǔ 개 ~과 | ★商量 shāngliang 통 상의하다 | 小李 Xiǎo Lǐ 고유 샤오리 [인명] | ☆一直 yìzhí 부 줄곧 | ★对方 duìfāng 명 상대방 | 合作 hézuò 명 합작 [여기서는 '콜라보'로 쓰임] | 总经理 zǒngjīnglǐ 명 (기업의) 최고 경영인 (CEO) | ★处理 chǔlǐ 통 처리하다 | 业务 yèwù 명 업무 | ★接待 jiēdài 통 접대하다 | ★顾客 gùkè 명 고객 | 用户 yònghù 명 (어떤 상품이나 서비스를 이용하는) 사용자 | 服务 fúwù 명 서비스

내용 구상하기 ● track 225

- 起得晚 늦게 일어나다
  → 丽丽今天起得比平时晚，现在正跑着去地铁站。
  리리는 오늘 평소보다 늦게 일어나서 지금 지하철역으로 뛰어가고 있다.

- 赶公交车·地铁 버스·지하철 시간에 대다
  → 很多年轻人早上都是这样边跑边赶公交车的。
  많은 젊은이들이 아침에 모두 이렇게 뛰면서 버스 시간에 댄다.

- 让A(대상)B(행위) A로 하여금 B하게 하다
  → 地铁故障让我差点儿迟到。 지하철 고장으로 나는 지각할 뻔했다.

추가표현	● 迟到 지각하다	● 公共汽车站 버스 정류장
	● 赶紧去上班 서둘러 출근하다	
	● 来不及 제 시간에 댈 수 없다	

어휘 晚 wǎn 형 늦다 | 丽丽 Lìli 고유 리리 [인명] | ★平时 píngshí 명 평소 | ★正 zhèng 부 마침 | 跑 pǎo 통 달리다 | 地铁站 dìtiězhàn 지하철역 | ★赶 gǎn 통 (열차·버스 등의 시간에) 대다 [*赶+교통수단: ~에 시간을 대다] | 公交车 gōngjiāochē 버스 | ☆地铁 dìtiě 명 지하철 | 年轻人 niánqīngrén 명 젊은이 | 这样 zhèyàng 대 이렇게 | 边 biān 접 한편으로 ~하면서 [*边A边B: A하면서 B하다] | 故障 gùzhàng 명 고장 | 差点儿 chàdiǎnr 부 하마터면 | 迟到 chídào 통 지각하다 | 公共汽车站 gōnggòng qìchēzhàn 버스 정류장 | ★赶紧 gǎnjǐn 부 서둘러 | ★来不及 láibují 제 시간에 댈 수 없다

- 参加面试 면접에 참여하다
  → 这已经是丽丽今年参加的第三次面试了。
  이번이 벌써 리리가 올해 세 번째 보러 간 면접이다.

- 找工作 구직하다·일을 찾다
  → 我在大学毕业前，就开始为找工作做准备了。
  나는 대학 졸업 전에 구직하기 위해 준비를 시작했다.

- 被A录取 A에 채용되다
  → 姐姐被一家韩国公司录取了。
  언니는 한 한국 회사에 채용되었다.

추가표현	• 待业青年 취업 준비생	• 面试官 면접관
	• 室友 룸메이트	• 通过面试 면접에 통과하다

어휘 ☆参加 cānjiā 통 참가하다 | 面试 miànshì 명 면접 | 丽丽 Lìli 고유 리리 [인명] | 大学 dàxué 명 대학 | ★毕业 bìyè 통 졸업하다 | ☆为 wèi 개 ~을 위하여 | ☆被 bèi 개 ~에게 ~를 당하다 [*주어+被+목적어+술어+기타성분] | ★录取 lùqǔ 통 채용하다 | 韩国 Hánguó 고유 한국 | 待业青年 dàiyè qīngnián 취업 준비생 | 面试官 miànshìguān 면접관 | 室友 shìyǒu 명 룸메이트 | ★通过 tōngguò 통 통과하다

- 每天加班 매일 야근하다
  → 最近工作压力特别大，我们不得不每天加班。
  요즘 업무 스트레스가 특히 많고 우리는 매일 야근할 수밖에 없다.

- 考虑辞职 사직을 고려하다
  → 看他的样子，应该是在考虑辞职。
  그의 모습을 보니 사직을 고려하는 것 같다.

- 虽然A, 但(是)B 비록 A하지만 그러나 B하다
  → 虽然弟弟刚进公司不久，但他受到了很大的压力。
  비록 남동생은 입사한 지 얼마 안 되었지만 많은 스트레스를 받았다.

추가표현	• 受到压力 스트레스를 받다	• 丈夫 남편
	• 工作上的压力 업무상 스트레스	• 工作很忙 일이 바쁘다
	• 承受压力 스트레스를 감당하다	• 不高兴 기쁘지 않다

어휘 ★加班 jiābān 통 야근하다 | ☆最近 zuìjìn 명 요즘 | ★压力 yālì 명 스트레스 | ☆特别 tèbié 부 특히 | ★不得不 bùdébù 부 ~할 수밖에 없다 | 考虑 kǎolǜ 통 고려하다 | ★辞职 cízhí 통 사직하다 | ☆样子 yàngzi 명 모습 | ☆应该 yīnggāi 조동 아마 ~일 것이다 | ★刚 gāng 부 막 | ☆久 jiǔ 형 오래다 | ★受到 shòudào 통 받다 [*受到压力: 스트레스를 받다] | ★承受 chéngshòu 통 감당하다

실력 다지기

💬 **다음 그림을 보고 설명해 봅시다.** (각 문항당 준비 시간 약 2분 30초, 녹음 시간 약 2분)

9

연상 어휘

확장하기

구성하기

10

연상 어휘

확장하기

구성하기

11

연상 어휘

확장하기

구성하기

12

연상 어휘

확장하기

구성하기

모범 답안 및 해설 ▶ p.169

STEP 1 유형 파악하기

앞의 세 유형으로 분류되지 않는 그림들을 모은 파트로, 쉽게 연상 어휘가 떠오르지 않는 그림들도 꽤 출제되고 있다.

▶ 출제 경향
- 짐을 옮긴다거나, 귓속말을 하는 등 특정 행동을 보여주는 그림이 많다.

▶ 문제 풀이 비법
- 특정 행동을 나타내는 표현을 기본으로 이야기를 확장해 나가야 하기 때문에, 준비 시간에 한국어로 어떤 이야기를 할 것인지 잘 생각해 두어야 한다.
- 그림 속 행동을 나타내는 어휘를 모르더라도 포기하지 말고, 그 상황을 대략이라도 묘사해야 한다.

💬 예제 4

내용 구상하기

연상 어휘 떠올리기	• 整理东西 물건을 정리하다 • 摔倒 넘어지다 • 把行李放在箱子里 짐을 상자에 넣다
어휘 확장하기	• 整理自己的东西 자신의 물건을 정리하다 • 差点儿摔倒 하마터면 넘어질 뻔하다 • 把行李放在纸箱子里 짐을 종이 상자에 넣다

논리적으로 구성하기

整理自己的东西准备去学校的宿舍 자신의 물건을 정리해서 학교 기숙사에 갈 준비를 하다

→ 把行李放在几个纸箱子里 짐을 종이 상자 몇 개에 넣다

→ 有几次甚至差点儿摔倒 심지어 몇 번은 하마터면 넘어질 뻔했다

小 金 / 正在 / 整理① 自己 的 东西 / 准备② 去 学校 的
Xiǎo Jīn zhèngzài zhěnglǐ zìjǐ de dōngxi zhǔnbèi qù xuéxiào de

宿舍, 他 / 本来③ 以为③ / 自己 的 大学 / 离 家 很 近, 根本
sùshè, tā běnlái yǐwéi zìjǐ de dàxué lí jiā hěn jìn, gēnběn

不用④ 带 / 那么 多 东西, 所以① / 一直 没 整理①。今天 下午 /
búyòng dài nàme duō dōngxi, suǒyǐ yìzhí méi zhěnglǐ. Jīntiān xiàwǔ

就要 进 宿舍 了, 可⑤ 出发 前, 他 才 发现 / 自己 要带 的
jiùyào jìn sùshè le, kě chūfā qián tā cái fāxiàn zìjǐ yào dài de

东西 / 比⑥ 想象①② 的 多。因为 / 没有 准备 行李箱, 小金 /
dōngxi bǐ xiǎngxiàng de duō. Yīnwèi méiyǒu zhǔnbèi xínglixiāng, Xiǎo Jīn

只好① / 把 行李③ / 放在 几 个 纸 箱子 里, 有 几① 次 / 甚至
zhǐhǎo bǎ xíngli fàngzài jǐ ge zhǐ xiāngzi li, yǒu jǐ cì shènzhì

差点儿 摔倒。没 办法, 他 / 只好① 拜托 朋友们 / 来 帮
chàdiǎnr shuāidǎo. Méi bànfǎ, tā zhǐhǎo bàituō péngyoumen lái bāng

自己, 还 向 朋友 / 借了 行李箱。 晚上, 在⑥ 朋友 的
zìjǐ, hái xiàng péngyou jièle xínglixiāng. Wǎnshang, zài péngyou de

帮助 下⑥, 小金 / 总算② 在 学校 规定 的 / 时间 内 /
bāngzhù xià, Xiǎo Jīn zǒngsuàn zài xuéxiào guīdìng de shíjiān nèi

搬进了 宿舍, 他 / 对⑥ 朋友 非常 感谢⑥。
bānjìnle sùshè, tā duì péngyou fēicháng gǎnxiè.

해석 샤오진은 자신의 물건을 정리해서 학교 기숙사에 갈 준비를 하고 있다. 그는 원래 대학교에서 집이 가까우니 그다지 많은 물건을 챙기지 않아도 될 것이라 생각해서, 계속 정리하지 않았다. 오늘 오후 숙소에 들어가려고 하는데 떠나기 전, 그는 비로소 자신이 챙겨야 할 물건이 생각보다 많다는 것을 알아차렸다. 캐리어를 준비하지 않아서 샤오진은 종이 상자 몇 개에 짐을 넣을 수밖에 없었고, 심지어 몇 번 넘어질 뻔했다. 할 수 없이 그는 친구들에게 자신을 도와 달라고 부탁했고, 친구에게 캐리어도 빌렸다. 저녁에 친구의 도움으로 샤오진은 겨우 학교에서 규정한 시간 내에 기숙사로 이사했고, 친구에게 매우 고마웠다.

어휘 **小金** Xiǎo Jīn 고유 샤오진 [인명] | ★**整理** zhěnglǐ 동 정리하다 | ☆**自己** zìjǐ 대 자신 | ★**宿舍** sùshè 명 기숙사 | ★**本来** běnlái 부 원래 | ★**以为** yǐwéi 동 생각하다 [주관적으로 추측한 결과가 사실과 일치하지 않는 경우에 쓰임] | **大学** dàxué 명 대학 | ★**根本** gēnběn 부 원래 | ☆**带** dài 동 챙기다 | ☆**一直** yìzhí 부 계속 | ★**出发** chūfā 동 떠나다 | ☆**发现** fāxiàn 동 알아차리다 | ☆**才** cái 부 비로소 | ★**想象** xiǎngxiàng 동 상상하다 | ☆**行李箱** xínglixiāng 명 캐리어 | ★**只好** zhǐhǎo 부 할 수 없이 | ☆**把** bǎ 개 ~를 [*주어+把+목적어+술어+기타성분] | **行李** xíngli 명 짐 | ☆**放** fàng 동 놓다 | ☆**纸** zhǐ 명 종이 | **箱子** xiāngzi 명 상자 | ★**甚至** shènzhì 접 심지어 | **差点儿** chàdiǎnr 부 하마터면 | ★**摔倒** shuāidǎo 동 넘어지다 | ☆**办法** bànfǎ 명 방법 | **拜托** bàituō 동 부탁하다 | ☆**向** xiàng 개 ~에게 | ☆**借** jiè 동 빌리다 | ★**总算** zǒngsuàn 부 겨우 | ★**规定** guīdìng 명 규정 | ★**内** nèi 명 안 | ☆**搬** bān 동 이사하다 | ★**感谢** gǎnxiè 동 고맙게 생각하다

제2부분 | 그림 보고 설명하기

표현 tip

㉠ **可** 그런데
전환을 나타내는 접속사로 앞과 반대되는 내용을 이야기하고자 할 때 사용한다

㉡ **比** ~보다
'比'자 비교문을 사용하여 생각한 것보다 챙겨야 할 짐이 많음을 표현할 수 있다

㉢ **在A下** A하에
어떤 상황이나 조건을 나타낼 때 사용한다

㉣ **对A感谢** A에게 고맙다
자신을 도와준 친구에게 고마움을 느낄 때 쓰는 고정격식 표현으로, 꼭 암기하자

발음 tip

① '**整理**'처럼 3성이 두 개 이상 연속된 어휘나 표현은 맨 뒤의 글자만 3성으로 읽고 나머지는 2성으로 소리 낸다

② '**准备**'와 같이 3성-4성으로 이루어진 단어는 반3성-4성으로 읽으면 더 자연스럽게 들린다

③ '**本来**', '**以为**' 등 3성-2성으로 이루어진 단어는 반3성-2성으로 읽는 것이 자연스럽게 들린다

④ '**不**'는 본래 4성이지만 뒤의 단어의 성조가 4성일 때 2성으로 바뀐다

이 파트의 그림은 관련 어휘가 바로 생각나지 않는 경우가 많은데, 당황하지 말고 아는 어휘로 이야기를 만들도록 노력해야 한다. 아래 어휘를 익혀 두면 시험에 도움이 될 수 있다.

내용 구상하기 ▶ ● track **229**

- 安慰朋友 친구를 위로하다
  → 丽丽也不知道该怎么安慰朋友。
  리리 역시 친구를 어떻게 위로해야 할지 모른다.
- 失去自信 자신감을 잃다
  → 我希望朋友不要因为一次失败就失去自信。
  나는 친구가 한 번의 실패로 자신감을 잃지 않기를 바란다.
- 因A而B A해서 B하다
  → 妹妹因没通过面试，而感到伤心。
  여동생은 면접에 합격하지 못해서 슬픔을 느낀다.

추가표현
- 哭 울다
- 流眼泪 눈물을 흘리다
- 经历悲伤的事情 슬픈 일을 겪다

어휘 ★ 安慰 ānwèi 图 위로하다 [*安慰+위로하는 대상] | 丽丽 Lìlì 고유 리리 [인명] | 该 gāi 조동 마땅히 ~해야 한다 | ★ 失去 shīqù 图 잃다 [*失去+추상 명사] | ★ 自信 zìxìn 몡 자신감 | ★ 失败 shībài 몡 실패 | 因 yīn 젭 ~때문에 [*因A而B: A때문에 B하다] | ★ 通过 tōngguò 图 통과하다 | 面试 miànshì 몡 면접 | 感到 gǎndào 图 느끼다 [*感到+감정: ~을 느끼다] | ★ 伤心 shāngxīn 혭 슬퍼하다 [뒤에 목적어와 함께 쓰이지 않음] | ☆ 哭 kū 图 (소리 내어) 울다 | 流 liú 图 흐르다 | 眼泪 yǎnlèi 몡 눈물 | ★ 经历 jīnglì 图 경험하다 | 悲伤 bēishāng 혭 몹시 슬퍼하다

내용 구상하기 ▶ ● track **230**

- 抬沙发 소파를 들(어 올리)다
  → 他们俩在小心地抬客厅的沙发。
  그 둘은 조심스럽게 거실의 소파를 들어 올리고 있다.
- 搬到新家 새집으로 이사 오다
  → 刚搬到新家，我和丈夫就开始搬家具了。
  새집에 막 이사 와서 나는 남편과 가구를 옮기기 시작했다.
- 把A抬起来 A를 들어 올리다
  → 为了整理房间，我们把沙发抬了起来。
  방을 정리하기 위해 우리는 소파를 들어 올렸다.

추가표현
- 换新沙发 소파를 새로 바꾸다
- 整理房子 집을 정리하다
- 装修 인테리어를 하다

어휘 ★ 抬 tái 图 들어올리다, 들다 | ★ 沙发 shāfā 몡 소파 | ★ 俩 liǎ 주 두 사람 [=两个人] | ☆ 小心 xiǎoxīn 图 조심하다 | ☆ 地 de 조 ~히 [*부사어+地+술어] | ★ 客厅 kètīng 몡 거실 | ☆ 搬 bān 图 이사하다, 옮기다 | ★ 刚 gāng 閉 방금 | ★ 家具 jiājù 몡 가구 | ★ 把 bǎ 게 ~를 [*주어+把+목적어+술어+기타성분] | ★ 起来 qǐlai 동사 뒤에 붙어, 동작이 위로 향함을 나타냄 | ★ 为了 wèile 게 ~를 하기 위하여 [*为了+목적, 행위: ~하기 위하여 ~하다] | ★ 整理 zhěnglǐ 图 정리하다 | 换新 huànxīn 图 (새롭게) 바꾸다 | ★ 装修 zhuāngxiū 图 인테리어 하다 | 房子 fángzi 몡 집

내용 구상하기 ● track 231

• 把咖啡洒在电脑上 커피를 컴퓨터에 쏟다
  → 同事不小心把咖啡洒在了电脑上。
    동료는 실수로 커피를 컴퓨터에 쏟았다.

• 电脑出问题 컴퓨터에 문제가 생기다
  → 哥哥的电脑出了问题，所以他打算买一台新的。
    형의 컴퓨터에 문제가 생겨서 그는 새것을 살 계획이다.

• 被A弄脏 A에 의해 더럽혀지다
  → 妈妈的电脑被弟弟弄脏了，妈妈正在批评他。
    엄마 컴퓨터를 남동생이 더럽혀서, 엄마는 그를 꾸짖고 계신다.

| 추가표현 | • 笔记本(电脑) 노트북(컴퓨터) | • 出毛病 고장이 나다 | • 键盘 키보드 |
| | • 要注意 주의해야 한다 | • 心情不好 기분이 좋지 않다 | |

어휘 ☆ 把 bǎ 〖개〗 ~를 [*주어+把+목적어+술어+기타성분] | ★ 洒 sǎ 〖동〗 엎지르다 | ☆ 小心 xiǎoxīn 〖동〗 조심하다 | ☆ 打算 dǎsuàn 〖동〗 ~할 계획이다 | ★ 台 tái 〖양〗 대 [기계 등을 세는 단위] | ☆ 被 bèi 〖개〗 ~에게 ~를 당하다 [*주어+被+목적어+술어+기타성분] | ★ 弄脏 nòngzāng 〖동〗 더럽히다 | ★ 批评 pīpíng 〖동〗 꾸짖다 | ★ 笔记本(电脑) bǐjìběn (diànnǎo) 노트북 (컴퓨터) | ★ 毛病 máobìng 〖명〗 (기계의) 고장 | ★ 键盘 jiànpán 〖명〗 키보드 | ☆ 注意 zhùyì 〖동〗 주의하다 | ★ 心情 xīnqíng 〖명〗 기분

내용 구상하기 ● track 232

• 小声地说 작은 목소리로 말하다
  → 妹妹小声地对我说，她想快点儿离开这儿。
    여동생은 작은 목소리로, 여기를 빨리 떠나고 싶다고 말했다.

• 说悄悄话 귓속말하다
  → 妈妈一进房间，就看到孩子们在说悄悄话。
    엄마는 방에 들어가자마자 아이들이 귓속말을 하고 있는 것을 보셨다.

• 告诉A秘密 A에게 비밀을 말하다
  → 朋友告诉了我一个别人不知道的秘密。
    친구는 내게 다른 사람은 모르는 비밀을 말해 주었다.

| 추가표현 | • 悄悄地说 조용히 말하다 | • A(대상)对B(대상)说 A가 B에게 말하다 |
| | • 背后说坏话 뒷담화 하다 | |

어휘 ★ 小声 xiǎoshēng 〖부〗 작은 소리로 | ☆ 地 de 〖조〗 ~하게 [*부사어+地+술어] | ☆ 离开 líkāi 〖동〗 떠나다 | 悄悄话 qiāoqiāohuà 〖명〗 귓속말 | ★ 秘密 mìmì 〖명〗 비밀 | ☆ 别人 biéren 〖대〗 다른 사람 | 背后 bèihòu 〖명〗 뒤 | 坏话 huàihuà 〖명〗 험담

내용 구상하기 ● track 233

- 拿地图 지도를 들다
  → 朋友拿着刚买的地图从机场出来了。
  친구는 방금 산 지도를 들고 공항에서 나왔다.

- 令人兴奋 흥분되게 하다
  → 一个人旅行是一件令人兴奋的事。
  혼자 여행하는 것은 흥분되게 하는 일이다.

- 去·来A(장소)旅行 A로 여행을 가다·오다
  → 小李终于来中国旅行了。 샤오리는 마침내 중국 여행을 왔다.

| 추가표현 | • 带照相机 카메라를 챙기다 | • 旅游 여행하다 |
| | • 周游世界 세계 일주하다 | • 背包旅行 배낭여행 |

어휘 ☆ **拿** ná 图 (손으로) 쥐다 | ☆ **地图** dìtú 图 지도 | ★ **刚** gāng 冒 막 | **令** lìng 图 ~하게 하다 [*令A(대상)B(감정): A로 하여금 B하게 하다] | ★ **兴奋** xīngfèn 图 흥분하다 | ★ **旅行** lǚxíng 图 여행하다 | ★ **事** shì 图 일 | **小李** Xiǎo Lǐ 고유 샤오리 [인명] | ☆ **终于** zhōngyú 冒 마침내 [*终于A了: 마침내 A했다] | ☆ **带** dài 图 챙기다 | ☆ **照相机** zhàoxiàngjī 图 카메라 | **周游** zhōuyóu 图 여러 곳을 돌아다니다 | **背包旅行** bēibāo lǚxíng 배낭여행

내용 구상하기 ● track 234

- 发泄烦恼 고민을 털어놓다
  → 姐姐向朋友发泄了生活中的烦恼。
  언니는 친구에게 생활 중 고민을 털어놓았다.

- 跟·和A聊天(儿) A와 이야기를 하다
  → 跟朋友聊天儿后，我感到心情好多了。
  친구와 이야기를 나눈 후 나는 기분이 좋아졌다.

- 给A打电话 A에게 전화를 걸다
  → 妈妈给酒店打电话预约了房间。
  엄마는 호텔에 전화를 걸어 방을 예약하셨다.

| 추가표현 | • 接电话 전화를 받다 | • 缓解压力 스트레스를 풀다 |
| | • 妻子 아내 | • 坐在沙发上 소파에 앉다 |

어휘 **发泄** fāxiè 图 (불만·감정 따위를) 털어놓다 | ★ **烦恼** fánnǎo 图 고민 | ☆ **向** xiàng 깨 ~에게 | ★ **生活** shēnghuó 图 생활 | ☆ **跟** gēn 깨 ~와 | ☆ **聊天儿** liáotiānr 이야기하다 | **感到** gǎndào 图 느끼다 | ★ **心情** xīnqíng 图 기분 | **酒店** jiǔdiàn 图 호텔 | **预约** yùyuē 图 예약하다 | ☆ **接** jiē 图 받다 | ★ **缓解** huǎnjiě 图 완화시키다 | **压力** yālì 图 스트레스 | ★ **沙发** shāfā 图 소파

실력 다지기

💬 다음 그림을 보고 설명해 봅시다. (각 문항당 준비 시간 약 2분 30초, 녹음 시간 약 2분)

13

연상 어휘

확장하기

구성하기

14

연상 어휘

확장하기

구성하기

모범 답안 및 해설 ▶ p.174

第三部分 回答问题

제3부분 | 질문에 대답하기

제3부분은 총 2개의 문제가 출제되며, 녹음이 아닌 컴퓨터 화면에 중국어로 질문이 나오고 하나의 질문에 대해 2분 동안 대답하는 문제 유형이다. 이때 중국어 위에 병음과 성조가 함께 제시되기 때문에 대답할 때 질문에 나온 표현을 활용할 수 있다.

준비 시간은 제2부분과 제3부분을 합쳐서 10분으로, 총 4개의 문제에 대해 시간을 효율적으로 배분하여 대답을 준비해야 한다.

또한 제3부분은 질문에 대해 논리적으로 답변하는 것이 중요하며, 준비 시간을 잘 배분하여 대략 서론 1~2문장, 본론 3~4문장, 결론 1~2문장 정도를 생각하는 것이 좋다.

저자 직강

제3부분 공략법

1 질문에 대한 대답을 논리적으로 생각하자

주어진 질문에 대해 2분 동안 한국어로 답변하는 것도 의외로 쉽지 않다. 따라서 준비 시간에 '도입-전개-마무리'나 '서론-본론-결론'식으로 대략 논리적인 답안의 틀을 만들어 두어야 한다.

2 질문을 정확히 파악하고, 질문 문장을 활용하자

질문 문장을 활용하여 답안의 첫 번째 문장이나 마지막 문장을 만들 수 있는 경우가 꽤 많다. 예를 들면 질문의 주어를 '你'에서 '我'로 바꾸거나, 인과 접속사(因为A, 所以B) 등을 활용하여 첫 문장의 말을 강조하면서 마지막에 한 번 더 말하는 방식이다. 이렇게 두 문장을 빠르게 만들면 중간에 들어갈 말을 보다 탄탄하게 준비할 수 있다.

3 자신감 있는 말투로 또박또박 답변하자

자신감 없는 목소리로 우물쭈물 말하면 발음이 부정확하게 들릴 수 있으므로, 또박또박 답변하는 것이 중요하다. 또한 한 고사장 안에서 여러 응시자가 동시에 답변하기 때문에 당황하기 쉬운데, 큰 목소리로 답변하여 나의 페이스를 잃지 않도록 하자.

01 일상

STEP 1 유형 파악하기

일상 파트는 광범위한 주제를 한데 묶어 놓은 것으로, 다양한 소재의 질문이 나올 수 있다.

▶ 출제 경향

- 여행, 취미 등의 경험이나 주변 인물에 관한 질문이 많이 출제되고 있다.
- 하루 일과나 생일 등 우리 일상 중의 하루에 대해 묻는 질문들도 출제된다.

▶ 문제 풀이 비법

- 질문을 그대로 활용하여 대답의 첫 문장을 완성한다.
- STEP2 내공 쌓기에 나오는 관련 표현을 활용하여 문장을 구사하면 좋은 점수를 받을 수 있다.

💬 예제 1

Xīnqíng bù hǎo huò shòudào yālì shí, nǐ yìbān huì zuò shénme?
心情 不好 或 受到 压力 时, 你 一般 会 做 什么?

기분이 좋지 않거나 스트레스를 받을 때 당신은 보통 무엇을 하나요?

내용 구상하기

도입	질문 문장을 활용하여 첫 문장을 만든다.	心情不好或受到压力的时候，我最常做的就是购物，有时也会找朋友聊聊天。
전개	첫 문장에 대해 '首先', '其次'를 활용하여 부연 설명한다.	首先，我说的购物不是"冲动购买"，平时我会把一些想买，但不着急用的东西放在 "购物车" 里，遇到心情不好的事情时，我会选择一个想买的东西马上下单。一般情况下，难过的情绪会被等待快递的心情代替。其次，跟朋友聊天时，不仅能缓解不良情绪，也能听听朋友的意见。
마무리	'我认为'를 써서 화자의 주장으로 글을 마무리한다.	我认为这些都是比较积极的缓解压力的方式。

心情　不好 / 或　受到① 压力 的 时候⑦①, 我 最　常① 做
Xīnqíng bù hǎo　huò shòudào　yālì de shíhou,　wǒ zuì cháng zuò

的 / 就是① 购物, 有时② 也 会 / 找　朋友② / 聊聊天. 首先ⓛ①,
de jiùshì gòuwù, yǒushí yě huì zhǎo péngyou liáoliáotiān. Shǒuxiān,

我　说① 的 购物 / 不 是③ "冲动① 购买", 平时① / 我 会 / 把
wǒ shuō de gòuwù　bú shì "chōngdòng gòumǎi", píngshí　wǒ huì　bǎ

一些 想 买④, 但 / 不 着急① 用 的 东西 / 放在 "购物车①"
yìxiē xiǎng mǎi,　dàn bù zháojí yòng de dōngxi fàngzài "gòuwùchē"

里, 遇到 / 心情 不好 的 事情① 时①, 我 / 会 选择② 一个⑤ /
li, yùdào xīnqíng bù hǎo de shìqing shí, wǒ huì xuǎnzé yí ge

想 买④ 的 东西 / 马上⑥ 下单. 一般　情况　下ⓒ, 难过 的
xiǎng mǎi de dōngxi mǎshàng xiàdān. Yìbān qíngkuàng xià, nánguò de

情绪 会 / 被 等待⑥ 快递 的 心情 / 代替. 其次ⓛ, 跟　朋友
qíngxù huì bèi děngdài kuàidì de xīnqíng dàitì. Qícì,　gēn péngyou

聊天 时①, 不仅 / 能 缓解④ 不良 情绪, 也 能 / 听听　朋友
liáotiān shí,　bùjǐn néng huǎnjiě bùliáng qíngxù, yě néng tīngting péngyou

的 意见. 我 认为ⓔ① / 这些 / 都 是① 比较⑥ 积极 的 / 缓解④
de yìjiàn. Wǒ rènwéi zhèxiē dōu shì bǐjiào jījí de huǎnjiě

压力 的　方式①.
yālì de fāngshì.

해석 기분이 좋지 않거나 스트레스를 받을 때 내가 가장 많이 하는 것은 쇼핑이고, 때로는 친구를 찾아가 이야기를 하기도 합니다. 우선 내가 말하는 쇼핑은 '충동 구매'가 아닙니다. 평소에 나는 사고 싶지만 급하지 않은 물건을 '장바구니'에 넣어 두고, 기분 나쁜 일에 맞닥뜨릴 때 사고 싶은 것을 하나 골라 바로 주문합니다. 보통 상황에선 괴로운 마음은 택배를 기다리는 기분으로 대체됩니다. 다음으로, 친구와 이야기할 때 나쁜 감정을 풀 수 있을 뿐만 아니라 친구의 의견도 들을 수 있습니다. 나는 이것들이 비교적 긍정적인 스트레스 해소 방법이라고 생각합니다.

어휘 ★心情 xīnqíng 몡 기분 | 或 huò 젭 혹은 | ★受到 shòudào 동 받다 [*受到压力: 스트레스를 받다] | ★压力 yālì 몡 스트레스 | ☆一般 yìbān 일반적이다 | ★购物 gòuwù 동 쇼핑하다 | ☆聊天 liáotiān 동 이야기하다 | ★首先 shǒuxiān 몡 우선 [首先A, 其次B: 우선 A하고, 다음은 B하다] | 冲动 chōngdòng 몡 충동 | 购买 gòumǎi 동 구매하다 | 平时 píngshí 몡 평소 | ☆把 bǎ 개 ~을 [*주어+把+목적어+술어+기타성분] | ★着急 zháojí 혱 조급해하다 | ☆用 yòng 동 쓰다 | ☆放 fàng 동 놓다 | 购物车 gòuwùchē 카트, 장바구니 | ★遇到 yùdào 동 맞닥뜨리다 [*遇到事情: 일에 맞닥뜨리다] | ☆选择 xuǎnzé 동 고르다 | ☆马上 mǎshàng 튄 곧 | 下单 xiàdān 동 주문하다 | ★情况 qíngkuàng 몡 상황 | ☆难过 nánguò 혱 괴롭다 | 情绪 qíngxù 몡 마음, 감정 | ☆被 bèi 개 ~에게 ~를 당하다 [*주어+被+목적어+술어+기타성분] | ★等待 děngdài 동 (사물·상황 등을) 기다리다 | 快递 kuàidì 몡 택배 | 代替 dàitì 동 대체하다 | ★其次 qícì 몡 그 다음 | 跟 gēn 개 ~와 | ★不仅 bùjǐn 젭 ~뿐만 아니라 | ★缓解 huǎnjiě 동 완화시키다 | 不良 bùliáng 혱 좋지 않다 | ☆意见 yìjiàn 몡 의견 | ★认为 rènwéi 동 생각하다 | ☆比较 bǐjiào 튄 비교적 | ★积极 jījí 혱 긍정적이다 | ★方式 fāngshì 몡 방법

제3부분 | 질문에 대답하기

표현 tip

ⓐ A的时候 A할 때
질문의 'A时'와 비슷한 말로, 'A 的时'라고는 쓰지 않는 점에 주의하자

ⓛ 首先A, 其次B 우선 A하고 그 다음 B하다
열거를 나타내는 표현으로, 스트레스를 푸는 방식에 대해 구체적으로 설명한다

ⓒ 一般情况下 일반적인 상황에서
보통의 경우에 어떠한지를 나타내며 의역하면 '웬만하면'이라고 해석할 수 있다

ⓔ 我认为 나는 ~라고 생각한다
'认为'는 문장을 목적어로 가질 수 있는 동사로, 뒤에는 주장하거나 생각하는 내용이 들어간다

발음 tip

① '受到', '时候'나 '常' 등 [zh·ch·sh·r] 발음의 권설음은 혀를 말아 올린 상태에서 혀의 끝부분을 윗잇몸 뒤쪽의 딱딱한 부분에 대고 소리를 낸다

② '有时'와 '找朋友', '选择'와 같이 3성-2성으로 이루어졌다면, 반3성-2성으로 자연스럽게 소리 낸다

③ '不是'는 4성-4성이 아닌 2성-4성으로 소리 낸다

④ '想买'와 '缓解'는 3성-3성으로 이루어진 어휘로 2성-3성으로 소리 낸다

⑤ '一'는 4성으로 시작하는 글자 앞에서 2성이 된다. 양사 '个'는 경성이지만, 본래 4성의 글자이기 때문에 '一个'는 2성-경성으로 소리 낸다

⑥ '马上', '等待' 등 3성-4성으로 이루어진 단어를 발음할 때 반3성-4성으로 소리 내면 더 자연스럽다

1 질문 문장을 활용하여 대답하기: 제3부분은 질문이 화면에 제시되기 때문에, 대답할 때 첫 문장은 다음과 같이 질문을 활용하여 답변하면 서론을 준비하는 시간을 단축할 수 있고, 따라서 주어진 준비 시간 동안 보다 풍부한 내용의 본론이나 결론을 만들 수 있다.

Q: 无聊时，你喜欢做什么? 심심할 때 당신을 무엇을 하기를 좋아하나요?

A: 无聊时，我喜欢做……。 심심할 때 저는 ~을 하는 것을 좋아합니다.

Q: 你一般多久打扫一次你的房间? 당신은 보통 얼마만에 한 번씩 당신의 방을 청소하나요?

A: 我一般三天打扫一次我的房间。 저는 보통 3일에 한 번씩 저의 방을 청소합니다.

Q: 遇到烦恼时，你会做什么? 고민에 빠졌을 때 당신은 무엇을 할 것입니까?

A: 遇到烦恼时，我会……。 고민에 빠졌을 때 저는 ~을 할 것입니다.

Q: 如果有一个三天的长假，你会怎么安排?
만약 3일간의 긴 휴가가 생긴다면 당신은 어떻게 (일정을) 짤 것입니까?

A: 如果有一个三天的长假，我会……。 만약 3일간의 긴 휴가가 생긴다면 저는 ~을 할 것입니다.

Q: 如果有机会，你最想去哪儿旅游? 기회가 있다면 당신은 어디로 가장 여행을 가고 싶습니까?

A: 如果有机会，我最想去海南旅游。 기회가 있다면 저는 하이난으로 가장 여행을 가고 싶습니다.

Q: 你最喜欢的明星是谁? 请简单谈谈。 당신이 가장 좋아하는 스타는 누구인가요? 간단히 말해 보세요.

A: 我最喜欢的明星是……。 제가 가장 좋아하는 스타는 ~입니다.

Q: 学生时期，你想没想过出国留学? 请简单说说吧。
학생 때, 당신은 해외 유학을 생각해 본 적이 있습니까? 간단히 말해 보세요.

A1:学生时期，我想过出国留学。 학생 때, 저는 해외 유학을 생각해 본 적이 있습니다.

A2:学生时期，我没想过出国留学。 학생 때, 저는 해외 유학을 생각해 본 적이 없습니다.

Q: 你丢过钱包或者手机吗? 请简单说说吧。
당신은 지갑이나 핸드폰을 잃어버린 적이 있나요? 간단히 말해 보세요.

A1:我丢过我的手机。 저는 핸드폰을 잃어버린 적이 있습니다. (긍정)

A2:我没丢过钱包或者手机。 저는 지갑이나 핸드폰을 잃어버린 적이 없습니다. (부정)

Q: 你和小学同学还有联系吗? 당신은 초등학교 친구와 여전히 연락을 합니까?

A1:我和小学同学一直都保持着联系。 저는 초등학교 친구와 계속 연락을 유지하고 있습니다. (긍정)

A2:我和小学同学几乎没有联系。 저는 초등학교 친구와 거의 연락하지 않습니다. (부정)

Q: 你喜欢去书店买书看还是去图书馆借书看?
당신은 서점에서 책을 사서 보는 것을 좋아합니까 아니면 도서관에서 책을 빌려 보는 것을 좋아합니까?

A1:我比较喜欢去书店买书看。 저는 서점에 가서 책을 사서 보는 것을 비교적 좋아하는 편입니다. (서점 선택)

A2:我更喜欢去图书馆借书看。 저는 도서관에서 책을 빌려 보는 것을 더 좋아합니다. (도서관 선택)

★**无聊** wúliáo 혱 심심하다 | ☆**一般** yìbān 혱 보통이다 | **打扫** dǎsǎo 동 청소하다 [*打扫房间: 방을 청소하다] | ☆**遇到** yùdào 동 맞닥뜨리다 [*遇到烦恼: 고민에 빠지다] | ★**烦恼** fánnǎo 몡 고민 | ☆**如果** rúguǒ 젭 만약 | **长假** chángjià 몡 장기 휴가 [권설음 ch 주의] | ★**安排** ānpái 동 (일·계획 등을) 세우다 | ★**时期** shíqī 몡 시기 [권설음 sh 주의] | **出国** chūguó 동 출국하다 | ☆**留学** liúxué 동 유학하다 | ☆**简单** jiǎndān 혱 간단하다 | ★**机会** jīhuì 몡 기회 | **海南** Hǎinán 고유 하이난 | ★**明星** míngxīng 몡 스타 | ★**丢** diū 동 잃어버리다 | ☆**钱包** qiánbāo 몡 지갑 | ☆**或者** huòzhě 젭 ~든지 [*A或者B: A이던가 아니면 B이다] | **小学** xiǎoxué 몡 초등학교 | ★**联系** liánxì 동 연락하다 | ☆**一直** yìzhí 뷔 계속 | ★**保持** bǎochí 동 (좋은 상태를) 유지하다 [권설음 ch 주의] | **书店** shūdiàn 몡 서점 | ☆**还是** háishi 젭 아니면 | ☆**图书馆** túshūguǎn 몡 도서관 | **借书** jièshū 동 책을 빌리다 | ☆**比较** bǐjiào 뷔 비교 적 | ★**更** gèng 뷔 더

2 **자주 쓰는 일상 관련 표현:** 일상 관련 질문에 대답할 때 두루두루 쓰일 수 있는 표현으로, 패턴으로 외우면 문장을 더 쉽게 외우고 만들 수 있다.

- 我是一个……的人 나는 ~한 사람이다
  - → 我是一个性格开朗的人。 나는 성격이 낙관적인 사람이다.

- 在……的过程中 ~하는 과정 중에
  - → 在打工的过程中，他认识了很多新朋友。
    아르바이트를 하는 과정 중에 그는 많은 새로운 친구를 사귀었다.

- 在……(的)旅行中 ~여행 중에
  - → 我在这次(的)旅行中，了解到了很多当地的文化。
    나는 이번 여행 중에 많은 현지 문화를 이해하게 되었다.

- 通过……的经历 ~한 경험을 통해
  - → 通过学汉语的经历，丽丽认识了很多中国朋友。
    중국어를 배운 경험을 통해 리리는 많은 중국 친구를 사귀었다.

- 对……感兴趣 ~에 흥미가 있다
  - → 儿子对运动十分感兴趣。 아들은 운동에 매우 흥미가 있다.

- 一般情况下，…… 일반적인 상황에서 ~
  - → 一般情况下，我不会一个人在外面喝酒。 일반적인 상황에서 나는 혼자 밖에 나가 술을 마시지 않는다.

★**性格** xìnggé 몡 성격 | **开朗** kāilǎng 혱 (성격이) 낙관적이다 | ★**过程** guòchéng 몡 과정 | ★**打工** dǎgōng 동 아르바이트하다 | ★**旅行** lǚxíng 몡 여행 ['旅' 발음 주의] | ☆**了解** liǎojiě 동 이해하다 | ☆**当地** dāngdì 몡 현지 | ☆**文化** wénhuà 몡 문화 | ★**通过** tōngguò 깨 ~을 통해 | ★**经历** jīnglì 몡 경험 | **丽丽** Lìlì 고유 리리 [인명] | ☆**感兴趣** gǎnxìngqù 흥미가 있다 [*对A感兴趣: A 에 흥미가 있다] | ★**十分** shífēn 뷔 매우 | ☆**一般** yìbān 혱 일반적이다 | ★**情况** qíngkuàng 몡 상황 | **喝酒** hējiǔ 술을 마시다

3 시험에 출제될 수 있는 일상 관련 질문: 일상 관련 질문은 경험, 여행, 가족, 흥미 등에 관하여 많이 출제된다. 시험에 출제될 확률이 높은 아래 질문에 대한 답변을 미리 준비해 보는 것도 좋다.

- 如果现在可以去旅行，你最想去的地方是哪儿？请说一下。
  만약 지금 여행을 갈 수 있다면 당신이 가장 가고 싶은 곳은 어디입니까? 이야기해 보세요.

- 你周末一般是怎么过的？ 당신은 보통 주말을 어떻게 보냅니까?

- 你最想送父亲或者母亲什么生日礼物？ 당신은 아버지나 어머니께 어떤 생일 선물을 가장 드리고 싶나요?

- 今年你有度假的计划吗？请简单说说。 올해 당신은 휴가 계획이 있나요? 간단히 말해 보세요.

- 请说一位对你影响最大的家人。 당신에게 영향이 가장 큰 가족 한 명을 이야기해 보세요.

- 请你讲一件旅行中遇到过的麻烦事。 여행 중 맞닥뜨린 골칫거리를 하나 이야기해 보세요.

- 你一般是怎么安排休息时间的？请说一说。
  당신은 보통 휴식 시간을 어떻게 안배하나요? 한번 이야기해 보세요.

> **어휘** ☆如果 rúguǒ 젭 만약 | ★旅行 lǚxíng 통 여행하다 명 여행 | ☆地方 dìfang 명 곳 | ☆周末 zhōumò 명 주말 | ★一般 yìbān 형 보통이다 | ★父亲 fùqīn 명 아버지 | ☆或者 huòzhě 젭 ~든지 [*A或者B: A이던가 아니면 B이다] | ★母亲 mǔqīn 명 어머니 | ☆礼物 lǐwù 명 선물 | 度假 dùjià 통 휴가를 보내다 | ★计划 jìhuà 명 계획 | ☆简单 jiǎndān 형 간단하다 | ☆位 wèi 양 분 [공경의 뜻을 내포함] | ☆影响 yǐngxiǎng 명 영향 [읽을 때는 2성-3성] | 家人 jiārén 명 가족 | ☆讲 jiǎng 통 말하다 | ★遇到 yùdào 통 맞닥뜨리다 | ★麻烦 máfan 통 번거롭게 하다 [*麻烦事: 골칫거리] | ★安排 ānpái 통 안배하다 [*安排时间: 시간을 안배하다]

💬 **다음 질문에 대답해 봅시다.** (각 문항당 준비 시간 약 2분 30초, 녹음 시간 약 2분)

Qǐng shuōshuo nǐ yìbān shì zěnyàng guò shēngrì de.
1 请 说说 你 一般 是 怎样 过 生日 的。

Qǐng shuō yí xiàng nǐ xǐhuan de tǐyù yùndòng.
2 请 说 一 项 你 喜欢 的 体育 运动。

Qǐng shuō yí cì ràng nǐ nánwàng de lǚxíng jīnglì.
3 请 说 一 次 让 你 难忘 的 旅行 经历。

Qǐng shuō yíxià nǐ píngshí de zuòxī ānpái shì zěnyàng de.
4 请 说 一下 你 平时 的 作息 安排 是 怎样 的。

Qǐng jièshào yíxià nǐ píngshí cháng chī de huòzhě xǐhuan chī de cài.
5 请 介绍 一下 你 平时 常 吃 的 或者 喜欢 吃 的 菜。

Nǐ yǒu méi yǒu xiǎng qù de dìfang? Qǐng shuō yíxià.
6 你 有 没 有 想 去 的 地方? 请 说 一下。

모범 답안 및 해설 ▶ p.177

02 학교 · 직장

STEP 1 유형 파악하기

학교나 직장에 관한 표현들은 시험 전에 충분히 숙지해야 한다. 어려운 표현만 사용해야 하는 것은 아니며, 쉽고 간단하지만 시험에 자주 출제되는 표현들은 시험장에서 술술 나올 수 있을 정도로 연습해 두어야 한다.

▶ **출제 경향**
- 자신이 다니고 있는 학교, 졸업한 학교, 전공에 관한 내용은 물론이고 학창 시절 자신의 꿈이나 습관, 유학에 대한 경험이나 견해에 대해서도 출제된다.
- 어떤 직업을 희망하는지, 어떠한 일을 하고 있는지 등에 대해서 출제되며, 그 외 이직이나 사직에 관한 질문도 출제되고 있다.

▶ **문제 풀이 비법**
- 답변을 준비할 때 발단(서론)-전개(본론)-결말(결론) 순으로 구상하면 논리적이고 매끄러운 답변을 만들 수 있다.
- STEP2 내공 쌓기에 나오는 관련된 표현을 활용하여 문장을 만들면 좋은 점수를 받을 수 있다.

💬 예제 2

Nǐ zài xuésheng shíqī shìfǒu jīngcháng chídào? Qǐng jiǎndān tántan.
你 在 学生 时期 是否 经常 迟到? 请 简单 谈谈。
당신은 학생 시절 자주 지각을 했나요? 간단히 말해 보세요.

내용 구상하기

도입	질문을 토대로 첫 문장을 만든다.	<u>学生时期的</u>我不仅很少<u>迟到</u>，反而会在上课和约会时提前到。
전개	첫 문장에 대해 상황을 예로 들어 부연 설명한다.	养成遵守时间的习惯当然离不开父母的教育，但拿我来说，对我影响最大的就是我身边有非常爱迟到的朋友。几个朋友约好了见面的话，不迟到的人总是要等迟到的人，这样不仅无聊，还会耽误那天的日程。上课迟到的影响就更大了，不但会影响其他同学，还会打断老师讲课。
마무리	접속사를 활용하여 마무리한다.	<u>因此</u>，从以前到现在我一直都是个准时的人。

学生① 时期① 的 我 / 不仅⑦ / 很 少② 迟到①, 反而⑦③ / 会
Xuésheng shíqī de wǒ bùjǐn hěn shǎo chídào, fǎn'ér huì

在 上课① / 和 约会 时① / 提前 到。 养成③ 遵守① 时间 的
zài shàngkè hé yuēhuì shí tíqián dào. Yǎngchéng zūnshǒu shíjiān de

习惯 / 当然 / 离不开ⓛ 父母 的 教育④, 但 / 拿ⓒ 我 来说ⓒ③, 对
xíguàn dāngrán líbukāi fùmǔ de jiàoyù, dàn ná wǒ láishuō, duì

我 影响⑤ / 最 大 的 / 就是① 我 身边① / 有 非常① 爱 / 迟到①
wǒ yǐngxiǎng zuì dà de jiùshì wǒ shēnbiān yǒu fēicháng ài chídào

的 朋友。几 个 朋友 / 约好了 / 见面 的 话, 不 迟到① 的 人① /
de péngyou. Jǐ ge péngyou yuēhǎole jiànmiàn de huà, bù chídào de rén

总是① 要 等 / 迟到① 的 人①, 这样① / 不仅ⓔ 无聊, 还ⓔ 会 /
zǒngshì yào děng chídào de rén, zhèyàng bùjǐn wúliáo, hái huì

耽误 那 天 的 日程①。上课① 迟到① 的 影响 / 就 更 大 了,
dānwu nà tiān de rìchéng. Shàngkè chídào de yǐngxiǎng jiù gèng dà le,

不但ⓔ / 会 影响② 其他 同学, 还ⓔ 会 / 打断 老师① 讲课。
búdàn huì yǐngxiǎng qítā tóngxué, hái huì dǎduàn lǎoshī jiǎngkè.

因此ⓔ⑥, 从 以前③ / 到 现在 / 我 / 一直① 都 是 个 / 准时③
Yīncǐ, cóng yǐqián dào xiànzài wǒ yìzhí dōu shì ge zhǔnshí

的 人。
de rén.

해석 학생 시절의 나는 지각한 적이 적었을 뿐만 아니라, 오히려 수업과 약속 시간에 미리 도착하곤 했습니다. 시간을 지키는 습관을 기른 것은 당연히 부모님의 교육과 떼려야 뗄 수 없지만, 내게 가장 큰 영향을 준 것은 바로 내 주변에 지각을 즐겨하는 친구가 있었던 것입니다. 친구 몇 명이 만나기로 약속하면 늦지 않은 사람은 항상 늦는 사람을 기다려야 하고, 이렇게 되면 지루할 뿐만 아니라 그날의 일정도 지체될 수 있습니다. 수업에 늦었을 때의 영향은 더욱 커서, 다른 학생들에게 영향을 끼칠 뿐만 아니라 선생님의 강의도 중단시킬 수 있습니다. 그래서 나는 예전부터 지금까지 줄곧 시간을 잘 지키는 사람입니다.

어휘 ★时期 shíqī 몡 (특정한) 시기 | ★是否 shìfǒu ~인지 아닌지 | ☆经常 jīngcháng 뮈 자주 | ☆迟到 chídào 동 지각하다 | ☆简单 jiǎndān 혱 간단하다 | ★谈 tán 동 말하다 | ★不仅 bùjǐn 젭 ~뿐만 아니라 [*不仅(没/不)A 反而B: A할(하지 않을) 뿐만 아니라 오히려 B하다] | ★反而 fǎn'ér 뮈 오히려 | 上课 shàngkè 동 수업을 듣다 | ★约会 yuēhuì 만날 약속을 하다 | ★提前 tíqián 동 (예정된 시간·위치를) 앞당기다 | ★养成 yǎngchéng 동 길러지다 [*养成习惯: 습관을 기르다] | ★遵守 zūnshǒu 동 (규정 등을) 지키다 | ☆习惯 xíguàn 몡 습관 | ★当然 dāngrán 당연히 | 离不开 líbukāi 떨어질 수 없다 | 父母 fùmǔ 몡 부모 | ★教育 jiàoyù 몡 교육 | ☆拿 ná 개 ~에 대해서 [*拿A来说: A에 대해서] | ★影响 yǐngxiǎng 몡 영향 동 영향을 주다 | 身边 shēnbiān 몡 곁 | ☆见面 jiànmiàn 동 만나다 | ☆总是 zǒngshì 뮈 항상 | ★无聊 wúliáo 혱 지루하다 | ★耽误 dānwu 지체하다 [*耽误日程: 일정을 지체하다] | ★日程 rìchéng 몡 일정 | ☆其他 qítā 몡 그 외 다른 (사람) | 打断 dǎduàn 동 끊다 | 讲课 jiǎngkè 동 강의하다 | ★因此 yīncǐ 젭 그래서 | 以前 yǐqián 몡 예전 | ☆一直 yìzhí 뮈 줄곧 | ★准时 zhǔnshí 혱 정각이다

표현 tip

⑦ 不仅A, 反而B A할 뿐만 아니라 오히려 B하다
'不仅'은 '而且' 등과 함께 쓰이기도 하지만 '反而'과 함께 쓰여 점층을 나타내기도 한다

ⓛ 离不开 떨어질 수 없다
'떨어질 수 없다, 그만 둘 수 없다, 없어서는 안 된다' 등 다양하게 쓰이는 표현이니 꼭 기억하자

ⓒ 拿A来说 A에게 있어서
A의 입장에서 말한다는 의미로 '对A来说'와 비슷하다

ⓔ 不仅·不但A, 还B A일 뿐만 아니라 B도 하다
'不仅A, 反而B'와 같이 점층을 나타내는 접속사로, 자주 쓰는 표현이니 꼭 암기하자

ⓔ 因此 그러므로
인과 관계를 나타내는 접속사로, 맨 마지막에 결론을 이야기할 때 쓸 수 있다

발음 tip

① 권설음은 혀를 말아 올린 상태에서 혀의 끝부분을 윗잇몸 뒤쪽의 딱딱한 부분에 대고 소리를 낸다

② '很少'와 '影响'은 3성-3성이므로, 2성-3성으로 소리 낸다

③ '反而', '养成', '以前', '准时'는 3성-2성으로 이루어진 단어로, 반3성-2성으로 발음하며, '我来说' 역시 이어서 읽기 때문에, 반3성-2성-1성으로 소리 낸다

④ '教'는 명사 4성, 동사 1성으로 성조가 다른데, '教育'의 '教'는 4성으로 발음한다

⑤ '我影响'은 3성 3개로 이루어진 구로, 소리 낼 때는 2성-2성-3성으로 발음해야 한다

⑥ '因此'에서 '此[cǐ]'는 혀끝과 치아를 이용해서 소리 내는 설치음으로 권설음과 구분해서 발음해야 한다

1 논리적으로 구상하기: 답변 구상에서 발단(서론)–전개(본론)–결말(결론) 부분에 아래와 같은 표현을 사용하면 내용을 전개하기 쉽다.

(1) **발단(서론) 부분에 사용할 수 있는 표현**

- 每个人可能都会…… 모든 사람은 아마도 ~할 것이다

  → 每个人可能都会犯错误。 모든 사람은 아마도 실수를 할 것이다.

- A时(候)的我，…… A이었을 때·했을 때 나는 ~했다

  → 年轻时的我，对什么都不在乎。 어렸을 적의 나는 그 무엇에도 신경 쓰지 않았다.

- A时期的我…… A 시절의 나는 ~했다

  → 学生时期的我，是一个很害羞的人。 학생 시절의 나는 부끄러움이 많은 사람이었다.

- 随着A的发展 A의 발전에 따라

  → 随着科技的发展，面对面交流的机会也越来越少了。
  과학 기술의 발전에 따라 대면하여 소통하는 기회도 점점 적어지고 있다.

- 众所周知 모든 사람이 다 알고 있듯이

  → 众所周知首尔是韩国的首都。 모든 사람이 다 알고 있듯이 서울은 한국의 수도이다.

(2) **전개(본론) 부분에 사용할 수 있는 표현**

- 首先A，其次·然后B 먼저 A하고 그 다음에 B하다

  → 首先，完成老师的作业；然后，复习当天的内容。
  먼저 선생님의 숙제를 끝내고, 그 다음에 그날 내용을 복습한다.

- 最重要的是…… 가장 중요한 것은 ~이다

  → 选择什么职业不重要，最重要的是通过自己的努力养活自己。
  어떤 직업을 선택하는지는 중요하지 않고 가장 중요한 것은 자신의 노력을 통해 자신을 부양하는 것이다.

- 比如：……等 예를 들어 ~등이 있다

  → 社交软件的功能有很多，比如：上传照片、上传短视频、分享位置等。
  SNS의 기능은 많다. 예를 들어 사진 업로드, 숏영상 업로드, 위치 공유 등이다.

- 拿A来说 A에 대해 말하자면·A에게 있어서 (≒对A来说 A에게 있어서)

  → 拿这件衣服来说，我觉得它的颜色太暗了。
  이 옷에 대해 말하자면 나는 그 색이 너무 어둡다고 생각한다.

- 从A方面来说 A 방면에서 말하자면 (=从A角度来看 A 관점에서 보면)

  → 从味道的方面来说，这道菜还算及格。 맛 방면에서 말하자면 이 요리는 그런대로 괜찮다(합격인 셈이다).

- 从A起·开始 A부터 (시작하여)

  → 从今天起，我要改掉熬夜的坏习惯。 오늘부터 나는 밤을 새는 나쁜 습관을 고쳐 버릴 것이다.

- 第一A，第二B …… 첫째로는 A하고 둘째로는 B하고 ~

  → 这次旅行第一是为了去中国见朋友，第二是吃中国的美食。
  이번 여행은 첫째로는 중국 친구를 만나기 위해 가는 것이고 둘째로는 중국의 맛있는 음식을 먹기 위해서이다.

(3) 결말(결론) 부분에 사용할 수 있는 표현

- 我认为·觉得…… 나는 ~라고 생각한다
  → 我认为，养宠物对孩子是有好处的。
    나는 애완동물을 기르는 것이 아이에게 좋은 점이 있다고 생각한다.

- 我希望…… 나는 ~하기를 희망한다
  → 我希望父母能看到我的改变。 나는 부모님이 나의 변화를 보실 수 있기를 희망한다.

- 我意识到了…… 나는 ~을 깨닫게 되었다
  → 通过志愿活动，我意识到了保护环境的重要性。
    자원봉사 활동을 통해 나는 환경 보호의 중요성을 깨닫게 되었다.

- 我们都应该…… 우리는 모두 마땅히 ~해야 한다
  → 我们都应该理解父母，并且要对他们有耐心。
    우리는 모두 마땅히 부모님을 이해하고 (그들에게) 인내심을 가져야 한다.

- 我相信…… 나는 ~를 믿는다
  → 我相信，自己的努力绝对不会白费。 나는 스스로의 노력이 절대 헛되지 않을 것이라고 믿는다.

어휘 犯 fàn 저지르다 [*犯错误: 실수를 저지르다] | ★错误 cuòwù 몡 실수 | ☆年轻 niánqīng 톙 어리다 | ★在乎 zàihu 동 (유쾌하지 않은 일) 신경 쓰다 [↔不在乎: 대수롭지 않게 여기다] | ☆时期 shíqī 몡 시기 | ★害羞 hàixiū 톙 부끄러워하다 | ★随着 suízhe 개 ~따라 | ★发展 fāzhǎn 몡 발전 | 科技 kējì 과학 기술 ['科学技术'의 약자] | 面对面 miànduìmiàn 대면하다 | ★交流 jiāoliú 동 소통하다 | ★机会 jīhuì 몡 기회 | 越来越 yuèláiyuè 톙 점점 | 众所周知 zhòngsuǒzhōuzhī 셍 모든 사람이 다 알고 있다 [권설음 zh 주의] | 首尔 Shǒu'ěr 고유 서울 | 韩国 Hánguó 고유 한국 | ★首都 shǒudū 몡 수도 | ★首先 shǒuxiān 몡 먼저 | ★其次 qícì 몡 다음 [설치음 c 주의, 권설음과 구분!] | ★然后 ránhòu 접 그 다음에 | ☆完成 wánchéng 동 끝내다 [*完成作业: 숙제를 끝내다] | ☆作业 zuòyè 몡 숙제 | ☆复习 fùxí 동 복습하다 | 当天 dàngtiān 몡 그날 | ☆内容 nèiróng 몡 내용 | ★重要 zhòngyào 톙 중요하다 | ☆选择 xuǎnzé 톙 선택하다 | ★职业 zhíyè 몡 직업 | ★通过 tōngguò 개 ~을 통해 | ☆自己 zìjǐ 대 자신 | ★努力 nǔlì 몡 노력 | 养活 yǎnghuó 동 부양하다 | ★比如 bǐrú 접 예를 들어 | ★等 děng 조 등 | 社交软件 shèjiāo ruǎnjiàn SNS | ★功能 gōngnéng 몡 기능 | 上传 shàngchuán 동 업로드하다 [*上传照片: 사진을 업로드하다] | ☆照片 zhàopiàn 몡 사진 | 视频 shìpín 몡 동영상 [*短视频: 숏영상] | 分享 fēnxiǎng 동 공유하다 | ★位置 wèizhi 몡 위치 | ★拿 ná 개 ~에 대해서 [*拿A来说: A에 대해서] | ★暗 àn 톙 어둡다 | ★方面 fāngmiàn 몡 방면 | ★角度 jiǎodù 몡 관점 | ★味道 wèidao 몡 맛 | 道 dào 양 요리를 세는 단위 | 还算 háisuàn 그런대로 | ★及格 jígé 동 합격하다 | 改掉 gǎidiào 동 고쳐 버리다 | ★熬夜 áoyè 동 밤새다 | 坏 huài 톙 나쁘다 [*坏习惯: 나쁜 습관] | ☆习惯 xíguàn 몡 습관 | ☆旅行 lǚxíng 여행 ['旅' 발음 주의] | ☆为了 wèile 개 ~을 하기 위해 | 美食 měishí 맛있는 음식 [권설음 sh 주의] | ☆认为 rènwéi 동 생각하다 | 养 yǎng 동 (동물을) 기르다 [*养宠物: 애완동물을 기르다] | ★宠物 chǒngwù 애완동물 | ★好处 hǎochù 몡 좋은 점 [권설음 ch 주의] | ☆改变 gǎibiàn 동 변화 | 意识 yìshí 동 깨닫다 | 志愿活动 zhìyuàn huódòng 자원봉사 활동 | ★保护 bǎohù 동 보호하다 [*保护环境: 환경을 보호하다] | ★环境 huánjìng 몡 환경 | 重要性 zhòngyàoxìng 몡 중요성 | ☆应该 yīnggāi 조동 (마땅히) ~해야 한다 | ★理解 lǐjiě 동 이해하다 | ★父母 fùmǔ 몡 부모 | ★并且 bìngqiě 접 또한 | ★耐心 nàixīn 몡 인내심 | ☆相信 xiāngxìn 동 믿다 | ★绝对 juéduì 閈 절대 | 白费 báifèi 동 헛되이 쓰다

2 **자주 쓰는 학교·직장 관련 표현:** 아래는 학교나 직장 주제와 관련해서 쓸 수 있는 표현으로, 알아 두면 관련 주제의 질문이 출제됐을 때 큰 도움이 될 수 있다.

- A向B解释 A는 B에게 해명·설명하다
  → 这件事，他还没有机会向老师解释。 이 일을 그는 아직 선생님께 해명할 기회가 없었다.

- A毕业于B A는 B를 졸업하다
  → 我的很多韩国朋友都毕业于北京大学。 나의 많은 한국 친구들은 모두 베이징 대학교를 졸업했다.

- 在……帮助下 ~ 도움 하에
  → 在前辈的帮助下，小金很快就适应了工作。 선배의 도움 하에 샤오진은 빠르게 일에 적응했다.

- 在……情况下 ~ 상황 하에
  → 他们在公司面临破产的情况下，并没有离开公司。
    그들은 회사가 파산에 직면한 상황 하에서도 결코 회사를 떠나지 않았다.

- A在很多事情上B　A는 많은 일에서 B하다

  → 我在很多事情上的解决方式跟老板很像。 나는 많은 일을 해결하는 방식이 사장님과 비슷하다.

- A跟·和B商量　A는 B와 상의하다

  → 辞职的事她没跟任何人商量。 사직하는 일에 대해 그녀는 누구와도 상의하지 않았다.

- A被(B)录取　A는 B에 의해 채용되다

  → 姐姐实习期一过，就被这家公司录取了。 언니는 실습 기간이 지나자마자 바로 이 회사에 채용됐다.

- (A)由B负责　(A는) B가 책임지다

  → 在这家餐厅，点餐、结账都是由门口那台机器负责的。
  이 식당에서는 음식 주문과 계산은 모두 입구에 있는 기계가 책임진다.

어휘 ☆ **向** xiàng 개 ~에게 | ★ **解释** jiěshì 동 해명하다 [권설음 sh 주의] | ☆ **机会** jīhuì 명 기회 | ★ **毕业** bìyè 동 졸업하다 | **于** yú 개 ~에 | **韩国** Hánguó 고유 한국 | **前辈** qiánbèi 명 선배 | **小金** Xiǎo Jīn 고유 샤오진 [인명] | ★ **适应** shìyìng 동 적응하다 | ★ **情况** qíngkuàng 명 상황 | ★ **面临** miànlín 동 직면하다 | ★ **破产** pòchǎn 동 파산하다 [권설음 ch 주의] | **并** bìng 부 결코 [부정사 앞에 쓰여 부정의 어투 강조] | ☆ **离开** líkāi 동 떠나다 | ☆ **解决** jiějué 동 해결하다 | ★ **方式** fāngshì 명 방식 | ☆ **跟** gēn 개 ~와 | ★ **老板** lǎobǎn 명 사장 | ☆ **像** xiàng 동 비슷하다 | ★ **商量** shāngliang 동 상의하다 | ★ **辞职** cízhí 동 사직하다 [발음 특히 주의!] | ★ **任何** rènhé 대 어떠한 [권설음 r 주의] | ☆ **被** bèi 개 ~에게 ~를 당하다 [*주어+被+목적어+술어+기타성분] | ★ **录取** lùqǔ 동 채용하다 | ★ **实习** shíxí 동 실습하다 | **期** qī 명 기간 | ★ **由** yóu 개 ~이 | ★ **负责** fùzé 동 책임지다 [f 발음 주의] | ★ **餐厅** cāntīng 명 식당 | **点餐** diǎncān 음식을 주문하다 | ★ **结账** jiézhàng 동 계산하다 | **门口** ménkǒu 명 입구 | ★ **台** tái 양 (기계·차량·설비 등을 세는) 대 | ★ **机器** jīqì 명 기계

3 시험에 출제될 수 있는 학교·직장 관련 질문: 학교·직장 관련 질문은 나만의 이야기를 패턴화하여 작성해 두면 시험에 미리 대비할 수 있다.

- 请介绍一下你上过的一所学校的情况。
  당신이 다녔던 학교의 상황에 대해 소개해 보세요.

- 你觉得出国留学有哪些好处或者坏处?
  당신은 해외로 유학을 가는 것에 어떤 좋은 점이나 나쁜 점이 있다고 생각하나요?

- 你觉得应该怎样做才能学好外语?
  당신은 어떻게 해야만 비로소 외국어를 잘 배울 수 있다고 생각하나요?

- 你有自己理想的职业吗? 为什么?
  당신은 자신의 이상적인 직업이 있나요? 왜 그런가요?

- 你上下班的时候一般用什么交通工具? 为什么?
  당신은 출퇴근할 때 보통 어떤 교통수단을 이용하나요? 이유는 무엇인가요?

- 想要进入理想的公司，你认为自己的优势是什么?
  이상적인 회사에 들어갈 때, 당신은 자신의 장점이 무엇이라고 생각하나요?

어휘 ★ **所** suǒ 양 개 [학교, 병원을 세는 단위] | ★ **情况** qíngkuàng 명 상황 | **出国** chūguó 동 출국하다 | ☆ **留学** liúxué 동 유학하다 | ★ **好处** hǎochù 명 좋은 점 | ☆ **或者** huòzhě 접 ~든지 [*A或者B: A이던가 아니면 B이다] | ★ **坏处** huàichù 명 나쁜 점 | ☆ **应该** yīnggāi 조동 ~해야 한다 | ☆ **才** cái 부 비로소 | **外语** wàiyǔ 명 외국어 | ☆ **自己** zìjǐ 대 자신 | ★ **理想** lǐxiǎng 형 이상적이다 | ★ **职业** zhíyè 명 직업 [권설음 zh 주의] | **上下班** shàngxiàbān 출퇴근하다 | ☆ **一般** yìbān 형 보통이다 | ☆ **用** yòng 동 사용하다 | ★ **交通** jiāotōng 명 교통 [*交通工具: 교통수단] | ★ **工具** gōngjù 명 수단 | **进入** jìnrù 동 들다 [권설음 r 주의] | ☆ **认为** rènwéi 동 생각하다 | ★ **优势** yōushì 명 장점 [권설음 sh 주의]

💬 **다음 질문에 대답해 봅시다.** (각 문항당 준비 시간 약 2분 30초, 녹음 시간 약 2분)

Rúguǒ nǐ zhù de dìfang lí gōngsī hěn yuǎn, nǐ huì xuǎnzé zài gōngsī fùjìn zū fángzi,
7 如果 你 住 的 地方 离 公司 很 远, 你 会 选择 在 公司 附近 租 房子,

háishi jìxù   zhùzài jiāli? Qǐng shuō yíxià nǐ de xiǎngfa.
还是 继续 住在 家里? 请 说 一 下 你 的 想法。

Xuésheng shíqī,   nǐ yǒu méi yǒu tǎoyàn shàng de kè?
8 学生 时期, 你 有 没 有 讨厌 上 的 课?

Qǐng tántan nǐ duì zhōngxuéshēng chūguó liúxué zhè jiàn shì de kànfǎ.
9 请 谈谈 你 对 中学生 出国 留学 这 件 事 的 看法。

Qǐng wèn, nǐ shìfǒu yǒu zìjǐ lǐxiǎng de zhíyè?
10 请 问, 你 是否 有 自己 理想 的 职业?

모범 답안 및 해설 ▶ p.184

STEP 1 **유형 파악하기**

건강과 환경은 최근 현대인들에게 많이 이슈가 되는 소재로, 관련된 표현을 단 몇 개라도 암기하면 시험에 바로 활용할 수 있다.

> **출제 경향**
> - 건강 파트에서는 다이어트에 대한 질문이 많이 출제되고 있으므로 다이어트(减肥), 다이어트 약(减肥药), 운동(运动)과 같은 단어와 관련 어휘를 암기해야 한다.
> - 환경과 관련해서는 환경 오염(环境污染)과 환경 보호(环境保护)가 많이 출제되고 있어서, 환경 오염의 원인과 환경 보호 대책에 대하여 시험 전 대비해 두어야 한다.

> **문제 풀이 비법**
> - 접속사는 절과 절을 연결해 주는 역할을 하는데, 접속사를 적재적소에 쓰면 보다 자연스러운 문장을 만들 수 있다.
> - 건강·환경과 관련된 표현을 활용하여 문장을 구사하면 좋은 점수를 받을 수 있다.

💬 **예제 3**

Zài tígāo huánbǎo yìshí de fāngmiàn, nǐ rènwéi wǒmen yīnggāi rúhé zuò?
在 提高 环保 意识 的 方面，你 认为 我们 应该 如何 做?
환경 의식을 높이는 측면에서 당신은 우리가 어떻게 해야 한다고 생각하나요?

내용 구상하기

도입	환경 오염 문제가 최근의 화두임을 밝힌다.	众所周知，环境污染问题越来越严重，但大部分人并没有真正地采取行动来保护环境。
전개	환경 의식을 높이는 작은 실천 방법을 간단히 소개한다.	从提高人们环保意识这方面来说，最重要的是家庭教育，只有从小养成习惯，长大后才能更好地实践；对成年人来说，多参加一些志愿活动和观看相关的报道，对提高环保意识应该会起到一定的作用；发现有人破坏环境时，要敢于阻止。
마무리	'我相信……'을 활용하여 주장하는 바를 강조한다.	从身边的小事做起，我相信一个人的行动会对周围的人产生影响。

众所周知①①，环境　污染　问题／越来越／严重，　但／
Zhòngsuǒzhōuzhī, huánjìng wūrǎn wèntí yuèláiyuè yánzhòng, dàn

大部分 人①／并 没 有　真正①地／采取　行动②来 保护
dàbùfen rén bìng méi yǒu zhēnzhèng de cǎiqǔ xíngdòng lái bǎohù

环境。从ⓛ提高 人们　环保 意识／这 方面　来说ⓛ，
huánjìng. Cóng tígāo rénmen huánbǎo yìshí zhè fāngmiàn láishuō,

最　重要　的 是ⓒ／家庭 教育，只有③／从小　养成④习惯，
zuì zhòngyào de shì jiātíng jiàoyù, zhǐyǒu cóngxiǎo yǎngchéng xíguàn,

长大⑤ 后／才 能　更　好 地／实践①；对　成年人⑥ 来说，
zhǎngdà hòu cái néng gèng hǎo de shíjiàn; duì chéngniánrén láishuō,

多 参加／一些 志愿　活动／和 观看　相关　的 报道，
duō cānjiā yìxiē zhìyuàn huódòng hé guānkàn xiāngguān de bàodào,

对 提高 环保 意识／应该 会／起到 一定 的　作用；发现／
duì tígāo huánbǎo yìshí yīnggāi huì qǐdào yídìng de zuòyòng; fāxiàn

有人④ 破坏　环境 时，要 敢于④阻止。从ⓔ 身边 的 小
yǒurén pòhuài huánjìng shí, yào gǎnyú zǔzhǐ. Cóng shēnbiān de xiǎo

事①／做 起ⓔ，我　相信ⓜ／一个 人⑦ 的　行动 会／对　周围
shì zuò qǐ, wǒ xiāngxìn yí ge rén de xíngdòng huì duì zhōuwéi

的 人①／产生①　影响③。
de rén chǎnshēng yǐngxiǎng.

해석 모두가 알다시피 환경 오염 문제는 갈수록 심각해지고 있지만, 대부분 사람은 진정으로 행동을 취해 환경을 보호하고 있지는 않습니다. 사람들의 환경 의식을 높이는 측면에서 말하자면 가장 중요한 것은 가정 교육입니다. 어릴 때부터 습관을 들여야만 성인이 된 후 더 잘 실천할 수 있습니다. 성인에게 있어 자원봉사 활동에 자주 참여하고 관련 보도를 보는 것은 환경 의식을 높이는 데 어느 정도 작용을 할 것입니다. 또, 누군가 환경을 파괴하고 있는 것을 보면 나서서 저지해야 합니다. 주변의 작은 일부터 하기 시작하면 한 사람의 행동이 주변의 사람들에게 영향을 미칠 수 있을 것이라고 믿습니다.

어휘 ☆提高 tígāo 통 높이다 [*提高意识: 의식을 높이다] | 环保 huánbǎo 명 환경 보호 | 意识 yìshí 명 (객관 물질 세계에 대한 반영으로서) 의식 | ★方面 fāngmiàn 명 방면 | ☆认为 rènwéi 통 ~라고 생각하다 | ☆应该 yīnggāi 조동 (마땅히) ~해야 한다 | ☆如何 rúhé 대 어떻게 | 众所周知 zhòngsuǒzhōuzhī 성 모든 사람이 다 알고 있다 | ☆环境 huánjìng 명 환경 [*环境污染: 환경 오염] [*污染环境: 환경을 오염시키다] | ★污染 wūrǎn 명 오염 통 오염시키다 | 越来越 yuèláiyuè 부 갈수록 | ★严重 yánzhòng 형 심각하다 | 大部分 dàbùfen 명 대부분 | 并 bìng 부 결코 [부정사 앞에 쓰여 부정의 어투 강조] | ★真正 zhēnzhèng 부 정말로 | ☆地 de 조 ~하게 [*부사어+地+술어] | ★采取 cǎiqǔ 통 (방침·수단·태도 따위를) 취하다 [*采取行动: 행동을 취하다] | ★行动 xíngdòng 명 행동 | 保护 bǎohù 통 보호하다 | 来说 láishuō ~으로 말하자면 [*从A方面来说: A방면에서부터 말하자면] | ☆重要 zhòngyào 중요하다 | ★家庭 jiātíng 명 가정 | ★教育 jiàoyù 명 교육 | ☆只有 zhǐyǒu 접 ~해야만 (~해야) [*只有A才B: A해야만 비로소 B하다] | 从小 cóngxiǎo 부 어릴 때부터 | 养成 yǎngchéng 통 길러지다 [*养成习惯: 습관을 기르다] | ☆习惯 xíguàn 명 습관 | 长大 zhǎngdà 통 성장하다 | ☆才 cái 부 비로소 | ☆更 gèng 부 더 | ★实践 shíjiàn 통 실천하다 | 成年人 chéngniánrén 명 성인 | ☆参加 cānjiā 통 참가하다 | 志愿活动 zhìyuàn huódòng 자원봉사활동 | 观看 guānkàn 통 보다 | ★相关 xiāngguān 통 관련되다 | ★报道 bàodào 명 보도 | ☆一定 yídìng 형 어느 정도의 | ★作用 zuòyòng 명 작용 [*起作用: 작용을 하다] | ☆发现 fāxiàn 통 발견하다 | ★破坏 pòhuài 통 파괴하다 | 敢于 gǎnyú 대담하게 ~하다 | ★阻止 zǔzhǐ 통 저지하다 | ★身边 shēnbiān 명 곁 | ☆相信 xiāngxìn 통 믿다 | ★周围 zhōuwéi 명 주변 | ★产生 chǎnshēng 통 생기다 [*对A产生影响: A에 대해 영향이 생기다] | ☆影响 yǐngxiǎng 명 영향

표현 tip

① 众所周知 모든 사람이 다 알고 있다

도입에 쓰면 좋은 성어로, 외워 두면 유용하지만, 너무 어렵다면 '很多人都知道(많은 사람들이 모두 알고 있다)'와 같이 쉬운 말로 바꿔 쓸 수 있다

ⓛ 从A来说 A에서부터 말하면 A의 방면이나 입장을 대변하는 말로 '拿A来说'와 비슷한 뜻이다

ⓒ 最重要的是 가장 중요한 것은 ~이다

뒤의 목적어에는 화자가 하는 말 중 중요한 내용이 들어간다

ⓔ 从A做起 A부터 하기 시작하다

'从A开始'와 비슷하며 두 개의 고정격식 모두 기억해 두자

ⓜ 我相信 나는 ~라고 믿는다

'相信'은 문장을 목적어로 가질 수 있는 동사로 뒷내용이 화자의 신념을 나타낸다

발음 tip

① '众所周知'는 권설음이 많아 특히 주의해서 발음해야 한다. 그 외의 다른 권설음에도 유의하자

② '采取行动'은 3성-3성-2성-4성으로, 2성-반3성-2성-4성으로 읽는 것이 자연스럽다

③ '只有', '阻止', '影响'과 같이 3성이 연속된 단어는 2성-3성으로 소리 내야 한다

④ '养成', '有人', '敢于' 모두 3성-2성이므로, 반3성-2성으로 발음한다

⑤ '长'은 '자라다'라고 쓰일 때는 [zhǎng], '길다'로 쓰일 때는 [cháng]으로 발음하며, 여기서는 전자로 쓰였다

⑥ '成年人'은 세 글자 모두 2성으로, 모두 올려서 발음한다

⑦ '一个人'에서 '个'는 경성으로 가볍게 발음하며, '一'는 '个'의 원래 성조인 4성의 영향을 받아 2성으로 소리 낸다

1 접속사1: 접속사는 두 개의 절을 하나의 문장으로 이어주는 역할을 하여, 접속사 구문을 많이 알고 있으면 보다 자연스러운 문장을 만들 수 있다.

一边A，一边B yìbiān yìbiān	A하면서 B하다	弟弟总是一边玩儿，一边学习。 남동생은 늘 놀면서 공부를 한다.
既·又A，又B jì yòu yòu	A이기도 하고, B이기도 하다	这件事让我感到既伤心，又生气。 이 일은 나를 슬프게도 하고 화나게도 한다.
不但·不仅A，而且·还·也B búdàn bùjǐn érqiě hái yě	A할 뿐만 아니라, 게다가 B하다	这家公司不但待遇好，工作环境也不错。 이 회사는 대우가 좋을 뿐만 아니라 게다가 업무 환경도 괜찮다.
不但不·不但没A，反而B búdànbù búdànméi fǎn'ér	A하지 않을 뿐 아니라, 오히려 B하다	今天姐姐不但没准时下班，反而加班了。 오늘 언니는 제시간에 퇴근하지 않았을 뿐만 아니라 오히려 야근을 했다.
除了A以外，(B)还C chúle yǐwài hái	A외에도 (B 또한) C하다	公司附近除了韩国餐厅以外，还有很多中国餐厅。 회사 근처에 한국 식당 외에도 많은 중국 식당이 있다.
除了A以外，(B)都C chúle yǐwài dōu	A를 제외하고 (B는) 모두 C하다	办公室里除了我以外，都是中国人。 사무실 안은 나를 제외하고 모두 중국인이다.
虽然·尽管A，但(是)B suīrán jǐnguǎn dàn(shì)	비록 A하지만, B하다	虽然今天是金秘书最后一天上班，但(是)他仍然非常认真。 비록 오늘은 김(金) 비서의 마지막 출근 날이지만 그는 여전히 매우 성실하다.
如果A(的话)，就·那(么)B rúguǒ (de huà) jiù nà(me)	만약 A라면, B하다	如果没有他的帮助，我就无法按时完成这项任务。 만약 그의 도움이 없었다면 나는 제때 이 임무를 완수할 수 없었을 것이다.
为了A，B wèile	A하기 위해서 B하다	为了缓解疼痛，护士给他吃了止痛药。 통증을 완화시키기 위해 간호사는 그에게 진통제를 먹였다.

어휘 ☆总是 zǒngshì 🔘 늘 [설치음, 권설음 주의] | 感到 gǎndào 🔘 느끼다 [*感到+감정: ~을 느끼다] | ★伤心 shāngxīn 🔘 슬퍼하다 | ☆生气 shēngqì 🔘 화내다 | ★待遇 dàiyù 🔘 대우 | ☆环境 huánjìng 🔘 환경 | 不错 búcuò 🔘 괜찮다 | ★准时 zhǔnshí 🔘 시간에 맞다 [권설음 주의] | 下班 xiàbān 🔘 퇴근하다 | ★加班 jiābān 🔘 야근하다 | ☆附近 fùjìn 🔘 근처 [f 발음 주의] | 韩国 Hánguó 🔘 한국 | ★餐厅 cāntīng 🔘 식당 | ☆办公室 bàngōngshì 🔘 사무실 | 金 Jīn 🔘 김 [성씨] | ★秘书 mìshū 🔘 비서 | ☆最后 zuìhòu 🔘 맨 마지막의 | ★仍然 réngrán 🔘 여전히 [권설음 r 주의] | ★认真 rènzhēn 🔘 성실하다 [권설음 주의] | 无法 wúfǎ 🔘 할 수 없다 | ★按时 ànshí 🔘 제때에 | ☆完成 wánchéng 🔘 완수하다 [*完成任务: 임무를 완수하다] | ★项 xiàng 🔘 항목 | ★任务 rènwu 🔘 임무 | ★缓解 huǎnjiě 🔘 완화시키다 [*缓解疼痛: 통증을 완화시키다] | 疼痛 téngtòng 🔘 아픔 | ★护士 hùshi 🔘 간호사 | 止痛药 zhǐtòngyào 진통제

2 **자주 쓰는 건강·환경 관련 표현:** 아래의 건강·환경과 관련된 표현을 익혀서 제2~3 부분 이야기를 만들 때 활용하자.

- A对B有好处 A는 B에 좋다(좋은 점이 있다)
  - → 多吃蔬菜对身体有好处。 야채를 많이 먹는 것은 몸에 좋다.

- A对B有害 A는 B에 해롭다
  - → 连孩子都知道吸烟对健康有害。 아이조차도 담배를 피우는 것이 건강에 해롭다는 것을 알고 있다.

- A越来越严重了 A는 점점 더 심각해지고 있다
  - → 这段时间，疫情越来越严重了。 이 시간, 전염병은 점점 더 심각해지고 있다.

- 从A做起 A부터 하다
  - → 保护环境应该从身边的小事做起。 환경을 보호하는 것은 주변의 작은 일부터 해야 한다.

- A离不开B A는 B와 떨어질 수 없다
  - → "健康减肥"离不开持久的运动。 '건강한 다이어트'는 꾸준한 운동과 떨어질 수 없다.

- A给B造成C A는 B에 C를 초래하다
  - → 汽车尾气给环境造成了极大污染。 자동차 배기가스는 환경에 지극히 큰 오염을 초래했다.

> **어휘** ★ 好处 hǎochù 몡 좋은 점 [권설음 ch 주의] | ★ 蔬菜 shūcài 몡 야채 [권설음 sh 주의] | 有害 yǒuhài 됭 해롭다 | ★ 连 lián 개 ~조차도 [*连A都B: A조차도 B하다] | 吸烟 xīyān 됭 담배를 피우다 | ☆ 健康 jiànkāng 몡 건강 휑 건강하다 | 越来越 yuèláiyuè 몀 점점 더 | ★ 严重 yánzhòng 휑 심각하다 | 疫情 yìqíng 몡 전염병 발생 상황 | 起 qǐ 됭 ~하기 시작하다 | ★ 保护 bǎohù 됭 보호하다 [* 保护环境: 환경을 보호하다] | ★ 环境 huánjìng 몡 환경 | ☆ 应该 yīnggāi 조됭 ~해야 한다 | 身边 shēnbiān 몡 곁 | 离不开 líbukāi 떨어질 수 없다 | ★ 减肥 jiǎnféi 됭 다이어트하다 | 持久 chíjiǔ 휑 (오래) 지속되다 [권설음 ch 주의] | ★ 造成 zàochéng 됭 초래하다 [*造成+안 좋은 내용: ~을 초래하다] | 汽车 qìchē 몡 자동차 | 尾气 wěiqì 몡 배기가스 | 极大 jídà 휑 지극히 크다 | ★ 污染 wūrǎn 몡 오염 [권설음 r 주의]

3 **시험에 출제될 수 있는 건강·환경 관련 질문:** 다음과 같은 질문이 시험에 출제될 수 있으니 미리 질문에 대한 답 변을 준비해 보자.

- 请说几件你为了保持身体健康做过的事情。
  건강을 유지하기 위해 했던 몇 가지 일을 말해 보세요.

- 如果你现在需要减肥，那么会用什么方法?
  만약 당신이 지금 다이어트를 해야 한다면 어떤 방법을 사용할 것입니까?

- 你对"节食减肥"和"吃减肥药"这样的减肥方式有什么看法?
  '절식 다이어트'와 '다이어트 약 먹기'와 같은 다이어트 방식에 대해 어떤 견해를 가지고 있습니까?

- 人们日常生活中的哪些行为导致了环境污染?
  사람들의 일상생활에서 어떤 행동이 환경 오염을 야기했습니까?

- 如今，环境污染问题十分严重，怎样做才能保护环境呢?
  오늘날 환경 오염 문제가 매우 심각한데, 어떻게 해야만 비로소 환경을 보호할 수 있을까요?

> **어휘** ☆ 为了 wèile 개 ~을 하기 위하여 | ★ 保持 bǎochí 됭 (좋은 상태를) 유지하다 [*保持健康: 건강을 유지하다] [권설음 ch 주의] | ☆ 健康 jiànkāng 몡 건강 | ☆ 如果 rúguǒ 찝 만약 [*如果A，那么B: 만약 A라면, 그렇다면 B하다] | ★ 需要 xūyào 됭 ~해야 한다 | ★ 减肥 jiǎnféi 됭 다이어트하다 | ☆ 用 yòng 됭 사용하다 | ★ 方法 fāngfǎ 몡 방법 [f 발음 주의] | 节食 jiéshí 됭 절식하다 [권설음 sh 주의] | 减肥药 jiǎnféiyào 몡 다이어트 약 | ★ 方式 fāngshì 몡 방식 [권설음 sh 주의] | ★ 看法 kànfǎ 몡 견해 | 日常 rìcháng 몡 일상 [권설음 주의] | 生活 shēnghuó 몡 생활 [*日常生活: 일상생활] | ★ 行为 xíngwéi 몡 행동 | ★ 导致 dǎozhì 야기하다 | ☆ 环境 huánjìng 몡 환경 | ☆ 污染 wūrǎn 몡 오염 | 如今 rújīn 몡 오늘날 | ★ 十分 shífēn 몀 매우 | ★ 严重 yánzhòng 휑 심각하다 | ☆ 才 cái 몀 ~해야만 비로소 | ★ 保护 bǎohù 됭 보호하다

💬 **다음 질문에 대답해 봅시다.** (각 문항당 준비 시간 약 2분 30초, 녹음 시간 약 2분)

Qǐng tántan nǐ duì jiǎnféi chí shénme tàidu.

11 请 谈谈 你 对 减肥 持 什么 态度。

Shēnghuó zhōng, duì huánjìng zàochéng wūrǎn de yīnsù yǒu nǎxiē? Qǐng jiǎndān shuō yi shuō.

12 生活 中, 对 环境 造成 污染 的 因素 有 哪些? 请 简单 说 一 说。

모범 답안 및 해설 ▶ p.189

04 IT

STEP 1 유형 파악하기

IT는 최근 HSK에 매번 출제되는 소재로, HSKK에서도 출제될 확률이 높은 만큼 관련 표현을 익혀 두어야 한다.

▷ 출제 경향

- 주로 IT 발전이 우리 생활에 미치는 영향을 묻는 질문이 많이 출제되고 있고, 더 나아가 장점이나 단점 등에 대해 개인의 견해를 묻는 질문도 출제된다.

▷ 문제 풀이 비법

- IT 발전의 영향을 묻는 문제에 대비해서 관련 패턴 표현을 암기하는 것이 유용하다.
- 견해를 묻는 질문에 대비해서 시험 전 장점이나 단점 중 하나의 답변을 준비해 두는 것이 좋다.

💬 예제 4

Qǐng nǐ tántan "wǎngluò" duì nǐ de shēnghuó yǒu nǎxiē yǐngxiǎng.
请你谈谈"网络"对你的生活有哪些影响。

'인터넷'이 당신의 생활에 어떤 영향이 있는지 이야기해 보세요.

내용 구상하기

도입	인터넷이 우리 생활 각 방면에 영향을 끼치고 있음을 밝힌다.	如今，互联网已走进我生活的各个方面。可以说，衣、食、住、行都离不开网络。
전개	실생활에서 인터넷을 활용하는 일과 영향을 구체적으로 설명한다.	因为随时随地能上网，所以只要有想知道的事，就可以上网找。而且互联网的发展拉近了人与人之间的距离，它让我们的联系变得更方便，也让不同国家的人更了解其他的文化。
마무리	'我们应该……'라는 표현을 써서 우리가 경계해야 할 것을 주장한다.	当然，网络给我提供了方便的服务，但我认为，有些时候，我们也应该小心网络上的虚假信息和恶意的留言。

如今①，互联网 / 已 走进② / 我　生活　的 各个　方面。
Rújīn, hùliánwǎng yǐ zǒujìn　wǒ shēnghuó de gègè fāngmiàn.

可以③ 说，衣、食①、住①、行 / 都 离不开③ 网络④。因为 /
Kěyǐ shuō, yī, shí, zhù, xíng dōu líbukāi wǎngluò. Yīnwèi

随时随地ⓛ / 能　上网，所以③ / 只要④ / 有　想③ 知道 的
suíshísuídì néng shàngwǎng, suǒyǐ zhǐyào yǒu xiǎng zhīdào de

事①，就 可以③ / 上网　找。而且 / 互联网 的 发展 / 拉近了 /
shì, jiù kěyǐ shàngwǎng zhǎo. Érqiě hùliánwǎng de fāzhǎn lājīnle

人 与 人⑤ 之间ⓒ 的 距离，它 / 让① 我们 的 联系 / 变得　更
rén yǔ rén zhījiān de jùlí, tā ràng wǒmen de liánxì biànde gèng

方便，也 让 不 同 国家 的 人 / 更 了解③ 其他 的 文化。
fāngbiàn, yě ràng bù tóng guójiā de rén gèng liǎojiě qítā de wénhuà.

当然，网络④ / 给 我③ / 提供了　方便　的 服务，但 / 我
Dāngrán, wǎngluò gěi wǒ tígōngle fāngbiàn de fúwù, dàn wǒ

认为①，有些④ 时候，我们ⓔ / 也 应该 / 小心ⓔ 网络④ 上 的
rènwéi, yǒuxiē shíhou, wǒmen yě yīnggāi xiǎoxīn wǎngluò shang de

虚假 信息 / 和 恶意 的 留言。
xūjiǎ xìnxī hé èyì de liúyán.

해석 오늘날 인터넷은 이미 나의 생활 각각의 방면에 들어와 있습니다. 의, 식, 주, 교통(행) 모두 인터넷과 떨어질 수 없다고 할 수 있습니다. 언제 어디서나 인터넷을 할 수 있기 때문에, 알고 싶은 일이 있으면 바로 인터넷에서 찾아볼 수 있습니다. 게다가 인터넷의 발전은 사람과 사람 사이의 간격을 가깝게 하여, 우리의 연락을 더 편리하게 하고, 또 서로 다른 나라의 사람들이 그 외 문화를 더 잘 이해할 수 있게 합니다. 물론 인터넷은 저에게 편리한 서비스를 제공했지만, 저는 어떤 때는 우리도 인터넷 상의 허위 정보와 악의적인 댓글은 주의해야 한다고 생각합니다.

어휘 ★谈 tán 통 말하다 | ★网络 wǎngluò 명 인터넷 | ★生活 shēnghuó 명 생활 | ☆影响 yǐngxiǎng 명 영향 | ★如今 rújīn 명 오늘날 [=现在] | ★互联网 hùliánwǎng 명 인터넷 | 各个 gègè 때 각각의 | ★方面 fāngmiàn 명 방면 | 离不开 líbukāi 떨어질 수 없다 | 随时随地 suíshísuídì 성 언제 어디서나 | ☆上网 shàngwǎng 통 인터넷을 하다 | ★只要 zhǐyào 접 ~하기만 하면 [*只要A, 就B: A하기만 하면, B하다] | ★而且 érqiě 접 게다가 | ★发展 fāzhǎn 명 발전 | 拉近 lājīn 통 가깝게 하다 [*拉近距离: 간격을 가깝게 하다] | 之间 zhījiān 명 ~의 사이 | ★距离 jùlí 명 간격 | ★联系 liánxì 명 연락 | 变得 biànde ~해지다 | ★更 gèng 부 더 | ★方便 fāngbiàn 형 편리하다 | ★国家 guójiā 명 나라 | ★了解 liǎojiě 통 이해하다 | ★其他 qítā 때 그 외 | 文化 wénhuà 명 문화 | ☆当然 dāngrán 부 물론 | ★提供 tígōng 통 제공하다 [*提供服务: 서비스를 제공하다] | 服务 fúwù 명 서비스 | ☆认为 rènwéi 통 생각하다 | ☆应该 yīnggāi 조동 (마땅히) ~해야 한다 | ☆小心 xiǎoxīn 통 주의하다 | 虚假 xūjiǎ 형 허위의 | ★信息 xìnxī 명 정보 | 恶意 èyì 명 악의 [*恶意留言: 악플] | 留言 liúyán 명 남긴 말

ⓐ 离不开 떨어질 수 없다
'离不开' 앞에 오는 주어와 뒤에 오는 목적어가 뗄레야 뗄 수 없는 관계임을 나타내는 표현으로, 꼭 암기하자

ⓛ 随时随地 언제 어디서나
단어 '随时'와 '随地'가 결합한 성어로, 시간과 장소에 구애를 받지 않음을 나타낼 때 쓴다

ⓒ 人与人之间 사람과 사람 사이
관계, 사회, 환경 등 다양한 주제에서 많이 쓸 수 있는 표현으로, 한 단어처럼 통째로 암기하자

ⓔ 我们应该小心 우리는 ~을 주의해야 한다
'小心' 뒤에 주의해야 할 내용이 목적어로 나온다

① 권설음 [zh·ch·sh·r]은 혀를 만 상태에서 윗잇몸 딱딱한 부분에 대고 소리를 낸다

② '已走进'은 3성-3성-4성이기 때문에 소리 낼 때는 2성-반3성-4성으로 발음한다

③ '可以'와 같이 모두 3성으로 이루어진 단어나 구절은 2성-3성으로 소리 낸다

④ '网络', '只要', '有些' 등 단어의 첫 글자가 3성, 두 번째 글자가 1·2·4성으로 이루어진 단어는 앞 글자를 반3성으로 소리 낸다

⑤ '人与人'은 '사람과 사람'이라는 뜻으로, '人'의 권설음도 잘 살려야 하고 성조 역시 2성-반3성-2성으로 까다로우니, 주의해서 발음해야 한다

1 접속사2: 두 개의 절을 하나의 문장으로 잇는 역할을 하는 접속사 구문을 활용하여 조리있는 문장을 만들도록 하자.

无论·不论·不管A, wúlùn búlùn bùguǎn 都·也B dōu yě	A를 막론하고 B하다	无论男女老少，出门都应该戴口罩。 남녀노소를 막론하고 외출할 때는 마스크를 착용해야 한다.
只有A，才B zhǐyǒu cái	A해야만, B하다	只有精通电脑知识，才能适应公司的业务。 컴퓨터 지식에 정통해야만 회사 업무에 적응할 수 있다.
只要A，就·便B zhǐyào jiù biàn	A하기만 하면, B하다	只要是医生说的话，爷爷就一定会听。 의사가 하는 말이면 할아버지는 반드시 들으신다.
因为A，所以B yīnwèi suǒyǐ	A이기 때문에, B하다	我因为受到压力，所以一直没有食欲。 나는 스트레스를 받았기 때문에 줄곧 식욕이 없다.
A，从而·于是B cóng'ér yúshì	A해서, B하다	哥哥还没有完全恢复健康，从而，短时间内 无法回公司工作。형은 아직 건강을 완전히 회복하지 못 해서, 단시간 내에 회사에 복귀할 수가 없다.
既然A，那(么)就B jìrán nà(me) jiù	기왕 A하게 되었으니, B하다	既然你已经决定了，那(么)就努力做吧！ 기왕 네가 결정했으니, 열심히 해 봐!
不是A，就是B búshì jiùshì	A가 아니면 B이다	姐姐为了减肥，一日三餐不是蔬菜沙拉，就 是水煮蔬菜。언니는 다이어트를 하기 위해 하루 세 끼가 야채 샐러드 아니면 삶은 야채이다.
不是A，而是B búshì érshì	A가 아니고 B이다	这次考试不是考打字速度，而是考计算机理 论。이번 시험은 타자 속도를 테스트하는 것이 아니라 컴퓨터 이론을 테스트하는 것이다.
先A，然后B xiān ránhòu	먼저 A하고, 그 다음에 B하다	手术前，我先向医生询问了自己的情况，然 后告诉了家人。수술하기 전, 나는 먼저 의사에게 내 상태 를 물어보고 그 다음에 가족에게 알렸다.
一A，就B yī jiù	A하면 바로 B하다	我的手机最近一打电话就关机。 내 핸드폰은 요즘 전화를 걸기만 하면 바로 꺼진다.

어휘 男女老少 nánnǚ lǎoshào 명 남녀노소 ['女' 발음 주의] | 出门 chūmén 동 외출하다 | ☆ 应该 yīnggāi 조동 ~해야 한다 | ★ 戴 dài 동 착용하다 | 口罩 kǒuzhào 명 마스크 | 精通 jīngtōng 동 정통하다 | 知识 zhīshi 명 지식 [권설음 주의] | ★ 适应 shìyìng 동 적응하다 | ★ 业务 yèwù 명 업무 | ☆ 一定 yídìng 부 반드시 | ★ 受到 shòudào 동 받다 [*受到压力: 스트레스를 받다] | ★ 压力 yālì 명 스트레스 | ☆ 一直 yìzhí 부 계속 [권설음 zh 주의] | 食欲 shíyù 명 식욕 [권설음 sh 주의] | ★ 完全 wánquán 부 완전 히 | ★ 恢复 huīfù 동 회복하다 [*恢复健康: 건강을 회복하다] | ☆ 健康 jiànkāng 명 건강 | ★ 短 duǎn 형 짧다 | 无法 wúfǎ 할 수 없 다 | ☆ 决定 juédìng 동 결정하다 | 努力 nǔlì 동 노력하다 | ★ 为了 wèile 개 ~를 하기 위하여 | ★ 减肥 jiǎnféi 동 다이어트하다 | 一日三餐 yírìsāncān 하루 세 끼 | ★ 蔬菜 shūcài 명 야채 | 沙拉 shālā 명 샐러드 | ★ 煮 zhǔ 동 삶다 | 考 kǎo 동 테스트하다 | 打 字 dǎzì 동 타자를 치다 | ★ 速度 sùdù 명 속도 | 计算机 jìsuànjī 명 컴퓨터 | ★ 理论 lǐlùn 명 이론 | ★ 手术 shǒushù 동 수술하다 | ☆ 向 xiàng 개 ~에게 | ☆ 询问 xúnwèn 동 물어보다 | ☆ 自己 zìjǐ 대 자신 | ★ 情况 qíngkuàng 명 상태 | 家人 jiārén 명 가족 | ☆ 最近 zuìjìn 명 요즘 | 关机 guānjī 동 (기계의) 전원을 끄다

2 **자주 쓰는 IT 관련 표현**: 자주 쓰는 IT 관련 표현을 활용하여 우리 생활이나 사회의 변화, 발전 및 영향을 이야기할 수 있다.

- 随着A的发展 A의 발전에 따라
  - → 随着网路的发展，我们可以随时了解到世界各地的新闻。
    네트워크의 발전에 따라, 우리는 언제나 세계 각지의 뉴스를 알 수 있다.

- A给B带来C A는 B에 C를 가져다 주다
  - → 科技的发展给人们的生活带来了很多变化。
    과학 기술의 발전은 사람들의 생활에 많은 변화를 가져다 주었다.

- A对B产生C A는 B에 대해 C를 낳다
  - → 手机的迅速发展对计算机行业产生了极大影响。
    핸드폰의 급속한 발전은 컴퓨터 업종에 극히 큰 영향을 낳았다.

- 进入A的时代 A의 시대에 진입하다
  - → 可以说，人类现在已经进入了信息时代。
    인류는 현재 정보화 시대에 진입했다고 말할 수 있다.

- 提高生活水平 생활 수준을 높이다
  - → 经济发展是提高人们生活水平的重要前提。
    경제 발전은 사람들의 생활 수준을 높이는 중요한 전제 조건이다.

> **어휘** ★随着 suízhe 개 ~따라 [권설음 zh 주의] | ★发展 fāzhǎn 명 발전 | 网路 wǎnglù 명 네트워크 | ★随时 suíshí 부 언제나 [권설음 sh 주의] | ☆了解 liǎojiě 동 알다 | ☆世界 shìjiè 명 세계 | ☆各地 gèdì 명 각지 | ☆新闻 xīnwén 명 뉴스 | 科技 kējì 과학 기술 ['科学技术'의 약자] | ★生活 shēnghuó 명 생활 | ☆变化 biànhuà 명 변화 | ★产生 chǎnshēng 동 낳다 [권설음 주의] | ★迅速 xùnsù 형 급속하다 | 计算机 jìsuànjī 명 컴퓨터 | ★行业 hángyè 명 업종 | 极大 jídà 형 지극히 크다 | ☆影响 yǐngxiǎng 명 영향 | 进入 jìnrù 동 진입하다 | ★时代 shídài 명 시대 | ★人类 rénlèi 명 인류 [권설음 r 주의] | ★信息 xìnxī 명 정보 | ☆提高 tígāo 동 높이다 [*提高水平: 수준을 높이다] | ☆水平 shuǐpíng 명 수준 | ★经济 jīngjì 명 경제 | ☆重要 zhòngyào 형 중요하다 | 前提 qiántí 명 전제 조건

3 **시험에 출제될 수 있는 IT 관련 질문**: IT 관련 질문은 시험장에서 처음 접하면 특히 대답하기 까다로우므로, 미리 대비하여 답변을 준비하는 것이 좋다.

- 除了打电话、发短信，你一般都用手机做什么？
  통화하기, 문자 보내기 외에 당신은 보통 핸드폰으로 무엇을 합니까?

- 你觉得，小孩子拥有手机的优点和缺点是什么？
  당신이 생각하기에 어린아이가 핸드폰을 가지는 것에 대한 장점과 단점은 무엇입니까?

- 网络让人们的距离变近了还是变远了？请你谈一谈。
  인터넷은 사람들의 거리를 가깝게 했나요, 아니면 멀게 했나요? 이야기해 보세요.

- 请谈一谈网络对生活的影响。 인터넷이 생활에 미치는 영향에 대해 이야기해 보세요.

> **어휘** ☆除了 chúle 개 ~외에도 [권설음 ch 주의] | ★短信 duǎnxìn 명 문자 메시지 [*发短信: 문자 메시지를 보내다] | ☆一般 yìbān 형 보통이다 | ☆用 yòng 개 ~(으)로 | 拥有 yōngyǒu 동 가지다 | ★优点 yōudiǎn 명 장점 | ★缺点 quēdiǎn 명 단점 | ★网络 wǎngluò 명 인터넷 | ★距离 jùlí 명 거리 | ☆变 biàn 동 변화하다 | ☆还是 háishi 접 아니면 [권설음 sh 주의] | ★谈 tán 동 이야기하다 | ★生活 shēnghuó 명 생활 | ☆影响 yǐngxiǎng 명 영향 [읽을 때 2성-3성]

💬 **다음 질문에 대답해 봅시다.** (각 문항당 준비 시간 약 2분 30초, 녹음 시간 약 2분)

Zài gōngzuò huò xuéxí zhōng, nǐ jīngcháng yòng diànnǎo zuò shénme?

13 在 工作 或 学习 中, 你 经常 用 电脑 做 什么?

Shǒujī de shǐyòng yuèláiyuè pǔbiàn, nǐ líkāi shǒujī yě néng zhèngcháng shēnghuó ma?

14 手机 的 使用 越来越 普遍, 你 离开 手机 也 能 正常 生活 吗?

Qǐng shuōshuo yuányīn.

请 说说 原因。

모범 답안 및 해설 ▶ p.192

STEP 1 유형 파악하기

HSKK는 중국어 말하기 능력을 평가하는 시험이므로, 중국과 관련된 문제도 간혹 출제된다.

> **출제 경향**
> • 출제율이 높은 파트는 아니지만 중국과 관련된 문제가 출제되는 경우, 주로 중국의 어떤 곳을 여행하거나 소개하고 싶은 지 묻는 질문들이 출제되고 있다.
> • 중국에서의 특별한 경험에 대해 묻는 질문도 간혹 출제될 수 있다.

> **문제 풀이 비법**
> • HSKK는 실제 나의 정보나 의견을 묻는 것이 아니라, 중국어를 얼마나 유창하게 구사할 수 있는지를 평가하는 시험이기 때문에, 중국 관련 질문에 대비하여 중국의 유명 관광 도시나 지역 등을 알아 두면 유용하다.

💬 예제 5

Nǐ zuì xǐhuan Zhōngguó de nǎge chéngshì? Qǐng jiǎndān shuōmíng lǐyóu.

你 最 喜欢 中国 的 哪个 城市? 请 简单 说明 理由。

당신은 중국의 어느 도시를 가장 좋아합니까? 간단히 이유를 설명해 주세요.

내용 구상하기

도입	질문에 대해 베이징이라고 바로 대답한다.	在中国的众多城市中，我最喜欢的就是北京。
전개	베이징을 좋아하는 이유를 음식과 교통의 두 가지로 설명한다.	在北京，可以很容易找到各地的特色小吃。即使你不喜欢中国饮食，也很容易能找到韩国餐厅，日本餐厅或者西餐厅。 另外，北京的交通既方便又便宜，如果找不到目的地可以随时上网查找，或者向当地人打听，他们也一定会热情地帮助我们。
마무리	베이징에 가는 것을 추천하며 마무리한다.	我在北京没有感到不方便。我推荐没去过中国的外国人，去北京旅行或者学习是个不错的选择。

在　中国　的 / 众多　城市　中，我 最 喜欢 的 / 就是①
Zài Zhōngguó de zhòngduō chéngshì zhōng, wǒ zuì xǐhuan de jiùshì

北京。在 北京，可以 很① 容易 / 找到 各地 的 / 特色 小吃②。
Běijīng. Zài Běijīng, kěyǐ hěn róngyì zhǎodào gèdì de tèsè xiǎochī.

即使 / 你 / 不 喜欢　中国　饮食②，也 很　容易　能 / 找到
Jíshǐ nǐ bù xǐhuan Zhōngguó yǐnshí, yě hěn róngyì néng zhǎodào

韩国　餐厅，日本③ 餐厅 / 或者 西　餐厅。另外ⓛ，北京 的
Hánguó cāntīng, Rìběn cāntīng huòzhě Xī cāntīng. Lìngwài, Běijīng de

交通 / 既 方便 / 又　便宜④，如果 / 找不到 目的地⑤ 可以
jiāotōng jì fāngbiàn yòu piányi, rúguǒ zhǎobudào mùdìdì kěyǐ

随时③　上网 / 查找，或者 / 向　当地人 / 打听，他们 / 也
suíshí shàngwǎng cházhǎo, huòzhě xiàng dāngdìrén dǎting, tāmen yě

一定 会ⓒ 热情③ 地 / 帮助　我们。我 在 北京 / 没有　感到ⓔ
yídìng huì rèqíng de bāngzhù wǒmen. Wǒ zài Běijīng méiyǒu gǎndào

不　方便。我 推荐 / 没 去过　中国　的 外国人，去 北京 /
bù fāngbiàn. Wǒ tuījiàn méi qùguo Zhōngguó de wàiguórén, qù Běijīng

旅行⑥ / 或者 / 学习 / 是③ 个 不错 的　选择②。
lǚxíng huòzhě xuéxí shì ge búcuò de xuǎnzé.

해석 중국의 매우 많은 도시 중 제가 가장 좋아하는 곳은 바로 베이징입니다. 베이징에서는 각지의 독특한 간식을 쉽게 찾을 수 있습니다. 설령 중국 음식을 좋아하지 않더라도 한국 식당이나 일본 식당, 양식당도 쉽게 찾을 수 있습니다. 그 밖에, 베이징의 교통은 편리하고 저렴합니다. 만약 목적지를 찾지 못하면 언제든 인터넷으로 찾아볼 수 있고, 혹은 현지인에게 물어보면 그들은 반드시 친절하게 도와줄 것입니다. 저는 베이징에서 불편함을 느끼지 않았으며, 중국에 가 본 적이 없는 외국인에게 베이징으로 여행이나 공부를 하러 가는 것이 괜찮은 선택이라고 추천합니다.

어휘 ☆ 城市 chéngshì 몡 도시 | ☆ 简单 jiǎndān 혱 간단하다 | ★ 说明 shuōmíng 동 설명하다 | ★ 理由 lǐyóu 몡 이유 | 众多 zhòngduō 혱 매우 많다 | ☆ 容易 róngyì 혱 쉽다 | 各地 gèdì 몡 각지 | ★ 特色 tèsè 혱 독특한 | ★ 小吃 xiǎochī 몡 간식 | ★ 即使 jíshǐ 젭 설령 ~하더라도 [*即使A, 也B: 설사 A하더라도, B하다] | 饮食 yǐnshí 몡 음식 | 韩国 Hánguó 고유 한국 | ★ 餐厅 cāntīng 몡 식당 | 日本 Rìběn 고유 일본 | 或者 huòzhě 젭 ~든지 [*A或者B: A이던가 아니면 B이다] | ★ 另外 lìngwài 젭 그 밖에 | ★ 交通 jiāotōng 몡 교통 | 既 jì 젭 ~할 뿐만 아니라 [*既A又B: A할 뿐만 아니라 또한 B하다] | ★ 方便 fāngbiàn 혱 편리하다 | ☆ 如果 rúguǒ 젭 만약 | 目的地 mùdìdì 몡 목적지 | ★ 随时 suíshí 뮈 언제나 | ☆ 上网 shàngwǎng 동 인터넷을 하다 | 查找 cházhǎo 동 찾아보다 | ☆ 向 xiàng 개 ~을/를 향하여 | 当地人 dāngdìrén 현지인 | 打听 dǎting 동 물어보다 | ☆ 一定 yídìng 뮈 반드시 | ★ 热情 rèqíng 혱 친절하다 | 感到 gǎndào 느끼다 [*感到+감정: ~을 느끼다] | 推荐 tuījiàn 동 추천하다 | 外国人 wàiguórén 몡 외국인 | ★ 旅行 lǚxíng 동 여행하다 | 不错 búcuò 혱 괜찮다 | ☆ 选择 xuǎnzé 몡 선택

표현 tip

ⓐ 我最喜欢的就是A 내가 가장 좋아하는 것은 A이다
본래 'A是B' 구문에는 A에 특정 어휘, B에 설명이 들어가는데, 회화에서는 A와 B를 바꿔 말하기도 한다

ⓑ 另外 그 밖에
일정 범위에 들지 않는 나머지 다른 부분이나 일에 대해 이야기할 때 쓴다

ⓒ 一定会 반드시 ~할 것이다
'一定'과 '会'에 모두 '반드시 할 것이다'라는 의미가 있어 그 어조를 더 강조하며, 문장 맨 끝에 '的'를 써 주기도 한다

ⓓ 感到A A를 느끼다
'感到' 뒤에 감정을 나타내는 어휘가 들어가며, 자주 쓰는 표현이므로 꼭 암기하자

발음 tip

① '可以很'은 3성이 3개 연속된 발음으로 소리 낼 때는 2성-2성-3성으로 한다

② '小吃', '饮食' 등의 단어 앞 글자는 본래 성조는 3성이지만, 소리 낼 때는 반3성으로 읽는 것이 자연스럽다

③ '日本'의 '日'나 '随时'의 '时' 등 권설음은 특별히 주의해서 발음한다

④ '便宜'의 '便'은 다의어로, [biàn]이 아닌 [pián]으로 발음한다

⑤ '目的地'는 '목적지'라는 뜻의 단어로 '的'와 '地'가 조사가 아니라서 [de]로 발음하지 않는다

⑥ '旅行'을 발음할 때 성조는 반3성-2성으로 소리 내고 '旅[lǚ]'에서 [ǚ] 발음은 입술을 동그랗게 오므린 채로 [이]와 [위] 중간 소리를 낸다

1 주의해야 할 발음: 권설음과 [ü] 발음은 한국어에는 없는 소리이기 때문에, 많은 한국인들이 발음하는 데 어려움을 느낀다. 아래 표의 어휘로 발음을 연습해 보고, 실제 시험에서 유창하게 발음할 수 있도록 하자.

(1) **권설음:** 혀를 말아 올린 상태에서 혀의 끝부분을 윗잇몸 뒤쪽의 딱딱한 부분에 대고 내는 소리로, 21개 성모 중 [zh·ch·sh·r]을 가리키고 er화(儿化)까지 포함한다.

zh	报纸 bàozhǐ 신문	着急 zháojí 조급해하다	支持 zhīchí 지지하다	只要 zhǐyào ~하기만 하면	重要 zhòngyào 중요하다	住 zhù 살다
ch	差不多 chàbuduō 큰 차이가 없다	吃惊 chījīng 놀라다	迟到 chídào 지각하다	抽烟 chōuyān 담배를 피우다	出差 chūchāi 출장을 가다	非常 fēicháng 대단히
sh	按时 ànshí 제때에	表示 biǎoshì 표시하다	失望 shīwàng 실망하다	十分 shífēn 매우	适合 shìhé 알맞다	收拾 shōushi 정리하다
r	节日 jiérì 명절	客人 kèrén 손님	让 ràng ~로 하여금 ~하게 하다	认识 rènshi 알다	仍然 réngrán 여전히	内容 nèiróng 내용
er	画儿 huàr 그림	聊天儿 liáotiānr 이야기하다	玩儿 wánr 놀다			

(2) **설치음:** 혀끝과 치아를 이용해 내는 소리로, [z·c·s]를 가리키고 앞의 권설음과 구분하여 발음해야 한다.

z	复杂 fùzá 복잡하다	负责 fùzé 책임지다	孩子 háizi 아이	自行车 zìxíngchē 자전거	走 zǒu 걷다	尊重 zūnzhòng 존중하다
c	词典 cídiǎn 사전	次 cì 번	聪明 cōngming 총명하다	从来 cónglái 지금까지	精彩 jīngcǎi 훌륭하다	因此 yīncǐ 그리하여
s	公司 gōngsī 회사	景色 jǐngsè 풍경	四十 sìshí 40	随着 suízhe ~에 따라	所以 suǒyǐ 그래서	意思 yìsi 의미

(3) ü: [ü]는 입술을 동그랗게 오므린 채로 [이]라고 소리 내며, [이]와 [위]의 중간 발음이라고 할 수 있다. 모든 자음과 결합하는 것이 아니고 [n·l·j·q·x]의 5개 자음하고만 결합할 수 있는데, [j·q·x]와 결합할 때는 [ü]가 아닌 [u]로 표기한다. 또한 단독 음절로도 쓰일 수 있고 이때는 [yu]로 표기한다.

nü	女儿 nǚ'ér 딸	女生 nǚshēng 여학생			
lü	旅行 lǚxíng 여행하다	旅游 lǚyóu 여행하다	律师 lǜshī 변호사	考虑 kǎolǜ 고려하다	绿色 lǜsè 녹색
ju	举办 jǔbàn 개최하다	巨大 jùdà 거대한	根据 gēnjù 근거	距离 jùlí 거리	聚会 jùhuì 모이다
qu	感兴趣 gǎnxìngqù 관심이 있다	区别 qūbié 차이	弯曲 wānqū 꼬불꼬불하다	取得 qǔdé 얻다	去 qù 가다
xu	必须 bìxū 반드시 ~해야 한다	顺序 shùnxù 순서	需要 xūyào 필요로 하다	允许 yǔnxǔ 허가하다	继续 jìxù 계속하다
yu	由于 yóuyú ~때문에	羽毛球 yǔmáoqiú 배드민턴	雨伞 yǔsǎn 우산	汉语 Hànyǔ 중국어	教育 jiàoyù 교육

2 알아 두면 좋은 중국의 도시: 시험에 중국의 도시에 대해 묻는 질문이 간간히 출제되고 있다. 따라서 중국의 도시에 관해 조금 알아 두면 답안을 만드는 데 보다 수월하다.

北京 Běijīng	베이징	중국의 수도(首都)로, 주요 관광 명소로는 만리장성(长城 Chángchéng), 이화원(颐和园 Yíhéyuán), 자금성(紫禁城 Zǐjìnchéng) 등이 있다.
上海 Shànghǎi	상하이	중국에서 가장 큰 도시로, 현재 중국의 대표적인 경제 중심지이다. 주요 관광 명소로는 동방명주(东方明珠电视塔 Dōngfāngmíngzhū diànshìtǎ), 예원(豫园 Yùyuán), 신천지(新天地 Xīntiāndì), 와이탄(外滩 Wàitān) 등이 있다.
苏州 Sūzhōu	쑤저우	중국 장쑤성 남동쪽의 타이후 동쪽에 있는 운하 도시로, 꽃이 피기 시작하는 4~5월에 가장 여행하기 좋다고 알려져 있다. 창랑정(沧浪亭 Cānglàngtíng), 졸정원(拙政园 Zhuōzhèngyuán), 쑤저우 고전원림(苏州园林 Sūzhōu yuánlín) 등의 관광 명소가 있다.
西安 Xī'ān	시안	세계 4대 고대 도시 가운데 하나로 실크 로드의 출발지로 널리 알려져 있다. 병마용(兵马俑 Bīngmǎyǒng), 시안 성벽(西安城墙 Xī'ān chéngqiáng), 화청지(华清池 Huáqīngchí) 등 관광 명소가 많다.
张家界 Zhāngjiājiè	장가계	유네스코 세계 문화유산으로 지정되어 있는 중국의 주요 관광 지역이다. 천문산(天门山 Tiānmén Shān), 무릉원(武陵源 Wǔlíngyuán) 등 수려한 경치로 유명하다.

3 **시험에 출제될 수 있는 중국 관련 질문:** 시험에 출제될 만한 중국 관련 질문을 파악하여 답변을 준비해 보자.

- 如果有机会去中国的话，你最想去哪个城市？
  만약 중국에 갈 기회가 있다면, 당신은 어느 도시를 가장 가고 싶나요?

- 在中国时，你遇到过什么有意思的事或人吗？
  중국에 있을 때 당신은 어떤 재미있는 일이나 사람을 만난 적이 있나요?

- 秋天的北京哪里最漂亮？请简单说说。
  가을의 베이징은 어디가 가장 예쁜가요? 간단히 말해 보세요.

- 请介绍一下中国的气候。 중국의 기후에 대해 소개해 주세요.

어휘 ☆**如果** rúguǒ 젭 만약 [*如果A的话: 만약 A라면] | ☆**机会** jīhuì 뗑 기회 | ☆**城市** chéngshì 뗑 도시 [권설음 주의] | ☆**遇到** yùdào 됭 만나다 | **有意思** yǒu yìsi 재미있다 | **或** huò 젭 또는 | ☆**秋天** qiūtiān 뗑 가을 | ☆**简单** jiǎndān 혱 간단하다 | ★**气候** qìhòu 뗑 기후

STEP 3 실력 다지기

💬 **다음 질문에 대답해 봅시다.** (각 문항당 준비 시간 약 2분 30초, 녹음 시간 약 2분)

Qǐng shuō yí ge nǐ zhīdào huò liǎojiě de Zhōngguó chuántǒng jiérì.
15 请 说 一个 你 知道 或 了解 的 中国 传统 节日。

Qǐng shuō yíxià, Zhōngguó de Értóng Jié hé Hánguó de Értóng Jié yǒu shénme gòngtóngdiǎn hé
16 请 说 一下, 中国 的 儿童节 和 韩国 的 儿童节 有 什么 共同点 和
chāyì.
差异。

모범 답안 및 해설 ▶ p.194

06 기타

STEP 1 유형 파악하기

기타 파트에는 앞의 다섯 가지 주제로 분류되지 않는 문제들을 모아 두었고, 주로 수험자의 의견을 묻는 질문이 많다.

▶ 출제 경향

- 가치관·견해 등 생각과 그에 대한 이유를 묻는 질문들이 가장 많이 출제되고 있다.
- 간혹 날씨 비교에 대한 질문도 출제된다.

▶ 문제 풀이 비법

- 중국어 명언이나 속담에 대한 견해를 묻기 때문에, 다양한 중국어 한 마디를 미리 알아 두어야 한다.
- 실제 수험자의 의견보다 답변의 논리성이나 발음의 정확도가 중요하기 때문에, 하나의 답변을 미리 준비해서 시험장에 들어가는 것이 유리하다.

💬 예제 6

Yǒu rén shuō "guòchéng bǐ jiéguǒ gèng zhòngyào", nǐ zěnme kàn zhè jù huà?
有 人 说 "过程 比 结果 更 重要", 你 怎 么 看 这 句 话?

'과정이 결과보다 더 중요하다'고 말하는 사람들이 있는데, 당신은 이 말에 대해 어떻게 생각하나요?

내용 구상하기

도입	질문에 대해 한국의 예를 들어 보편적인 대답을 한다.	韩国也有"过程比结果更重要"这句话，我也认为这句话很对。
전개	'과정'의 의미를 강조하며 과정의 영원한 가치를 설명한다.	其实，现实生活中我们，做每件事都希望有好结果，这样想是很正常。然而，无论结果怎样，当我们回忆过去的时候，更多想起的反而是痛苦的、努力的、充满汗水与眼泪的"过程"。因为我们都知道，为了做好一件事，我们会付出怎样的努力，这个"过程"不会因为成功而失去意义，也不会因为失败而成为过去，它是永远存在的。
마무리	과정의 가치를 한 번 더 강조한다.	有时，它还会成为我们继续前进的动力。

韩国 / 也 有① "过程 / 比 结果 / 更 重要②" 这 句③ 话,
Hánguó yě yǒu "guòchéng bǐ jiéguǒ gèngzhòngyào" zhè jù huà,

我 也① 认为 / 这 句 话 很 对。其实⊙, 现实 生活 中 /
wǒ yě rènwéi zhè jù huà hěn duì. Qíshí, xiànshí shēnghuó zhōng

我们, 做 每 件 事④ / 都 希望 / 有 好 结果, 这样 想 是④ /
wǒmen, zuò měi jiàn shì dōu xīwàng yǒu hǎo jiéguǒ, zhèyàng xiǎng shì

很 正常④ 的。然而⊙, 无论 / 结果 怎样⑤, 当⊙ 我们 /
hěn zhèngcháng de. Rán'ér, wúlùn jiéguǒ zěnyàng, dāng wǒmen

回忆 过去 的 时候⊙, 更 多 想起 的 / 反而⑤ 是 痛苦 的、
huíyì guòqù de shíhou, gèng duō xiǎngqǐ de fǎn'ér shì tòngkǔ de,

努力 的、充满 汗水 与 眼泪⑤ 的 "过程"。因为 / 我们 /
nǔlì de, chōngmǎn hànshuǐ yǔ yǎnlèi de "guòchéng". Yīnwèi wǒmen

都 知道④, 为了 做好 一 件 事, 我们 / 会 付出 / 怎样⑤ 的
dōu zhīdào, wèile zuòhǎo yí jiàn shì, wǒmen huì fùchū zěnyàng de

努力, 这个 "过程" / 不 会②⑥ 因为 成功 而 失去 意义,
nǔlì, zhège "guòchéng" bú huì yīnwèi chénggōng ér shīqù yìyì,

也 不 会⑥ / 因为⑩ 失败 / 而⑩ 成为 过去, 它 是 / 永远① /
yě bú huì yīnwèi shībài ér chéngwéi guòqù, tā shì yǒngyuǎn

存在 的。有时⑤, 它 还 会 成为 / 我们 继续③ 前进 的 动力。
cúnzài de. Yǒushí, tā hái huì chéngwéi wǒmen jìxù qiánjìn de dònglì.

해석 한국에도 '결과보다 과정이 중요하다'는 말이 있는데, 저도 맞는 말이라고 생각합니다. 사실 현실에서 우리는 매사에 좋은 결과가 있기를 바라는데, 이렇게 생각하는 것은 매우 정상입니다. 그러나 설령 결과가 어떠하든 우리는 과거를 회상할 때 오히려 고통스럽고 노력했던 땀과 눈물로 넘치는 '과정'을 더 많이 떠올립니다. 우리는 한 가지 일을 잘하기 위해 어떤 노력을 들이는지 다 알고 있기 때문입니다. 이 '과정'은 성공으로 인해 의미를 잃어버리지도 않고, 실패로 인해 과거가 되지 않는 영원한 존재입니다. 때로는 우리가 계속 앞으로 나아갈 수 있는 동력이 되기도 합니다.

어휘 ★过程 guòchéng 몡 과정 | ★结果 jiéguǒ 몡 결과 | ★更 gèng 뵘 더 [*비교문에 주로 쓰임] | ★重要 zhòngyào 혱 중요하다 | 韩国 Hánguó 고유 한국 | ★认为 rènwéi 동 생각하다 | ☆其实 qíshí 뵘 사실 | ★现实 xiànshí 몡 현실 | ★生活 shēnghuó 몡 생활 | ★正常 zhèngcháng 혱 정상적인 | ★然而 rán'ér 젭 그러나 | ★无论 wúlùn 젭 ~을 막론하고 | 怎样 zěnyàng 떼 어떠하다 | ★当 dāng 젠 바로 그 시간이나 그 장소를 가리킬 때 쓰임 [*当A的时候: A할 때] | ★回忆 huíyì 동 회상하다 | ☆过去 guòqù 몡 과거 | 反而 fǎn'ér 뵘 오히려 | ★痛苦 tòngkǔ 혱 고통스럽다 | ☆努力 nǔlì 동 노력하다 몡 노력 | ★充满 chōngmǎn 동 넘치다 | 汗水 hànshuǐ 땀 | ★与 yǔ 젭 ~와/~과 | 眼泪 yǎnlèi 몡 눈물 | ☆为了 wèile 젠 ~을/를 하기 위하여 [*为了+목적, 행위: ~하기 위하여 ~하다] | 付出 fùchū 동 들이다 | ★成功 chénggōng 몡 성공 | ★而 ér 젭 목적 또는 원인 등을 나타내는 성분을 연결시킴 | 失去 shīqù 동 잃어버리다 | ★意义 yìyì 몡 의미 | ★失败 shībài 몡 실패 | ★成为 chéngwéi ~이 되다 | ☆过去 guòqù 몡 과거 | ★永远 yǒngyuǎn 뵘 언제나 | ★存在 cúnzài 동 존재하다 | 有时 yǒushí 뵘 때로는 | ★继续 jìxù 동 계속하다 | 前进 qiánjìn 동 앞으로 나아가다 | 动力 dònglì 몡 동력

⊙ 其实 사실
'其实' 앞의 내용을 이어받아 대개 반전의 의미를 내포한다

⊙ 然而 그러나
문장이나 단어를 연결하여 전환 관계를 나타내며 보통 뒤 문장의 맨 앞에 쓴다

⊙ 当A的时候 A할 때
'当'은 바로 그 시간이나 장소를 의미하는 말이며, '当A时'라고 써도 비슷한 표현이다

⊙ 不会 ~하지 않을 것이다
실현 가능성이 없는 말을 하고자 할 때 쓸 수 있다

⊙ 因为A而B A로 인해 B하다
A에는 원인, B에는 결과가 들어가는 인과 관계 접속사이다

① '也有', '我也', '永远'과 같이 3성이 연속된 글자는 앞 글자를 3성이 아닌 2성으로 소리 낸다

② '重要'의 '重'을 1성으로 소리 내는 실수를 하는 경우가 있는데 꼭 4성으로 발음하자

③ '句'와 '继续'의 '续'는 운모가 [ü]이기 때문에 입을 오므리고 발음해야 한다

④ [zh·ch·sh·r]의 권설음을 신경 쓰면서 발음하자

⑤ 3성-1·2·4성으로 이루어진 어휘 및 표현은 3성을 반3성으로 발음하면 더 자연스럽다

⑥ '不'는 원래 4성이지만 앞의 '会'가 4성이기 때문에 '不'를 4성이 아닌 2성으로 소리 내야 한다

1 **다음자:** 아래는 HSKK 중급에 출제될 수 있는 수준의 다음자로, 그리 많은 양은 아니니 꼭 암기하도록 하자.

便	biàn	方便 fāngbiàn 편리하다	几	jī	几乎 jīhū 거의
	pián	便宜 piányi 싸다		jǐ	几本书 jǐ běn shū 책 몇 권
长	cháng	特长 tècháng 특기	教	jiāo	教学生 jiāo xuésheng 학생을 가르치다
	zhǎng	生长 shēngzhǎng 성장하다		jiào	教室 jiàoshì 교실
处	chǔ	处理 chǔlǐ 처리하다	觉	jué	感觉 gǎnjué 느끼다
	chù	好处 hǎochù 장점		jiào	睡觉 shuìjiào 자다
大	dà	大小 dàxiǎo 크기	空	kōng	空调 kōngtiáo 에어컨
	dài	大夫 dàifu 의사		kòng	空儿 kòngr 짬
地	de	努力地学习 nǔlì de xuéxí 열심히 공부하다	了	le	准备好了 zhǔnbèi hǎo le 잘 준비했다
	dì	地方 dìfang 지역, 장소		liǎo	了解 liǎojiě 이해하다
发	fā	发展 fāzhǎn 발전하다	乐	lè	欢乐 huānlè 즐겁다
	fà	理发 lǐfà 이발하다		yuè	音乐 yīnyuè 음악
个	ge	一个人 yí ge rén 한 사람	为	wéi	以为 yǐwéi 여기다
	gè	个子 gèzi 키		wèi	因为 yīnwèi 왜냐하면
过	guò	过去 guòqù 과거	行	xíng	旅行 lǚxíng 여행하다
	guo	吃过 chīguo 먹어 봤다		háng	行业 hángyè 업종
还	hái	还是 háishi 여전히	要	yāo	要求 yāoqiú 요구하다
	huán	还钱 huánqián 환불하다		yào	重要 zhòngyào 중요하다
好	hǎo	好朋友 hǎopéngyou 좋은 친구	只	zhī	一只狗 yì zhī gǒu 개 한 마리
	hào	爱好 àihào 취미		zhǐ	只要 zhǐyào ~하기만 하면
和	hé	和平 hépíng 평화롭다	种	zhǒng	种类 zhǒnglèi 종류
	huo	暖和 nuǎnhuo 따뜻하다		zhòng	栽种 zāizhòng 재배하다
会	huì	会议 huìyì 회의	重	zhòng	体重 tǐzhòng 체중
	kuài	会计 kuàijì 회계하다		chóng	重新 chóngxīn 거듭
得	dé	得到 dédào 얻다	着	zhe	看着 kànzhe 보면서
	de	说得很好 shuō de hěn hǎo 말을 잘하다		zháo	着急 zháojí 초급해하다
	děi	得 děi ~해야 한다		zhuó	附着 fùzhuó 부착하다

2 시험에 나올 만한 중국어 속담 및 명언: 시험에 출제될 수 있는 속담이나 명언을 알고 이에 대한 자신의 견해를 미리 준비하여 시험에 대비하자.

- 办法总比问题多 bànfǎ zǒng bǐ wèntí duō 방법은 늘 문제보다 많다

- 过程比结果更重要 guòchéng bǐ jiéguǒ gèng zhòngyào 과정이 결과보다 더 중요하다

- 早起的鸟儿有虫吃 zǎo qǐ de niǎor yǒu chóng chī 일찍 일어난 새가 벌레를 잡아먹는다

- 时间就是金钱 shíjiān jiù shì jīnqián 시간이 금이다

- 百闻不如一见 bǎiwén bùrú yíjiàn 백문이 불여일견

- 失败是成功之母 shībài shì chénggōng zhī mǔ 실패는 성공의 어머니이다

- 思想改变人生 sīxiǎng gǎibiàn rénshēng 생각이 인생을 바꾼다

- 功夫不负有心人 gōngfu bú fù yǒuxīnrén 노력은 뜻있는 사람을 저버리지 않는다 (=노력은 배신하지 않는다)

- 机会只留给有准备的人 jīhuì zhǐ liúgěi yǒu zhǔnbèi de rén 기회는 준비된 자에게만 주어진다

- 天下没有白吃的午餐 tiānxià méiyǒu bái chī de wǔcān 세상에 공짜 점심은 없다

- 好的开始是成功的一半 hǎo de kāishǐ shì chénggōng de yíbàn 좋은 시작이 성공의 반이다(=시작이 반이다)

- "知道"和"做到"是两码事 "zhīdào" hé "zuòdào" shì liǎngmǎshì 아는 것과 하는 것은 별개이다

- 一番耕耘一番收获 yì fān gēngyún yì fān shōuhuò 열심히 노력하면 노력한 만큼 수확을 얻는다

- 近朱者赤，近墨者黑 jìn zhū zhě chì, jìn mò zhě hēi
  주사(붉은색의 광물)를 가까이하는 사람은 붉어지고 먹을 가까이하는 사람은 검어진다
  (=사람은 그가 가까이하는 사람의 영향을 받아 변한다)

3 시험에 출제될 수 있는 기타 질문: 시험에 출제될 만한 질문을 보고 자신만의 답변을 생각해 보자.

- 你觉得中国的气候跟你们国家的气候有什么不同？
  당신은 중국의 기후가 당신 나라의 기후와 무엇이 다르다고 생각합니까?

- 有句话"办法总比问题多"，你怎么想？
  '방법을 늘 문제보다 많다'는 말에 대해 당신은 어떻게 생각합니까?

- 有句话"好货不便宜，便宜没好货"，你怎么想？
  '좋은 물건은 싸지 않고, 값싼 물건은 좋지 않다'는 말에 대해 당신은 어떻게 생각합니까?

- 请介绍一下你们国家的交通情况，并简单说说优缺点。
  당신 나라의 교통 상황에 대해 설명하고 간단히 장단점을 말해 보세요.

- 你认为，现代人最常受到的压力有哪些？
  당신이 생각할 때, 현대인들이 가장 자주 받는 스트레스는 무엇이 있습니까?

- 请介绍一下你故乡的四季。당신 고향의 사계절에 대해 설명해 주세요.

어휘 ★气候 qìhòu 몡 기후 | ☆跟 gēn 깨 ~와 | ★国家 guójiā 몡 나라 | 句 jù 먱 마디 [언어·시문을 세는 단위] | ☆办法 bànfǎ 몡 방법 | 总 zǒng 뵘 늘 | 好货 hǎohuò 몡 좋은 물건 | ★交通 jiāotōng 몡 교통 | ★情况 qíngkuàng 몡 상황 | 并 bìng 젭 그리고 | ☆简单 jiǎndān 톙 간단하다 | 优缺点 yōuquēdiǎn 몡 장단점 | ★认为 rènwéi 동 생각하다 [권설음 r 주의] | ★现代 xiàndài 몡 현대 | ★受到 shòudào 동 받다 [*受到压力: 스트레스를 받다] | ★压力 yālì 몡 스트레스 | 故乡 gùxiāng 몡 고향 | 四季 sìjì 몡 사계절 [설치음이므로 권설음과 구분하여 발음]

💬 **다음 질문에 대답해 봅시다.** (각 문항당 준비 시간 약 2분 30초, 녹음 시간 약 2분)

Nǐ de nǎxiē shēnghuó fāngshì shì hé fùmǔ bù yíyàng de, qǐng jiǎndān shuō yíxià.
17 你的哪些 生活 方式 是 和 父母 不 一样 的，请 简单 说 一下。

Duìyú "chénggōng" nǐ shì zěnme lǐjiě de? Qǐng tántan nǐ de kànfǎ.
18 对于 "成功" 你 是 怎么 理解 的? 请 谈谈 你 的 看法。

Nǐ rènwéi zìjǐ yǒu nǎxiē yōudiǎn hé quēdiǎn?
19 你 认为 自己 有 哪些 优点 和 缺点?

Qǐng jiǎndān de bǐjiào yíxià nǐ zhùguo de liǎng ge bùtóng chéngshì de qìhòu.
20 请 简单 地 比较 一下 你 住过 的 两 个 不同 城市 的 气候。

Qǐng tántan nǐ duì wǎngzhàn shang huò shìpín zhōng jīngcháng chūxiàn guǎnggào zhè jiàn shì yǒu
21 请 谈谈 你 对 网站 上 或 视频 中 经常 出现 广告 这 件 事 有
shénme kànfǎ.
什么 看法。

Nǐ xīwàng zìjǐ chéngwéi yí ge zěnyàng de rén?
22 你 希望 自己 成为 一 个 怎样 的 人?

제1부분 모범 답안 및 해설	p.205
제2부분 모범 답안 및 해설	p.207
제3부분 모범 답안 및 해설	p.209

모의고사

차례

新汉语水平考试
HSK 口试（中级）

模拟试题（一）

5C3/2+y

注　　意

一、HSK 口试(中级)分三部分：

   1. 听后重复(10 题，5 分钟)

   2. 看图说话(2 题，4 分钟)

   3. 回答问题(2 题，4 分钟)

二、全部考试约 23 分钟(含准备时间10 分钟)。

第一部分

第 1-10 题：听后重复

第二部分

第 11-12 题：看图说话

11.（2 分钟）

12.（2 分钟）

第三部分

第13-14题：回答问题

Qǐng tántan nǐ de xìngqù àihào yǒu nǎxiē. Bìngqiě shuōshuo tāmen duì nǐ de yǐngxiǎng.
13. 请 谈谈 你的 兴趣 爱好 有 哪些。并且 说说 它们 对 你的 影响。

（2分钟）

Zhōngguó yǒu jù huà jiào "jīhuì zhǐ liúgěi yǒu zhǔnbèi de rén". Qǐng tántan nǐ shì zěnme
14. 中国 有句话 叫"机会只 留给有 准备 的人"。请 谈谈 你是 怎么

kàn zhè jù huà de.
看 这句话的。（2分钟）

제1부분 모범 답안 및 해설	p.205
제2부분 모범 답안 및 해설	p.207
제3부분 모범 답안 및 해설	p.209

新汉语水平考试

HSK 口试（中级）

模拟试题（二）

注　　意

一、HSK 口试(中级)分三部分：

    1. 听后重复(10 题，5 分钟)

    2. 看图说话(2 题，4 分钟)

    3. 回答问题(2 题，4 分钟)

二、全部考试约 23 分钟(含准备时间10 分钟)。

第一部分

第 1-10 题：听后重复

第二部分

第 11-12 题：看图说话

11.（2 分钟）

12.（2 分钟）

第三部分

第 13-14 题：回答问题

Qǐng tántan nǐ píngshí shì rúhé duànliàn shēntǐ de.
13. 请 谈谈 你 平时 是 如何 锻炼 身体 的。（2 分钟）

Rúguǒ nǐ zài Zhōngguó, nǐ huì dài cóng Hánguó lái de qīnqi qù Zhōngguó de shénme
14. 如果 你 在 中国，你 会 带 从 韩国 来 的 亲戚 去 中国 的 什么

dìfang?
地方？（2 分钟）

| 제1부분 모범 답안 및 해설 ▶ p.212 |
| 제2부분 모범 답안 및 해설 ▶ p.214 |
| 제3부분 모범 답안 및 해설 ▶ p.216 |

新汉语水平考试
HSK 口试（中级）

模拟试题（三）

注　　意

一、HSK 口试(中级)分三部分：

    1. 听后重复(10 题，5 分钟)

    2. 看图说话(2 题，4 分钟)

    3. 回答问题(2 题，4 分钟)

二、全部考试约 23 分钟(含准备时间10 分钟)。

第一部分

第 1-10 题：听后重复

第二部分

第 11-12 题：看图说话

11. （2 分钟）

12. （2 分钟）

第三部分

第 13-14 题： 回答问题

Qǐng jièshào nǐ de yí wèi hǎo péngyou.

13. 请 介绍 你的一位 好 朋友。（2 分钟）

Rújīn, yuèláiyuè duō de rén xǐhuan "xiànshàng liáotiān", nǐ rènwéi "miànduìmiàn jiāoliú"

14. 如今，越来越 多的人 喜欢 "线上 聊天"，你认为 "面对面 交流"

hé "xiànshàng jiāoliú" nǎ zhǒng fāngshì gèng hǎo? Wèi shénme?

和 "线上 交流" 哪 种 方式 更 好？ 为 什么？（2 分钟）

제1부분 모범 답안 및 해설 ▶ p.219
제2부분 모범 답안 및 해설 ▶ p.221
제3부분 모범 답안 및 해설 ▶ p.223

新汉语水平考试
HSK 口试（中级）

模拟试题（四）

注　　意

一、HSK 口试（中级）分三部分：

　　1. 听后重复（10 题，5 分钟）

　　2. 看图说话（2 题，4 分钟）

　　3. 回答问题（2 题，4 分钟）

二、全部考试约 23 分钟（含准备时间10 分钟）。

<h1 style="text-align:center">第一部分</h1>

第 1-10 题: 听后重复

<h1 style="text-align:center">第二部分</h1>

第 11-12 题: 看图说话

11. （2 分钟）

12. （2 分钟）

第三部分

第 13-14 题：回答问题

Nǐ shì rúhé huǎnjiě shēnghuó hé gōngzuò zhōng yùdào de gèzhǒng yālì de?
13. 你是如何缓解 生活 和 工作 中 遇到 的 各种 压力 的?（2分钟）

Rúguǒ gěi nǐ yí ge sān tiān de cháng zhōumò, nǐ huì rúhé ānpái?
14. 如果 给你 一个 三 天 的 长 周末，你 会 如何 安排?（2分钟）

제1부분 모범 답안 및 해설 ▶ p.226
제2부분 모범 답안 및 해설 ▶ p.228
제3부분 모범 답안 및 해설 ▶ p.230

新汉语水平考试
HSK 口试（中级）

模拟试题（五）

注　　意

一、HSK 口试(中级)分三部分:

   1. 听后重复(10 题，5 分钟)

   2. 看图说话(2 题，4 分钟)

   3. 回答问题(2 题，4 分钟)

二、全部考试约 23 分钟(含准备时间10 分钟)。

第一部分

第 1-10 题： 听后重复

第二部分

第 11-12 题： 看图说话

11. （2 分钟）

12. （2 分钟）

第三部分

第13-14题：回答问题

Jìnrù yí ge xīn de gōngzuò huánjìng hòu, nǐ huì wèi shìyìng xīn gōngsī zuò xiē shénme?
13. 进入一个新的 工作 环境 后, 你会 为 适应 新 公司 做些 什么?

(2分钟)

Zài nǐ de xuésheng shíqī, yǒu méi yǒu yùdàoguo "hǎo lǎoshī"? Nǐ rènwéi shénmeyàng
14. 在你的 学生 时期, 有 没 有 遇到过 "好 老师"? 你认为 什么样

de lǎoshī kěyǐ bèi chēngwéi "hǎo lǎoshī"?
的 老师 可以 被 称为 "好 老师"? (2分钟)

제1부분 모범 답안 및 해설	> p.233
제2부분 모범 답안 및 해설	> p.235
제3부분 모범 답안 및 해설	> p.237

모범 답안 및 해설

실력 다지기 | 모의고사

차례

제1부분 | 실력 다지기

01 술어문

본문 p.26

1
1. 我相信他下次一定会成功。
2. 那本杂志里的广告太多了。
3. 今天星期天。
4. 父母不同意我出国留学。
5. 我女儿很聪明也很漂亮。

해석&풀이

1. 相信 + 믿는 내용: ~을 믿다

○ track 501

我相信 / 他下次 / 一定会成功。
주어1+술어1　　주어2+부사어　　　술어2
　　　　　　　　　목적어

나는 그가 다음 번에 반드시 성공할 것이라고 믿는다.

'相信'은 긴 문장을 목적어로 가질 수 있는 술어로, 강조하면서 한 번 끊어 읽는다. 목적어인 '他下次一定会成功'이 길어서 한 호흡에 읽기 힘들기 때문에 '下次'와 '一定' 사이에서 한 번 더 끊어 읽고, 목적어에서 술어 역할을 하는 '成功'을 강조하여 읽는다.

> **어휘** ☆ 相信 xiāngxìn 통 믿다 | ☆ 一定 yídìng 부 반드시 | ★ 成功 chénggōng 통 성공하다

2. 太A了 : 너무 A하다 (A: 형용사)

○ track 502

那本杂志里的 / 广告 太 多了。
관형어+的　　　주어+부사어+술어+了

그 잡지의 광고가 너무 많다.

이 문장은 주어를 수식하는 관형어가 길기 때문에 관형어와 주어 사이에서 끊어 읽고, 주어인 '广告'와 술어인 '多'를 강조하여 읽는다. 방위사 '里'는 가볍게 경성으로 소리 낸다. '杂志'에서 '志'의 권설음 발음에 주의하자.

> **어휘** ★ 杂志 zázhì 명 잡지 | ★ 广告 guǎnggào 명 광고

3. 주어 + 명사술어

○ track 503

今天 / 星期天。 오늘은 일요일이다
주어　　술어

주어와 술어를 기준으로 끊어 읽고, 명사술어인 '星期天'을 강조하여 읽는다.

4. (不)同意 + 동의하(지 않)는 내용: ~에 동의하(지 않)다

○ track 504

父母 / 不同意 / 我 出国 留学。
주어　　부사어+술어　　주어2+술어2+목적어
　　　　　　　　　　　목적어

부모님은 내가 외국 유학하는 것을 동의하지 않으신다.

크게 문장의 기본 성분인 주어, 술어, 목적어를 기준으로 끊어 읽으면서, 술어와 술어를 수식하는 부사어인 '不同意'를 강조하여 읽는다.

> **어휘** 父母 fùmǔ 명 부모 | ☆ 同意 tóngyì 통 동의하다 | 出国 chūguó 통 외국에 가다 | ☆ 留学 liúxué 통 유학하다

5. 정도부사 + 형용사

我　女儿 / 很　聪明 / 也很漂亮。
관형어 + 주어　부사어 + 술어1　부사어+술어2
나의 딸은 총명하고 예쁘다.

주어 하나가 술어 두 개를 가지는 문장으로, 두 술어를 강조하여 읽고 첫 번째 술어인 '聪明' 뒤에서 끊어 읽는다. '也很'은 2성-3성으로 읽는다.
(＊ 3성이 두 개 연속으로 나올 때는 앞의 단어를 2성으로 읽는다)

어휘 ☆ 聪明 cōngming 형 총명하다

2　1. 这家超市的商品价格相当高。
　　2. 我要每天都坚持锻炼身体。
　　3. 最近公共场所都禁止抽烟。
　　4. 服务员，再来一杯啤酒和两杯水。
　　5. 那些饼干味道非常好。

해석&풀이

1. 价格高 : 가격이 높다

这家超市的商品 / 价格相当高。
관형어　+的+관형어　주어+부사어+술어
이 슈퍼마켓의 상품 가격은 상당히 높다.

주어 '价格'를 수식하는 관형어 긴 '这家超市的商品'을 한 호흡에 읽은 후 나머지 부분을 이어 읽는다.

어휘 ☆ 超市 chāoshì 명 '超级市场'(슈퍼마켓)의 준말 | ★ 商品 shāngpǐn 명 상품 | ★ 价格 jiàgé 명 가격 | ★ 相当 xiāngdāng 부 상당히

2. 坚持 + 고수할 내용 : ～할 것을 고수하다

我要 / 每天都坚持 / 锻炼身体。
주어+부사어　　　술어1　　술어2+목적어
　　　　　　　　　　　　목적어
나는 매일 신체를 단련하는 것을 고수할 것이다.

크게 주어부, 술어부, 목적어부로 나누어 읽고, 술어 '坚持'와 목적어 '锻炼身体'를 강조하여 읽는다.

어휘 每天 měitiān 명 매일 | ★ 坚持 jiānchí 동 고수하다 | ☆ 锻炼 duànliàn 동 단련하다 [*锻炼身体: 신체를 단련하다]

3. 禁止 + 금지하는 내용 : ～하는 것을 금지하다

最近 / 公共场所 / 都禁止抽烟。
부사어　　주어　　부사어+술어+목적어
최근 공공장소는 모두 흡연을 금지한다.

시간명사 '最近'은 시간을 강조하기 위해 주어 '公共场所' 앞에 있는 것이기 때문에, 강조하면서 끊어 읽는다. 또한 문장의 핵심 내용인 '禁止抽烟' 역시 강조하여 읽는다.

어휘 ☆ 最近 zuìjìn 명 최근 | 公共场所 gōnggòngchǎngsuǒ 명 공공장소 | 禁止 jìnzhǐ 동 금지하다 | ★ 抽烟 chōuyān 동 흡연하다

4. 수사 + 양사 + 명사

服务员, / 再　来　一杯　啤酒 /
服务员　부사어 + 술어 + 관형어 + 목적어

和两杯水。
和+관형어+목적어
종업원, 맥주 한 잔과 물 두 잔을 주세요.

쉼표가 있는 부분을 기점으로 한 번 끊어 읽는다. 위 문장은 종업원에게 필요한 것을 가져다 달라는 내용으로 종업원과 필요한 것(啤酒, 水)을 강조하여 읽는다. '一'는 뒷글자 '杯'가 1성이기 때문에 4성으로 성조가 바뀐다. '一'의 성조 변화에 주의하자.

어휘 ☆ 啤酒 píjiǔ 명 맥주

5. 味道好: 맛이 좋다　　　　　　　　　　　　　　　　　　　　　　　　　　　　● track **510**

那些饼干味道 / 非常好。
관형어+주어　　부사어+술어

그 과자의 맛은 매우 좋다.

주어부와 술어부로 나누어 끊어 읽고, 주어와 술어를 강조하여 읽는다.

어휘 ★饼干 bǐnggān 명 과자 | ★味道 wèidao 명 맛

3　　1. 我儿子已经二十岁了。
　　　　2. 他个子越来越高了。
　　　　3. 他们接受了我的邀请。
　　　　4. 你今天必须要完成作业。
　　　　5. 我们俩的意见完全不一样。

해석&풀이

1. 명사 + 나이: (명사)가 ~살이다　　　　　　　　　　　　　　　　　● track **511**

我儿子 / 已经二十岁了。
관형어+주어　　부사어+술어+了

나의 아들은 벌써 스무 살이 되었다.

전형적인 명사술어문으로 주어부와 술어부를 끊어 읽고, 술어인 '二十岁'를 강조해서 읽는다. 문장 맨 마지막의 '了'까지 잘 듣고 말해야 한다.

2. 个子高: 키가 크다 · 越来越 + 형용사　　　　　　　　　　　　● track **512**

他 个子 / 越来越高了。
관형어+주어　　부사어+술어+了

그의 키는 점점 더 커졌다.

주어인 '个子'를 기준으로 끊어 읽고, '个子'와 술어 '高'를 강조한다. '高'의 성조 1성을 잘 살려 발음하자.

어휘 ☆个子 gèzi 명 키 | 越来越 yuèláiyuè 부 점점

3. 接受 + 받아들이는 내용: ~을 받아들이다　　　　　　　　　● track **513**

他们接受了 / 我的邀请。
주어+술어+了　　관형어+的+목적어

그들은 나의 초대를 받아들였다.

이 문장의 핵심 내용은 '초대를 받아들였다'는 것으로 '接受'와 '邀请'을 강조하여 읽는다. '接受邀请(초대를 받아들이다)'은 빈출 짝꿍 어휘로 잘 알아 두자.

어휘 ★接受 jiēshòu 동 받아들이다 | ★邀请 yāoqǐng 명 초대

4. 必须要: 반드시 ~을 해야 한다 · 完成作业: 과제를 완성하다　● track **514**

你 今天 / 必须要 / 完成作业。
주어 + 부사어　　　　　술어+목적어

너는 오늘 반드시 과제를 완성해야 해.

'必须要'는 '반드시 ~해야 한다'는 강제성이 있는 의미로 강조해서 읽고, 이 부분을 기준으로 앞뒤 모두 끊어 읽는다. 술목 구조인 핵심 내용 '完成作业' 역시 강조해서 읽는다.

어휘 ☆必须 bìxū 부 반드시 ~해야 한다 | ☆完成 wánchéng 동 완성하다 | ☆作业 zuòyè 명 과제, 숙제

5. 意见(不)一样: 의견이 같(지 않)다　　　　　　　　　　　　　● track **515**

我们俩的意见 / 完全不一样。
관형어+的+주어　　부사어+술어

우리 두 사람의 의견은 완전히 다르다.

형용사술어문이므로 주어부와 술어부로 나누어 읽고, 주어와 술어를 강조한다. 또한 부정형이므로 '不'도 강조해서 읽는다.

어휘 ★俩 liǎ 수 두 사람 [=两个人] | ★意见 yìjiàn 명 의견 | ★完全 wánquán 부 완전히 | ☆一样 yíyàng 형 같다

4　1. 我打算毕业以后当律师。

　　2. 昨天晚上的演出特别精彩。

　　3. 这里的风景非常美丽！

　　4. 这些西红柿两块钱一斤，真便宜！

　　5. 我们学校规定每天九点上课。

해석&풀이

1. 打算 + 계획하는 내용: ～할 계획이다　　　　　　　　　　　● track 516

我打算 / 毕业以后 / 当律师。
주어+술어　　부사어　　술어2+목적어
　　　　　　　　　목적어

나는 졸업 후에 변호사가 될 계획이다.

'打算'은 절을 목적어로 가질 수 있는 동사술어로, 뒤의 목적어가 길기 때문에 '当律师' 앞에서 한 번 더 끊어 읽는다. '律师'에서 '律[lǜ]'는 입모양을 동그랗게 유지한 채로 발음하는 것에 주의하자.

어휘　☆打算 dǎsuàn 동 ～할 계획이다 | ★毕业 bìyè 동 졸업하다 | 以后 yǐhòu 명 이후 | ★当 dāng 동 ～이 되다 | ★律师 lǜshī 명 변호사

2. 演出精彩: 공연이 훌륭하다　　　　　　　　　　　　　　● track 517

昨天晚上　的　演出 / 特别精彩。
관형어　+　的　+　주어　부사어+술어

어제 저녁의 공연은 특히 훌륭했다.

형용사술어문이므로 주어를 기준으로 끊어 읽고, 주어인 '演出'와 술어인 '精彩'를 강조한다.

어휘　★演出 yǎnchū 명 공연 | ☆特别 tèbié 부 특히 | ★精彩 jīngcǎi 형 훌륭하다

3. 风景美丽: 풍경이 아름답다　　　　　　　　　　　　　● track 518

这里的风景 / 非常美丽！
관형어+的+주어　부사어+술어

이곳의 풍경은 매우 아름답다!

형용사술어문은 일반적으로 주어를 기준으로 끊고 주어인 '风景'과 술어인 '美丽'를 강조하여 읽는다. '风景'과 '非常'의 [f] 발음은 한국어에는 없는 소리로, [p] 발음과 구분되도록 주의해서 소리 내야 한다.

어휘　★风景 fēngjǐng 명 풍경 | ★美丽 měilì 형 아름답다

4. 명사 + 수사 + 块钱: (명사)가 ～위안이다　　　　　　　● track 519

这些西红柿 / 两块钱一斤, / 真便宜！
관형어+주어　　　　술어　　　　부사어+술어

이 토마토들은 한 근에 2위안이다. 정말 싸다!

두 개의 절로 이루어진 문장으로, 첫 번째 절의 술어인 '两块钱一斤'과 두 번째 절의 술어인 '便宜'를 강조하여 읽는다. '一斤'에서 '斤'이 1성이므로 '一'는 4성으로 발음하는 것에 주의하자.

어휘　★西红柿 xīhóngshì 명 토마토 | 斤 jīn 양 근 [무게의 단위로 약 500g]

5. 规定 + 규정하는 내용: ～할 것을 규정하다　　　　　　● track 520

我们学校规定 / 每天九点 上课。
관형어+주어 + 술어　　　목적어

우리 학교는 매일 9시에 수업하는 것으로 규정한다.

술어 '规定'까지 읽고 잠시 끊었다가 나머지 부분을 발음한다. '九点'은 3성이 두 번 연속되므로, '九'는 2성으로 소리 낸다.

어휘　★规定 guīdìng 동 규정하다 | ★每天 měitiān 명 매일 | 上课 shàngkè 동 수업하다

5　1. 小王看起来心情很好。

　　2. 晚上我们一起去看电影吧。

　　3. 妻子正在厨房里做早饭。

　　4. 妈妈紧紧地抱着她的孩子。

　　5. 教室的黑板被擦得非常干净。

해석&풀이

1.　**看起来**: ~해 보인다 · **心情好**: 기분이 좋다　　　　　　　　　　**◉ track 521**

　　小王看起来 / 心情很好。
　　주어+술어+보어　　주어2+부사어+술어2
　　　　　　　　　　　　　　　목적어
　　샤오왕의 기분이 좋아 보인다.

주어인 '小王'이 짧으므로 '看起来'까지 한 숨에 읽고 뒷부분을 읽는다. '很好'는 3성-3성이므로 '很'은 2성으로 읽는다. '看起来'의 '起来'는 복합방향보어로 '来'를 경성으로 읽지만, 천천히 읽을 때는 원래 성조인 2성을 살려서 읽어도 괜찮다.

　　어휘　看起来 kànqǐlai 보기에, 보아하니 | ★心情 xīnqíng 몡 기분

2.　**一起 + 함께 할 것**: 함께 ~하다 · **看电影**: 영화를 보다　　　　　**◉ track 522**

　　晚上 / 我们 一起 去 / 看电影吧。
　　부사어　　주어 + 부사어+술어1　술어2+목적어+吧
　　저녁에 우리 함께 영화 보러 가자.

시간명사는 일반적으로 주어 뒤에 위치하지만, 강조하기 위해 주어 앞에 오기도 한다. 강조한 어휘 뒤에서 한 번 끊어 읽고, 문장의 핵심 내용인 '看电影' 앞에서 한 번 더 끊어 읽는다.

3.　**正 + 동사**: ~하고 있는 중이다 · **在 + 장소 + 행위**: ~에서 ~하다　**◉ track 523**

　　妻子 / 正在厨房里 / 做早饭。
　　주어　　　　부사어　　　　술어+목적어
　　아내는 주방에서 아침밥을 하고 있는 중이다.

주어, 부사어, 술어+목적어 세 부분으로 나누어 읽고, '做早饭'을 강조하여 읽는다. 이때 방위사 '里'는 경성으로 발음한다.

　　어휘　★正 zhèng 몟 한창[동작의 진행 또는 상태의 지속을 나타냄] | ★厨房 chúfáng 몡 주방 | 早饭 zǎofàn 몡 아침밥

4.　**부사어 + 地 + 술어**: ~하게/히 ~하다　　　　　　　　　　　　**◉ track 524**

　　妈妈 / 紧紧地 / 抱着她的孩子。
　　주어　　부사어+地　술어+着+관형어+的+목적어
　　엄마는 그녀의 아이를 꽉 안고 있다.

'地'를 기준으로 앞의 부사어와 뒤의 술어를 강조하여 읽는다. '紧紧'은 두 글자 모두 3성이므로 앞의 '紧'은 2성으로 발음한다.

　　어휘　紧紧 jǐnjǐn 몟 꽉 | ☆地 de 조 ~하게 [*부사어+地+술어] | ★抱 bào 통 안다

5.　**술어 + 得 + 정도보어**: ~하는 정도가 ~하다　　　　　　　　　**◉ track 525**

　　教室的黑板 / 被擦得 / 非常干净。
　　관형어+的+주어　부사어+술어+得　　　보어
　　교실의 칠판이 깨끗하게 닦여 있다.

주어 뒤와 정도보어를 나타내는 '得' 사이에서 띄어 읽고, 정도보어에서 핵심인 '干净'을 강조하여 읽는다. 정도보어를 나타내는 '得'는 2성이 아닌 경성으로 발음해야 한다.

　　어휘　☆黑板 hēibǎn 몡 칠판 | ★被 bèi 깨 ~에게 ~를 당하다 [*주어+被+(목적어)+술어+기타성분] | ★擦 cā 통 닦다 | ☆干净 gānjìng 혱 깨끗하다

6　　1. 他们兄弟俩长得差不多。

　　　2. 抱怨并不能解决问题。

　　　3. 他已经出差两个月了。

　　　4. 她家住在海边附近。

　　　5. 考试已经结束了。

1. **술어 + 得 + 差不多 : ~하는 정도가 거의 비슷하다**　　　　　　　　　　　　● track 526

   他们兄弟俩 / 长得 / 差不多。
   　관형어+주어　　술어+得　　보어
   그들 형제 둘은 거의 비슷하게 생겼다.

   '俩'와 '长'이 모두 3성이지만 '长' 앞에서 끊어 읽기 때문에, '俩'를 2성이 아닌 3성으로 발음한다. 여기서 '长'은 '길다'가 아닌 '생기다'이므로 [cháng]이 아닌 [zhǎng]으로 발음하는 것에 주의하자.

   어휘　★ 兄弟 xiōngdì 몡 형제 | ★ 俩 liǎ 쉬 두 사람 [=两个人] | ★ 差不多 chàbuduō 혱 거의 비슷하다

2. **并不能 + A : 결코 A할 수 없다 (A: 동사술어)**　　　　　　　　　　　　　　● track 527

   抱怨 / 并不能 / 解决问题。
   　주어　　부사어　　술어+목적어
   원망하는 것은 결코 문제를 해결할 수 없다.

   원망하는 것이 문제를 해결할 수 '없다'는 것을 강조하는 문장으로, 부사어인 '并不能'을 기준으로 앞뒤로 끊어 읽는다. '解决'의 '解'는 반3성으로 발음한다.

   어휘　★ 抱怨 bàoyuàn 동 원망하다 | 并 bìng 뵈 결코 [부정사 앞에 쓰여 부정의 어투 강조] | ☆ 解决 jiějué 동 해결하다 [*解决问题: 문제를 해결하다]

3. **已经A了 : 이미 A하다 (A: 동사+수량사)**　　　　　　　　　　　　　　　● track 528

   他已经　/ 出差 两个月了。
   주어+부사어　　술어+보어+了
   그가 출장 간 지 이미 두 달이 되었다.

   부사어와 술어 사이에서 끊어 읽고, 문장의 핵심인 술어 '出差'와 출장을 간 기간을 나타내는 시량보어 '两个月'를 강조해서 읽는다. '个'의 원래 성조는 4성이지만, 양사로 쓰일 때는 경성으로 가볍게 발음하자.

   어휘　★ 出差 chūchāi 동 출장하다

4. **住在 + 장소 : ~에 살다**　　　　　　　　　　　　　　　　　　　　　　● track 529

   她　家　住　在 / 海边附近。
   관형어+주어 + 술어 + 보어　　목적어
   그녀의 집은 해변 근처에 있다.

   술어 '住'를 강조하여 읽고, 그 뒤에 장소를 나타내는 부분도 강조해서 읽는다.

   어휘　海边 hǎibiān 몡 해변 | ☆ 附近 fùjìn 몡 근처, 부근

5. **已经A了 : 이미 A하다 (A: 동사)**　　　　　　　　　　　　　　　　　　● track 530

   考试 / 已经结束了。
   　주어　　부사어+술어+了
   시험은 이미 끝났다.

   부사어 '已经' 뒤의 술어 '结束'를 강조하여 읽는다. 문장 맨 뒤의 '了'까지 잊지 않고 말해야 한다.

   어휘　☆ 结束 jiéshù 동 끝나다

> **7** 1. 我舅舅是高中校长。
> 2. 我的理想是成为一名大夫。
> 3. 跑步是最好的减肥方式。
> 4. 你好，一共是十二元五角。
> 5. 学习是一个积累知识的过程。

해석&풀이

1. A是B: A는 B이다 (A: 특정 어휘·B: 설명)

○ track 531

我 舅舅 是 / 高中校长。
관형어+주어 + 술어　관형어+목적어
나의 외삼촌은 고등학교 교장 선생님이다.

'是'자문을 읽을 때는 주어와 목적어를 강조해서 읽는다. 또한 '是'는 권설음으로 혀를 말아 올린 상태에서 혀끝을 윗잇몸 딱 딱한 부분에 대고 소리를 낸다.

어휘 ★ **舅舅** jiùjiu 명 외삼촌 | **高中** gāozhōng 명 고등학교 | ☆ **校长** xiàozhǎng 명 학교장

2. A是B: A는 B이다 (A: 특정 어휘·B: 설명)

○ track 532

我 的 理想 / 是 成为一名大夫。
관형어+的 + 주어　 술어 　목적어
나의 꿈은 의사가 되는 것이다.

'理想'은 2성-3성으로 발음하고, '一'는 뒤의 '名'이 2성이므로 4성으로 읽는다. '大'는 보통 [dà]로 읽지만, '의사'라는 의미일 때는 [dài]라고 발음해야 한다. 이 부분은 틀리기 쉬우니 주의하자! 시험에는 주어와 목적어를 바꿔서 '成为一名大夫是我的理想。(의사가 되는 것은 나의 꿈이다.)'으로 나오기도 한다.

어휘 ★ **理想** lǐxiǎng 명 꿈 | ★ **成为** chéngwéi 동 ~이 되다 | **名** míng 양 어떤 신분의 사람을 세는 단위 | ★ **大夫** dàifu 명 의사

3. A是B: A는 B이다 (A: 특정 어휘·B: 설명)

○ track 533

跑步是 / 最好的 / 减肥方式。
주어+술어 관형어+的 관형어+목적어
달리기는 가장 좋은 다이어트 방법이다.

이 문장은 달리기가 다이어트 방법 중 '가장 좋다'고 강조하는 것으로, '最好'를 강하게 읽는다. 또한 '减肥'의 '减'을 반3성으로 소리 낸다.

어휘 ★ **最好** zuìhǎo 형 가장 좋다 | ★ **减肥** jiǎnféi 동 다이어트하다 | ★ **方式** fāngshì 명 방법

4. A是B: A는 B이다 (A: 특정 어휘·B: 설명)

○ track 534

你好， / 一共是 / 十二元五角。
주어+술어 부사어+술어 목적어
안녕하세요, 전부 12위안 5지아오입니다.

쉼표 앞의 '你好(2성-3성)'를 먼저 읽은 후 '是' 뒤에서 한 번 더 끊어 읽는다. 숫자가 나오면 틀리지 않도록 주의해서 듣고 따라 말하자.

어휘 ☆ **一共** yígòng 명 전부 | ☆ **元** yuán 양 원 [중국의 화폐 단위] | ☆ **角** jiǎo 양 지아오 [중국의 화폐 보조 단위]

5. A是B: A는 B이다 (A: 특정 어휘·B: 설명)

○ track 535

学习 / 是一个 / 积累知识的过程。
주어 술어+관형어 관형어+的+목적어
배움은 지식을 쌓는 과정이다.

긴 관형어 '一个积累知识的'를 한정적 관형어 '一个'와 묘사적 관형어 '积累知识的'로 나누어 읽는다. 양사 '个'는 경성으로 읽지만 본래는 4성이기 때문에, '一'는 2성으로 발음해야 한다. '피곤하다'는 뜻의 '累'는 4성이지만, '쌓다'라는 뜻의 '积累'에서 '累'는 3성이라는 것을 주의하자.

어휘 ★ **积累** jīlěi 동 쌓다 | ★ **知识** zhīshi 명 지식 | ★ **过程** guòchéng 명 과정

8

1. 经验是很好的老师。
2. 您好，我是新搬来的。
3. 包子是我最喜欢的早餐。
4. 狗是一种与人类关系亲密的动物。
5. 中秋节是中国最重要的节日之一。

해석&풀이

1. A是B: A는 B이다 (A: 특정 어휘·B: 설명)　　　　● track 536

经验是 / 很好的老师。
주어+술어　관형어+的+목적어
경험은 좋은 선생님이다.

주어+술어, 관형어+목적어로 나누어 읽는다. '很好'는 2성-3성으로 소리 내고, '老师'의 '师'는 권설음으로 혀끝을 윗잇몸 또는 경구개 쪽으로 말아 올리면서 소리를 낸다.

어휘 ★经验 jīngyàn 몡 경험

2. A是B: A는 B이다 (A: 특정 어휘·B: 설명)　　　　● track 537

您好, / 我是 / 新搬来的。
주어+술어　주어+술어　부사어+술어+보어+的
안녕하세요, 저는 새로 이사 왔어요.

두 개의 절로 이어진 문장으로 쉼표 다음에 끊어 읽는다. 두 번째 절의 주어와 술어가 짧기 때문에 한꺼번에 읽고, 그 뒤를 읽어 준다. 두 번째 절인 '我是新搬来的(저는 새로 이사 왔어요)'는 주어인 '我'에 대한 특징을 나타내는 것으로 '的(~한)' 뒤에 '人(사람)'이 올 수도 있고 생략해도 무방하다.

어휘 ☆搬 bān 동 이사하다

3. A是B: A는 B이다 (A: 특정 어휘·B: 설명)　　　　● track 538

包子 / 是我最喜欢的 / 早餐。
주어　술어+관형어+的　목적어
만두는 내가 가장 좋아하는 아침 식사이다.

주어와 목적어를 강조하기 위해 술어+관형어 부분을 기준으로 끊어 읽는다. '早餐'의 '早'는 반3성으로 발음한다.

어휘 ★包子 bāozi 몡 만두 | 早餐 zǎocān 몡 아침 식사

4. A是B: A는 B이다 (A: 특정 어휘·B: 설명)　　　　● track 539

狗 是 / 一种 / 与人类关系亲密的 / 动物。
주어+술어　　관형어　　的　목적어
개는 인류와 관계가 친밀한 동물이다.

이 문장은 관형어가 길기 때문에 한정성 관형어 '一种'과 묘사성 관형어 '与人类关系亲密的'를 끊어 읽으며, '一'는 '种'의 영향을 받아 4성으로 발음한다. '一种与人类'에서 '与' 앞에서 끊어 읽기 때문에 '种'을 2성이 아니라 원래 성조인 3성으로 소리를 낸다.

어휘 ☆种 zhǒng 양 종 | ★与 yǔ 개 ~와 | ★人类 rénlèi 몡 인류 | ☆关系 guānxi 몡 관계 | 亲密 qīnmì 형 친밀하다 | ☆动物 dòngwù 몡 동물

5. A是B之一: A는 B중 하나이다 (A: 특정 어휘·B: 설명)　　　　● track 540

中秋节 / 是中国最重要的 / 节日之一。
주어　술어+관형어+的　목적어
중추절은 중국에서 가장 중요한 명절 중 하나이다.

주어, 술어+관형어, 목적어의 세 부분으로 나누어 읽는다. '之一'의 1성-1성을 모두 잘 살려서 발음하도록 하자. '中'의 1성과 '重'의 4성을 잘 구분하여 소리 내자.

어휘 中秋节 Zhōngqiū Jié 고유 중추절 | ☆重要 zhòngyào 형 중요하다 | ☆节日 jiérì 몡 명절 | 之一 zhīyī 몡 ~중의 하나

04 '有'자문

▶ 본문 p.36

9
1. 我们公司有三十年的历史。
2. 下个月有四个星期。
3. 这附近没有火车站。
4. 他们公司食堂有很多好吃的。
5. 海洋里有各种各样的生物。

해석&풀이

1. **A有B**: A는 B가 있다 (A: 조직·B: 소유하는 대상)   ⊙ track 541

   我们公司 / 有三十年的历史。
   관형어+주어　　술어+관형어+的+목적어
   우리 회사는 30년의 역사를 가지고 있다.

   '有'를 기준으로 끊어 읽는다. 뒷부분은 빠르게 읽는다면 '有三十年的历史'를 한 호흡에 읽고, 조금 천천히 읽는다면 '的'까지 읽고 '历史'를 읽어도 괜찮다.

   어휘 ☆ **历史** lìshǐ 몡 역사

2. **A有B**: A는 B가 있다 (A: 시간·B: 수량사)   ⊙ track 542

   下个月 / 有四个星期。
   관형어+주어　　술어+관형어+목적어
   다음 달은 4주가 있다.

   주어, 술어+목적어로 나누어 읽고, '星期'를 모두 1성-1성으로 잘 살려서 발음해야 한다.

3. **A没有B**: A에 B가 없다 (A: 장소·B: 사물)   ⊙ track 543

   这附近 / 没 有 火车站。
   관형어+주어　　부사어+술어 + 목적어
   이 근처에 기차역이 없다.

   주어 뒤에서 한 번 끊어 읽으며, 주어와 목적어를 강조하여 읽는다.

   어휘 ☆ **附近** fùjìn 몡 근처

4. **A有B**: A에 B가 있다 (A: 장소·B: 사물)   ⊙ track 544

   他们公司食堂 / 有很多好吃的。
   관형어+주어　　술어+관형어+的
   그들 회사 구내식당에는 맛있는 것이 많이 있다.

   주어 '食堂'이 2성-2성이기 때문에 두 글자 모두 위로 올려서 읽는다. '有很多'는 3성-3성-1성이 아닌 2성-반3성-1성으로 소리 내는 것에 주의하자. '的'는 '~한 것'으로 쓰여 뒤에 목적어를 쓰지 않을 수 있다.

   어휘 **食堂** shítáng 몡 (구내)식당

5. **A有B**: A에 B가 있다 (A: 장소·B: 사물)   ⊙ track 545

   海洋里 / 有各种各样的 / 生物。
   주어　　술어+관형어+的　　목적어
   해양에는 각종 생물이 있다.

   주어, 술어 목적어 세 부분으로 나누어 읽는다. '海洋'의 '海'를 반3성으로 읽고, 방위사 '里'는 경성으로 가볍게 소리 낸다.

   어휘 ★ **海洋** hǎiyáng 몡 해양 | **各种各样** gèzhǒnggèyàng 셍 각종 | **生物** shēngwù 몡 생물

10
1. 他有丰富的工作经验。
2. 一年有春、夏、秋、冬四个季节。
3. 女儿有每天写日记的习惯。
4. 院子里有一只猫。
5. 下午六点我有个约会。

해석&풀이

1. **A有B: A는 B가 있다 (A: 대상·B: 추상명사)** ● track 546

他 / 有丰富的 / 工作经验。
주어　술어+관형어+的　관형어+목적어
그는 풍부한 업무 경험이 있다.

관형어가 비교적 긴 문장으로 '丰富的'는 술어와 함께 읽고 '工作'는 목적어와 함께 읽는다. '丰富'의 [f] 발음을 신경 쓰며 읽도록 하자.

어휘 ★丰富 fēngfù 형 풍부하다 | ★经验 jīngyàn 명 경험

2. **A有B: A는 B가 있다 (A: 대상·B: 추상명사)** ● track 547

一年有 / 春、/ 夏、/ 秋、/ 冬 / 四个季节。
주어+술어　　　관형어　　　목적어
1년은 봄, 여름, 가을, 겨울의 사계절이 있다.

사계절을 모점(、)으로 나열한 문장으로, 계절마다 끊어 읽는다. '年'이 2성이므로 그 앞의 '一'는 4성으로 소리 낸다.

어휘 春 chūn 명 봄 | 夏 xià 명 여름 | 秋 qiū 명 가을 | 冬 dōng 명 겨울 | ☆季节 jìjié 명 계절

3. **A有B: A는 B가 있다 (A: 사람·B: 소유하는 대상)** ● track 548

女儿 / 有每天写日记的 / 习惯。
주어　　　술어+관형어+的　　목적어
딸은 매일 일기를 쓰는 습관이 있다.

'有'자문은 일반적으로 목적어를 강조하면서 읽는데, 어떤 습관을 가지고 있는지도 강조하기 위해 관형어까지 강조하여 읽는다. '有每天'은 3성-3성-1성이므로 2성-반3성-1성으로 읽는 것이 자연스럽다.

어휘 每天 měitiān 명 매일 | ★日记 rìjì 명 일기 [*写日记: 일기를 쓰다] | ☆习惯 xíguàn 명 습관

4. **A有B: A에 B가 있다 (A: 장소·B: 사물)** ● track 549

院子里 / 有 一只 猫。
주어　　　술어 + 관형어 + 목적어
정원에 고양이 한 마리가 있다.

주어를 읽은 후 그 뒤를 한 호흡에 읽는다. 양사 '只'는 3성이 아닌 1성으로 발음하는 것에 주의하자. 방위사 '里'는 경성, 술어 '有'는 반3성으로 발음한다. '一'는 '只'가 1성이기 때문에 4성으로 소리 내야 한다.

어휘 院子 yuànzi 명 정원 | ☆只 zhī 양 마리 [성조 조심]

5. **A有B: A는 B가 있다 (A: 사람·B: 추상명사)** ● track 550

下午六点 / 我 有 个 约会。
부사어　　　주어+술어+관형어+목적어
오후 6시에 나는 약속이 있다.

시간명사로 이루어진 부사어를 먼저 읽고, 나머지 부분은 비교적 짧으므로 한 번에 읽는다. '下午六点'은 4성-3성이 두 번 반복되는 구간으로 주의하여 읽자.

어휘 ★约会 yuēhuì 명 만날 약속

> **11** 1. 他把球扔给了弟弟。
> 2. 我的电脑被妹妹弄坏了。
> 3. 我在管理方面比小李有经验。
> 4. 过程比结果重要得多。
> 5. 我们把房间打扫得干干净净。

해석&풀이

1. 把A扔给B: A를 B에게 던지다　　　　　　　　　　　　　　　　　　⊙ track 551

他 把球 / 扔 给 了 弟弟。
주어+부사어　　술어+보어+了+목적어
그는 남동생에게 공을 던졌다.

주어가 한 글자로 짧기 때문에, 주어와 부사어를 묶어 읽고 나머지 부분을 읽는다. '把'는 반3성으로 소리 낸다. '给'와 '弟弟' 사이에 있는 '了'를 놓치지 말고 말해야 한다.

어휘 ☆ 把 bǎ 〔개〕 ~을, ~를 [*주어+把+목적어+술어+기타성분] | 球 qiú 〔명〕 공 | ★ 扔 rēng 〔동〕 던지다

2. 被A弄坏了: A에 의해 망가졌다　　　　　　　　　　　　　　　　　⊙ track 552

我 的 电脑 / 被妹妹 / 弄坏了。
관형어+的 + 주어　　부사어　술어+보어+了
나의 컴퓨터는 여동생에 의해 망가졌다.

관형어+주어, 부사어, 술어+기타성분의 세 부분으로 띄어 읽는다. '被'자문은 주체와 객체가 중요하므로, '电脑'와 '妹妹'를 강조하여 읽는다.

어휘 ☆ 被 bèi 〔개〕 ~에게 ~를 당하다 [*주어+被+목적어+술어+기타성분] | 弄坏 nònghuài 〔동〕 망가뜨리다

3. A比B술어: A는 B보다 (술어)하다 (A·B: 비교 대상)　　　　　　　⊙ track 553

我在管理方面 / 比小李 / 有经验。
주어+부사어　　　　　　　　술어+목적어
나는 관리 방면에서 샤오리보다 경험이 있다.

'管理'와 '比小李' 모두 3성이므로 '管理'는 2성-3성으로, '比小李'는 2성-2성-3성으로 읽는 것이 포인트인 문제이다. 술어 '有' 또한 반3성으로 읽어 주자.

어휘 ★ 管理 guǎnlǐ 〔동〕 관리하다 | ★ 方面 fāngmiàn 〔명〕 방면, 분야 | 小李 Xiǎo Lǐ 〔고유〕 샤오리 [인명] | ★ 经验 jīngyàn 〔명〕 경험

4. A比B술어得多: A는 B보다 훨씬 (술어)하다 (A·B: 비교 대상)　　⊙ track 554

过程 / 比结果 / 重要得多。
주어　　부사어　　술어+보어
과정이 결과보다 훨씬 중요하다.

주어, 부사어, 술어+보어의 세 부분으로 나누어 읽고, '比'는 반3성으로 소리 낸다. 이때 '得'는 경성으로 가볍게 발음해야 한다.

어휘 ★ 过程 guòchéng 〔명〕 과정 | ★ 结果 jiéguǒ 〔명〕 결과 | ☆ 重要 zhòngyào 〔형〕 중요하다 | 得多 deduō 〔접미〕 동사나 형용사 뒤에 쓰여 정도가 심함을 나타냄

5. 把 + 목적어 + 술어 + 기타성분　　　　　　　　　　　　　　　　⊙ track 555

我们 把房间 / 打扫得 / 干干净净。
주어 + 부사어　　술어+得　　　보어
우리는 방을 깨끗하게 청소했다.

'把房间(3성-2성-1성)'은 반3성-2성-1성으로 소리 내고 '打扫'의 '打'는 2성으로 소리 낸다. '干干净净'은 '干净'을 강조하기 위해 형용사 중첩을 한 것으로, 1성-경성-4성-4성으로 읽는 것이 일반적이다. 더 빠르게 읽고 싶다면 술어와 정도보어 부분인 '打扫得干干净净'을 한꺼번에 읽어도 괜찮다.

어휘 ☆ 打扫 dǎsǎo 〔동〕 청소하다 | ☆ 干净 gānjìng 〔형〕 깨끗하다

12　1. 没有人觉得自己的孩子比别人笨。

　　2. 我的钱包被小偷偷走了。

　　3. 请把那些材料整理一下。

　　4. 坐出租车比坐地铁节约时间。

　　5. 请把衣服挂在前面。

해석&풀이

1. **A比B술어**: A는 B보다 (술어)하다 (A·B: 비교 대상) · **觉得 + 문장 목적어**　　🔊 track 556

没有人觉得 / 自己的孩子 / 比别人笨。

주어+술어　　관형어+的+주어　　부사어 + 술어

　　　　　　　　　목적어

어느 누구도 자기 아이가 다른 사람보다 멍청하다고 생각하지 않는다.

‘觉得’는 문장을 목적어로 가질 수 있는 동사술어로, 전체 문장의 주어+술어인 ‘没有人觉得’를 한 번에 읽고, 뒤의 문장 목적어는 ‘比’를 기준으로 한 번 더 끊어 읽는다. ‘没有人’과 ‘比别人’에서 ‘有’, ‘比’는 반3성으로 소리 낸다.

어휘　☆自己 zìjǐ 대 자신 | ☆别人 biéren 대 다른 사람 | ★笨 bèn 형 멍청하다

2. **被A偷走了**: A가 훔쳐 갔다 (=A에 의해 훔침을 당하다)　　🔊 track 557

我 的 钱包 / 被小偷 / 偷走了。

관형어+的 + 주어　　부사어　　술어+보어+了

나의 지갑은 도둑이 훔쳐 갔다.

관형어+주어, 부사어, 술어+보어의 세 부분으로 띄어 읽는다. ‘被’자문은 주체와 객체가 중요하므로, ‘钱包’와 ‘小偷’를 강조하여 읽는다. ‘小偷’의 ‘小’는 반3성으로 소리 낸다.

어휘　钱包 qiánbāo 명 지갑 | ☆被 bèi 개 ~에게 ~를 당하다 [*주어+被+목적어+술어+기타성분] | 小偷 xiǎotōu 명 도둑 | ★偷 tōu 동 훔치다

3. **把 + 목적어 + 술어 + 기타성분**　　🔊 track 558

请 把那些材料 / 整理一下。

술어1+부사어　　　술어2+보어

그 자료들을 좀 정리해 주세요.

주어가 따로 없는 문장으로 ‘请把那些材料’와 ‘整理一下’ 두 부분으로 끊어 읽는다. ‘请’과 ‘整’은 뒷글자의 영향으로 2성으로 소리 내야 하고 ‘一下’의 ‘下’가 4성이므로 ‘一’ 역시 2성으로 발음해야 한다. 이때 ‘把’는 반3성으로 소리 낸다.

어휘　☆把 bǎ 개 ~을, ~를 [*주어+把+목적어+술어+기타성분] | ★材料 cáiliào 명 자료 | ★整理 zhěnglǐ 동 정리하다

4. **A比B술어**: A는 B보다 (술어)하다 (A·B: 비교 대상)　　🔊 track 559

坐出租车 / 比坐地铁 / 节约时间。

술어+목적어　　부사어　　술어+목적어

　　주어

택시를 타는 것이 지하철을 타는 것보다 시간을 절약한다.

주어, 부사어, 술어+목적어의 세 부분으로 끊어 읽는다. ‘出租车’는 세 글자 모두 1성으로 이루어진 단어로 1성을 잘 살려서 읽어야 한다. 좀 더 빠르게 읽고 싶다면 주어+부사어, 술어+목적어 두 부분으로 끊어 읽을 수도 있다.

어휘　☆地铁 dìtiě 명 지하철 [*坐地铁: 지하철을 타다] | ★节约 jiéyuē 동 절약하다 [*节约时间: 시간을 절약하다]

5. **把A挂在B**: A를 B에 걸다　　🔊 track 560

请 把衣服 / 挂在前面。

술어1+부사어　　술어2+보어+목적어

옷을 앞쪽에 걸어 주세요.

주어가 따로 없는 문장으로 ‘请把衣服’와 ‘挂在前面’ 두 부분으로 끊어 읽는다. ‘请’은 2성으로 소리 내는 것에 주의해야 한다. 3번 문제와 마찬가지로 ‘把’를 반3성으로 소리 낸다.

어휘　★挂 guà 동 (고리·못 따위에) 걸다

13　1. 校长办公室在二楼。

　　2. 我每天坐地铁上下班。

　　3. 同学们想让我当班长。

　　4. 我常常去公园锻炼身体。

　　5. 对不起，我让你失望了。

해석&풀이

1. **A在B:** A가 B에 있다 (A: 특정한 사물·B: 특정한 장소)　　● track **561**

校长 办公室 / 在二楼。
관형어 + 주어　　 술어+목적어
교장실은 2층에 있다

'在'는 특정 사람이나 사물이 특정한 장소에 존재함을 나타내는 문형이다. 특정한 장소 주어인 '校长办公室'를 한 번에 읽은 뒤, 술어 '在'와 특정한 장소 목적어 '二楼'를 같이 읽는다. '办公室'의 '室'는 권설음으로 주의하여 발음하자.

어휘　☆ **校长** xiàozhǎng 명 교장 선생님 [*校长办公室: 교장실] | ☆ **办公室** bàngōngshì 명 사무실 | ☆ **楼** lóu 명 층

2. **坐AB:** A를 타고 B하다 (A: 교통수단·B: 행동)　　● track **562**

我 每天 / 坐 地铁 / 上下班。
주어+부사어　　 술어+목적어1　　 술어2
나는 매일 지하철을 타고 출퇴근을 한다.

이 문장은 주어+부사어, 첫 번째 술어+목적어, 두 번째 술어 세 부분으로 끊어 읽는다. 첫 번째 부분인 '我每天'에서 '我'를 2성으로 소리 내는 것을 잊지 말자.

어휘　**每天** měitiān 명 매일 | ☆ **地铁** dìtiě 명 지하철 [*坐地铁: 지하철을 타다] | **上下班** shàngxiàbān 동 출퇴근하다

3. **让AB:** A가 B하도록 하다 (A: 대상·B: 동작)　　● track **563**

同学们 想 让 我 / 当 班长。
주어 + 부사어+술어+목적어1　　 술어2+목적어2
　　　　　　 (=의미상 주어)
반 친구들은 내가 반장이 되길 바란다.

이 문장은 겸어문으로, 첫 번째 목적어(의미상 주어)인 '我'와 두 번째 술어 '당' 사이에서 끊어 읽는다. 참고로 '당'은 1성으로 읽을 때와 4성으로 읽을 때 의미가 다른데, 이 문장에서는 '~이 되다'란 의미로 쓰였기 때문에 1성으로 발음해야 한다.

어휘　★ **当** dāng 동 ~이 되다 | **班长** bānzhǎng 명 반장

4. **去AB:** B하러 A에 가다 (A: 장소·B: 행동)　　● track **564**

我 常常 / 去 公园 / 锻炼 身体。
주어+부사어　　 술어+목적어1　　 술어2 + 목적어2
나는 자주 신체를 단련하러 공원에 간다.

이 문장은 전형적인 연동문으로, 주어와 부사어를 먼저 읽은 후 첫 번째 술어와 목적어를 읽고, 남은 두 번째 술어와 목적어를 읽는다. '我'는 반3성으로 소리 낸다.

어휘　**常常** chángcháng 부 자주 | ☆ **公园** gōngyuán 명 공원 | ☆ **锻炼** duànliàn 동 단련하다 [*锻炼身体: 신체를 단련하다]

5. **让AB:** A가 B하도록 하다 (A: 대상·B: 동작)　　● track **565**

对不起, / 我 让 你 失望 了。
술어　　 주어+술어+목적어1 + 술어2 + 了
　　　　　　 (=의미상주어)
미안해, 내가 널 실망시켰어.

쉼표로 이어진 부분에서 한 번 띄어 읽고, 나머지 문장은 그리 길지 않기 때문에 한 호흡에 이어 읽는다. 혹은 '你' 다음에 한 번 더 띄어 읽어도 무방하다. '对不起'의 '不'는 경성으로 가볍게 읽고, '失望'의 '失'는 권설음 발음에 주의하자.

어휘　★ **失望** shīwàng 동 실망하다

1. 这件事儿让老板很放心。
2. 我上个星期去中国旅行了。
3. 我请同事来家里吃饭。
4. 客厅里挂着一张照片。
5. 谢谢你陪我去医院。

---

1. **让AB**: A가 B하도록 하다 (A: 대상·B: 동작)　　　　　　　　　　　⊙ track 566

这件事儿 / 让老板 / 很放心。
관형어+주어　　　술어+목적어1　　부사어+술어2
　　　　　　　　　(=의미상주어)

이 일은 사장님을 안심시킨다.

일반적으로 겸어문은 첫 번째 술어와 겸어의 앞뒤를 기준으로 끊어 읽는다. '老板'은 3성-3성으로 이루어진 단어로 2성-3성으로 발음해야 한다. '很'은 반3성으로 발음하자.

어휘 ★ 老板 lǎobǎn 명 사장 | ☆ 放心 fàngxīn 동 안심하다

2. **去AB**: A에 가서 B하다 (A: 장소·B: 행동)　　　　　　　　　　　⊙ track 567

我 上个星期 / 去 中国 旅行 了。
주어+부사어　　　술어 + 목적어 + 술어2 + 了

나는 지난주에 중국에 여행을 갔다.

주어+부사어까지 읽고 나머지 부분을 읽어 준다. '旅行'의 '旅[lǚ]'는 입을 동그랗게 말고 있는 상태로 반3성으로 소리 낸다.

어휘 ★ 旅行 lǚxíng 동 여행하다

3. **请AB**: A가 B하도록 청하다 (A: 대상·B: 동작)　　　　　　　　　⊙ track 568

我 请 同事 / 来 家里 吃饭。
주어+술어+목적어1　　술어2+목적어2 + 술어3
　　　　　　(=의미상 주어)

나는 동료에게 집에 와서 밥을 먹기를 청했다.

첫 번째 술어 '请'의 목적어이자 두 번째 술어 '来'의 주어 '同事'를 기준으로 끊어 읽는다. 이때 '同事'의 '同'이 2성이므로 그 앞의 '请'은 반3성으로 소리 낸다. 또한 '里'는 3성이 아닌 경성으로 가볍게 읽는다.

어휘 家里 jiāli 명 집

4. **A挂着B**: A에 B가 걸려 있다 (A: 장소·B: 불특정한 사물)　　　　⊙ track 569

客厅里 / 挂着一张照片。
주어　　　술어+着+관형어+목적어

거실에 사진 한 장이 걸려 있다.

주어를 읽고 나머지 부분을 읽는데, 이렇게 읽는 것이 조금 어렵게 느껴진다면 '挂着' 다음에 한 번 더 끊어 읽을 수도 있다. '里'는 경성으로 발음하고, '一'는 성조 변화에 따라 여기서는 4성으로 발음한다.

어휘 ★ 客厅 kètīng 명 거실 | ★ 挂 guà 동 (고리·못 따위에) 걸다 | ☆ 张 zhāng 양 종이 등 넓은 표면을 가진 것을 세는 단위 | ☆ 照片 zhàopiàn 명 사진

5. **陪AB**: A를 동반해서(모시고) B하다 (A: 사람·B: 행동)　　　　⊙ track 570

谢谢你 / 陪 我 去 医院。
술어1+목적어1　　술어2+목적어2+술어3+목적어3

저를 병원에 데려가 주셔서 감사합니다.

'~해 줘서 고맙다'라는 의미의 '谢谢+你(대상)'를 먼저 읽은 후 나머지 부분을 읽는다. 여기에서 '我'는 반3성으로 발음한다.

어휘 ★ 陪 péi 동 동반하다

15
1. 我们国家离中国很近。
2. 我对中国文化很感兴趣。
3. 为我们的将来干杯。
4. 多喝水有利于身体健康。
5. 我昨天跟朋友吵架了。

해석&풀이

1. **A离B近**: A는 B로부터 가깝다 (A: 장소·B: 기준점)

   ● track 571

   我们国家 / 离中国很近。
   관형어+주어　　부사어+술어
   우리나라는 중국으로부터 가깝다.

   'A离B近(A는 B로부터 가깝다)'이라는 고정격식으로, 주어 '国家', 개사구 부사어 '离中国'를 기준으로 끊어 읽는다. '很'은 반3성으로 소리 낸다.

   어휘 ☆**国家** guójiā 명 나라, 국가

2. **A对B感兴趣**: A는 B에 대해 흥미를 느끼다 (A·B: 대상)

   ● track 572

   我对中国文化 / 很感兴趣。
   주어+부사어　　　　　술어
   나는 중국 문화에 흥미를 느낀다.

   고정격식 'A对B感兴趣(A는 B에 대해 흥미를 느끼다)'가 쓰인 문장으로, 개사구 '对中国文化'까지 읽은 후 나머지 '很感兴趣'를 읽는다. '很感兴趣'에서 '很'은 2성으로 발음하는 것을 잊지 말자.

   어휘 ☆**文化** wénhuà 명 문화 | ☆**感兴趣** gǎnxìngqù 흥미를 느끼다

3. **为A干杯**: A를 위해 건배 (A: 대상)

   ● track 573

   为我们的将来 干杯。
   　　부사어　 + 술어
   우리의 미래를 위해 건배.

   '为A干杯(A를 위해 건배)'라는 고정격식으로 이루어진 문장이며 단독으로 한 호흡에 읽는 것이 가장 자연스럽다. '为'는 2성과 4성 발음이 있는데 여기서는 '~을 위해'라는 뜻이므로 4성으로 소리 내야 한다.

   어휘 ☆**为** wèi 개 ~을 위하여 | ★**将来** jiānglái 명 미래 | ★**干杯** gānbēi 동 건배하다

4. **A有利于B**: A는 B에 유리하다 (A·B: 대상)

   ● track 574

   多喝水有利于 / 身体健康。
   주어+술어+보어　　　관형어+목적어
   물을 많이 마시는 것은 건강에 유익하다.

   'A有利于B'는 'A가 B에 유익(유리)하다'라는 뜻의 고정격식으로, 'A有利于'까지 읽은 후 B부분을 읽는 것이 일반적이다. 이때 '水'는 바로 뒤 '有'의 영향을 받아 2성으로 소리 낸다. 또 '多喝水' 다음에 한 번 더 끊어 읽을 수도 있는데, 이때 '水'는 원래 성조인 3성으로 발음한다.

   어휘 ★**有利** yǒulì 형 유리하다 [*有利于: ~에 유리하다] | ☆**健康** jiànkāng 명 건강

5. **A跟B吵架**: A는 B와 말다툼하다 (A·B: 사람)

   ● track 575

   我昨天 / 跟朋友 吵架了。
   주어+부사어　　　 술어+了
   나는 어제 친구와 말다툼을 했다.

   'A跟B吵架'라는 고정격식이 포함된 문장으로, 개사구 '跟朋友' 앞에서 끊어 읽는다. '我昨天'과 '吵架'에서 '我'와 '吵'는 반3성으로 소리 낸다. 문장 끝의 '了'까지 잊지 말고 말하자.

   어휘 ☆**跟** gēn 개 ~와 | ★**吵架** chǎojià 동 말다툼하다

16
1. 我正在给女朋友打电话呢。
2. 长时间看电视对眼睛不好。
3. 我向王教授表示了感谢。
4. 这次活动由张小姐负责。
5. 我对自己很有信心。

1. **A给B打电话**: A는 B에게 전화를 걸다 (A·B: 대상)　　　　　◉ track **576**

我　正在给女朋友 / 打电话呢。
주어+부사어　　　　　술어+목적어+呢
나는 여자 친구에게 전화를 하고 있다.

'A给B打电话'는 'A는 B에게 전화를 걸다'라는 뜻으로, 개사구 '给女朋友'까지 읽은 후 '打电话呢'를 읽는다. 여기서 '给女朋友'의 성조와 발음을 주의해야 한다. 3성-3성-2성-경성이기 때문에, 2성-반3성-2성-경성으로 소리 내고 '女[nǚ]'는 입을 동그랗게 유지한 채로 발음해야 한다. '正在A呢'의 형태로 진행을 나타내고 있으며, '呢'까지 잊지 말고 발음해 주자.

2. **A对B不好**: A는 B에 좋지 않다 (A: 행동·B: 대상)　　　　　◉ track **577**

长时间看电视 / 对眼睛不好。
주어　　　　　　부사어+술어
긴 시간 TV를 보는 것은 눈에 좋지 않다.

주어 '长时间看电视'가 비교적 긴 문장으로 개사 '对' 앞에서 끊어 읽는다. '长'은 '길다'라는 뜻의 [cháng]과 '자라다'라는 뜻의 [zhǎng]의 두 가지 발음이 있는데, 여기서는 [cháng]으로 읽어야 한다.

3. **A向B表示感谢**: A는 B에게 감사를 표하다 (A: 주체자·B: 대상)　　　◉ track **578**

我　向王教授 / 表示了感谢。
주어+부사어　　　술어+了+목적어
나는 왕(王) 교수님께 감사를 표했다.

'A向B表示感谢(A는 B에게 감사를 표하다)'를 활용한 고정격식 문장으로, 술어 '表示' 앞에서 끊어 읽는다. 또한 '表示'의 '表'와 '感谢'의 '感'은 반3성으로 발음해 주자.

> **어휘** ☆ **向** xiàng 몡 ~을 향하여 | ★ **教授** jiàoshòu 몡 교수 | ★ **表示** biǎoshì 동 표시하다 | ★ **感谢** gǎnxiè 몡 감사

4. **A由B负责**: A는 B가 책임지다 (A: 대상·B: 주체자)　　　　　◉ track **579**

这次活动 / 由张小姐 负责。
관형어+주어　　부사어　+　술어
이번 행사는 장(张) 양이 책임진다.

'A由B负责(A는 B가 책임지다)'라는 고정격식 문장으로, 개사 '由' 앞에서 끊어 읽는다. '小姐'의 성조가 3성-3성이기 때문에 2성-3성으로 읽어야 한다.

> **어휘** ★ **活动** huódòng 몡 행사 | ★ **由** yóu 개 ~가 | ★ **负责** fùzé 동 책임을 지다

5. **A对B有信心**: A는 B에 대해 자신이 있다 (A: 주체자·B: 대상)　　　◉ track **580**

我对自己 / 很有信心。
주어+부사어　　　술어+목적어
나는 스스로에 대해 자신이 있다.

'A对B有信心(A는 B에 대해 자신이 있다)'이라는 고정격식으로, 개사구 '对自己'까지 읽은 후 뒷부분을 읽는다. '很有信心'에서 '很'을 2성으로 소리 낸다는 점을 기억하자.

> **어휘** ☆ **自己** zìjǐ 대 스스로 | ★ **信心** xìnxīn 몡 자신

---

17 1. 如果明天不下雪就好了。

2. 九点半考试，大家不要迟到。

3. 上个星期五的会议我参加了。

4. 请您给我们表演一个节目。

5. 抱歉，你的房子我不住了。

해석&풀이

1. **如果A就B: 만약 A라면 B하다** ◉ track **581**

如果 明天　不　下雪 / 就好了。
如果 ＋ 주어 ＋ 부사어 ＋ 술어　就＋술어＋了
만약 내일 눈이 내리지 않는다면 좋겠다.

'如果A就B(만약 A라면 B하다)'라는 접속사 문장으로, 접속부사 '就' 앞에서 끊어 읽는다. 또한 '如果明天'은 2성-반3성-2성-1성으로 발음하고, '不下雪'에서 '下'가 4성이기 때문에 '不'는 원래 성조인 4성이 아니라 2성으로 소리 내야 한다.

어휘 ☆ 如果 rúguǒ 접 만약 [*如果A就B: 만약 A라면 B하다] | 下雪 xiàxuě 동 눈이 내리다

2. **不要A: A하지 마라 (A: 금지 내용)** ◉ track **582**

九点半 考试，　大家 不要 迟到。
부사어 ＋ 술어　　주어 ＋ 부사어 ＋ 술어
아홉 시 반이 시험이니, 모두 지각하지 마라.

두 개의 절로 이루어진 문장으로, 쉼표를 기준으로 끊어 읽는다. '九点'은 본래 3성-3성이기 때문에 2성-3성으로 소리 낸다. '不要'는 '~하지 마라'라는 금지 표현으로, '要'가 4성이기 때문에 '不'는 2성으로 소리 내는 것을 반드시 기억하자.

어휘 ☆ 半 bàn 주 절반 | ☆ 迟到 chídào 동 지각하다

3. **参加会议: 회의를 참가하다** ◉ track **583**

上个星期五的会议 / 我参加了。
관형어＋的＋목적어　　주어＋술어＋了
지난주 금요일의 회의를 나는 참가했다.

이 문장은 목적어가 맨 앞에 도치된 문장으로, 목적어 '会议'와 주어 '我' 사이에서 끊어 읽는다. 또한 '我'는 반3성으로 발음한다.

어휘 ☆ 会议 huìyì 명 회의 | ☆ 参加 cānjiā 동 참가하다

4. **请AB: ~해 주세요 (A: 대상·B: 술어·내용)** ◉ track **584**

请　您 / 给我们 / 表演 一个 节目。
술어1＋목적어1　부사어　술어2 ＋ 관형어＋목적어2
저희 프로그램에 출연해 주세요.

'请'으로 문장이 시작될 때는 주로 '~해 주세요'라는 뜻의 문장이 된다. '请'은 반3성으로, '给我们'은 2성-3성-경성으로 소리 내는 것이 자연스럽다. 또한 '表演'은 3성-3성으로 이루어진 단어로, 2성-3성으로 소리 내는 것을 잊지 말자.

어휘 ★ 表演 biǎoyǎn 동 출연하다 | ☆ 节目 jiémù 명 프로그램

5. **抱歉 + 죄송한 내용: ~해서 죄송합니다** ◉ track **585**

抱歉，/ 你的 房子 我 不 住 了。
술어　　관형어＋的 ＋ 목적어 ＋ 주어＋부사어＋술어 ＋ 了
죄송합니다, 저는 당신 집에서 살지 않을 거예요.

이 문장 역시 쉼표를 기준으로 끊어 읽는다. '不'는 '住'의 영향을 받아 2성으로 소리 내야 한다. 만약 뒤의 절을 한 번에 읽는 것이 힘들다면 '房子'와 '我' 사이에 한 번 더 끊어 읽어도 괜찮다.

어휘 ★ 抱歉 bàoqiàn 동 죄송합니다 | 房子 fángzi 명 집

18　1. 考试马上开始，请大家安静。

　　2. 我的孩子又聪明又努力。

　　3. 这道菜值得尝一尝。

　　4. 出门时别忘了关窗户。

　　5. 这个问题的答案我猜对了。

---

1. **请AB:** ～해 주세요 (A: 대상·B: 술어·내용)　　　　　　　　◉ track 586

　　考试 马上 开始，/ 请 大家 安静。
　　주어 + 부사어 + 술어　　술어+목적어 + 술어2
　　시험이 곧 시작하니, 모두 조용히 해 주세요.

　　두 절이 쉼표로 이어진 문장으로, 쉼표를 기준으로 띄어 읽는다. '考试'에서 '试'는 권설음으로 한국어에는 없는 소리이기 때문에 각별히 주의하자.

　　어휘　☆ 马上 mǎshàng 🖫 곧 | ☆ 安静 ānjìng 🖫 조용하다

2. **又A又B:** A하고 또 B하다　　　　　　　　　　　　　　◉ track 587

　　我的孩子 / 又聪明 / 又努力。
　　관형어+的+주어　　又+술어1　　又+술어2
　　나의 아이는 총명하고 또 노력한다.

　　이 문장은 'A하고 B하다'라는 뜻의 '又A又B' 접속사 표현을 활용한 문장으로, 주어 '孩子'까지 읽은 후 '又聪明'과 '又努力'를 띄어서 읽는다. A, B에 해당하는 '聪明'과 '努力'는 강조해서 말하며, '努'는 반3성으로 소리 낸다.

　　어휘　☆ 又 yòu 🖫 (～하면서) 또한 동시에 (～하다) | ☆ 聪明 cōngming 🖫 똑똑하다 | ☆ 努力 nǔlì 🖫 노력하다

3. **值得:** ～할 만하다 ・ **A一A:** 한 번 A해 보다　　　　　◉ track 588

　　这道菜值得尝一尝。
　　관형어+주어+술어+술어1+一+술어
　　　　　　　목적어
　　이 요리는 맛볼 만하다.

　　이 문장은 그리 길지 않은 문장으로 한 호흡에 읽는 것이 가장 자연스럽다. 하지만 좀 더 천천히 읽는다면 주어인 '这道菜'까지 끊어 읽은 후 그 뒤를 읽어도 좋다. '동사A一동사A'나 동사 중첩은 동사를 강조하는 것으로, '尝'을 강조해서 읽는다. 또한 여기서 '一'는 경성으로 가볍게 발음하자.

　　어휘　道 dào 🖫 요리를 세는 단위 | ★ 值得 zhídé 🖫 ～할 만한 가치가 있다 | ★ 尝 cháng 🖫 맛보다

4. **别A了:** A하지 마 (A: 금지 내용)　　　　　　　　　　　◉ track 589

　　出门时 / 别忘 了 关 窗户。
　　부사어　　술어1 + 了+술어2+목적어
　　　　　　　　　　　목적어
　　외출할 때 창문 닫는 것을 잊지 마.

　　'别'는 금지를 나타내는 표현으로, 이 앞에서 한 번 끊어 읽는다. '出'와 '窗'의 [ch] 권설음 발음에 유의하자.

　　어휘　出门 chūmén 🖫 외출하다 | 忘 wàng 🖫 잊다 | ☆ 关 guān 🖫 닫다 | ★ 窗户 chuānghu 🖫 창문

5. **猜对答案:** 문제를 알아맞히다　　　　　　　　　　　　　◉ track 590

　　这个问题 的 答案 / 我 猜 对 了。
　　관형어 + 的 + 목적어　　주어+술어+보어+了
　　이 문제의 답을 나는 알아맞혔다.

　　목적어 '答案'을 맨 앞으로 도치시킨 문장으로, '答案'에서 한 호흡 쉬고 그 뒤를 읽는다.

　　어휘　★ 答案 dá'àn 🖫 답 | ★ 猜 cāi 🖫 알아맞히다

01 일상

본문 p.63

1

내용 구상하기

연상 어휘
떠올리기
- 看报纸 신문을 보다
- 喝茶 차를 마시다
- 老年人的退休生活 노인의 퇴직 생활
- 感到寂寞 적적함을 느끼다

어휘
확장하기
- 静静地在家看报纸、喝茶 조용히 집에서 신문을 보고 차를 마시다
- 老年人的退休生活都是丰富多彩的 노인들의 퇴직 생활은 풍부하고 다채롭다
- 心里感到寂寞 마음속으로 적적함을 느끼다

논리적으로
구성하기

很多老年人的退休生活都是丰富多彩 많은 노인들의 퇴직 생활은 풍부하고 다채롭다

→ 有的老人喜欢和朋友们一起参加各种活动；有的老人则喜欢一个人静静地在家看报纸、喝茶 어떤 노인은 친구들과 함께 각종 행사에 참여하는 것을 좋아하고, 어떤 노인은 혼자 집에서 조용히 신문을 보고 차를 마시는 것을 좋아한다

→ 他们不说，但是心里还是会感到寂寞的 그들(부모님)은 말하지 않지만 그래도 마음속으로는 적적함을 느낄 수가 있다

모범 답안 ● track **601**

如今，很多 老年人① 的 / 退休 生活 / 都 是 丰富多彩①
Rújīn, hěn duō lǎoniánrén de tuìxiū shēnghuó dōu shì fēngfùduōcǎi

的。有 的 老人Ⓑ① 喜欢 / 和 朋友们 / 一起 参加 各种 活动；
de. Yǒu de lǎorén xǐhuan hé péngyoumen yìqǐ cānjiā gèzhǒng huódòng;

有 的 老人Ⓑ① 则 喜欢 / 一 个② 人 静静 地 / 在家 / 看 报纸、
yǒu de lǎorén zé xǐhuan yí ge rén jìngjìng de zài jiā kàn bàozhǐ、

喝茶。作为Ⓒ 子女③④，即使Ⓓ / 不 在⑤ 一起 生活，也Ⓓ 应该
hēchá. Zuòwéi zǐnǚ, jíshǐ bú zài yìqǐ shēnghuó, yě yīnggāi

常常 联系 父母，或者 常 去 / 看望 他们。很 多 时候，
chángcháng liánxì fùmǔ, huòzhě cháng qù kànwàng tāmen. Hěn duō shíhou,

他们 / 不 说，但是 / 心里 / 还是 会 感到 寂寞 的，我们 /
tāmen bù shuō, dànshì xīnli háishi huì gǎndào jìmò de, wǒmen

不 应该 让 他们 觉得 / 他们 是 儿女④ 的 负担。我 认为，
bù yīnggāi ràng tāmen juéde tāmen shì érnǚ de fùdān. Wǒ rènwéi,

老年人 的 生活 / 也 可以③ 很 有 意思，希望Ⓔ 所有③ 退休
lǎoniánrén de shēnghuó yě kěyǐ hěn yǒu yìsi, xīwàng suǒyǒu tuìxiū

在 家 的 / 老年人① / 都 可以③ 身心 健康。
zài jiā de lǎoniánrén dōu kěyǐ shēnxīn jiànkāng.

표현 tip

① 丰富多彩 풍부하고 다채롭다
성어를 쓰기 어렵다면 '各种各样'이라고도 쓸 수 있다

Ⓑ 有的老人A，有的老人B
어떤 노인은 A하고 어떤 노인은 B하다
앞의 '丰富多彩'를 부연 설명한다

Ⓒ 作为 ～로서
'作为' 뒤에는 자격이나 신분을 나타내는 말(주로 명사)이 들어간다

Ⓓ 即使A，也B 설사 A하더라도, B하다
자식으로서의 도리를 다해야 함을 강조한다

Ⓔ 希望A A하기를 바라다
A에는 바라는 내용을 적으며 말을 마무리한다

발음 tip

① '老年人'과 같이 3성-2성이

160 ·

해석 오늘날 많은 노인들의 퇴직 생활은 풍부하고 다채롭다. 어떤 노인은 친구들과 함께 각종 행사에 참여하는 것을 좋아하고, 어떤 노인은 혼자 집에서 조용히 신문을 보고 차를 마시는 것을 좋아한다. 자녀로서 함께 살지 않더라도 부모님께 자주 연락하거나 자주 찾아가야 한다. 많은 경우, 그들(부모님)은 말하지 않지만 그래도 마음속으로는 적적함을 느낄 수가 있고, 우리는 그들(부모님)이 자녀의 부담이라고 생각하게 하면 안 된다. 나는 노인의 삶도 재미있을 수 있다고 생각하며, 퇴직하고 집에 있는 모든 노인들의 몸과 마음이 건강하기를 바란다.

어휘 ★如今 rújīn 몡 오늘날 [≒现在] | 老年人 lǎoniánrén 몡 노인 | ★退休 tuìxiū 몡 퇴직 | ★生活 shēnghuó 몡 생활 통 생활하다 | 丰富多彩 fēngfùduōcǎi 솅 풍부하고 다채롭다 | ☆参加 cānjiā 통 참여하다 [*参加活动: 행사에 참여하다] | 各种 gèzhǒng 혱 각종 | ★活动 huódòng 몡 행사 | ★则 zé 튀 오히려 | 静 jìng 혱 조용하다 | ☆地 de 조 ~히 [*부사어+地+술어] | ★作为 zuòwéi 개 ~로서 | 子女 zǐnǚ 몡 자녀 | ★即使 jíshǐ 젭 설령~하더라도 [*即使A , 也B: 설사 A하더라도, B하고] | ☆应该 yīnggāi 조통 마땅히 ~해야 한다 | 常常 chángcháng 튀 자주 | ★联系 liánxì 통 연락하다 | 父母 fùmǔ 몡 부모 | ☆或者 huòzhě 젭 혹은 | ★看望 kànwàng 통 문안하다 | 心里 xīnlǐ 몡 마음속 | ★还是 háishi 튀 그래도 | 感到 gǎndào 통 느끼다 [*感到+감정: ~을 느끼다] | ★寂寞 jìmò 혱 적적하다 | 儿女 érnǚ 몡 아들과 딸 | 负担 fùdān 몡 부담 | 认为 rènwéi 통 생각하다 | 有意思 yǒu yìsi 재미있다 | ★所有 suǒyǒu 혱 모든 | 身心 shēnxīn 몡 몸과 마음 | ☆健康 jiànkāng 혱 건강하다

이어지면 반3성-2성으로 소리 내는 것이 자연스럽다

② 양사 '个'는 경성으로 발음하지만 본래 4성이므로, '一'는 '个' 앞에서 2성으로 발음한다

③ 3성이 연속으로 2개 이상 있을 때는 맨 뒤의 글자만 3성으로, 나머지 글자들은 2성으로 읽는다

④ '子女'와 '儿女'의 '女[nǚ]'는 입을 동그랗게 만 상태에서 소리를 낸다

⑤ '不'는 4성이지만 뒤의 글자 '在'도 4성이므로 2성으로 소리 내야 한다

2

내용 구상하기

연상 어휘 떠올리기
- 买礼物 선물을 사다
- 蒙住眼睛 눈을 가리다
- 庆祝生日 생일을 축하하다
- 准备惊喜 서프라이즈를 준비하다

어휘 확장하기
- 提前下班买礼物 일찍 퇴근해서 선물을 사다
- 给她庆祝生日 그녀의 생일을 축하하다
- 为她准备惊喜 그녀를 위해 서프라이즈를 준비하다
- 哥哥蒙住她的眼睛 오빠는 그녀의 눈을 가린다

논리적으로 구성하기

家人为了给她庆祝生日，准备了很久 가족들은 그녀의 생일을 축하하기 위해 오랫동안 준비했다
→ 特意提前下班买了礼物为她庆祝 특별히 일찍 퇴근해서 선물을 사고 축하해 주었다
→ 妹妹一进门，哥哥就蒙住她的眼睛 여동생이 들어오자마자 오빠는 그녀의 눈을 바로 가렸다
→ 看起来她已经猜到家人们为她准备了惊喜 보아하니 그녀는 이미 가족들이 그녀를 위해 서프라이즈를 준비한 것을 짐작하고 있는 것 같았다

모범 답안 ● track 602

今天 / 是⑦ 妹妹 的 生日，家人 / 为了ⓛ 给 她 / 庆祝
Jīntiān shì mèimei de shēngrì, jiārén wèile gěi tā qìngzhù

生日，准备了 很 久①，哥哥 / 今天 也 特意 提前 下班 / 买了
shēngrì, zhǔnbèile hěn jiǔ, gēge jīntiān yě tèyì tíqián xiàbān mǎile

礼物 / 为 她 庆祝。妹妹 / 一 进② 门，哥哥 / 就 蒙住 她 的
lǐwù wèi tā qìngzhù. Mèimei yí jìn mén, gēge jiù méngzhù tā de

眼睛③，妹妹 / 一边ⓒ 笑 / 一边ⓒ 猜 哥哥 送 她 的 礼物 / 是
yǎnjing, mèimei yìbiān xiào yìbiān cāi gēge sòng tā de lǐwù shì

什么。看起来 / 她 / 已经 猜到 家人们 / 为④ 她 准备了 惊喜。
shénme. Kànqǐlai tā yǐjīng cāidào jiārénmen wèi tā zhǔnbèile jīngxǐ.

饭 后，爸妈 / 送了 妹妹 / 她 想要 的 礼物，妹妹 / 也 许下了①
Fàn hòu, bàmā sòngle mèimei tā xiǎngyào de lǐwù, mèimei yě xǔxiàle

표현 tip

⑦ 今天是A(설명) 오늘은 A이다
첫 문장에 쓰기 좋은 표현으로 꼭 암기하자

ⓛ 为了A, B A하기 위해 B하다
앞절에는 목적이, 뒷절에는 목적에 대한 행위를 설명한다

ⓒ 一边A一边B A하면서 B하다
오빠가 여동생의 눈을 가렸을 때, 여동생이 동시에 한 두 행위를 표현할 수 있다

ⓔ 时光 시간
'时光'은 '시간'이라는 고급 어휘로, '时间'과 바꿔 쓸 수 있다

生日　　愿望，　全　家人／度过了 美好① 的　时光②。然而，
shēngrì　yuànwàng, quán jiārén　dùguòle měihǎo de shíguāng. Rán'ér,

令 哥哥 和 爸妈／没　想到　的 是，妹妹／也 给① 他们／写了
lìng gēge hé bàmā méi xiǎngdào de shì, mèimei yě gěi tāmen xiěle

感谢 的 信，妈妈／看到 信后／还 流下了 感动 的 眼泪。
gǎnxiè de xìn, māma kàndào xìn hòu hái liúxiàle gǎndòng de yǎnlèi.

[해석] 오늘은 여동생의 생일이다. 가족들은 그녀의 생일을 축하하기 위해 오랫동안 준비했고, 오빠도 오늘은 특별히 일찍 퇴근해서 선물을 사고 축하해 주었다. 여동생이 들어오자마자 오빠는 그녀의 눈을 바로 가렸는데, 여동생은 웃으면서 오빠의 선물이 무엇인지 알아맞혔다. 보아하니 그녀는 이미 가족들이 그녀를 위해 서프라이즈를 준비한 것을 짐작하고 있는 것 같았다. 식후에 부모님은 여동생에게 그녀가 원하던 선물을 주었고, 여동생도 생일 소원을 빌었으며, 온 가족이 즐거운 시간을 보냈다. 그런데 오빠와 아빠, 엄마를 예상치 못하게 한 것은 여동생도 그들에게 감사 편지를 썼다는 것이었고, 엄마는 편지를 보고 감동의 눈물을 흘렸다.

[어휘] **家人** jiārén 명 가족 | ☆ **为了** wèile 개 ~를 위하여 [*为了+목적, 행위: ~하기 위하여 ~하다] | ★ **庆祝** qìngzhù 동 축하하다 [*庆祝生日: 생일을 축하하다] | ★ **久** jiǔ 형 오래다 | **特意** tèyì 부 특별히 | **提前** tíqián 동 앞당기다 | **下班** xiàbān 동 퇴근하다 | ☆ **礼物** lǐwù 명 선물 [*买礼物: 선물을 사다] | **蒙** méng 동 가리다 | ☆ **一边** yìbiān 접 한편으로 [*一边A一边B: A하면서 B하다] | ★ **猜** cāi 동 알아맞히다 | **看起来** kànqǐlai 보아하니 | ☆ **为** wèi 개 ~을 위하여 | **惊喜** jīngxǐ 명 놀람과 기쁨 | **饭后** fànhòu 명 식후 | **许下** xǔxià 동 소원을 빌다 [*许下愿望: 소원을 빌다] | ★ **愿望** yuànwàng 명 소원 | ★ **度过** dùguò 동 보내다 [*度过时光: 시간을 보내다] | **美好** měihǎo 형 행복하다 | **时光** shíguāng 명 시간 | ★ **然而** rán'ér 접 그런데 | **令** lìng 동 ~하게 하다 | ★ **感谢** gǎnxiè 명 감사 | **信** xìn 명 편지 | **流** liú 동 흐르다 [*流眼泪: 눈물을 흘리다] | ★ **感动** gǎndòng 동 감동하다 | **眼泪** yǎnlèi 명 눈물

발음 tip

① '很久'나 '也许' 같이 3성이 연속된 어휘는 맨 뒤의 글자만 3성으로 소리 내고 앞글자는 2성으로 소리 낸다

② '一'의 성조는 뒤에서 어떤 성조의 글자와 결합하는지에 따라 달라지는데, 4성인 '进' 앞에서는 2성이 된다

③ '눈'이라는 의미의 '眼睛'에서 '睛'을 1성이나 4성으로 소리 내는 경우가 많은데, 경성으로 가볍게 발음하자

④ '为'는 다의어로 여기에서는 '~을 위해'란 의미로 4성이며, 참고로 '~로 삼다'란 의미일 때는 2성이 된다

3

[내용 구상하기]

연상 어휘 떠올리기	• 学习跳舞 춤을 배우다 • 培养艺术能力 예술 능력을 기르다 • 成为舞蹈家 무용가가 되다
어휘 확장하기	• 在学习跳舞时 춤을 배울 때 • 培养孩子在艺术方面的能力 아이의 예술 방면의 능력을 길러 주다 • 将来成为出色的舞蹈家 장래에 뛰어난 무용가가 되다
논리적으로 구성하기	在学习知识的同时，也应该培养孩子在艺术、体育等方面的能力 지식을 학습하는 동시에 아이의 예술, 체육 등 방면의 능력도 키워야 한다 → 孩子们在学习跳舞时，最开心的就是能穿上漂亮的衣服 아이들이 춤을 배울 때 가장 즐거운 것은 예쁜 옷을 입는 것이다 → 有的将来会成为出色的舞蹈家 어떤 아이들은 장래에 뛰어난 무용가가 될 수 있다

[모범답안] ● track 603

如今，越来越 多 的 家长　认为，在① 学习 知识 的 同时①，
Rújīn,　yuèláiyuè duō de jiāzhǎng rènwéi, zài　xuéxí zhīshi de tóngshí,

也① 应该ⓛ 培养 孩子／在 艺术、体育① 等　方面 的 能力。
yě yīnggāi péiyǎng háizi zài yìshù、tǐyù děng fāngmiàn de nénglì.

跳舞／也许② 是／很 多① 父母 的 选择①，其中 芭蕾舞⑥② 是
Tiàowǔ　yěxǔ　shì hěn duō fùmǔ de xuǎnzé, qízhōng bālěiwǔ　shì

표현 tip

ⓐ 在A同时，也B A하는 동시에 B도 하다
첫 문장에 쓰기 좋은 표현으로 꼭 암기하자

ⓛ 应该 ~해야 하다
당위성을 나타내는 조동사로 화자의 주장을 표현할 수 있다

最　有人气 的，而且 / 孩子们 自己 / 也很 喜欢② / 学 芭蕾©。
zuì yǒu rénqì de, érqiě háizimen zìjǐ yě hěn xǐhuan xué bālěi.

当然，孩子们 / 在 学习 跳舞 时，最 开心 的 / 就是 能 　穿上 /
Dāngrán, háizimen zài xuéxí tiàowǔ shí, zuì kāixīn de jiùshì néng chuānshàng

漂亮 的 衣服。或许 这些 孩子 中，有 的© / 将来 会 成为 /
piàoliang de yīfu. Huòxǔ zhèxiē háizi zhōng, yǒu de jiānglái huì chéngwéi

出色 的 舞蹈家②；有 的© / 只 是① 作为 兴趣 跳舞；有 的© /
chūsè de wǔdǎojiā; yǒu de zhǐshì zuòwéi xìngqù tiàowǔ; yǒu de

可能① 会 / 半途而废©。我 觉得©①， 不管 / 结果 怎样，跳舞
kěnéng huì bàntú'érfèi. Wǒ juéde, bùguǎn jiéguǒ zěnyàng, tiàowǔ

一定 会 成为 / 她们 记忆 中 一 段③ 难忘 的 回忆。
yídìng huì chéngwéi tāmen jìyì zhōng yí duàn nánwàng de huíyì.

해석 오늘날 점점 많은 학부모들이 지식을 학습하는 동시에 아이의 예술, 체육 등 방면의 능력도 키워야 한다고 생각한다. 춤을 추는 것 역시 어쩌면 많은 부모의 선택일 텐데, 그중 발레는 가장 인기가 있을 뿐만 아니라, 아이들 스스로도 발레를 배우는 것을 좋아한다. 물론 아이들이 춤을 배울 때 가장 즐거운 것은 예쁜 옷을 입는 것이다. 아마 이 아이들 중에 어떤 아이는 장래에 뛰어난 무용가가 될 수도 있고, 어떤 아이는 취미로만 춤을 출 수도 있고, 어떤 아이는 중도에 포기할 수 있다. 나는 결과가 어떠하든 춤은 반드시 그녀(아이)들의 기억에서 잊을 수 없는 추억이 될 것이라고 생각한다.

어휘 ★如今 rújīn 명 오늘날 | 越来越 yuèláiyuè 부 점점 [*越来越 +형용사] | 家长 jiāzhǎng 명 학부모 | ☆认为 rènwéi 동 ~라고 생각하다 | ★知识 zhīshi 명 지식 | ★同时 tóngshí 명 동시 [*在A的同时: A하는 동시에] | ☆应该 yīnggāi 조동 마땅히 ~해야 한다 | ★培养 péiyǎng 동 키우다 [*培养能力: 능력을 키우다] | ★艺术 yìshù 명 예술 | ★体育 tǐyù 명 체육 | ★等 děng 조 등 | ★方面 fāngmiàn 명 방면 | ★能力 nénglì 명 능력 | ★也许 yěxǔ 부 어쩌면 | ★父母 fùmǔ 명 부모 | ☆选择 xuǎnzé 명 선택 | ★其中 qízhōng 대 그중에 | 芭蕾(舞) bālěi(wǔ) 명 발레 | 人气 rénqi 명 인기 [*有人气: 인기가 있다] | ☆而且 érqiě 접 게다가 | ★自己 zìjǐ 대 스스로 | ☆当然 dāngrán 부 물론 | ★开心 kāixīn 형 즐겁다 | ★或许 huòxǔ 부 아마 | ★将来 jiānglái 명 장래 | ★成为 chéngwéi 동 ~이 되다 | ★出色 chūsè 형 뛰어나다 | 舞蹈家 wǔdǎojiā 무용가 | ★作为 zuòwéi 개 ~로서 | ★兴趣 xìngqù 명 취미 | 半途而废 bàntú'érfèi 성 중도에 포기하다 | ★不管 bùguǎn 접 ~에 관계없이 | ★结果 jiéguǒ 명 결과 | ★一定 yídìng 부 반드시 | ★记忆 jìyì 명 기억 | ☆段 duàn 양 동안 [시간·공간의 일정한 거리를 나타낼 때 쓰임] | 难忘 nánwàng 형 잊을 수 없다 | 回忆 huíyì 명 추억

© 芭蕾(舞) 발레
사진에서 직관적으로 보이는 어휘인 '발레'라는 단어는 꼭 암기해 두자

© 有的A; 有的B; 有的C 어떤 이는 A하고 어떤 이는 B하고 어떤 이는 C하다
발레를 배우는 아이들에게 다양한 결과가 있다는 것을 알 수 있다

© 半途而废 중도에 포기하다
사자성어를 쓰면 좀 더 높은 점수를 받을 수 있지만 쉽게 '放弃(포기하다)'라고 써도 비슷한 표현이다

© 我觉得 나는 ~라고 생각하다
화자의 생각으로 이야기를 마무리한다

발음 tip

① 3성인 글자가 1·2·4·경성인 글자 앞에 있을 때는 반3성으로 읽으면 더 자연스럽다

② '也许'와 같이 3성-3성인 어휘는 2성-3성으로 소리 낸다

③ 4성인 단어 '段' 앞에서 '一'는 2성이 된다

4

내용 구상하기

연상 어휘 떠올리기
- 一起做饭 함께 요리를 하다
- 做得不好 (요리를) 잘하지 못하다
- 分享快乐 즐거움을 함께 나누다

어휘 확장하기
- 周末一起做饭 주말에 함께 요리를 한다
- 即使做得不好，也没关系 (요리를) 잘하지 못하더라도 상관없다
- 重要的是分享快乐 중요한 것은 즐거움을 함께 나누는 것이다

논리적으로 구성하기
一到周末，他们就会 一起做饭 주말이 되면, 그들은 함께 요리를 하곤 한다
→ 两个人平时工作都很忙，难得周末可以一起过，所以即使做得不好，也没关系，重要的是可以分享这份快乐 둘 다 평소엔 일이 바쁘고 모처럼 주말엔 같이 보낼 수 있어서, (요리를) 잘 못하더라도 상관없고 중요한 것은 이 즐거움을 함께 나눌 수 있는 것이다

姐姐 和① 姐夫 / 已经 结婚⑦ / 5 年① 多了，但 / 他们 的
Jiějie hé jiěfu yǐjīng jiéhūn 5nián duō le, dàn tāmen de

感情① / 好像 一点儿 也 没有① 变，我 很② 羡慕 / 他们。一
gǎnqíng hǎoxiàng yìdiǎnr yě méiyǒu biàn, wǒ hěn xiànmù tāmen. Yí

到③ 周末，他们 / 就ⓛ 会 一起 去 超市，还 会 一起 做饭。其实
dào zhōumò, tāmen jiù huì yìqǐ qù chāoshì, hái huì yìqǐ zuòfàn. Qíshí

他们 两个 / 都 不太④ 会 做饭，可 / 他们 说，两个 人 / 平时
tāmen liǎng ge dōu bú tài huì zuòfàn, kě tāmen shuō, liǎng ge rén píngshí

工作 / 都 很 忙①，难得 周末 / 可以② 一起 过。所以② / 即使
gōngzuò dōu hěn máng, nándé zhōumò kěyǐ yìqǐ guò. Suǒyǐ jíshǐ

做 得 / 不 好，也 没 关系，重要 的 是ⓒ / 可以② 分享 这 份
zuò de bù hǎo, yě méi guānxi, zhòngyào de shì kěyǐ fēnxiǎng zhè fèn

快乐。姐姐 和 姐夫 / 生活 态度 / 也 影响着② 身边 的 人，
kuàilè. Jiějie hé jiěfu shēnghuó tàidu yě yǐngxiǎngzhe shēnbiān de rén,

尤其 是 我。看到 他们，我ⓔ 就 觉得 / 幸福 / 其实 可以② 很
yóuqí shì wǒ. Kàndào tāmen, wǒ jiù juéde xìngfú qíshí kěyǐ hěn

简单②，只要ⓜ / 能 和 喜欢 的 人 / 在 一起 就ⓔ 是 / 最 幸福 的
jiǎndān, zhǐyào néng hé xǐhuan de rén zài yìqǐ jiù shì zuì xìngfú de

事情。
shìqing.

해석 언니는 형부와 결혼한 지 이미 5년이 넘었지만 그들의 애정은 조금도 변하지 않은 것 같아서 나는 그들이 부럽다. 주말이 되면 그들은 함께 슈퍼마켓에 가고, 함께 요리도 한다. 사실 둘 다 요리를 그다지 잘하지는 않지만, 둘 다 평소엔 일이 바쁘고 모처럼 주말에야 같이 보낼 수 있다. 그래서 (요리를) 잘 못하더라도 상관없고 중요한 것은 이 즐거움을 함께 나눌 수 있는 것이라고 말한다. 언니와 형부의 생활 태도는 역시 주변 사람들, 특히 나에게 영향을 미치고 있다. 그들을 보면 나는 행복은 사실 간단하고, 좋아하는 사람과 함께 할 수 있는 것이 가장 행복한 일이라는 생각을 한다.

어휘 姐夫 jiěfu 명 형부 | ☆结婚 jiéhūn 통 결혼하다 | ★感情 gǎnqíng 명 애정 | ★好像 hǎoxiàng 부 마치 ~과 같다 | 变 biàn 통 변하다 | ★羡慕 xiànmù 통 부러워하다 | ☆周末 zhōumò 명 주말 | ★超市 chāoshì 명 슈퍼마켓 | ★其实 qíshí 부 사실 | ★平时 píngshí 명 평소 | 难得 nándé 부 모처럼 ~하다 | ☆即使 jíshǐ 접 설령 ~하더라도 [*即使A, 也B: 설령 A하더라도, B하다] | ☆重要 zhòngyào 형 중요하다 | 分享 fēnxiǎng 통 함께 나누다 [*分享快乐: 즐거움을 함께 나누다] | ★份 fèn 양 상태를 세는 양사 [여기서는 '快乐'를 세는 양사] | ★生活 shēnghuó 명 생활 | ★态度 tàidu 명 태도 | ★影响 yǐngxiǎng 통 영향을 주다 | 身边 shēnbiān 명 주변 | ★尤其 yóuqí 부 특히 | ★幸福 xìngfú 명 행복 | ☆简单 jiǎndān 형 간단하다 | ★只要 zhǐyào 접 ~하기만 하면 [*只要A就B: A하기만 하면, B하다]

표현 tip

⑦ A和B结婚 A는 B와 결혼하다
결혼 대상이 뒤에 목적어로 나오는 것이 아니라, 개사 '和'를 사용하여 쓸 수 있다

ⓛ 一A就B A하면 B하다
주말만 되면 부부가 슈퍼마켓에 가고 요리도 한다고 사진을 직접적으로 묘사한다

ⓒ 重要的是 중요한 것은 ~이다
뒤에서 화자의 중심 생각을 드러낸다

ⓔ 我觉得 나는 ~라고 생각하다
화자가 생각하는 바를 맨 마지막에 밝힌다

ⓜ 只要A就B A하기만 하면 바로 B하다
'只要'는 충분조건으로, A라는 조건이 구비되면 B라는 결과가 있다는 뜻으로 쓰인다

발음 tip

① 5는 [wǔ]라고 발음하며, 이와 같이 3성-2성이 결합하면 반3성-2성으로 소리 내는 것이 자연스럽다

② 3성이 연속된 어휘는 맨 뒤의 글자만 3성 혹은 반3성으로, 그 앞의 글자는 2성으로 발음한다. '可以很简单'은 2성-2성-2성-반3성-1성으로 소리 낼 것 같지만, '可以'에서 한 번 끊어 읽는 것이 자연스럽기 때문에 2성-3성 / 2성-반3성-1성으로 읽는 것이 가장 좋다

③ '到'가 4성이기 때문에 그 앞의 글자 '一'는 2성이 된다

④ '不'는 본래 4성이지만 뒤의 글자가 4성일 때는 2성으로 소리 내야 한다

5

내용 구상하기

연상 어휘
떠올리기

• 打针 주사를 맞다
• 很紧张 긴장하다
• 看医生的手 의사의 손을 보다

- 去医院打针 주사를 맞으러 병원에 가다
- 医生看出他很紧张 의사는 그가 긴장한 것을 알아차리다
- 一直看着医生的手 의사의 손을 계속 보고 있다

논리적으로
구성하기

去医院打针的人也多了起来 주사를 맞으러 병원을 가는 사람들도 많아졌다

→ 他从小就怕打针，所以一直看着医生的手
그는 어릴 때부터 주사 맞기를 무서워했기 때문에 의사의 손을 계속 보고 있었다

→ 医生看出他很紧张于是告诉他，越怕就越痛
의사는 그가 긴장한 것을 알아차리고 무서워할수록 더 아프다고 알려 주었다

모범 답안 ● track 605

由于⊙ / 疫情 / 越来越　严重，去 医院 / 打针① 的 人 / 也
Yóuyú　yìqíng yuèláiyuè yánzhòng, qù yīyuàn dǎzhēn de rén　yě

多了 起来①。大力 / 今天 是 第二 次 / 去 打针①，虽然ⓒ / 已经①
duōle qǐlái.　Dàlì jīntiān shì dì-èr cì　qù dǎzhēn, suīrán yǐjīng

有 了 / 上 一 次② 的 经验，但ⓒ / 他 / 还是 很 紧张③，因为ⓒ
yǒu le shàng yí cì de jīngyàn, dàn　tā háishi hěn jǐnzhāng, yīnwèi

/ 他 从 小 就 怕 / 打针，所以ⓒ③ / 一直 看着 医生 的 手。
tā cóng xiǎo jiù pà dǎzhēn, suǒyǐ yìzhí kànzhe yīshēng de shǒu.

医生　看出 / 他 很 紧张③，于是 / 告诉 他，越ⓔ 怕 就 越ⓔ
Yīshēng kànchū tā hěn jǐnzhāng, yúshì gàosu tā, yuè pà jiù yuè

痛，而且 / 他 这样 / 看着 医生 的 手，很 容易① / 乱 动，
tòng, érqiě tā zhèyàng kànzhe yīshēng de shǒu, hěn róngyì luàn dòng,

会 很 危险①。于是 / 大力 / 很 配合① 地 / 不 看④ 医生，医生 /
huì hěn wēixiǎn. Yúshì Dàlì hěn pèihé de bú kàn yīshēng, yīshēng

也 很③ 快 就 打完了①。在 回家 的 路 上，大力 / 感到ⓔ 很
yě hěn kuài jiù dǎwánle. Zài huíjiā de lù shang, Dàlì gǎndào hěn

不好意思①，他 决定 / 下次 来 打针 的 时候，一定 要　勇敢③。
bùhǎoyìsi,　tā juédìng xiàcì lái dǎzhēn de shíhou, yídìng yào yǒnggǎn

해석 전염병이 갈수록 심각해져서, 주사를 맞으러 병원을 가는 사람들도 많아졌다. 따리는 오늘 두 번째 주사를 맞으러 갔고, 비록 이미 지난번 경험이 있지만 그는 여전히 긴장했다. 그는 어릴 때부터 주사 맞기를 무서워했기 때문에 의사의 손을 계속 보고 있었다. 의사는 그가 긴장한 것을 알아차리고 무서워할수록 더 아프고, 게다가 이렇게 의사의 손을 쳐다보면 함부로 움직이기 쉬워서 위험하다고 알려 주었다. 그래서 따리는 협조적으로 의사를 보지 않았고, 의사도 빠르게 주사를 놨다. 집으로 돌아오는 길에 따리는 부끄러웠고, 다음에 주사를 맞으러 올 때는 반드시 용감해야겠다고 결심했다.

어휘 ★ 由于 yóuyú 젭 ～로 인하여 │ 疫情 yìqíng 명 전염병 발생 상황 │ 越来越 yuèláiyuè 뷔 갈수록 │ ★ 严重 yánzhòng 형 심각하다 │ ★ 打针 dǎzhēn 동 주사를 놓다 │ ☆ 起来 qǐlai 동 (형용사 뒤에 쓰여) 상황·상태가 발생하고, 그 정도가 점점 심화됨을 나타냄 │ 大力 Dàlì 고유 따리 [인명] │ ★ 经验 jīngyàn 명 경험 │ ☆ 还是 háishi 뷔 여전히 │ 紧张 jǐnzhāng 형 긴장해 있다 │ 从小 cóngxiǎo 뷔 어릴 때부터 │ 怕 pà 동 무서워하다 │ ☆ 一直 yìzhí 뷔 계속해서 │ ★ 于是 yúshì 젭 그래서 │ ☆ 越 yuè 뷔 ～할수록 ～하다 [*越A越B: A할수록 B하다] │ 痛 tòng 형 아프다 │ ★ 而且 érqiě 젭 게다가 │ 这样 zhèyàng 대 이렇게 │ ☆ 容易 róngyì 형 쉽다 │ ★ 乱 luàn 뷔 함부로 │ 动 dòng 동 움직이다 │ ★ 危险 wēixiǎn 형 위험하다 │ ★ 配合 pèihé 동 협조하다 │ ☆ 地 de 조 ～히 [*부사어+地+술어] │ 感到 gǎndào 동 느끼다 │ 不好意思 bùhǎoyìsi 부끄럽다 │ ☆ 决定 juédìng 동 결심하다 │ ☆ 一定 yídìng 뷔 반드시 │ ★ 勇敢 yǒnggǎn 형 용감하다

표현 tip

⊙ 由于A A해서
A에는 원인이 들어가며, 뒤에 나오는 주사를 맞는 사람들이 많은 이유를 설명한다

ⓒ 虽然A，但B 비록 A하지만 그러나 B하다
주사를 맞은 적이 있지만 여전히 긴장됨을 나타낸다

ⓒ 因为A，所以B A하기 때문에 그래서 B하다
사진에서 남자가 의사의 손을 바라보고 있는 이유를 설명한다

ⓔ 越A越B A할수록 B하다
여러 상황에 쓸 수 있는 표현이므로 꼭 암기해 두자

ⓔ 感到A A를 느끼다
A에는 감정을 나타내는 말이 들어가며, 감정을 표현할 때 많이 쓰이는 표현이니 꼭 기억하자

발음 tip

① 3성-1·2·4·경성인 단어는 반3성-1·2·4·경성으로 소리 내는 것이 자연스럽다

② '一'는 뒤의 글자의 성조에 따라 다르게 읽는데 '次'가 4성이기 때문에 2성이 된다

③ 3성이 연속으로 이어진 어휘는 맨 뒤의 글자만 3성 혹은 반3성으로 소리 내고 그 앞의 글자는 2성으로 소리 낸다

④ '不'는 본래 4성이지만 뒤의 글자가 4성일 때는 2성으로 소리 내야 한다

6

연상 어휘
떠올리기

- 购物 쇼핑하다
- 买礼物 선물을 사다
- 一家四口人 네 식구

어휘
확장하기

- 去百货商店购物 백화점에 가서 쇼핑하다
- 为丈夫和其他家人买礼物 남편과 다른 가족을 위해 선물을 사다
- 一家四口人一起出去玩儿 네 식구가 함께 놀러가다

논리적으로
구성하기

小美和丈夫带着儿子和女儿去了游乐园，回家前又去了百货商店购物
샤오메이는 남편과 함께 아들과 딸을 데리고 놀이공원에 갔다가, 집에 돌아가기 전에 쇼핑하러 백화점에 갔다

→ 他们已经很久没有一家四口人一起出去玩儿了
그들 네 식구는 오랫동안 함께 놀러가지 못했다

→ 她还为丈夫和其他家人也买了礼物 그녀는 남편과 다른 가족들을 위해 선물을 샀다

모범 답안 ▶ track 606

今年 暑假 的 一 天①， 小美② 和 丈夫 / 带③着 儿子 和
Jīnnián shǔjià de yì tiān, Xiǎo Měi hé zhàngfu dàizhe érzi hé

女儿③ / 去⑤了 游乐园， 回家 前 / 又 去了 百货商店 / 购物。
nǚ'ér qùle yóulèyuán, huíjiā qián yòu qùle bǎihuòshāngdiàn gòuwù.

他们 / 已经 很 久② / 没有 一家① 四 口 人③ / 一起 出去 玩儿
Tāmen yǐjīng hěn jiǔ méiyǒu yì jiā sì kǒu rén yìqǐ chūqù wánr

了， 因为 / 小美② / 是 空姐， 由于 工作 的 关系， 一 年① 中
le, yīnwèi Xiǎo Měi shì kōngjiě, yóuyú gōngzuò de guānxi, yì nián zhōng

的 / 很 多 时候 / 都 是 "飞来飞去"的。 然而⑥ / 丈夫 和
de hěn duō shíhou dōu shì "fēiláifēiqù" de. Rán'ér zhàngfu hé

孩子们 / 却 很 理解② 她， 这 让 她 / 既⑥ 感动 / 又⑥ 抱歉。
háizimen què hěn lǐjiě tā, zhè ràng tā jì gǎndòng yòu bàoqiàn.

那 天 / 她 还 为 丈夫 和 其他 家人 / 也 买了② 礼物。 小美②
Nà tiān tā hái wèi zhàngfu hé qítā jiārén yě mǎile lǐwù. Xiǎo Měi

知道， 丈夫 也 很 忙④， 但是 / 为了 自己 / 他 / 付出了 很
zhīdào, zhàngfu yě hěn máng, dànshì wèile zìjǐ tā fùchūle hěn

多， 所以② / 小美② 决定⑥ / 尽量 调整 一 下 / 工作 的
duō, suǒyǐ Xiǎo Měi juédìng jǐnliàng tiáozhěng yíxià gōngzuò de

时间， 多 陪陪 家人。
shíjiān, duō péipei jiārén.

해석 올 여름휴가 날에 샤오메이는 남편과 함께 아들과 딸을 데리고 놀이공원에 갔다가, 집에 돌아가기 전에 쇼핑하러 백화점에 갔다. 그들 네 식구는 오랫동안 함께 놀러가지 못했는데, 샤오메이는 스튜어디스여서 직업으로 인해 1년 중 많은 시간을 '여기저기 비행하기' 때문이다. 하지만 남편과 아이들은 오히려 그녀를 잘 이해해 줘서, 이것이 그녀를 감동시킬 뿐만 아니라 미안해하게 한다. 그날은 그녀가 남편과 다른 가족들을 위해 선물을 샀다. 샤오메이는 남편도 바쁘지만 자신을 위해 많은 것을 바쳤다는 것을 알고 있어서, 샤오메이는 최대한 근무 시간을 조절해서 가족들과 좀 더 많은 시간을 함께 하기로 결정했다.

표현 tip

㉠ 带A(사람)去B(장소) A를 데리고 B에 가다
'带'는 연동문에 첫 번째 동사로 많이 쓰이며, 자녀를 데리고 놀이공원에 가는 상황을 표현할 수 있다

㉡ 然而 그러나
전환을 나타내는 접속사로, 샤오메이가 일 때문에 바쁘지만 가족은 이해한다는 것을 알려준다

㉢ 既A, 又B A하고 B하다
바쁜 샤오메이를 이해해주는 가족에 대해 느끼는 감정을 설명하며 '又A, 又B'라고 써도 같은 표현이다

㉣ 决定+결정하는 내용 ~을 결정하다
주인공인 샤오메이의 앞으로의 다짐을 나타낼 수 있다

발음 tip

① '一'는 뒤의 글자가 1, 2, 3성일 때 4성으로 소리 낸다

② 3성이 2개 이상 연속된 어휘는 마지막 글자만 3성으로 소리 내고 그 앞의 글자는 2성으로 소리 낸다

③ '女儿' 같이 3성-2성으로 이루어진 어휘는 반3성-2성으로 읽는 것이 자연스러우며, '女[nǚ]'의 ǚ 발음은 입술을 동그랗

暑假 shǔjià 명 여름휴가 | 小美 Xiǎo Měi 고유 샤오메이 [인명] | ☆ 带 dài 동 데리다 [*带 A(대상)B(행위): A를 데리고 B하다] | 游乐园 yóulèyuán 명 놀이공원 | ☆ 又 yòu 부 다시 | 百货商店 bǎihuòshāngdiàn 명 백화점 | ★ 购物 gòuwù 동 쇼핑하다 [뒤에 목적어를 쓸 수 없음] | ★ 久 jiǔ 형 오래 | 口 kǒu 양 식구 [사람을 셀 때 쓰임] | 空姐 kōngjiě 명 스튜어디스 | ★ 由于 yóuyú 개 ~때 문에 | ★ 关系 guānxi 명 관계 | 然而 rán'ér 접 하지만 | ★ 却 què 부 오히려 | ★ 理解 lǐjiě 동 이 해하다 | 既 jì 접 ~할 뿐만 아니라 [*既A又B: A할 뿐만 아니라 또한 B하다] | ★ 感动 gǎndòng 동 감동하 다 | ★ 抱歉 bàoqiàn 동 미안해하다 | ☆ 为 wèi 개 ~을 위하여 | ☆ 其他 qítā 명 다른 | 家人 jiārén 명 가족 | ★ 礼物 lǐwù 명 선물 | ★ 为了 wèile 개 ~을 하기 위하여 [*为了+목적, 행위: ~하기 위하여 ~ 하다] | ☆ 自己 zìjǐ 명 자신 | 付出 fùchū 동 바치다 | ☆ 决定 juédìng 동 결정하다 | ★ 尽量 jǐnliàng 부 최대한 | ★ 调整 tiáozhěng 동 조절하다 | ★ 陪 péi 동 동반하다

게 오므린 채로 [이]라고 소리 낸 다

④ '也很忙'의 성조는 3성-3 성-2성인데 이를 유창하게 읽으 려면 2성-반3성-2성으로 하면 된다

---

02 학교

본문 p.70

7

내용 구상하기

연상 어휘 떠올리기
- 毕业典礼 졸업식
- 自拍 셀카를 찍다
- 感受喜悦 기쁨을 느끼다

어휘 확장하기
- 参加毕业典礼 졸업식에 참석하다
- 正在自拍呢 셀카를 찍고 있다
- 感受到他们的喜悦 그들의 기쁨을 느끼다

논리적으로 구성하기
今天是我妹妹参加毕业典礼的日子 오늘은 내 여동생이 졸업식에 참석하는 날이다
→ 她正在和朋友们自拍呢 그녀는 친구들과 셀카를 찍고 있다
→ 我离得这么远都能感受到他们的喜悦
나는 이렇게 멀리 떨어져 있는데도 그들의 기쁨을 느낄 수 있었다

모범 답안 ▶ ● track 607

今天 / 是③ 我 妹妹① / 参加 毕业 典礼② 的 日子①，她 / 从
Jīntiān shì wǒ mèimei cānjiā bìyè diǎnlǐ de rìzi, tā cóng

几 天 以前③ / 就 已经 开始 / 期待 这 一 天④ 了。本来③ / 全
jǐ tiān yǐqián jiù yǐjīng kāishǐ qīdài zhè yì tiān le. Běnlái quán

家人 打算 / 一起 出发 去 学校 的，但 / 妹妹 和⑦ 她 的 两
jiārén dǎsuàn yìqǐ chūfā qù xuéxiào de, dàn mèimei hé tā de liǎng

个 / 好 朋友③ / 约好ⓛ了提前 去 学校 / 多拍 些 照片。当ⓒ
ge hǎo péngyou yuēhǎole tíqián qù xuéxiào duō pāi xiē zhàopiàn. Dāng

我 和③ 爸妈 / 找到 她 的 时候ⓒ，她 / 正在 和 朋友们 / 自拍
wǒ hé bàmā zhǎodào tā de shíhou, tā zhèngzài hé péngyoumen zìpāi

呢ⓔ。我 离③ 得 / 这么 远 都 能 / 感受到 他们 的 喜悦，真
ne. Wǒ lí de zhème yuǎn dōu néng gǎnshòudào tāmen de xǐyuè, zhēn

不 忍心ⓜ / 去 打扰② 他们。那 一 瞬间⑤，我 / 仿佛 在 他们
bù rěnxīn qù dǎrǎo tāmen. Nà yí shùnjiān, wǒ fǎngfú zài tāmen

---

표현 tip

㉠ 今天是A的日子 오늘은 A 하는 날이다
'오늘은 A하는 날이다'로 이야기 를 시작할 수 있다

ⓛ A和B约好 A는 B와 약속하 다
A와 B 모두 사람이 들어가, 두 사람이 약속을 한다는 표현이다

ⓒ 当A的时候，B A할 때 B하 다
사진 속 상황을 그대로 묘사하며 '当A时，B'라고도 쓸 수 있다

ⓔ 正在A呢 한창 A하고 있는 중이다
동작 A가 진행중임을 나타낸다

ⓜ 不忍心 차마 ~할 수 없다
좀 더 쉽고 비슷한 뉘앙스를 낼 수 있는 말로는 '不想'이 있다

• 167

身上 / 看到了 自己 当初 的 样子，虽然 / 社会 的 竞争 /
shēnshang kàndàole zìjǐ dāngchū de yàngzi, suīrán shèhuì de jìngzhēng

很 激烈，但 / 我 希望ⓑ / 他们 能 一直 保持③ / 这样 的
hěn jīliè, dàn wǒ xīwàng tāmen néng yìzhí bǎochí zhèyàng de

状态， 笑着 面对 / 所有② 困难。
zhuàngtài, xiàozhe miànduì suǒyǒu kùnnan.

해석 오늘은 내 여동생이 졸업식에 참석하는 날이다. 그녀는 이미 며칠 전부터 이날을 기대했다. 원래 온 가족이 함께 학교로 출발하기로 했는데, 여동생은 그녀의 친한 친구 두 명과 미리 학교에 가서 사진을 많이 찍기로 약속했다. 나와 부모님이 그녀를 찾았을 때 그녀는 친구들과 셀카를 찍고 있었다. 나는 이렇게 멀리 떨어져 있는데도 그들의 기쁨을 느낄 수 있어서 차마 (그들을) 방해할 수 없었다. 그 순간 나는 마치 그들에게서 나의 이전 모습을 보는 것 같았다. 비록 사회의 경쟁은 치열하지만, 나는 그들이 이러한 상태를 유지하여 웃으면서 모든 어려움에 직면하기를 바란다.

어휘 ☆ **参加** cānjiā 동 참석하다 | ★ **毕业** bìyè 명 졸업 [*毕业典礼: 졸업식] | **典礼** diǎnlǐ 명 의식 | ★ **日子** rìzi 명 날 | ☆ **以前** yǐqián 명 이전 | ★ **期待** qīdài 동 기대하다 | ★ **本来** běnlái 부 원래 | **全** quán 형 모든 | **家人** jiārén 명 가족 | ☆ **打算** dǎsuàn 동 ~할 계획이다 | ★ **出发** chūfā 동 출발하다 | **约好** yuēhǎo 동 약속하다 | ★ **提前** tíqián 동 앞당기다 | ★ **拍** pāi 동 찍다 [*拍照片: 사진을 찍다] | ☆ **照片** zhàopiàn 명 사진 | ★ **当** dāng 개 바로 그 시간이나 그 장소를 가리킬 때 쓰임 | **自拍** zìpāi 셀카를 찍다 | **这么** zhème 대 이렇게 | ★ **感受** gǎnshòu 동 느끼다 | **喜悦** xǐyuè 명 기쁨 | **忍心** rěnxīn 동 차마 ~하다 | ★ **打扰** dǎrǎo 동 방해하다 | **瞬间** shùnjiān 명 순간 | ★ **仿佛** fǎngfú 부 마치 ~인 듯하다 | ☆ **自己** zìjǐ 대 자신 | **当初** dāngchū 명 이전 | ★ **样子** yàngzi 명 모습 | ★ **社会** shèhuì 명 사회 | ★ **竞争** jìngzhēng 명 경쟁 | ★ **激烈** jīliè 형 치열하다 | ☆ **一直** yìzhí 부 줄곧 | ★ **保持** bǎochí 동 (좋은 상태를) 유지하다 | ★ **状态** zhuàngtài 명 상태 | ★ **面对** miànduì 동 직면하다 [*面对困难: 어려움에 직면하다] | ★ **所有** suǒyǒu 형 모든 | ★ **困难** kùnnan 명 어려움

ⓑ 我希望 나는 ~하기를 희망한다
화자가 바라는 내용을 마지막으로 이야기를 마무리할 수 있다

발음 tip

① '妹妹'는 두 글자가 같지만, 두 번째 글자는 경성으로 읽는다. 이 외에 '妈妈 māma', '爸爸 bàba', '哥哥 gēge' 등도 두 번째 글자는 경성으로 읽는다

② '典礼'와 같이 3성-3성으로 구성된 어휘는 2성-3성으로 읽는다

③ 3성-2성으로 이어진 어휘는 반3성-2성으로 읽으면 보다 자연스럽게 들린다

④ '一'는 뒤의 글자인 '天'이 1성이므로 4성으로 소리 낸다

⑤ '一'의 뒷글자의 성조가 4성일 때는 '一'는 2성이 된다

8

내용 구상하기

연상 어휘 떠올리기	• 去图书馆 도서관에 가다 • 写论文 논문을 쓰다 • 完成论文 논문을 끝내다 • 查资料 자료를 조사하다
어휘 확장하기	• 去图书馆查资料 자료를 조사하러 도서관에 가다 • 写好毕业论文 졸업 논문을 완성하다 • 完成毕业论文 졸업 논문을 끝내다
논리적으로 구성하기	一有时间就去图书馆查资料 시간이 날 때마다 자료를 조사하러 도서관에 가다 → 想尽快完成毕业论文 가능한 한 빨리 졸업 논문을 끝내고 싶다 → 下定决心一定要写好自己的毕业论文 자신의 졸업 논문을 꼭 완성할 것이라고 결심했다

모범 답안 track 608

娜娜㉠ / 是㉡ 一 名① 大四 的 学生，还有 半 年 / 就要㉢
Nàna shì yì míng dàsì de xuésheng, háiyǒu bàn nián jiùyào

毕业 了㉢。最近 / 这 段 时间，她 / 一㉣ 有 时间② 就㉣ 去
bìyè le. Zuìjìn zhè duàn shíjiān, tā yì yǒu shíjiān jiù qù

图书馆 / 查 资料，因为 / 她 / 想 尽快③ / 完成 毕业 论文。
túshūguǎn chá zīliào, yīnwèi tā xiǎng jǐnkuài wánchéng bìyè lùnwén.

这样 / 她 才 能 安心 地 / 准备 简历，可 / 教授 / 对 学生们
Zhèyàng tā cái néng ānxīn de zhǔnbèi jiǎnlì, kě jiàoshòu duì xuéshengmen

표현 tip

㉠ 娜娜 나나
이야기 속 주인공이 꼭 제3자가 아니고 '我(나)'여도 괜찮으며, 이때 '她(그녀)'도 '我(나)'로 말해야 한다는 점을 기억하자

㉡ A(특정어휘)是B(설명) A는 B이다
주인공 나나[娜娜]의 신분을 밝힌다

的 毕业 　论文　要求 / 很　高，即使 / 是　成绩　很　好③ 的 娜娜，
de bìyè 　lùnwén　yāoqiú / hěn　gāo，jíshǐ 　shì chéngjì hěn hǎo 　de Nàna，

也　被　教授 / 退过 一　次④ 论文。她 觉得，一定　是 / 她 前　段
yě bèi jiàoshòu / tuìguo yí cì lùnwén. Tā juéde, yídìng shì 　tā qián duàn

时间 / 一边⑩ 打工　一边⑩ 写　论文，无法　专心　投入，所以③ /
shíjiān / yìbiān dǎgōng yìbiān　xiě lùnwén, wúfǎ zhuānxīn tóurù,　suǒyǐ

教授 / 才 会 给 她 / 提出 很　多 建议。从⑪　上周　开始⑪，她 /
jiàoshòu / cái huì gěi tā / tíchū hěn duō jiànyì. Cóng shàngzhōu kāishǐ,　tā

向　打工 的地方　请了 一　个④ 月假，下定　决心 / 一定　要
xiàng dǎgōng de dìfang qǐngle yí ge　yuè jià, xiàdìng juéxīn yídìng yào

写好③ / 自己 的 毕业 论文。
xiěhǎo 　zìjǐ de bìyè lùnwén.

해석 나나는 대학교 4학년 학생으로, 반년만 있으면 졸업을 한다. 요즈음 이 기간에 그녀는 시간이 날 때마다 자료를 조사하러 도서관에 가는데, 가능한 한 빨리 졸업 논문을 끝내고 싶기 때문이다. 이래야만 그녀는 비로소 마음 놓고 이력서를 준비할 수 있는데, 교수님은 학생들의 졸업 논문에 대한 요구가 높아, 설령 성적이 좋은 나나일지라도, 그녀 역시 교수님께 논문을 한 번 퇴짜 맞은 적이 있다. 그녀는 아르바이트를 하면서 논문을 쓰느라 열중할 수 없었기 때문에, 교수님이 그녀에게 많은 건의를 하셨다고 생각한다. 지난주부터 그녀는 아르바이트하는 곳에 한 달 휴가를 냈고 자신의 졸업 논문을 꼭 완성할 것이라고 결심했다.

어휘 娜娜 Nàna 고유 나나 [인명] | 名 míng 양 명 [사람의 신분을 세는 단위] | 大四 dàsì 대학교 4학년 | 还有 háiyǒu 접 그리고 | ☆半 bàn 수 반 | ★毕业 bìyè 동 졸업하다 | ★最近 zuìjìn 요즈음 | ☆段 duàn 양 동안 [시간·공간의 일정한 거리를 나타낼 때 쓰임] | 图书馆 túshūguǎn 명 도서관 | 查 chá 동 조사하다 [*查资料: 자료를 조사하다] | ★资料 zīliào 자료 | 尽快 jǐnkuài 부 가능한 한 빨리 | 完成 wánchéng 동 끝내다 | ★论文 lùnwén 명 논문 | 才 cái 부 비로소 | 安心 ānxīn 동 마음을 놓다 | 地 de 조 ~히 [*부사어+地+술어] | 简历 jiǎnlì 이력서 | ★教授 jiàoshòu 교수 | 要求 yāoqiú 요구 | 即使 jíshǐ 접 설령 ~하더라도 [*即使A, 也B: 설령 A하더라도, B하다] | ★成绩 chéngjì 성적 | 被 bèi 개 ~에게 ~를 당하다 [*주어+被+목적어+술어+기타성분] | 退 tuì 동 뒤로 물리다 | 一边 yìbiān 접 한편으로 ~하면서 [*一边A一边B: A하면서 B하다] | ★打工 dǎgōng 동 아르바이트하다 | 无法 wúfǎ 동 ~할 수 없다 | ★专心 zhuānxīn 동 열중하다 | ★投入 tóurù 동 몰두하다 | 提出 tíchū 제의하다 [*提出建议: 건의를 하다] | ★建议 jiànyì 건의 | 上周 shàngzhōu 명 지난주 | 向 xiàng 개 ~에게 | 地方 dìfang 명 곳 | 请假 qǐngjià 동 휴가를 받다 | 下定 xiàdìng 동 (결심을) 내리다 [*下定决心: 결심을 내리다] | ★决心 juéxīn 명 결심 | ☆一定 yídìng 부 꼭 | ☆自己 zìjǐ 대 자신

ⓒ 就要A了 곧 A하다
주인공이 '졸업을 하는' 상황이 곧 발생할 것임을 나타낸다

ⓓ 一A就B A하자마자 B하다
사진 속 도서관에 가는 상황을 묘사한다

⑩ 一边A一边B A하면서 B하다
나나가 졸업 논문을 쓰는 데에만 집중하지 못한 이유를 설명한다

⑪ 从A开始 A부터 시작하여
A라는 시점부터 그 뒤에 나오는 내용을 시작할 것이라고 표현할 때 쓴다

발음 tip

① '一'는 뒷글자인 '名'이 2성이므로 4성으로 소리 낸다

② '一'는 뒷글자 '有'의 영향을 받아 4성으로 바뀌고 '有'는 또 그 뒤의 '时间'의 영향을 받아 3성으로 그대로 읽지 않고 반3성으로 소리 낸다

③ 3성-3성이 이어질 경우 2성-3성으로 읽는다

④ '一'의 뒷글자의 성조가 4성일 때는 '一'는 2성이 되며, 양사 '个'는 경성이지만 원래 4성이므로, 앞에 나오는 '一'는 2성으로 발음한다

03 직장

본문 p.77

9

연상 어휘 떠올리기
- 有会议 회의가 있다
- 激烈地讨论 격렬하게 토론하다
- 说想法 생각을 말하다

어휘 확장하기
- 今天有一个会议 오늘 회의가 있다
- 大家激烈地讨论什么 모두 무언가에 대해 격렬하게 토론하다
- 说自己的想法 자신의 생각을 말하다

논리적으로
구성하기

今天有一个重要的会议 오늘은 중요한 회의가 있다

→ 我一进会议室就看到大家在激烈地讨论着什么
나는 회의실에 들어가자마자 모두들 무언가에 대해 격렬하게 토론하고 있는 것을 봤다

→ 部长和科长一直在说自己的想法 부장님과 과장님은 줄곧 자신의 생각을 말했다

모범 답안 ● track 609

早上, 我 / 刚 到 公司 / 就 被 上司 / 叫到了 会议室。
Zǎoshang, wǒ gāng dào gōngsī jiù bèi shàngsi jiàodàole huìyìshì.

原来③ / 今天 / 有 一 个① 重要 的 会议, 我 / 一ⓛ 进① 会议室
Yuánlái jīntiān yǒu yí ge zhòngyào de huìyì, wǒ yí jìn huìyìshì

就ⓛ 看到 大家 / 在 激烈 地 / 讨论②着 什么。听了 旁边
jiù kàndào dàjiā zài jīliè de tǎolùn zhe shénme. Tīngle pángbiān

同事 的 说明, 我 / 才 了解了③ / 今天 的 主题④。然而,
tóngshì de shuōmíng, wǒ cái liǎojiěle jīntiān de zhǔtí. Rán'ér,

部长 和 科长 / 一直 在 说 自己 的 想法, 我 觉得④ 他们
bùzhǎng hé kēzhǎng yìzhí zài shuō zìjǐ de xiǎngfa, wǒ juéde tāmen

根本 不ⓒ 想 / 听 对方 说话。其他 同事 / 也 都 无能为力ⓔ
gēnběnbù xiǎng tīng duìfāng shuōhuà. Qítā tóngshì yě dōu wúnéngwéilì

地 / 表示②, 还是 先 给 他们 / 时间, 听 他们 / 说完 / 再
de biǎoshì, háishi xiān gěi tāmen shíjiān tīng tāmen shuōwán zài

一起 开会 讨论② / 比较② 好。大家 / 达成 一致 意见 后, 都
yìqǐ kāihuì tǎolùn bǐjiào hǎo. Dàjiā dáchéng yízhì yìjiàn hòu, dōu

悄悄 地 / 走出了 会议室, 那 一 刻① / 我们 的 表情④ / 都
qiāoqiāo de zǒuchūle huìyìshì, nà yí kè wǒmen de biǎoqíng dōu

轻松了 不 少。
qīngsōngle bù shǎo.

해석 아침에 나는 회사에 막 도착하자마자 상사에게 회의실로 불려 갔다. 알고 보니 오늘은 중요한 회의가 있었고, 나는 회의실에 들어가자마자 모두들 무언가에 대해 격렬하게 토론하고 있는 것을 봤다. 옆 동료의 설명을 듣고 나서야 나는 비로소 오늘의 주제를 이해할 수 있었다. 그러나 부장님과 과장님은 줄곧 자신의 생각을 말했고, 나는 그분들이 도무지 상대방의 말을 들으려 하지 않는다고 생각했다. 다른 동료들도 어찌할 도리 없이 먼저 그분들이 말을 마칠 시간을 주고 다 들은 후 다시 같이 회의하며 논의하는 게 비교적 좋겠다고 표현했다. 모두들 의견 일치에 도달하자 조용히 회의실을 나섰고, 그 순간 우리의 표정은 모두 한결 가벼워졌다.

어휘 ★刚 gāng 凰 막 | ★被 bèi 凯 ~에게 ~를 당하다 [*주어+被+목적어+술어+기타성분] | 上司 shàngsi 圄 상사 | 会议室 huìyìshì 圄 회의실 | ★原来 yuánlái 凰 알고 보니 | ■重要 zhòngyào 圄 중요하다 | ★会议 huìyì 圄 회의 [*有会议: 회의가 있다] | ■激烈 jīliè 圄 격렬하다 | ★地 de 凧 ~하게 [*부사어+地+술어] | ★讨论 tǎolùn 동 토론하다 | ★说明 shuōmíng 圄 설명 | ★才 cái 凰 비로소 | ★了解 liǎojiě 동 이해하다 [*了解+이해하는 내용] | ★主题 zhǔtí 圄 주제 | ★然而 rán'ér 凨 그러나 | 部长 bùzhǎng 圄 부장 | 科长 kēzhǎng 圄 과장 | ★一直 yìzhí 凰 줄곧 | ★自己 zìjǐ 団 자신 | ★想法 xiǎngfa 圄 생각 | ★根本 gēnběn 凰 도무지 | ★对方 duìfāng 圄 상대방 | ★其他 qítā 団 다른 | 无能为力 wúnéngwéilì 圄 어쩔 수가 없다 | ★表示 biǎoshì 동 표현하다 | ★还是 háishi 凰 ~하는 편이 낫다 | ★先 xiān 凰 먼저 [*先A再B: 먼저 A하고 다시 B하다] | 开会 kāihuì 동 회의를 열다 | ☆比较 bǐjiào 凰 비교적 | ★达成 dáchéng 동 도달하다 | ★一致 yízhì 圄 일치하다 | ★意见 yìjiàn 圄 의견 | ★悄悄 qiāoqiāo 圄 조용한 모양 | ☆刻 kè 圄 순간 | ★表情 biǎoqíng 圄 표정 | ★轻松 qīngsōng 圄 가볍다

표현 tip

㉠ 原来 알고 보니
'원래, 본래'라는 뜻 말고도 실제 상황을 알아냈음을 나타내는 '알고 보니'라는 뜻도 있음을 알아두자

ⓛ 一A就B A하자마자 B하다
회의실에 들어가자마자 '모두들 토론하고 있다'는 사진의 상황을 보는 것을 묘사한다

ⓒ 根本不 도무지 ~하지 않다
'根本'은 '도무지, 전혀'라는 뜻의 부사로 주로 부정문에서 많이 쓰인다

ⓔ 无能为力 어쩔 수가 없다
성어를 적재적소에 사용하면 더 좋은 점수를 받을 수 있으나 너무 어렵다면 '无奈'라고 말해도 괜찮다

발음 tip

① 성조가 4성인 글자 앞에 있는 '一'는 2성으로 소리를 내며, 참고로 '个'의 본래 성조도 4성임을 기억하자

② '讨论' 등 3성-4성인 단어는 반3성-4성으로 읽으면 더 자연스럽다

③ '了解'와 같이 3성이 두 개 이상으로 이루어진 단어는 2성-3성으로 소리를 낸다

④ '主题'처럼 3성-2성으로 이어진 단어는 반3성-2성으로 읽는다

10

내용 구상하기

연상 어휘
떠올리기

- 通过面试 면접에 합격하다
- 找工作 직장을 구하다
- 接到录取通知 합격 통지를 받다

어휘
확장하기

- 通过一家公司的面试 한 회사 면접에 합격하다
- 一直在找工作 줄곧 직장을 구하고 있다
- 接到那家公司的录取通知 그 회사의 합격 통지를 받다

논리적으로
구성하기

这段时间一直在找新工作 이 시간 동안 줄곧 새 직장을 구해 왔다
→ 她通过了一家韩中公司的面试 그녀는 한중 회사의 면접에 합격했다
→ 她果然接到了那家公司的录取通知 그녀는 아니나 다를까 그 회사로부터 합격 통지를 받았다

모범 답안 ▸ ⊙ track 610

小美^① / 上 个 月 / 辞掉了 大学 毕业 后 的 / 第一^② 份
Xiǎo Měi shàng ge yuè cídiàole dàxué bìyè hòu de dì-yī fèn

工作, 这 段 时间 / 一直 在 找 新 工作, 前 几 天 / 她 /
gōngzuò, zhè duàn shíjiān yìzhí zài zhǎo xīn gōngzuò, qián jǐ tiān tā

通过了 / 一 家^③ 韩 中 公司 的 面试, 今天 / 是[⊙] 最终 面试
tōngguòle yì jiā Hán Zhōng gōngsī de miànshì, jīntiān shì zuìzhōng miànshì

的 / 日子[⊙]。 虽然[ⓛ] / 她 / 准备 得 / 很 好^①, 但[ⓛ] / 当 她 看到
de rìzi. Suīrán tā zhǔnbèi de hěn hǎo, dàn dāng tā kàndào

/ 几 位 面试官 后, 还是 感到 / 有些 紧张。 小美^① 觉得 /
jǐ wèi miànshìguān hòu, háishi gǎndào yǒuxiē jǐnzhāng. Xiǎo Měi juéde

今天 的 表现 / 还 不错, 面试官们 / 也 很 满意^①, 最后, 一
jīntiān de biǎoxiàn hái búcuò, miànshìguānmen yě hěn mǎnyì, zuìhòu, yí

位^④ 中国 面试官 / 突然 开始 / 用 汉语 跟 她 / 对 起 话
wèi Zhōngguó miànshìguān tūrán kāishǐ yòng Hànyǔ gēn tā duì qǐ huà

来[ⓒ]。 小美^① / 有些 吃惊, 但 / 很 快 就 / 冷静了 下来, 流利
lai. Xiǎo Měi yǒuxiē chījīng, dàn hěn kuài jiù lěngjìngle xiàlai, liúlì

地 / 回答了 / 那 位 面试官 的 问题。 第二 天, 她 / 果然[ⓔ]
de huídále nà wèi miànshìguān de wèntí. Dì-èr tiān, tā guǒrán

接到了 / 那 家 公司 的 / 录取 通知。
jiēdàole nà jiā gōngsī de lùqǔ tōngzhī.

해석 샤오메이는 지난달 대학 졸업 후의 첫 직장을 그만두고 그동안 줄곧 새 직장을 구해 왔는데, 며칠 전 한 한중 회사의 면접에 합격했고 오늘이 최종 면접날이다. 비록 그녀는 준비를 잘했지만, 몇몇 면접관들을 보자 좀 긴장이 되었다. 샤오메이는 오늘 (면접을) 괜찮게 했고, 면접관들도 만족했다고 생각한다. 마지막에 한 중국 면접관이 갑자기 중국어로 그녀에게 말을 하기 시작했다. 샤오메이는 좀 놀랐지만 이내 침착해졌고, 유창하게 그 면접관의 질문에 대답했다. 이튿날 그녀는 아니나 다를까 그 회사로부터 합격 통지를 받았다.

어휘 小美 Xiǎo Měi [고유] 샤오메이 [인명] | 辞掉 cídiào [동] 그만두다 | 大学 dàxué [명] 대학 |
★ 毕业 bìyè [명] 졸업 | ★ 份 fèn [양] 일을 세는 단위 | ☆ 段 duàn [양] 동안 [시간·공간의 일정한 거리를 나타낼 때 쓰임] | ☆ 一直 yìzhí [부] 줄곧 | ★ 通过 tōngguò [동] 통과하다 | 面试 miànshì [명] 면접 | 最终

표현 tip

ⓐ 今天是A的日子 오늘은 A 하는 날이다
이 패턴은 많은 상황에서 쓸 수 있으니, 꼭 기억해 두자

ⓑ 虽然A，但B 비록 A하지만 그러나 B하다
사진을 묘사할 때 접속사 구문을 써서, 면접 준비를 잘했지만 그래도 면접관을 보고 긴장했다고 쓸 수 있다

ⓒ 对起话来 대화하기 시작하다
이합동사 '对话'와 복합방향보어 '起来'의 조합으로 '对(이합동사의 동사 부분)+起(방향보어1)+话(이합동사의 목적어 부분)+来(방향보어2)'의 형식으로 쓰였다

ⓓ 果然 아니나 다를까
앞의 내용은 주인공이 면접을 잘 봤다는 내용으로, '아니나 다를까, 과연'이라는 뜻의 '果然'을 써서 회사의 합격 통지를 받았음을 쓸 수 있다

발음 tip

① '小美'와 같이 3성이 2개 이상 이어지면 마지막 글자만 3성으로 읽고, 나머지는 2성으로 소리 낸다

② '第一'의 '一'는 뒤의 글자와 관계없이 1성으로 읽어야 한다

③ 성조가 1성인 '家' 앞에 있는 '一'는 4성으로 소리를 낸다

zuìzhōng 몡 최종 | ★日子 rìzi 몡 날 | ☆位 wèi 양 분[공경의 뜻을 내포함] | 面试官 miànshìguān 면접관 | 感到 gǎndào 통 느끼다 [*感到+감정: ~을 느끼다] | ★紧张 jǐnzhāng 혱 긴장해 있다 | ★表现 biǎoxiàn 몡 능력표현 | 不错 búcuò 혱 괜찮다 | ☆满意 mǎnyì 혱 만족하다 | ★最后 zuìhòu 몡 마지막 | ★突然 tūrán 혱 갑자기 | ★用 yòng 개 ~(으)로 | ☆跟 gēn 개 ~와 | ★对话 duìhuà 통 대화하다 | ☆起来 qǐlai 통 (동사 뒤에 쓰여) 동작이나 상황이 시작되고 계속됨을 나타냄 | ★吃惊 chījīng 통 놀라다 | ★冷静 lěngjìng 혱 침착하다 | ★流利 liúlì 혱 유창하다 | ★地 de 조 ~하게[*부사어+地+술어] | ★回答 huídá 통 대답하다 | ★果然 guǒrán 뷔 아니나 다를까, 과연 | 接到 jiēdào 통 받다 [*接到通知: 통지를 받다] | ★录取 lùqǔ 통 채용하다 | ★通知 tōngzhī 몡 통지

④ 위와 달리 성조가 4성인 '位' 앞에 있는 '一'는 2성으로 소리를 낸다

⑤ '果然'은 3성-2성인 단어로 반3성-2성으로 읽으면 보다 편하게 읽을 수 있고 자연스럽게 들린다

11

내용 구상하기

연상 어휘 떠올리기
- 出差 출장을 가다
- 去机场 공항에 가다

어휘 확장하기
- 公司让他出差 회사가 그를 출장을 보내다(가게 하다)
- 送他去机场 그를 공항에 바래다 주다

논리적으로 구성하기

他的妻子对大力的公司经常让他出差心里其实有些不满
그의 아내는 따리의 회사가 그를 자주 출장을 보내는 것이 속으론 사실 불만이다

→ 妻子选择理解他，并一大早为他准备了早饭，还特意送他去了机场
아내는 그를 이해하기로 선택했고, 이른 아침부터 그를 위해 아침밥을 준비하고 특별히 (그를) 공항까지 데려다 줬다

모범 답안 ● track 611

大力 / 今天 又㉠ / 要 出差 了㉠，这 已经 是 / 他 这个 月 /
Dàlì jīntiān yòu yào chūchāi le, zhè yǐjīng shì tā zhège yuè

第三 次 出差 了。他 / 已经㉡ 习惯了㉡ / 这样 的 生活。然而㉢，
dì-sān cì chūchāi le. Tā yǐjīng xíguànle zhèyàng de shēnghuó. Rán'ér,

他 的妻子 / 对 大力 的 公司 / 经常 让 他 / 出差 / 心里 / 其实
tā de qīzi duì Dàlì de gōngsī jīngcháng ràng tā chūchāi xīnli qíshí

有些 不满，但 / 她 知道 / 这是 / 大力 的 工作，大力 / 也 不
yǒuxiē bùmǎn, dàn tā zhīdào zhè shì Dàlì de gōngzuò, Dàlì yě bù

能 不 去①。所以② / 妻子 选择③ / 理解② 他，并 一大早 / 为④ 他
néng bú qù. Suǒyǐ qīzi xuǎnzé lǐjiě tā, bìng yídàzǎo wèi tā

/ 准备了 早饭，还 特意 送 他 / 去了 机场。他们 / 笑着 告别
zhǔnbèile zǎofàn, hái tèyì sòng tā qùle jīchǎng. Tāmen xiàozhe gàobié

后，妻子 / 在 回家 的 路上 / 收到㉣了 大力 的 短信。原来㉤，
hòu, qīzi zài huíjiā de lùshang shōudàole Dàlì de duǎnxìn. Yuánlái,

大力 / 一直 都 知道 / 妻子 的 心情，他 / 非常 感谢 / 妻子 能
Dàlì yìzhí dōu zhīdào qīzi de xīnqíng, tā fēicháng gǎnxiè qīzi néng

理解② 自己。看完 短信，妻子 / 感动 地 / 流下了 眼泪。
lǐjiě zìjǐ. Kànwán duǎnxìn, qīzi gǎndòng de liúxiàle yǎnlèi.

해석 따리는 오늘 또 출장을 가는데, 이것이 벌써 이번 달 세 번째 출장이다. 그는 이미 이런 생활에 익숙해졌다. 하지만 그의 아내는 따리의 회사가 그를 자주 출장을 보내는 것이 속으론 사실 불만이다. 그렇지만 그녀는 이것이 따리의 일이고 따리는 가지 않을 수 없다는 것을 안다. 그래서 아내

표현 tip

㉠ 又A了 또 A했다
'又'는 반복을 나타내는 부사로, 출장을 자주 감을 알 수 있고 뒤의 '习惯(익숙해지다)'과도 내용이 연결된다

㉡ 已经A了 이미 A했다
'已经'은 '이미, 벌써'라는 뜻의 부사로, 뒤에 '了'와 함께 자주 쓰인다

㉢ 然而 그러나
전환을 나타내는 접속사 '然而'로 주인공과 달리 주인공의 아내는 출장을 자주 가는 상황에 불만을 가지고 있음을 알 수 있다

㉣ 收到 받다
'收到[shōudào]'와 '受到[shòudào]'는 혼동하기 쉬운데, '收到'는 구체적인 사물과 함께 쓰이는 반면 '受到'는 추상적인 것과 함께 쓰임을 기억하자

㉤ 原来 알고 보니
'원래'라는 뜻 외에도, 처음엔 몰랐지만 나중에 알게 되었다는 뜻의 '알고 보니'라는 의미로도 쓰인다

는 그를 이해하기로 선택했고, 이른 아침부터 그를 위해 아침밥을 준비하고 특별히 (그를) 공항까지 데려다 줬다. 그들이 웃으며 작별 인사를 한 후, 아내는 집으로 돌아오는 길에 따리의 문자를 받았다. 알고 보니 따리는 줄곧 아내의 심정을 다 알고 있었고, 그는 자신을 이해해 준 아내에게 매우 고마웠던 것이다. 문자를 다 읽고 아내는 감동해서 눈물을 흘렸다.

어휘 大力 Dàlì 고유 따리 [인명] | ☆ 又 yòu 분 또 | ★ 出差 chūchāi 통 출장가다 | ☆ 习惯 xíguàn 통 익숙해지다 | 这样 zhèyàng 대 이러한 | ★ 生活 shēnghuó 명 생활 | ★ 然而 rán'ér 접 하지만 | ☆ 经常 jīngcháng 분 자주 | 心里 xīnli 명 마음속 | ☆ 其实 qíshí 분 사실은 | 不满 bùmǎn 형 불만족하다 | ☆ 选择 xuǎnzé 통 선택하다 | ★ 理解 lǐjiě 통 이해하다 | 并 bìng 접 그리고 | 一大早 yídàzǎo 명 이른 아침 | ★ 为 wèi 개 ~를 위해 [*为A准备B: A를 위해 B를 준비하다] | 早饭 zǎofàn 명 아침밥 | 特意 tèyì 분 특별히 | ★ 告别 gàobié 통 작별 인사를 하다 | 回家 huíjiā 통 집으로 돌아오다 | 路上 lùshang 명 길에 | 收到 shōudào 통 받다 [*收到短信: 문자 메시지를 받다] | ★ 短信 duǎnxìn 명 문자 메시지 | ★ 原来 yuánlái 분 알고 보니 | ☆ 一直 yìzhí 분 줄곧 | ★ 心情 xīnqíng 명 심정 | ★ 感谢 gǎnxiè 통 감사하다 | ☆ 自己 zìjǐ 대 자신 | ★ 感动 gǎndòng 통 감동하다 | ☆ 地 de 조 ~하게 [*부사어+地+술어] | 流 liú 통 흐르다 [*流下眼泪: 눈물을 흘리다] | 眼泪 yǎnlèi 명 눈물

발음 tip

① '不'는 본래 4성이지만 그 뒤에 오는 '去'가 4성이기 때문에 2성으로 읽어야 한다

② '所以'나 '理解'는 3성-3성으로 이루어진 단어로 2성-3성으로 소리 낸다

③ '选择'는 3성-2성인 단어로 반3성-2성으로 읽는 것이 자연스럽다

④ '为'는 2성, 4성 두 개의 음과 의미를 가진 단어로 '~을 위해'라고 쓰일 때는 4성으로 소리 낸다

12

내용 구상하기

연상 어휘 떠올리기
- 不顺利 순조롭지 않다
- 准备方案 방안을 준비하다
- 完成方案 방안을 완성하다

어휘 확장하기
- 进行得不顺利 순조롭게 진행되지 않다
- 准备活动方案 행사 방안을 준비하다
- 完成活动方案 행사 방안을 완성하다

논리적으로 구성하기
准备一个活动方案 행사 방안 하나를 준비하다
→ 然而，事情进行得并不顺利 하지만 일은 결코 순조롭게 진행되지 않는다
→ 终于完成了一套自己满意的活动方案 마침내 스스로 만족스러운 행사 방안을 완성하였다

모범 답안 ▶ track 612

最近，小李① / 在 准备 / 一个② 活动 方案，上司 说，
Zuìjìn, Xiǎo Lǐ zài zhǔnbèi yí ge huódòng fāng'àn, shàngsi shuō,

这个 方案 / 关系到 他 能否 升职，他 / 也 因此 更 重视 /
zhège fāng'àn guānxidào tā néngfǒu shēngzhí, tā yě yīncǐ gèng zhòngshì

这次 的 工作 了。然而，事情 / 进行 得 / 并 不 顺利③，他 /
zhècì de gōngzuò le. Rán'ér, shìqing jìnxíng de bìng bú shùnlì, tā

一直 想着 / 要 更 完美，越⑤ 这样 想 越⑤ 不 能 令 自己 /
yìzhí xiǎngzhe yào gèng wánměi, yuè zhèyàng xiǎng yuè bù néng lìng zìjǐ

满意，甚至 / 今天 连⑥ 午饭 都⑥ 没 吃。后来，上司 过来
mǎnyì, shènzhì jīntiān lián wǔfàn dōu méi chī. Hòulái, shàngsi guòlái

叫 他 说 / 一起 去 吃饭，并 指出了 / 小李① 的 问题。小李①
jiào tā shuō yìqǐ qù chīfàn, bìng zhǐchūle Xiǎo Lǐ de wèntí. Xiǎo Lǐ

也 明白④ 了，自己 / 把 注意力 / 都 集在 升职 这件 事 上，
yě míngbai le, zìjǐ bǎ zhùyìlì dōu jízài shēngzhí zhè jiàn shì shang,

对 他 的 工作 / 影响 很① 大，于是 / 他 / 放下 负担，重新⑤
duì tā de gōngzuò yǐngxiǎng hěn dà, yúshì tā fàngxià fùdān, chóngxīn

표현 tip

㉠ 越A越B A할수록 B하다
정도가 심화됨을 나타낸다

㉡ 连A都B A조차도 B하다
점심조차 거를 정도로 행사 방안에 대한 압박감을 가지고 있음을 설명한다

㉢ 终于A了 마침내 A하다
많은 노력이나 기다림을 거쳐, 어떤 상황이나 결과가 발생했음을 나타낸다

발음 tip

① 주인공의 이름인 '小李'와 같이 3성이 두 개 이상 이어져 있다면 맨 마지막 글자만 3성으로 읽고 나머지는 2성으로 소리 낸다

② '一'는 4성인 단어 앞에 위치할 경우, 2성이 되며, '个'는 4성

调整，　终于© 完成了© / 一 套② 自己 满意 的 / 活动　方案。
tiáozhěng, zhōngyú wánchéngle　yí tào　zìjǐ mǎnyì de huódòng fāng'àn.

[해석] 최근 샤오리는 행사 방안을 준비하고 있는데 상사가 이 방안이 그의 승진 여부와 관련됐다고 말했고, 그래서 그도 이번 업무를 더 중시했다. 하지만 일은 결코 순조롭게 진행되지 않아서, 그는 줄곧 더 완벽해야겠다고 생각했고 이렇게 생각할수록 자신을 만족시키지 못했다. 심지어 오늘은 점심조차 먹지 않았는데, 나중에 상사가 와서 그에게 함께 밥 먹으러 가자고 했고, 샤오리의 문제도 지적해 주었다. 샤오리도 자기 관심이 모두 승진이라는 일에 집중되어 있어 그의 업무에 미치는 영향이 크다는 것을 이해했다. 그리하여 그는 부담을 내려놓고 다시 수정했고, 마침내 스스로 만족스러운 행사 방안을 완성하였다.

[어휘] ☆最近 zuìjìn 명 최근 | 小李 Xiǎo Lǐ 고유 샤오리 [인명] | ★活动 huódòng 명 행사 | ★方案 fāng'àn 명 방안 | 上司 shàngsi 명 상사 | ☆关系 guānxi 동 관련되다 | 能否 néngfǒu ~할 수 있는가? | 升职 shēngzhí 동 승진하다 | ★因此 yīncǐ 접 이 때문에 | ★更 gèng 부 더 | ★重视 zhòngshì 동 중시하다 | ★然而 rán'ér 접 하지만 | ★进行 jìnxíng 동 진행하다 | 并 bìng 부 결코 [부정사 앞에 쓰여 부정의 어투 강조] | ☆顺利 shùnlì 형 순조롭다 | 一直 yìzhí 부 줄곧 | ★完美 wánměi 형 완벽하다 | ☆越 yuè 부 ~할수록 ~하다 [*越A越B: A할수록 B하다] | 这样 zhèyàng 대 이렇게 | 令 lìng 동 ~을 시키다 | ☆自己 zìjǐ 대 자신 | 满意 mǎnyì 형 만족하다 | ★连 lián 개 ~조차도 [*连A都B: A조차도 B하다] | 午饭 wǔfàn 명 점심 | 后来 hòulái 부 그 뒤에 | ★指 zhǐ 동 지적하다 | ☆明白 míngbai 형 명백하다 | ☆把 bǎ 개 ~을 [*주어+把+목적어+술어+기타성분] | 注意力 zhùyìlì 명 주의력 | 集 jí 동 모이다 | 事 shì 명 일 | ☆影响 yǐngxiǎng 명 영향 | ★于是 yúshì 접 그래서 [≒所以] | ☆放 fàng 동 놓다 [*放下负担: 부담을 내려놓다] | 负担 fùdān 명 부담 | ★重新 chóngxīn 부 다시 | ★调整 tiáozhěng 동 조정하다 | ★终于 zhōngyú 부 마침내 | ☆完成 wánchéng 동 완성하다 | ★套 tào 양 세트

이지만 양사로 쓰일 때는 경성이 된다

③ '不'는 본래 4성이지만 그 뒤에 오는 글자가 4성이면 2성으로 읽어야 한다

④ '也明白'는 3성-2성-경성인데, 3성-2성을 반3성-2성으로 읽는 것이 발음하기에도, 듣기에도 편하다

⑤ '重新'의 '重'을 [zhòng]으로 많이 알고 있지만, '다시'라는 의미로 쓰일 때는 [chóng]으로 읽어야 한다. 다음자는 많이 틀리는 부분으로 꼭 암기하자

04 | 기타

▶ 본문 p.83

13

[내용 구상하기]

연상 어휘 떠올리기	• 打电话 전화를 걸다
	• 出故障 고장이 나다
	• 处理问题 문제를 해결하다

어휘 확장하기	• 给保险公司打电话 보험 회사에 전화를 걸다
	• 竟然出故障 뜻밖에 고장이 나다
	• 处理保险问题 보험 문제를 해결하다

논리적으로 구성하기	开到一半车竟然出了故障 절반 정도 운전했을 때 뜻밖에 고장이 났다
	→ 她突然想起来要给保险公司打电话
	그녀는 문득 보험 회사에 전화를 걸어야겠다는 생각이 들었다
	→ 在和保险公司的人处理完新车的保险问题 보험 회사 사람과 새 차 보험 문제를 해결했다

[모범 답안] ▶ track 613

　小美① / 上 个 月 刚 买了 / 一 辆② 新 车，今天 / 是© 她
Xiǎo Měi shàng ge yuè gāng mǎile　yí liàng xīn chē, jīntiān shì tā

回 故乡 的 日子©，她 / 当然　是 开着她的新车 / 回家 啦。
huí gùxiāng de rìzi,　tā dāngrán shì kāizhe tā de xīn chē huíjiā la.

[표현 tip]

© 今天是A的日子 오늘은 A 하는 날이다

앞에서도 많이 나온 패턴으로 반드시 암기하자

可是 / 她 / 怎么 也 没③ 想到ⓛ，开到 一 半② / 车 竟然 / 出了
Kěshì tā zěnme yě méi xiǎngdào, kāidào yí bàn chē jìngrán chūle

故障，一 时间④ 不 知道 / 该 怎么 办。后来，她 / 突然
gùzhàng, yì shíjiān bù zhīdào gāi zěnme bàn. Hòulái, tā tūrán

想起来① / 要 给ⓒ 保险① 公司 / 打电话ⓒ。在 和 保险① 公司
xiǎngqǐlai yào gěi bǎoxiǎn gōngsī dǎdiànhuà. Zài hé bǎoxiǎn gōngsī

的 人 / 处理完⑤ 新 车 的 / 保险① 问题 后，她 / 叫了 一 辆②
de rén chǔlǐwán xīn chē de bǎoxiǎn wèntí hòu, tā jiàole yí liàng

出租车 / 离开 了。到 父母 家 后，她 / 就 给 家人 / 讲了 今天 的
chūzūchē líkāi le. Dào fùmǔ jiā hòu, tā jiù gěi jiārén jiǎngle jīntiān de

经历，他们 都 觉得 / 只要ⓔ 没有 受伤 就ⓔ 好，小美①
jīnglì, tāmen dōu juéde zhǐyào méiyǒu shòushāng jiù hǎo, Xiǎo Měi

也 说 / 有了 这次 的 经历，以后 再 遇到 / 类似 的 问题 / 一定
yě shuō yǒule zhècì de jīnglì, yǐhòu zài yùdào lèisì de wèntí yídìng

不会⑥ 再 慌张 了。
bú huì zài huāngzhāng le.

해석 샤오메이는 지난달에 새 차를 샀다. 오늘은 그녀가 고향에 돌아가는 날인데, 그녀는 당연히 새 차를 몰고 집으로 돌아갔다. 그런데 전혀 생각지도 못하게, (길의) 절반 정도 운전했을 때 뜻밖에 고장이 났고, 순간 그녀는 어떻게 처리해야 할 지를 몰랐다. 그 뒤, 그녀는 문득 보험 회사에 전화를 걸어야겠다는 생각이 들었다. 보험 회사 사람과 새 차 보험 문제를 해결한 뒤, 그녀는 택시를 불러 떠났다. 부모님 댁에 도착한 후 그녀는 가족들에게 오늘 겪은 일을 이야기해 주었는데, 그들은 모두 다치지 않았으면 된 것이라고 생각했고, 샤오메이 역시 이번 경험이 있었기에 앞으로 이런 문제를 만나면 절대 당황하지 않을 것이라고 말했다.

어휘 小美 Xiǎo Měi 고유 샤오메이 [인명] | ★ 刚 gāng 부 지금 | ☆ 辆 liàng 양 대 | 故乡 gùxiāng 명 고향 | ★ 日子 rìzi 명 날 | ☆ 当然 dāngrán 부 당연히 | 回家 huíjiā 집으로 돌아가다 | 啦 la 조 동작이나 행위가 이미 완료되었을 때 바뀌지 않은 지속의 느낌을 나타냄 | ★ 竟然 jìngrán 부 뜻밖에도 | 故障 gùzhàng 명 고장 [*出故障: 고장이 나다] | 该 gāi 조동 ~해야 한다 | 办 bàn 처리하다 | ☆ 后来 hòulái 그 뒤에 | ★ 突然 tūrán 부 갑자기 | ☆ 起来 qǐlai 동 (동사 뒤에 쓰여) 어떤 동작이 완성되거나 일정한 목적이 달성됨을 나타냄 | ★ 保险 bǎoxiǎn 명 보험 | ★ 处理 chǔlǐ 동 해결하다 | ☆ 离开 líkāi 동 떠나다 | 讲 jiǎng 동 말하다 | ★ 经历 jīnglì 명 경험 | ★ 只要 zhǐyào 접 ~하기만 하면 [*只要A, 就B: A하기만 하면, B 하다] | ★ 受伤 shòushāng 동 다치다 | 以后 yǐhòu 명 이후 | ☆ 遇到 yùdào 동 마주치다 [*遇到问题: 문제를 만나다] | 类似 lèisì 형 비슷하다 | ☆ 一定 yídìng 부 반드시 | ★ 慌张 huāngzhāng 형 당황하다

ⓛ 没想到 생각지도 못하게
생각지 못했던 뜻밖의 일이 벌어졌음을 나타낼 때 사용하며, 뒤의 부사인 '竟然(뜻밖에도)'과 함께 자주 쓰인다

ⓒ 给A打电话 A에게 전화를 걸다
개사구 고정격식을 활용하여 그림의 상황을 그대로 묘사한다.

ⓔ 只要A就B A하기만 하면 B 하다
A라는 충분조건만 충족되면 B하다라는 것을 나타낸다

발음 tip

① 3성이 두 개 이상 이어지면 맨 마지막 글자만 3성으로 읽고 앞의 글자는 모두 2성으로 소리 낸다

② '一'는 4성인 단어 앞에 위치하면 2성이 된다

③ '也没'의 성조는 3성-2성으로 반3성-2성으로 읽도록 한다

④ 2성으로 시작하는 단어 앞에 있는 '一'는 4성이 된다

⑤ '处理完'은 동사술어와 결과보어의 조합으로 2성-반3성-2성으로 읽으면 자연스럽다

⑥ '不' 뒤의 글자인 '숲'가 4성이기 때문에 '不'는 2성으로 바뀐다

14

내용 구상하기

연상 어휘 • 悄悄地说 조용히 말하다
떠올리기 • 秘密 비밀

어휘 • 在我耳边悄悄地说 나의 귓가에 조용히 말하다
확장하기 • 告诉我秘密 내게 비밀을 알려 주다

논리적으로 他要告诉我一个秘密 그는 내게 비밀을 하나 알려 주겠다고 했다
구성하기 → 于是在我耳边悄悄地说 그래서 나의 귓가에 조용히 말했다

今天 / 我 / 像　往常⑦① 一样 / 去了　男朋友　家 / 吃饭。
Jīntiān　wǒ　xiàng　wǎngcháng yíyàng　qùle nánpéngyou jiā　chīfàn.

没　想到，我 / 刚 到 他家，男朋友　的弟弟 / 就 拉 我 / 进了
Méi xiǎngdào, wǒ gāngdào tā jiā, nánpéngyou de dìdi jiù lā wǒ jìnle

厨房，说 他 要 告诉ⓛ 我 一个② 秘密，于是 / 在 我 耳边③
chúfáng, shuō tā yào gàosu wǒ yí ge mìmì, yúshì zài wǒ ěrbiān

悄悄 地 / 说，男朋友　打算ⓒ① / 向 我 求婚。我 / 又ⓔ
qiāoqiāo de shuō, nánpéngyou dǎsuàn xiàng wǒ qiúhūn. Wǒ yòu

吃惊 / 又ⓔ 兴奋，可 / 我 今天 没有 特别地 / 打扮① 自己。这
chījīng yòu xīngfèn, kě wǒ jīntiān méiyǒu tèbié de dǎban zìjǐ. Zhè

时候，弟弟 / 告诉我 / 不用　担心，因为 / 他 为 我 / 准备了①
shíhou, dìdi gàosu wǒ búyòng dānxīn, yīnwèi tā wèi wǒ zhǔnbèile

一套② 漂亮　的 衣服，还 说 会 为④ 我们 / 拍 很 多 照片，
yí tào piàoliang de yīfu, hái shuō huì wèi wǒmen pāi hěn duō zhàopiàn,

我 / 非常　感动①。晚上，男朋友 / 在 全 家人　面前 /
Wǒ fēicháng gǎndòng. Wǎnshang, nánpéngyou zài quán jiārén miànqián

向 我 / 求了 婚，我们 / 也 得到了① 大家 的 祝福。今天 / 是
xiàng wǒ qiúle hūn, wǒmen yě dédàole dàjiā de zhùfú. Jīntiān shì

我 一生 中 / 最 难忘 的 一天⑤。
wǒ yìshēng zhōng zuì nánwàng de yì tiān.

해석 오늘 나는 평소와 같이 남자 친구 집에 가서 밥을 먹었다. 생각지도 못하게 내가 막 그의 집에 도착했을 때, 남자 친구의 남동생이 나를 주방으로 끌고 들어가 비밀을 하나 알려 주겠다고 말하며, 내 귓가에 남자 친구가 내게 청혼을 할 계획이라고 조용히 말했다. 나는 놀라기도 하고 또 흥분했지만, 나는 오늘 특별히 꾸미지 않았다. 이때 남동생은 내게 그가 나를 위해 예쁜 옷 한 벌을 준비했기 때문에 걱정할 필요가 없다고 알려 주었다. 또 우리를 위해 사진을 많이 찍어주겠다고 말해서 나는 굉장히 감동받았다. 저녁때 남자 친구가 온 가족 앞에서 나에게 청혼을 했고, 우리도 모두의 축복을 받았다. 오늘은 내 생애 가장 잊을 수 없는 날이다.

어휘 ☆像 xiàng 🖣 ~와 같이 [*像A一样: A와 같다] | 往常 wǎngcháng 🖲 평소 | ☆一样 yíyàng 🖻 같다 | ☆刚 gāng 🖣 막 | ★拉 lā 🖻 끌다 | 厨房 chúfáng 🖲 주방 | 秘密 mìmì 🖲 비밀 | ★于是 yúshì 🖫 그래서 | 耳边 ěrbiān 🖲 귓가 | ★悄悄 qiāoqiāo 🖻 조용한 모양 | ☆地 de 🖾 ~히 [*부사어+地+술어] | ★打算 dǎsuàn 🖻 계획하다 | 求婚 qiúhūn 🖻 청혼하다 | ★又 yòu 🖣 또 | ★吃惊 chījīng 🖻 놀라다 | ★兴奋 xīngfèn 🖻 흥분하다 | ☆特别 tèbié 🖣 특별히 | ★打扮 dǎban 🖻 꾸미다 | ☆自己 zìjǐ 🖾 자기 | ☆担心 dānxīn 🖻 걱정하다 | ★套 tào 🖾 세트 | ★拍 pāi 🖻 찍다 [*拍照片: 사진을 찍다] | ☆照片 zhàopiàn 🖲 사진 | ★感动 gǎndòng 🖻 감동하다 | 全 quán 🖻 온 | 家人 jiārén 🖲 가족 | 面前 miànqián 🖲 눈 앞 | ☆向 xiàng 🖫 ~에게 [*向A求婚: A에게 청혼하다] | 得到 dédào 🖻 받다 [*得到祝福: 축복을 받다] | 祝福 zhùfú 🖲 축복 | ★难忘 nánwàng 🖻 잊을 수 없다

⑦ 往常 평소
조금 더 익숙한 말인 '平时'라고 쓸 수도 있다

ⓛ 告诉A(대상)B(내용) A에게 B를 알리다
A에는 사람, B에는 알릴 내용이 들어간다

ⓒ 打算A A할 예정이다
'打算'은 문장을 목적어로 가질 수 있는 동사로, 뒤에 계획하는 내용이 들어간다

ⓔ 又A又B A하고 B하다
'A하고 B하다'라는 뜻으로 동시 상황을 나타내며, 주인공의 비밀을 듣고 난 후의 감정을 나타낸다

① '往常'과 같이 3성-1·2·4· 경성으로 이어지는 부분은 반3성-1·2·4·경성으로 소리 낸다

② '一'는 4성인 단어 앞에 위치하면 2성이 되며, 특히 '一个'는 굉장히 많이 쓰는 표현이니 꼭 외우도록 하자 ('个'는 원래 4성이지만 양사로 쓰일 때는 경성이 된다)

③ 3성이 두 개 이상 이어지면 맨 마지막 글자만 3성으로 읽고 앞의 글자는 모두 2성으로 발음한다

④ '为'는 다의어로 여기서는 '~을 위해'라고 쓰여서 4성으로 소리 내야 한다

⑤ '一'는 1성인 단어 '天' 앞에서는 4성으로 발음한다

01 일상

본문 p.91

Qǐng shuōshuo nǐ yìbān shì zěnyàng guò shēngrì de.

1 请 说说 你 一般 是 怎样 过 生日 的。

당신은 보통 생일을 어떻게 보내는지 말해 보세요.

내용 구상하기

도입	어릴 적 생일 기념에 대한 생각으로 말을 시작한다.	小时候的我认为生日时一定要有很贵的礼物、漂亮的蛋糕、生日派对什么的。
전개	'然而'을 통해 첫 마디와 상반되는 말을 이어 나간다.	然而，长大以后，我越来越觉得生日只是一年365天中的一天而已。除了生日的其他日子也都同样重要。所以这几年的生日，我不会在外面玩到很晚，而是早早地回到家和父母一起吃顿饭。
마무리	가족과 함께 생일을 보내는 것의 소중함을 이야기하며 마무리한다.	因为我们平时都各忙各的，我觉得生日时和家人聚在一起吃吃饭、聊聊天不仅加深了我们的感情，也能让忙碌的彼此感受到家的温暖。

모범 답안 ▶ ◉ track 701

小时候① 的 我 认为③② / 生日② 时② / 一定 要 有 / 很 贵①
Xiǎoshíhou de wǒ rènwéi shēngrì shí yídìng yào yǒu hěn guì

的 礼物①、漂亮 的 蛋糕、生日② 派对 什么② 的。然而②，
de lǐwù、 piàoliang de dàngāo、shēngrì pàiduì shénme de. Rán'ér,

长大① 以后①，我 越来越 觉得 / 生日② / 只②是 一 年③ 365 天
zhǎngdà yǐhòu, wǒ yuèláiyuè juéde shēngrì zhǐ shì yì nián 365 tiān

中 的 / 一 天③ 而已ⓛ。除了 / 生日② 的 其他 日子② / 也 都①
zhōng de yì tiān éryǐ. Chúle shēngrì de qítā rìzi yě dōu

同样 重要。所以④ / 这 几 年① 的 生日②，我 / 不 会⑤ 在
tóngyàng zhòngyào. Suǒyǐ zhè jǐ nián de shēngrì, wǒ bú huì zài

外面 / 玩到 很 晚④，而是 早早④ 地 / 回到 家 / 和 父母 /
wàimian wándào hěn wǎn, érshì zǎozǎo de huídào jiā hé fùmǔ

一起 吃 顿 饭。因为 / 我们 / 平时 都 各 忙 各 的，我 觉得ⓒ /
yìqǐ chī dùn fàn. Yīnwèi wǒmen píngshí dōu gè máng gè de, wǒ juéde

生日② 时 / 和 家人 / 聚在 一起 / 吃吃⑥ 饭、聊聊 天 / 不仅ⓔ
shēngrì shí hé jiārén jùzài yìqǐ chīchi fàn、liáoliáo tiān bùjǐn

표현 tip

㉠ 我认为 나는 ~라고 생각한다

이야기의 첫 문장이나 마지막 문장으로 쓸 수 있는 표현으로 화자의 생각을 나타낸다

ⓛ 而已 ~일 뿐이다

어기조사로 '只', '仅仅' 등과 호응하기도 한다. '而已'를 생략해도 틀리지는 않지만, 활용하면 좋은 표현이다

ⓒ 我觉得 나는 ~라고 생각한다

'我认为'처럼 이야기의 처음이나 마지막에 쓸 수 있는 표현으로 화자의 생각을 나타낸다

ⓔ 不仅A，也B A할 뿐만 아니라 B도 하다

생일에 가족과 함께 하는 시간이 어떠한지 점층을 나타내는 접속사로 표현한다

加深了 我们 的 感情①，也⑤ 能① 让② 忙碌 的 彼此④ / 感受①
jiāshēnle wǒmen de gǎnqíng, yě néng ràng mánglù de bǐcǐ gǎnshòu

到 家 的 温暖。
dào jiā de wēnnuǎn.

해석 어릴 적 저는 생일에 비싼 선물, 예쁜 케이크, 생일 파티 같은 게 꼭 있어야 한다고 생각했습니다. 하지만 자라면서 저는 점점 생일이 365일 중 하루일 뿐이라는 생각이 들게 되었습니다. 생일을 제외한 다른 날도 다 중요하긴 마찬가지입니다. 그래서 요 몇 년 생일에는 밖에서 늦게까지 놀지 않고 일찍 집에 와서 부모님과 함께 식사 한 끼를 하곤 했습니다. 우리는 평소에 각자 바쁘기 때문에, 생일에 가족들과 함께 모여 식사를 하고 이야기도 나누면 우리의 정이 깊어질 뿐만 아니라, 바쁜 서로에게 집안의 따뜻함을 느끼게 할 수 있다고 생각합니다.

어휘 ☆一般 yìbān 형 보통이다 | ☆认为 rènwéi 동 ~라고 생각하다 | ☆一定 yídìng 부 꼭 | ☆礼物 lǐwù 명 선물 | 蛋糕 dàngāo 명 케이크 | 派对 pàiduì 명 파티 | ★然而 rán'ér 접 하지만 | 长大 zhǎngdà 동 자라다 | 以后 yǐhòu 명 이후 | 越来越 yuèláiyuè 부 점점 | 而已 éryǐ 조 ~일 뿐이다 | ★除了 chúle 개 ~외에도 [*除了A也B: A를 제외하고 또 B하다] | ★其他 qítā 대 기타 | 日子 rìzi 명 날 | 同样 tóngyàng 접 (앞에서 말한 바와) 마찬가지로 | ★重要 zhòngyào 형 중요하다 | 父母 fùmǔ 명 부모 | ★顿 dùn 양 끼[식사·질책·권고 등을 세는 단위] | 平时 píngshí 명 평소 | 家人 jiārén 명 가족 | 聚居 jù 동 모이다 | 聊天 liáotiān 동 이야기하다 | ★不仅 bùjǐn 접 ~뿐만 아니라 | 加深 jiāshēn 깊어지다 | ★感情 gǎnqíng 명 정 | 忙碌 mánglù 형 바쁘다 | 彼此 bǐcǐ 대 서로 | ★感受 gǎnshòu 동 느끼다 | ★温暖 wēnnuǎn 형 따뜻하다

Qǐng shuō yí xiàng nǐ xǐhuan de tǐyù yùndòng.
2 请 说 一 项 你 喜欢 的 体育 运动。
당신이 좋아하는 체육 운동에 대해 말해 보세요.

내용 구상하기

도입	질문에 대해 야구를 좋아한다고 바로 답변한다.	在众多的体育运动中，我最喜欢的就是棒球。
전개	'据我所知'를 써서 다른 사람들과 마찬가지로 자신도 야구를 좋아한다고 밝힌다.	据我所知，在韩国，无论哪个年龄层，都会有喜欢棒球的人，我也是其中之一。
마무리	'首先', '其次', '最后'를 써서 야구를 좋아하는 여러 이유를 설명한다.	首先，韩国棒球比赛的次数比较多，跟其他比赛相比，人们可以更容易地买到票去现场观看比赛。其次，我非常喜欢在现场为球员们加油的感觉。最后，在棒球场看比赛时，我们可以点啤酒、披萨、炸鸡等好吃的东西。一边吃一边看比赛也是一件非常有意思的事。

모범 답안 ● track 702

在① 众多 的 / 体育① 运动 中⑤，我 最 喜欢① 的 / 就是
Zài zhòngduō de tǐyù yùndòng zhōng, wǒ zuì xǐhuan de jiùshì

棒球。据我所知②，在 韩国③，无论 哪个 年龄 层，都会 有
bàngqiú. Jùwǒsuǒzhī, zài Hánguó, wúlùn nǎge niánlíng céng, dōu huì yǒu

喜欢④ / 棒球 的 人，我 也④ 是⑤ / 其中 之一⑥。首先⑥，韩国③
xǐhuan bàngqiú de rén, wǒ yě shì qízhōng zhīyī. Shǒuxiān Hánguó

棒球 比赛① 的 次数 / 比较① 多，跟⑤ 其他 比赛① 相比⑤，人们 /
bàngqiú bǐsài de cìshù bǐjiào duō, gēn qítā bǐsài xiāngbǐ, rénmen

可以④ 更 容易 地 / 买到① 票 / 去 现场 / 观看 比赛。其次ⓒ，
kěyǐ gèng róngyì de mǎidào piào qù xiànchǎng guānkàn bǐsài. Qícì,

我 / 非常 喜欢 / 在 现场 / 为⑤ 球员们 / 加油 的 感觉①。
wǒ fēicháng xǐhuan zài xiànchǎng wèi qiúyuánmen jiāyóu de gǎnjué.

最后ⓒ，在 棒球场 / 看 比赛① 时，我们 / 可以 点⑥ 啤酒、
Zuìhòu, zài bàngqiúchǎng kàn bǐsài shí, wǒmen kěyǐ diǎn píjiǔ,

披萨、炸鸡 等 / 好吃① 的 东西。一边 吃 / 一边 看 比赛① / 也 是
pīsà, zhájī děng hǎochī de dōngxi. Yìbiān chī yìbiān kàn bǐsài yě shì

一 件⑦ / 非常 有意思① 的 事。
yí jiàn fēicháng yǒuyìsi de shì.

해석 매우 많은 스포츠 중 제가 가장 좋아하는 것은 야구입니다. 제가 알기론 한국에는 어느 연령층이든 야구를 좋아하는 사람이 있는데, 저도 그중 하나입니다. 우선 한국의 야구 경기 횟수가 비교적 많아서, 다른 경기에 비해 사람들이 더 쉽게 티켓을 사서 현장에서 경기를 관람할 수 있습니다. 두 번째로 저는 현장에서 선수들을 위해 응원하는 느낌을 매우 좋아합니다. 마지막으로 야구장에서 경기를 볼 때 저희는 맥주, 피자, 치킨 등 맛있는 음식을 주문할 수 있습니다. 먹으면서 경기를 보는 것도 아주 재미있는 일입니다.

어휘 ★项 xiàng 양 항목 | ☆体育 tǐyù 명 체육 | 众多 zhòngduō 형 매우 많다 | 棒球 bàngqiú 명 야구 | 据我所知 jùwǒsuǒzhī 내가 알기로는 | 韩国 Hánguó 고유 한국 | 无论 wúlùn 접 ~에 관계없이 [*无论A都B: A를 막론하고 모두 B하다] | 年龄层 niánlíng céng 연령층 | 其中 qízhōng 대 그중에 | 之一 zhīyī 명 ~중의 하나 | ★首先 shǒuxiān 부 우선 [*首先A, 其次B: 우선 A하고, 다음은 B하다] | 比赛 bǐsài 명 경기 | 次数 cìshù 명 횟수 | 比较 bǐjiào 부 비교적 | 跟 gēn 개 ~와/과 | ☆其他 qítā 대 기타 | 相比 xiāngbǐ 동 비교하다 [*跟A相比: A와 비교하다] | 更 gèng 부 더 | ☆容易 róngyì 형 쉽다 | 地 de 조 ~하게 [*부사어+地+술어] | 现场 xiànchǎng 명 현장 | 观看 guānkàn 동 보다 | ★其次 qícì 명 다음 | 球员 qiúyuán 명 구기 운동 선수 | 加油 jiāyóu 동 응원하다 [*为A加油: A를 위해 응원하다] | ☆感觉 gǎnjué 명 느낌 | ★最后 zuìhòu 형 맨 마지막의 | 啤酒 píjiǔ 명 맥주 | 披萨 pīsà 명 피자 | 炸鸡 zhájī 명 닭튀김 | ★等 děng 조 등 | ☆一边 yìbiān 접 한편으로 ~하면서 (~하다) [*一边A一边B: A하면서 B하다] | 有意思 yǒu yìsi 재미있다 | 事 shì 명 일

나열을 나타내는 표현으로 야구를 좋아하는 이유를 설명한다

ⓓ 跟A相比 A와 비교하면
다른 운동 경기와 비교했을 때 야구의 장점을 설명하기 위해 비교를 나타내는 고정격식 표현을 활용할 수 있다

발음 tip

① 3성-1·2·4·경성인 부분을 읽을 때는 3성을 반3성으로 읽는 것이 자연스럽다

② '据我所知'는 '내가 알기로는'이라는 관용 표현으로 발음과 성조를 모두 기억해 두어야 한다

③ '韩国'의 '韩'은 4성이 아닌 2성임을 꼭 기억하자

④ 3성이 2개 연속된 단어나 구는 2성-3성으로 읽는다

⑤ '为'는 두 가지 성조가 있는데 '为A加油(A를 위해 응원하다)'로 쓰일 때는 4성으로 소리 낸다

⑥ '可以点'은 3성이 3개 연속되기 때문에 앞의 두 글자 '可以'는 2성으로 소리 낸다

⑦ '一'는 4성의 글자 앞에서 2성으로 소리 낸다

Qǐng shuō yí cì ràng nǐ nánwàng de lǚxíng jīnglì.
3 请 说 一次 让 你 难忘 的 旅行 经历。
잊을 수 없는 여행 경험에 대해 말해 보세요.

내용 구상하기

도입	질문에 대해 졸업 여행이라고 답변한다.	我的旅行经历其实并不多，但在几次有限的旅行中，让我最难忘的就是大学毕业后的那次毕业旅行。
전개	졸업 여행이 왜 의미 있었는지 이유를 설명한다.	虽然那次我只是去了济州岛，但是对我来说那次旅行非常有意义。因为那次旅行的费用都是我自己打工赚的，所以和花父母的钱去旅行的感觉很不一样。
마무리	여행을 통해 깨달은 점을 소개한다.	通过那次的旅行经历，我也意识到了"一番耕耘一番收获"这句话的道理。

모범 답안 ● track 703

我 的 旅行① 经历 / 其实 并⑦ 不 多，但 / 在ⓛ 几 次② 有限
Wǒ de lǚxíng jīnglì qíshí bìng bù duō, dàn zài jǐ cì yǒuxiàn

표현 tip

⑦ 并 결코
'不'와 같은 부정사 앞에 쓰여 부정의 어투를 강조한다

的 / 旅行① 中ⓛ，让 我 / 最 难忘 的就是 / 大学 毕业 后 的 /
de lǚxíng zhōng, ràng wǒ zuì nánwàng de jiùshì dàxué bìyè hòu de

那次 毕业 旅行①。虽然 / 那次 我 / 只是 去了 / 济州岛，但是 /
nà cì bìyè lǚxíng. Suīrán nà cì wǒ zhǐshì qùle Jìzhōudǎo, dànshì

对ⓒ 我 来说ⓒ③ / 那次 旅行① 非常 有 意义。因为 / 那次
duì wǒ láishuō nà cì lǚxíng fēicháng yǒu yìyì. Yīnwèi nà cì

旅行① 的 费用 / 都 是 我 自己 打工④ / 赚 的，所以⑤ / 和 花
lǚxíng de fèiyòng dōu shì wǒ zìjǐ dǎgōng zhuàn de, suǒyǐ hé huā

父母 的 钱 / 去 旅行① 的 感觉③ / 很 不 一样。通过ⓔ 那次 的
fùmǔ de qián qù lǚxíng de gǎnjué hěn bù yíyàng. Tōngguò nà cì de

旅行① 经历，我 也⑤ 意识 到了 / "一 番⑥ 耕耘 / 一 番⑥ 收获"
lǚxíng jīnglì, wǒ yě yìshí dàole "yì fān gēngyún yì fān shōuhuò"

这 句 话 的 道理。
zhè jù huà de dàolǐ.

해석 저는 여행 경험이 사실 그다지 많지는 않지만, 몇 번의 많지 않은 여행 중 가장 기억에 남는 것은 바로 대학을 졸업한 후의 졸업 여행입니다. 비록 그저 제주도에 갔을 뿐이었지만, 저에게 그 여행은 매우 의미 있었습니다. 그 여행의 비용은 모두 제 스스로 아르바이트로 번 돈이었기 때문에, 부모님의 돈을 써서 여행을 가는 것과는 다른 느낌이었습니다. 그 여행 경험을 통해 저는 '열심히 노력하면 노력한 만큼 수확을 얻는다'는 이 한마디 말의 이치를 깨닫게 되었습니다.

어휘 难忘 nánwàng 통 잊을 수 없다 | ★旅行 lǚxíng 명 여행 | ★经历 jīnglì 명 경험 | ☆其实 qíshí 부 사실 | 并 bìng 부 그다지 [부정사 앞에 쓰여 부정의 어투 강조] | 有限 yǒuxiàn 형 수량이 적다 | 大学 dàxué 명 대학 | ★毕业 bìyè 통 졸업하다 | 只是 zhǐshì 부 그저 | 国家 guójiā 명 나라 | 济州岛 Jìzhōudǎo 고유 제주도 | 来说 láishuō ~으로 말하자면 [*对A来说: A에게 있어서] | ★意义 yìyì 명 의미 | 费用 fèiyòng 명 비용 | ★自己 zìjǐ 대 스스로 | ★打工 dǎgōng 아르바이트하다 | ★赚 zhuàn 통 (돈을) 벌다 | ☆花 huā 통 (돈이나 시간) 쓰다 | ★感觉 gǎnjué 명 느낌 | ☆一样 yíyàng 형 똑같다 | ★通过 tōngguò 개 ~을 통해 | 意识 yìshí 통 깨닫다 | 番 fān 양 회 | 耕耘 gēngyún 통 정신과 노력을 기울이다 | ★收获 shōuhuò 통 수확하다 | 句 jù 양 마디 [말이나 글을 세는 단위] | ★道理 dàolǐ 명 이치

ⓛ 在A中 A중에
'生活', '过程' 등과 함께 쓰이며, 과정이나 범위를 나타낸다

ⓒ 对A来说 A에게 있어서
나의 입장에서 여행이 어떠했는지 설명한다

ⓔ 通过 ~을 통해
어떤 동작이나 행위를 이끌어 내기 위한 수단을 강조할 때 사용한다

발음 tip

① '旅行'은 발음이 까다로운 어휘로, '旅'는 입술을 동그랗게 오므린 채로 [이]와 [위] 중간 소리를 내며, 성조는 반3성-2성으로 하는 것에 주의하자

② '次'는 [cì]라고 발음하며, 권설음 [chi]와 구분해야 한다

③ '对我来说'는 한 호흡에 매끄럽게 읽는데, 이 때 '我来'를 반3성-2성으로 읽으면 더 자연스럽다. '感觉'도 3성-2성이기 때문에 반3성-2성으로 소리 낸다

④ '自己'를 기준으로 끊어 읽으면 '己'의 3성 성조를 살리고, '自己打工'을 한 번에 읽고자 한다면 4성-2성-반3성-1성으로 발음한다

⑤ '所以'와 '我也'는 반드시 2성-3성으로 발음한다

⑥ '一'의 원래 성조는 1성이지만 '番'이 1성이기 때문에 4성으로 발음한다

Qǐng shuō yíxià nǐ píngshí de zuòxī ānpái shì zěnyàng de.

4 请 说 一下 你 平时 的 作息 安排 是 怎样 的。

평소의 일과를 어떻게 분배하는지 말해 보세요.

내용 구상하기

도입	자신이 원래 어떤 사람이었는지 설명한다.	我本来是一个作息规律的人，一日三餐按时吃饭，晚饭后会去健身房运动，但是自从大学毕业以后，我原本的作息时间就被打乱了。
전개	현재는 앞 내용과 상반되는 생활을 하는 이유를 밝힌다.	因为要找工作，所以最近几个月我每天上午都会去补习班学汉语，下课后马上去咖啡厅打工，几乎没有吃午饭的时间。打工结束后，立刻回家吃晚饭。晚上十点左右开始，准备简历和复习上午学过的内容。

| 마무리 | '我希望'을 써서 자신이 희망하는 일을 말하며 마무리한다. | 这段时间虽然很累，但我希望自己的努力不会白费。 |

我 本来① / 是 一 个② 作息 规律③ 的 人，一日三餐①④ /
Wǒ běnlái shì yí ge zuòxī guīlǜ de rén, yírìsāncān

按时 吃饭，晚饭 后 / 会 去 健身房 / 运动，但是 / 自从ⓛ
ànshí chīfàn wǎnfàn hòu huì qù jiànshēnfáng yùndòng, dànshì zìcóng

大学 毕业 以后ⓛ，我 原本⑤ 的 / 作息 时间 就 / 被 打乱 了。
dàxué bìyè yǐhòu, wǒ yuánběn de zuòxī shíjiān jiù bèi dǎluàn le.

因为 / 要 找 工作，所以⑥ / 最近 几 个 月 / 我 每天① 上午 /
Yīnwèi yào zhǎo gōngzuò, suǒyǐ zuìjìn jǐ ge yuè wǒ měitiān shàngwǔ

都 会 去 补习班⑤ / 学 汉语，下课 后 / 马上 去 咖啡厅 /
dōu huì qù bǔxíbān xué Hànyǔ, xiàkè hòu mǎshàng qù kāfēitīng

打工，几乎 没有 / 吃 午饭 的 时间。打工 结束 后ⓒ，立刻ⓔ
dǎgōng, jīhū méiyǒu chī wǔfàn de shíjiān. Dǎgōng jiéshù hòu, lìkè

回家 / 吃 晚饭。 晚上 十 点 左右 开始，准备 简历 / 和
huíjiā chī wǎnfàn. Wǎnshàng shí diǎn zuǒyòu kāishǐ, zhǔnbèi jiǎnlì hé

复习 上午 学过 的 内容。这 段 时间 / 虽然 很 累，但 /
fùxí shàngwǔ xuéguo de nèiróng. Zhè duàn shíjiān suīrán hěn lèi, dàn

我 希望 / 自己 的 努力 / 不 会⑦ 白费。
wǒ xīwàng zìjǐ de nǔlì bú huì báifèi.

해석 저는 원래 일과를 규칙적으로 보내는 사람입니다. 삼시 세 끼를 제때 먹고, 저녁을 먹은 후엔 헬스장에 가서 운동을 했습니다. 하지만 대학교를 졸업한 이후 저의 원래 일과 시간이 깨졌습니다. 취업 준비 때문에 최근 몇 개월 동안 저는 매일 오전엔 학원에서 중국어를 공부하고, 수업이 끝나면 바로 카페에 가서 아르바이트를 해서 점심 먹을 시간이 거의 없습니다. 아르바이트가 끝난 후엔 바로 집에 돌아가 저녁밥을 먹습니다. 밤 10시쯤부터는 이력서를 준비하고 오전에 공부한 내용을 복습합니다. 이 시간이 비록 힘은 들지만, 저 스스로의 노력이 헛된 것이 아니길 바랍니다.

어휘 ★平时 píngshí 閔 평소 | 作息 zuòxī 图 일하고 휴식하다 | ★安排 ānpái 图 (일·계획 등을) 세우다 | 怎样 zěnyàng 때 어떻게 | ★本来 běnlái 閔 원래 | ★规律 guīlǜ 閔 규칙적이다 | 一日三餐 yírìsāncān 하루 세 끼 | ★按时 ànshí 閔 제때에 | 晚饭 wǎnfàn 閔 저녁밥 | 健身房 jiànshēnfáng 閔 헬스장 | ★自从 zìcóng 깨 ~한 후 | 大学 dàxué 閔 대학 | ★毕业 bìyè 图 졸업하다 | 原本 yuánběn 閔 원래 | ☆被 bèi 깨 ~에게 ~를 당하다 [*주어+被+(목적어)+술어+기타성분] | 打乱 dǎluàn 图 망치다 | ☆最近 zuìjìn 閔 최근 | 每天 měitiān 閔 매일 | 上午 shàngwǔ 閔 오전 | 补习班 bǔxíbān 閔 학원 | 下课 xiàkè 图 수업이 끝나다 | 咖啡厅 kāfēitīng 閔 카페 | ★打工 dǎgōng 图 아르바이트하다 | ☆几乎 jīhū 閔 거의 | 午饭 wǔfàn 閔 점심밥 | ★结束 jiéshù 图 끝나다 | ★立刻 lìkè 閔 바로 | 回家 huíjiā 집으로 돌아가다 | ★左右 zuǒyòu 閔 쯤 | ★简历 jiǎnlì 閔 이력서 | ☆复习 fùxí 图 복습하다 | ★内容 nèiróng 閔 내용 | ☆段 duàn 양 동안 [시간·공간의 일정한 거리를 나타낼 때 쓰임] | ★自己 zìjǐ 때 스스로 | ☆努力 nǔlì 閔 노력 | 白费 báifèi 图 헛되이 낭비하다

⊙ 一日三餐 하루 세 끼
관용 표현으로 글자의 의미를 따져 보면 '1일에 3번의 식사'를 가리킨다

ⓛ 自从A以后 A 이후
A라는 시점 이후를 말한다

ⓒ A结束后 A가 끝난 후
A에는 동작을 나타내는 말이 들어간다

ⓔ 立刻 바로
HSK 5급 필수 어휘로, 더 쉬운 말로는 '马上'이 있다

① '我本来(3성-3성-2성)'와 '我每天(3성-3성-1성)'은 두 단어의 조합이지만 한 번에 읽는 것이 자연스러우며, 각각 2성-반3성-2성, 2성-반3성-1성으로 소리 내면 유창하게 들린다

② '一个'에서 '个'는 양사로 쓰여서 경성이지만, '一'는 '个'의 원래 성조인 4성의 영향으로 2성으로 소리 낸다

③ '规律'에서 '律[lǜ]'의 [ǜ]는 입술을 동그랗게 오므린 채로 [이]와 [위] 중간 소리를 낸다

④ '一日三餐'에서 '一'는 '日'의 영향으로 2성이 되며, '日'는 권설음으로 혀를 말아 올린 상태에서 혀의 끝부분을 윗잇몸 뒤쪽의 딱딱한 부분에 대고 발음한다

⑤ '我原本'과 '补习班'은 앞의 두 글자가 3성-2성이므로, 반3성-2성으로 읽어준다

⑥ '所以'와 같이 3성이 연속된 단어는 2성-3성으로 소리 낸다

⑦ '不'는 4성이지만 그 뒤의 글자 '会' 역시 4성이므로, 2성으로 발음해야 한다

5 请 介绍 一下 你 平时 常 吃 的 或者 喜欢 吃 的 菜。

당신이 평소에 자주 먹거나 좋아하는 요리를 소개해 주세요.

내용 구상하기

도입	좋아하는 음식이 볶음밥이라고 바로 대답한다.	我喜欢吃的东西有很多，其中比较常吃的，也是我喜欢的就是炒饭。
전개 & 마무리	볶음밥을 좋아하는 이유를 설명한다.	因为我觉得炒饭不仅做起来容易，而且种类也很多。我自己在家炒饭时，只要是自己喜欢的食材，一般都可以和饭放在一起炒，很少失败过。怎么炒、放什么一般都会很好吃。 特别是中国的炒饭，因为我在中国留学时，吃的最多的就是炒饭，那时的留学经历是我一生难忘的。我想这也是我一直喜欢炒饭的原因之一吧。

모범 답안 ● track **705**

我 喜欢① 吃② 的 东西 / 有 很① 多，其中⑦ / 比较 常② 吃②
Wǒ xǐhuan chī de dōngxi yǒu hěn duō, qízhōng bǐjiào cháng chī

的，也 是② / 我 喜欢① 的 / 就是 炒饭。因为 / 我 觉得③ / 炒饭 /
de, yě shì wǒ xǐhuan de jiùshì chǎofàn. Yīnwèi wǒ juéde chǎofàn

不仅 做起来 容易②，而且 / 种类 也 很① 多。我 自己④ / 在 家
bùjǐn zuòqǐlai róngyì, érqiě zhǒnglèi yě hěn duō. Wǒ zìjǐ zài jiā

炒 饭 时②，只要④ / 是 自己④ 喜欢 的 食材②，一般 都 可以① /
chǎo fàn shí, zhǐyào shì zìjǐ xǐhuan de shícái, yìbān dōu kěyǐ

和ⓒ 饭 / 放在 一起ⓒ 炒①，很 少① 失败过⑤。怎么 炒、放
hé fàn fàngzài yìqǐ chǎo, hěn shǎo shībàiguo. Zěnme chǎo, fàng

什么 / 一般 都 会 很 好吃①。特别 是ⓒ / 中国 的 炒饭，因为 /
shénme yìbān dōu huì hěn hǎochī. Tèbié shì Zhōngguó de chǎofàn, yīnwèi

我 在ⓒ 中国 / 留学 时ⓒ，吃② 的 最多 的 / 就是② 炒饭②，
wǒ zài Zhōngguó liúxué shí, chī de zuì duō de jiùshì chǎofàn,

那时② 的 留学 经历 / 是 我 一生 / 难忘 的。我 想① / 这 也
nàshí de liúxué jīnglì shì wǒ yìshēng nánwàng de. Wǒ xiǎng zhè yě

是ⓔ / 我 一直④ 喜欢 炒饭 的 / 原因 之一ⓔ④ 吧。
shì wǒ yìzhí xǐhuan chǎofàn de yuányīn zhīyī ba.

해석 제가 좋아하는 음식은 많습니다. 그중 비교적 자주 먹고 좋아하는 음식은 볶음밥입니다. 왜냐하면 저는 볶음밥이 만들기에도 쉽고, 종류도 많다고 생각하기 때문입니다. 집에서 직접 밥을 볶을 때, 자신이 좋아하는 식재료이기만 하면 보통 다 밥과 함께 볶을 수 있고, 실패한 적도 거의 없습니다. 어떻게 볶든, 무엇을 넣든 보통은 모두 맛있습니다. 특히 중국(식) 볶음밥은 제가 중국에서 유학할 때 가장 많이 먹은 것이 볶음밥이었고, 그때의 유학 경험은 평생 잊을 수 없는 일입니다. 저는 이것 또한 제가 줄곧 볶음밥을 좋아하는 이유 중 하나라고 생각합니다.

어휘 ★ **平时** píngshí 몡 평소 | **常** cháng 뷔 자주 | ☆ **其中** qízhōng 떼 그중에 | ☆ **比较** bǐjiào 뷔 비교적 | **炒饭** chǎofàn 몡 볶음밥 됭 (기름에) 밥을 볶다 | ★ **不仅** bùjǐn 젭 ~뿐만 아니라 [*不仅 A, 而且B: A뿐만 아니라 게다가 B하다] | ★ **起来** qǐlai 됭 어떤 일에 대한 견해나 추측을 나타냄 | ☆ **容易**

표현 tip

⑦ 其中 그중에

앞에 좋아하는 음식이 많다고 언급한 후, '其中' 바로 뒤에서 그 중 하나를 설명한다

ⓒ 和A一起B A와 함께 B하다

A에는 대상, B에는 행동이 들어가서, A와 함께 B라는 행동을 함을 나타낸다

ⓒ 特别是 특히 ~이다

앞에 언급된 것 중 하나인 '중국식 볶음밥'을 강조하기 위해 사용한다

ⓔ 在A时 A할 때

'중국 유학'이라는 시기에 '중국식 볶음밥'을 좋아하게 된 계기를 설명한다

ⓔ A是B之一 A는 B중 하나이다

볶음밥을 좋아하는 여러 이유 중 하나를 설명하기 위해 'A是B之一' 용법을 사용했다

발음 tip

① '我喜欢', '有很'과 같이 두 글자 이상 3성이 연속되면 맨 뒤의 글자만 3성 혹은 반3성으로 발음하고, 나머지는 2성으로 소리 낸다

② 권설음 [zh·ch·sh·r]은 혀를 둥글게 만 상태에서 윗잇몸 뒤의 딱딱한 부분에 대고 소리 내는 음으로 한국어에는 없는 발음으로 주의해서 발음해야 한다

róngyì 혱 쉽다 | ☆ **而且** érqiě 혭 또한 | ★ **种类** zhǒnglèi 몡 종류 | ☆ **自己** zìjǐ 떼 자신 | ★ **只要** zhǐyào 혭 ~하기만 하면 | **食材** shícái 몡 식재료 | ☆ **一般** yìbān 혱 보통이다 | **放** fàng 됭 넣다 | ★ **炒** chǎo 됭 (기름 따위로) 볶다 | ★ **失败** shībài 됭 실패하다 | **特别** tèbié 뷔 특히 | ☆ **留学** liúxué 됭 유학하다 | ★ **经历** jīnglì 몡 경험 | **一生** yìshēng 몡 일생 | **难忘** nánwàng 됭 잊을 수 없다 | ☆ **一直** yìzhí 뷔 계속 | ★ **原因** yuányīn 몡 원인 | **之一** zhīyī 몡 ~중의 하나 [*A是B之一: A는 B 중 하나이다]

③ '我觉得'를 한 호흡에 읽을 때 '我'를 반3성으로 읽는다

④ 설치음 [zi]와 권설음 [zhi]를 구분해서 발음해야 한다

⑤ '过'가 경험을 나타내는 동태 조사로 쓰일 때는 경성으로 가볍게 읽는다

Nǐ yǒu méi yǒu zuì xiǎng qù de dìfang? Qǐng shuō yíxià.

6 你 有 没 有 最 想 去 的 地方? 请 说 一 下。

당신이 가고 싶은 곳이 있나요? 말해 보세요.

내용 구상하기

도입	질문에 대해 평창이라고 바로 답변한다.	(我有特别想去的地方，) 虽然我不是一个特别喜欢旅行的人，但还是有想去的地方——平昌。
전개	평창이 어떤 곳인지 간단히 설명한다.	平昌位于韩国的江原道，是著名的度假山城。然而，大部分外国人知道平昌可能还是从它举办了2018年冬奥会开始的。
마무리	평창에 가고 싶은 이유를 설명한다.	其实，我想去平昌也是想感受一下那里冰雪的魅力。冬天去平昌可能会感到寒冷，但这一点儿也不影响我对它的喜爱。

모범 답안 ● track 706

（我 有① / 特别 想 去 的 地方，）虽然① / 我 不 是② / 一 个③
(Wǒ yǒu tèbié xiǎng qù de dìfang,) suīrán wǒ bú shì yí ge

特别 喜欢 / 旅行④ 的 人⑤，但⑦ / 还是 有 想① 去 的 地方 /
tèbié xǐhuan lǚxíng de rén, dàn háishi yǒu xiǎng qù de dìfang

—— 平昌。 平昌 / 位于ⓛ 韩国 的 / 江原道，是⑤ 著名⑤
– Píngchāng. Píngchāng wèiyú Hánguó de Jiāngyuándào, shì zhùmíng

的 度假 山城⑤。然而，大部分 外国人 知道⑤ / 平昌，
de dùjià shānchéng. Rán'ér, dàbùfen wàiguórén zhīdào Píngchāng,

可能⑥ 还是 / 从 它 举办了 / 2018⑦ 年 冬奥会 开始 的。
kěnéng háishi cóng tā jǔbànle 2018 nián Dōng'àohuì kāishǐ de.

其实ⓒ，我 想① 去 平昌 / 也 是⑤ / 想 感受ⓓ① 一下 / 那里
Qíshí, wǒ xiǎng qù Píngchāng yě shì xiǎng gǎnshòu yíxià nàli

冰雪 的 魅力ⓓ。冬天 去 平昌 可能⑥ 会 感到 寒冷，
bīngxuě de mèilì. Dōngtiān qù Píngchāng kěnéng huì gǎndào hánlěng,

但 / 这 一点儿 也 不 影响① / 我 对 它 / 的 喜爱。
dàn zhè yìdiǎnr yě bù yǐngxiǎng wǒ duì tā de xǐ'ài.

해석 (저는 특히나 가고 싶은 곳이 있습니다.) 저는 특별히 여행하는 것을 좋아하는 사람은 아니지만, 그래도 가고 싶은 곳은 바로 평창입니다. 평창은 한국 강원도에 위치하며, 유명한 산간 휴가지입니다. 하지만 대부분의 외국인은 아마 평창에서 2018년 동계 올림픽을 개최하고부터 평창을 알게 되었을 것입니다. 사실 제가 평창에 가고 싶은 것도 그곳의 눈의 매력을 느끼고 싶기 때문입니다. 겨울에 평창에 가면 아마 춥겠지만, 이는 저의 평창에 대한 애호에 조금도 영향을 주지 않습니다.

표현 tip

ⓐ 虽然A, 但(是)B 비록 A하지만 B하다
여행을 특별히 좋아하지는 않지만 가보고 싶은 지역을 이야기하기 위해 '虽然A , 但B' 접속사 구문을 활용하였다

ⓑ 位于 ~에 위치하다
뒤에 바로 장소를 표현하는 어휘가 나온다

ⓒ 其实 사실
앞 내용에 이어서 전환의 의미를 나타낼 때 사용한다

ⓓ 感受魅力 매력을 느끼다
'感受'와 '魅力' 사이에 무엇에 매력을 느끼는지 설명하는 관형어(那里冰雪)가 들어간다

발음 tip

① 3성이 두 개 이상 이어진 어휘는 맨 마지막 글자만 (반)3성을 살리고 그 앞은 2성으로 읽는다

② '不'는 4성이지만 '是'의 영향으로 2성이 된다

③ '个'는 본래 4성이지만 경성으로 가볍게 읽고 '一'는 '个'의 영향을 받아 2성으로 소리 낸다

모범 답안 활용하기

어휘 ☆**地方** dìfang 圐 곳 | ☆**特别** tèbié 閈 특히, 특별히 | ★**旅行** lǚxíng 图 여행하다 | **平昌** Píngchāng 고유 평창 | ★**位于** wèiyú 图 ~에 위치하다 | **韩国** Hánguó 고유 한국 | **江原道** Jiāngyuándào 고유 강원도 | ★**著名** zhùmíng 閺 유명하다 | **度假** dùjià 图 휴가를 보내다 | **山城** shānchéng 圐 산간 도시 | ★**然而** rán'ér 젭 하지만 | **大部分** dàbùfen 圐 대부분 | **外国人** wàiguórén 圐 외국인 | ★**举办** jǔbàn 图 개최하다 | **冬奥会** Dōng'àohuì 고유 동계 올림픽 ['冬季国际奥运会'의 준말] | ★**其实** qíshí 閈 사실 | ★**感受** gǎnshòu 图 느끼다 | **冰雪** bīngxuě 圐 얼음과 눈 | ★**魅力** mèilì 圐 매력 | ★**冬天** dōngtiān 圐 겨울 | **感到** gǎndào 图 느끼다 | **寒冷** hánlěng 閺 한랭하다 | ☆**影响** yǐngxiǎng 圐 영향 | **喜爱** xǐ'ài 图 애호하다 [여기서는 명사적 용법으로 쓰임]

④ '旅行'은 계속 발음을 강조하는 어휘로 반3성-2성으로 발음하며, '旅'는 입술을 동그랗게 오므리고 [이]와 [위] 중간 소리를 낸다

⑤ 권설음은 혀를 말아 올린 상태에서 혀 끝부분을 윗잇몸 뒤쪽의 딱딱한 부분에 대고 소리를 낸다

⑥ '可能'은 본래 3성인데, 반3성-2성으로 소리 내면 자연스럽다

⑦ 2018을 연도로 읽을 때는 [èr líng yī bā]로 발음한다. 이 때 1(一)의 성조는 뒷글자의 영향을 받지 않음을 꼭 기억하자

02 학교 · 직장

▶ 본문 p.97

Rúguǒ nǐ zhù de dìfang lí gōngsī hěn yuǎn, nǐ huì xuǎnzé zài gōngsī fùjìn zū fángzi,

7 如果 你 住 的 地方 离 公司 很 远，你 会 选择 在 公司 附近 租 房子，

háishi jìxù zhùzài jiāli? Qǐng shuō yíxià nǐ de xiǎngfa.

还是 继续 住在 家里? 请 说 一下 你 的 想法。

만약 당신이 사는 곳에서 회사까지 거리가 멀다면 회사 근처에 집을 구할 것인가요, 아니면 계속해서 현재 집에 살 것인가요? 당신의 생각을 말해 보세요.

내용 구상하기

도입	질문을 활용하여 대답의 첫 문장을 완성한다.	如果我住的地方离公司很远，那我先选择一个用时最短的方案，尝试一段时间乘坐公共交通工具上下班，并不会马上决定搬家或者在公司附近租房子。
전개	첫 문장과 같은 답변을 한 이유를 설명한다.	因为每个人的经济情况都不一样，虽然找一个离公司近的地方住很好，但还是要结合自己的实际情况来决定。比起每个月的昂贵月租，早点儿起床提前到公司对我来说可能更实际一些。
마무리	자신의 의지를 나타내는 말로 마무리한다.	在不危害身体健康的情况下，我应该会坚持下去。

모범 답안 ▶ track 707

如果 / 我 住① 的 地方 / 离 公司 很 远②，那 我 先 / 选择③
Rúguǒ wǒ zhù de dìfang lí gōngsī hěn yuǎn, nà wǒ xiān xuǎnzé

一 个 / 用时 最 短 的 方案，尝试 一 段④ 时间 / 乘坐
yí ge yòngshí zuì duǎn de fāng'àn, chángshì yí duàn shíjiān chéngzuò

公共 交通 工具 / 上下班，并① 不 会⑤ 马上① 决定 / 搬家 /
gōnggòng jiāotōng gōngjù shàngxiàbān, bìng bú huì mǎshàng juédìng bānjiā

표현 tip

㉠ 并 결코
부정사 앞에 쓰여 부정의 어투를 강조하는 역할을 한다

㉡ 比起 ~와 비교하다
비교를 할 때 쓰는 표현으로, 뒤에 비교하는 대상이 들어간다

或者 在① 公司 附近 / 租 房子。因为 / 每 个 人 的 经济 情况 /
huòzhě zài gōngsī fùjìn   zū fángzi. Yīnwèi měi ge rén de jīngjì qíngkuàng

都 不 一样，虽然 / 找 一 个⑥ 离 公司 近 的 地方 / 住 很 好②，
dōu bù yíyàng, suīrán zhǎo yí ge   lí gōngsī jìn de dìfang zhù hěn hǎo,

但 还是 要 / 结合 自己 的 实际 情况 / 来 决定。比起ⓒ 每② 个
dàn háishi yào jiéhé zìjǐ de shíjì qíngkuàng lái juédìng. Bǐqǐ měi ge

月 的 / 昂贵 月租，早点儿 起床② / 提前 到 公司 / 对ⓒ 我
yuè de ángguì yuèzū, zǎodiǎnr qǐchuáng tíqián dào gōngsī duì wǒ

来说ⓒ³ / 可能③ 更 / 实际 一些。在 不 危害 身体 健康 的 /
láishuō   kěnéng gèng shíjì yìxiē. Zài bù wēihài shēntǐ jiànkāng de

情况 下，我 / 应该 会 / 坚持 下去ⓔ。
qíngkuàng xià, wǒ yīnggāi huì jiānchí xiàqu.

해석 만약 제가 사는 곳이 회사에서 멀다면, 우선 시간이 가장 짧은 방법을 선택해 한동안은 대중교통으로 출퇴근을 해 볼 것이며, 바로 이사하거나 회사 근처에 방을 구하지는 않을 것입니다. 왜냐하면 모든 사람의 경제 상황은 모두 다르기 때문입니다. 회사에서 가까운 곳에 살게 되면 좋겠지만, 자신의 실제 상황에 맞춰 결정해야 합니다. 매달 비싼 월세를 내는 것보다 일찍 일어나 회사에 미리 도착하는 것이 저에게 있어 더 실질적인 것 같습니다. 건강에 해가 가지 않는 선에서 계속해 나갈 것입니다.

어휘 ☆如果 rúguǒ 웹 만약 [*如果A 那B: 만약 A라면, 그렇다면 B하다] | ☆地方 dìfang 명 곳 | ☆选择 xuǎnzé 동 선택하다 | ☆附近 fùjìn 명 근처 | 房子 fángzi 명 집 | ☆还是 háishi 웹 아니면 | ★继续 jìxù 동 계속하다 | 想法 xiǎngfa 명 생각 | ★短 duǎn 형 짧다 | ★方案 fāng'àn 명 방안 | 尝试 chángshì 동 시도해 보다 | ☆段 duàn 양 동안 [시간·공간의 일정한 거리를 나타낼 때 쓰임] | ★乘坐 chéngzuò 동 (자동차·배·비행기 등을) 타다 | 公共交通 gōnggòng jiāotōng 대중교통 | ★工具 gōngjù 명 수단 | 上下班 shàngxiàbān 출퇴근하다 | 并 bìng 부 결코 [부정사 앞에 쓰여 부정의 어투 강조] | ☆马上 mǎshàng 부 곧 | 决定 juédìng 동 결정하다 | 搬家 bānjiā 이사하다 | 或者 huòzhě 웹 ~든지 | ★经济 jīngjì 명 경제 | ★情况 qíngkuàng 명 상황 | ☆一样 yíyàng 형 똑같다 | ★结合 jiéhé 동 결합하다 | ☆自己 zìjǐ 대 자신 | ★实际 shíjì 형 실제적이다 | 比起 bǐqǐ ~와 비교하다 | 昂贵 ángguì 형 매우 비싸다 | 月租 yuèzū 월세 | ★提前 tíqián 동 (예정된 시간·위치를) 앞당기다 | 来说 láishuō ~으로 말하자면 [*对A来说: A에게 있어서] | ☆更 gèng 부 더 | ★危害 wēihài 동 해치다 | ★健康 jiànkāng 명 건강 | ☆应该 yīnggāi 조동 (마땅히) ~해야 한다 | ★坚持 jiānchí 동 계속 견지하다

ⓒ 对A来说 A에게 있어서
일찍 일어나 회사에 미리 도착하는 것에 대한 나의 입장을 드러낸다

ⓔ A(동사)下去 A해 나가다
동사 뒤에 쓰여 그 행동이 미래에까지 계속 이어지는 것을 나타낸다

발음 tip

① 3성-4성으로 이어진 부분은 반3성-4성으로 읽으면 더 자연스럽게 들린다

② 3성이 두 개 이상 연속된 어휘는 마지막 글자만 3성이나 반3성으로 읽고 나머지는 2성으로 발음한다

③ '选择', '我来说', '可能'과 같이 3성-2성이 연속되면 반3성-2성으로 발음하는 것이 자연스럽다

④ '一'는 4성인 '段'의 영향을 받아 2성으로 소리 낸다

⑤ '不'는 본래 4성이지만 뒤에 나오는 '会'의 영향으로 2성이 된다

⑥ '一个'는 2성-경성으로 발음하는 것을 반드시 기억해야 하며, 그 앞의 '找'가 3성이므로 '找一个'는 반3성-2성-경성으로 소리 낸다

Xuésheng shíqī, nǐ yǒu méi yǒu tǎoyàn shàng de kè?
8 学生 时期，你 有 没 有 讨厌 上 的 课？
학생 때 싫어했던 과목이 있나요?

내용 구상하기

도입	질문을 활용하여 대답의 첫 문장을 완성한다.	每个人在学生时期可能都会有讨厌上的课，我也一样。
전개	첫 문장과 같은 답변을 한 이유를 설명한다.	我高中学的是文科，必修课中有历史、地理、政治，最不喜欢的就是历史课。虽然我现在很后悔以前没能好好学习有关历史方面的知识，但当时几乎一有历史课我就会逃课。最开始讨厌上历史课的原因是觉得没意思，后来是因为落下的太多，想学也已经跟不上了。
마무리	자신의 의지를 나타내는 말로 마무리한다.	如果能回到以前，我一定会认真学好每一门课。

每^① 个 人 / 在 学生 时期 / 可能^① 都^① 会 / 有 讨厌^② 上
Měi ge rén zài xuésheng shíqī kěnéng dōu huì yǒu tǎoyàn shàng

的 课，我 也^② 一样。我 高中^① 学 的 / 是 文科，必修课 中 /
de kè, wǒ yě yíyàng. Wǒ gāozhōng xué de shì wénkē, bìxiūkè zhōng

有 历史^①、地理、政治， 最 不 喜欢^① 的 / 就是 历史 课。虽然 /
yǒu lìshǐ、 dìlǐ、zhèngzhì, zuì bù xǐhuan de jiùshì lìshǐ kè. Suīrán

我 / 现在 很 后悔[ⓛ] / 以前^① 没 能 好好 学习^③ / 有关^① 历史
wǒ xiànzài hěn hòuhuǐ yǐqián méi néng hǎohǎo xuéxí yǒuguān lìshǐ

方面 的 / 知识，但 当时 / 几乎 一 有^④ 历史 课^① / 我 就^① 会
fāngmiàn de zhīshi, dàn dāngshí jīhū yì yǒu lìshǐ kè wǒ jiù huì

逃课。最 开始 讨厌^① 上 历史 课 的 原因 / 是 觉得 没意思，
táokè. Zuì kāishǐ tǎoyàn shàng lìshǐ kè de yuányīn shì juéde méiyìsi,

后来 是 / 因为 落下^⑤ 的 太 多，想 学^① 也 已经^② / 跟 不 上[ⓒ]
hòulái shì yīnwèi làxià de tài duō, xiǎng xué yě yǐjīng gēnbushàng

了。如果 / 能 回到 以前^①，我 / 一定 会[ⓔ] 认真 / 学好 每 一
le. Rúguǒ néng huídào yǐqián, wǒ yídìng huì rènzhēn xuéhǎo měi yì

门^④ 课。
mén kè.

해석 사람마다 학생 때 싫어했던 과목이 아마 있었을 텐데, 저도 같습니다. 저는 고등학생 때 문과여서 필수 과목 중에 역사, 지리, 정치가 있었는데, 가장 싫어했던 과목은 역사입니다. 지금은 예전에 역사 관련 지식을 열심히 공부하지 않은 것을 후회하고 있지만, 당시엔 역사 수업 시간은 거의 무단결석을 했습니다. 처음에 역사 과목을 싫어하게 된 이유는 재미없다고 생각했기 때문이며, 이후엔 놓친 것(내용)이 너무 많아서 공부하고 싶어도 따라갈 수 없었습니다. 만약 예전으로 돌아갈 수 있다면 반드시 모든 과목을 열심히 공부할 것입니다.

어휘 ★ **时期** shíqī 뗑 (특정한) 시기 | ☆ **讨厌** tǎoyàn 동 싫어하다 | ★ **一样** yíyàng 혱 같다 | **高中** gāozhōng 뗑 고등학교 | **学** xué 동 배우다 | **文科** wénkē 뗑 문과 | **必修课** bìxiūkè 뗑 필수 과목 | ★ **历史** lìshǐ 뗑 역사 | ★ **地理** dìlǐ 뗑 지리 | **政治** zhèngzhì 뗑 정치 | ★ **后悔** hòuhuǐ 동 후회하다 | ★ **以前** yǐqián 뗑 예전 | **有关** yǒuguān 동 관계가 있다 | ★ **方面** fāngmiàn 뗑 방면 | ★ **知识** zhīshi 뗑 지식 | ★ **当时** dāngshí 뗑 당시 | **几乎** jīhū 튀 거의 | **逃课** táokè 동 무단결석하다 | **原因** yuányīn 뗑 원인 | **没意思** méiyìsi 재미없다 | ★ **后来** hòulái 뗑 그 후 | **落** là 동 뒤처지다 | **跟不上** gēnbushàng 따라갈 수 없다 | ☆ **如果** rúguǒ 졉 만약 | ☆ **一定** yídìng 튀 반드시 | ☆ **认真** rènzhēn 혱 착실하다

표현 tip

㉠ **每A都B** A마다 모두 B하다
'**每**'와 '**都**'는 자주 함께 쓰이며, 일반적으로 '**了**'는 같이 쓰지 않는 점에 주의하자

㉡ **后悔** 후회하다
'**后悔**'는 뒤에 후회하는 내용이 목적어로 나와 '~을 후회하다'라는 뜻으로 쓰인다

㉢ **A不上** A하지 못하다
동사 뒤에서 동작의 결과가 이루어질 수 없음을 나타내며, '**跟不上**'은 '따라갈 수 없다'라는 의미로 쓰인다

㉣ **我一定会** 나는 반드시 ~할 것이다
'**一定会**'는 반드시 할 것이라는 의지를 나타내며, 이야기의 마지막에 자주 쓰인다

발음 tip

① 3성 다음에 1·2·4·경성이 이어지면 반3성-1·2·4·경성으로 발음하면 자연스럽다.

② 3성이 연달아 나올 때는 마지막 글자만 3성으로, 앞에는 2성으로 읽는다

③ '**好好学习**(3성-3성-2성-2성)'는 2성-반3성-2성-2성으로 발음하면 자연스러우며, 참고로 '**好好**' 뒤에 '儿'자를 붙이면 두 번째 '**好**'는 1성으로 소리내야 한다

④ '**一**' 뒤의 글자의 성조가 1, 2, 3성일 때 '**一**'는 4성이 된다

⑤ '**落**'는 [là], [luò] 두 가지로 발음되는 다음자로, 여기서는 '뒤처지다'라는 의미로 쓰여 [là]라고 읽어야 한다

Qǐng tántan nǐ duì zhōngxuéshēng chūguó liúxué zhè jiàn shì de kànfǎ.

9 请 谈谈 你 对 中学生 出国 留学 这 件 事 的 看法。
중고등학생의 해외 유학에 대한 견해를 말해 보세요.

내용 구상하기

도입	중고등학생의 해외 유학에 대해 찬성 여부를 밝힌다.	只要条件允许，孩子也想去的话，我还是比较同意的。

| 전개 | 중고등학생의 해외 유학에 찬성하는 이유를 열거한다. | 一般情况下，中学生在很多事情上，会比较依赖父母。如果一个人在国外，就可以培养他们独立解决问题的能力。虽然在国外会遇到语言和文化方面的问题，但正因如此，才更应该让孩子去体验。最重要的是，在这个年龄段学过的内容，不会那么容易被忘记。 |
| 마무리 | 결과를 나타내는 접속사 '因此'를 써서 마무리한다. | 因此，我认为中学生出国留学这件事，是利大于弊的。 |

모범 답안 ● track 709

只要① / 条件 允许②，孩子① / 也 想② 去 的 话，我 / 还是①
Zhǐyào tiáojiàn yǔnxǔ, háizi yě xiǎng qù de huà, wǒ háishi

比较 同意 的。一般 情况 下⑤，中学生 / 在⑥ 很 多 事情
bǐjiào tóngyì de. Yìbān qíngkuàng xià, zhōngxuéshēng zài hěn duō shìqing

上⑥，会 比较 依赖 父母。如果① / 一个③ 人 / 在 国外，就 可以
shang, huì bǐjiào yīlài fùmǔ. Rúguǒ yí ge rén zài guówài, jiù kěyǐ

培养 / 他们 独立 解决④ 问题 的 能力。虽然 / 在 国外 / 会 遇到
péiyǎng tāmen dúlì jiějué wèntí de nénglì. Suīrán zài guówài huì yùdào

语言④ / 和 文化 方面 的 问题，但 / 正因如此，才 更 应该
yǔyán hé wénhuà fāngmiàn de wèntí, dàn zhèngyīnrúcǐ, cái gèng yīnggāi

让 孩子① / 去⑥ 体验。最 重要 的 是⑧，在 这个 年龄段 /
ràng háizi qù tǐyàn. Zuì zhòngyào de shì, zài zhège niánlíngduàn

学过 的 内容，不 会⑤ 那么 容易 / 被 忘记。因此①，我 认为①
xuéguo de nèiróng, bú huì nàme róngyì bèi wàngjì. Yīncǐ, wǒ rènwéi

中学生 出国 留学 /，这 件 事① 是① 利大于弊 的。
zhōngxuéshēng chūguó liúxué zhè jiàn shì shì lìdàyúbì de.

해석 조건이 허락하고 아이도 가고 싶어 한다면, 저는 동의하는 편입니다. 일반적인 상황에서 중고등학생은 많은 일에 있어 부모에게 의지하곤 합니다. 만약 혼자 외국에 있으면 그들의 독립적인 문제 해결 능력을 기를 수 있습니다. 비록 외국에서 언어와 문화 측면의 문제에 맞닥뜨릴 수도 있지만, 그렇기 때문에 더욱 아이가 체험하도록 해야 합니다. 가장 중요한 것은 이 연령대에 공부한 내용은 그렇게 쉽게 잊혀질 수 없다는 것입니다. 그래서 저는 중고등학생의 해외 유학이 장점이 단점보다 많다고 생각합니다.

어휘 出国 chūguó 图 출국하다 | ☆留学 liúxué 图 유학하다 | 事 shì 圐 일 | 看法 kànfǎ 圐 견해 | ★只要 zhǐyào 젭 ~하기만 하면 | ★条件 tiáojiàn 圐 조건 | ★允许 yǔnxǔ 图 허락하다 | ☆还是 háishi 凰 ~하는 편이 낫다 | 比较 bǐjiào 凰 비교적 | 同意 tóngyì 图 동의하다 | ★一般 yìbān 囹 일반적이다 | ★情况 qíngkuàng 圐 상황 | 依赖 yīlài 图 의지하다 | 父母 fùmǔ 圐 부모 | ☆如果 rúguǒ 젭 만약 [*如果A 就B: 만약 A라면, B하다] | 国外 guówài 圐 외국 | ★培养 péiyǎng 图 기르다 [*培养能力: 능력을 기르다] | ★独立 dúlì 图 홀로 서다 | ★解决 jiějué 图 해결하다 [*解决问题: 문제를 해결하다] | ★能力 nénglì 圐 능력 | ☆遇到 yùdào 图 맞닥뜨리다 | ★语言 yǔyán 圐 언어 | ☆文化 wénhuà 圐 문화 | ★方面 fāngmiàn 圐 측면 | 正因如此 zhèngyīnrúcǐ 그렇기 때문에 | ☆才 cái 凰 비로소 | 更 gèng 凰 더 | ☆体验 tǐyàn 图 체험하다 | ☆重要 zhòngyào 囹 중요하다 | 年龄段 niánlíngduàn 圐 연령대 | ★内容 nèiróng 圐 내용 | ☆容易 róngyì 囹 쉽다 | 被 bèi 게 ~에게 ~를 당하다 [*주어+被+(목적어)+술어+기타성분] | ☆忘记 wàngjì 图 잊다 | ★因此 yīncǐ 젭 그래서 | ☆认为 rènwéi 图 ~라고 생각하다 | 利大于弊 lìdàyúbì 장점이 단점보다 많다

표현 tip

㉠ 一般情况下 일반적인 상황에서
뒤에 일반적인 상황에 대해 이야기한다

㉡ 在A上 A에서
A라는 것의 범위 안에 있음을 나타낸다

㉢ 去A A해 보다
동사 A앞에 쓰여 그 일을 하겠다는 의지를 나타낼 수 있다

㉣ 最重要的是 가장 중요한 것은
중고등학생의 해외 유학의 장점 중 가장 큰(중요한) 것을 말하기 위해 쓰였다

발음 tip

① 권설음인 [zh·sh·ch·r]는 혀를 말아서 소리를 내고 설치음인 [z·s·c]는 혀끝을 아랫니에 댄 상태에서 발음한다. 권설음과 설치음을 구분하여 발음하자

② '允许' 같이 3성이 연달아 있는 단어는 마지막 글자만 3성으로 읽고 앞에는 2성으로 읽는다

③ '个'는 본래 4성이지만 양사로 쓰일 때 경성이 되고 '一'는 '个'의 영향을 받아 2성으로 소리 낸다

④ 3성-2성이 이어지는 단어나 절은 반3성-2성으로 소리 내는 것이 자연스럽다

⑤ '不'는 4성이지만 그 뒤에 오는 글자의 성조가 4성일 때는 2성으로 소리 내야 한다

Qǐng wèn, nǐ shìfǒu yǒu zìjǐ lǐxiǎng de zhíyè?

10 请 问，你 是否 有 自己 理想 的 职业？

당신은 이상적인 직업이 있나요?

내용 구상하기

도입	이상적인 직업에 대한 자신의 견해를 밝힌다.	对我来说，理想的职业除了要感兴趣以外，最重要的就是自己能"胜任"。
전개 & 마무리	'我认为'라는 표현을 써서 생각을 밝히며 견해에 대한 이유를 설명한다.	我一直认为，任何工作在初级阶段钱都不是最重要的。能否"胜任"是今后上司重用我们的标准；也是实现自我价值的基本条件。只有"胜任"，才能实现自我价值;也只有"胜任"，才能把工作做好、做久。人的能力是有限的，如果能找到一个自己喜欢并可以"胜任"的工作，我认为那就是最理想的职业了。

모범 답안 ▶ ● track 710

对① 我 来说①①，理想② 的 职业 / 除了 / 要 感兴趣 以外，
Duì wǒ láishuō, lǐxiǎng de zhíyè chúle yào gǎnxìngqù yǐwài,

最 重要 的 / 就是 自己 能① "胜任"。我ⓛ 一直 认为ⓛ，
zuì zhòngyào de jiùshì zìjǐ néng "shèngrèn". Wǒ yìzhí rènwéi,

任何 工作 / 在 初级 阶段 / 钱 都 不是③ / 最 重要 的。
rènhé gōngzuò zài chūjí jiēduàn qián dōu búshì zuì zhòngyào de.

能否 "胜任" 是④ / 今后 上司④ 重用⑤ 我们 的 标准；
Néngfǒu "shèngrèn" shì jīnhòu shàngsi zhòngyòng wǒmen de biāozhǔn;

也 是④ / 实现 自我 价值 的 / 基本 条件。只有ⓒ② / "胜任"，
yě shì shíxiàn zìwǒ jiàzhí de jīběn tiáojiàn. Zhǐyǒu "shèngrèn",

才ⓒ 能 实现 自我 价值；也 只有⑥ / "胜任"，才 能 / 把 工作
cái néng shíxiàn zìwǒ jiàzhí; yě zhǐyǒu "shèngrèn", cái néng bǎ gōngzuò

做好、做久。人 的 能力 / 是 有限 的，如果 / 能 找到 一
zuòhǎo、zuòjiǔ. Rén de nénglì shì yǒuxiàn de, rúguǒ néng zhǎodào yí

个⑦ 自己 喜欢 / 并 可以② "胜任" 的 / 工作，我 认为ⓛ / 那
ge zìjǐ xǐhuan bìng kěyǐ "shèngrèn" de gōngzuò, wǒ rènwéi nà

就是 理想② 的 职业 了。
jiùshì lǐxiǎng de zhíyè le.

해석 저에게 있어 이상적인 직업은 흥미가 있는 것 외에, 가장 중요한 것은 자신이 '감당'할 수 있는 것입니다. 저는 어떠한 일이든 첫 단계에서 돈이 가장 중요한 것이 아니라고 생각합니다. '감당'할 수 있는지가 앞으로 상사가 우리를 중요한 자리에 임용하는 기준이고, 또 본인의 가치를 실현하는 기본 조건입니다. '감당'할 수 있어야만 자기 자신의 가치를 실현할 수 있습니다. 그리고 '감당'할 수 있어야만 업무를 잘 해내고 오래 할 수 있습니다. 사람의 능력은 유한합니다. 만약 자신이 좋아하고 '감당'할 수 있는 일을 찾는다면, 저는 그것이 바로 가장 이상적인 직업이라고 생각합니다.

어휘 ★是否 shìfǒu 〔閏〕 ~인지 아닌지 | ☆自己 zìjǐ 〔대〕 자신 | ★理想 lǐxiǎng 〔혱〕 이상적이다 | ★职业 zhíyè 〔명〕 직업 | 来说 láishuō ~으로 말하자면 [*对A来说: A에게 있어서] | ☆除了 chúle 〔개〕 ~외에도 | 感兴趣 gǎnxìngqù 흥미가 있다 | 以外 yǐwài 〔명〕 이외 | ☆重要 zhòngyào 〔혱〕 중요하다

표현 tip

ⓐ 对A来说 A에게 있어서
나의 입장에서 이상적인 직업에 대해 설명한다

ⓛ 我认为 나는 ~라고 생각하다
자신의 생각으로 글을 마무리하는 표현으로, 이야기의 시작이나 끝에 자주 쓰인다

ⓒ 只有A , 才B A해야만 비로소 B하다
A라는 조건을 충족해야만 B라는 결과를 얻을 수 있음을 말한다

발음 tip

① 3성-2성이 이어지는 '我来说'나 '自己能'은 반3성-2성으로 소리 내는 것이 자연스럽다

② '理想', '只有', '可以'는 3성이 2개 연속되어 있으므로, 2성-3성으로 발음한다

③ '不'는 4성이지만 '是'의 성조가 4성이기 때문에 2성으로 소리 낸다

④ [sh]는 권설음으로 혀를 만 상태에서 발음하고, [s]는 설치음으로 혀끝을 아랫니에 두고 발음한다([s] 설치음은 [z]나 [c]발음의 설치음보다 혀끝을 더 위쪽에 두고 소리 내야 한다)

⑤ '重用'의 '重'은 [zhòng], [chóng] 두 개의 음을 가진 다음자로 '중용하다'라고 쓰일 때는

| 胜任 shèngrèn 통 능히 감당하다 | ★ 一直 yìzhí 분 계속 | ☆ 认为 rènwéi 통 생각하다 | ★ 任何 rènhé 때 어떠한 | ★ 初级 chūjí 형 가장 낮은 단계의 | ★ 阶段 jiēduàn 명 단계 | 能否 néngfǒu ~할 수 있나요? | 今后 jīnhòu 명 앞으로 | 上司 shàngsi 명 상사 | 重用 zhòngyòng 통 중용하다 | ★ 标准 biāozhǔn 명 기준 | ★ 实现 shíxiàn 통 실현하다 | 自我 zìwǒ 때 자기 자신 | ★ 价值 jiàzhí 명 가치 | ★ 基本 jīběn 명 기본 [*基本条件: 기본 조건] | ★ 条件 tiáojiàn 명 조건 | ☆ 只有 zhǐyǒu 접 ~해야만 ~이다 [*只有A才B: A해야만 비로소 B하다] | ☆ 把 bǎ 개 ~을/를 [*주어+把+목적어+술어+기타성분] | ☆ 久 jiǔ 형 오래다 | ★ 能力 nénglì 명 능력 | 有限 yǒuxiàn 형 유한하다 | ☆ 如果 rúguǒ 접 만약 [*如果A 那B: 만약 A라면, 그렇다면 B하다] | 并 bìng 접 그리고

[zhòng]이라고 읽어야 한다

⑥ '也只有'의 성조는 3성–3성–3성으로 읽을 때는 2성–2성–3성으로 발음한다

⑦ 양사 '个'는 경성이지만 원래는 4성이므로, 그 앞의 '一'는 2성으로 소리 낸다

03 건강 · 환경

본문 p.102

Qǐng tántan nǐ duì jiǎnféi chí shénme tàidu.

11 请 谈谈 你 对 减肥 持 什么 态度。

당신은 다이어트에 대해 어떤 태도를 가지고 있는지 이야기해 보세요.

내용 구상하기

도입	첫 문장에서 다이어트는 필요한 것이라는 관점을 밝힌다.	在我看来，不管理由是什么，减肥都是很有必要的。
전개	현대 사회의 사람들의 다이어트에 관한 태도를 설명한다.	在当今社会，减肥已不再只是女性才关心的话题了，很多男性也十分注重自己的身材，甚至很多年长者同样关心减肥。为了拥有好身材减肥是最常见的，当然也有些人是职业的需要或是为了健康选择减肥。但很多急于求成的人，会选择一些危险的方法减肥，比如：吃减肥药、过度节食等。
마무리	'我认为'를 통해 자신이 생각하는 바를 말한다.	我认为，无论出于什么目的，我们都应该选择一些不危害身体健康的方法来实现减肥的目的。

모범 답안 ▶ track 711

在 我 看来⑦, 不管 / 理由 / 是① 什么①, 减肥② / 都 是 很
Zài wǒ kànlái, bùguǎn lǐyóu shì shénme, jiǎnféi dōu shì hěn

有③ 必要 的。在 当今 社会, 减肥② / 已 不 再③ 只是② / 女性④
yǒu bìyào de. Zài dāngjīn shèhuì, jiǎnféi yǐ bú zài zhǐshì nǚxìng

才 关心 的 / 话题 了, 很 多② 男性 / 也 十分② / 注重 自己 的
cái guānxīn de huàtí le, hěn duō nánxìng yě shífēn zhùzhòng zìjǐ de

身材①, 甚至① / 很 多② 年长者 / 同样 关心 减肥②。为了
shēncái, shènzhì hěn duō niánzhǎngzhě tóngyàng guānxīn jiǎnféi. Wèile

拥有 好③ 身材 减肥② / 是① 最 常见 的, 当然 也 有些③
yōngyǒu hǎo shēncái jiǎnféi shì zuì chángjiàn de, dāngrán yě yǒuxiē

人① / 是① 职业① 的 需要 / 或是 / 为了 健康 / 选择② 减肥②。但 /
rén shì zhíyè de xūyào huòshì wèile jiànkāng xuǎnzé jiǎnféi. Dàn

很 多② 急于求成 的 人, 会 选择② / 一些⑥ 危险 的 方法 减肥②,
hěn duō jíyúqiúchéng de rén, huì xuǎnzé yìxiē wēixiǎn de fāngfǎ jiǎnféi,

표현 tip

㉠ 看来 보기에
화자가 일이나 상황에 대해 대략적으로 예측할 때 주로 쓰인다

㉡ 比如……等 예를 들어 ~ 등이 있다
앞에 언급한 위험한 다이어트 방법에 대한 구체적인 예시를 몇 개 들 수 있다

㉢ 选择 선택하다
뒤에 목적어로 선택하는 내용이 나온다

㉣ 来 하다
동사 앞에 쓰여 어떤 일을 하려는 적극성이나, 상대가 어떤 행동을 하게 하는 어감을 나타낸다

• **189**

比如©②: 吃 减肥药②、过度 节食 等ⓛ。我 认为②，无论 / 出于
bǐrú: chī jiǎnféiyào, guòdù jiéshí děng. Wǒ rènwéi, wúlùn chūyú

什么① 目的，我们② / 都 应该 选择©② / 一些⑥ 不 危害 / 身体
shénme mùdì, wǒmen dōu yīnggāi xuǎnzé yìxiē bù wēihài shēntǐ

健康 的 方法 / 来②② 实现① / 减肥② 的 目的。
jiànkāng de fāngfǎ lái shíxiàn jiǎnféi de mùdì.

제가 보기에 이유가 무엇이든 간에 다이어트는 필요한 것입니다. 현재 사회에서 다이어트는 더 이상 여성만 관심을 두는 화제가 아닙니다. 많은 남성도 자신의 몸집을 매우 중시하며, 심지어는 어르신들도 마찬가지로 다이어트에 관심 있어 하십니다. 멋진 몸매를 위한 다이어트가 가장 흔하며, 물론 일부 사람은 직업에 필요해서, 혹은 건강을 위해 다이어트를 선택합니다. 하지만 급하게 목적을 달성하려는 사람들은 다이어트 약을 먹거나 과하게 식단 조절을 하는 등 위험한 방법을 선택하기도 합니다. 저는 어떤 목적이든지 건강을 해치지 않는 방법을 선택하여 다이어트 목적을 달성해야 한다고 생각합니다.

어휘 ★谈 tán 통 이야기하다 | ★减肥 jiǎnféi 통 살을 빼다 | 持 chí 통 가지다 | ★态度 tàidu 명 태도 | 看来 kànlái 보기에 [*在A看来: A가 보기에] | ★不管 bùguǎn 접 ~을 막론하고 [*不管A都B: A를 막론하고 모두 다 B하다] | ★理由 lǐyóu 명 이유 | 必要 bìyào 필요하다 | 当今 dāngjīn 현재 | ★社会 shèhuì 명 사회 | 只是 zhǐshì 튀 그저 | 女性 nǚxìng 명 여성 | ☆才 cái 튀 비로소 | ☆关心 guānxīn 통 관심을 갖다 | 话题 huàtí 화제 | 男性 nánxìng 명 남성 | ★十分 shífēn 튀 매우 | 注重 zhùzhòng 통 중시하다 | ☆自己 zìjǐ 대 자신 | ★身材 shēncái 몸집, 몸매 | ★甚至 shènzhì 접 심지어 | 年长者 niánzhǎngzhě 연장자 | 同样 tóngyàng 접 마찬가지로 | ☆为了 wèile 개 ~을/를 하기 위하여 [*为了+목적, 행위: ~하기 위해 ~하다] | 拥有 yōngyǒu 통 가지다 | 常见 chángjiàn 형 늘 보이는 | ☆当然 dāngrán 튀 당연히 | ★职业 zhíyè 명 직업 | 需要 xūyào 명 필요 | 或是 huòshì 접 ~이거나 혹은 ~이다 | ☆选择 xuǎnzé 통 선택하다 | 急于求成 jíyúqiúchéng 성 목적을 달성하기에 급급하다 | ★危险 wēixiǎn 형 위험하다 | ★比如 bǐrú 접 예를 들어 [*比如……等: 예를 들어 ~등이 있다] | 减肥药 jiǎnféiyào 명 다이어트 약 | 过度 guòdù 형 과도하다 | 节食 jiéshí 음식을 줄이다 | ★等 děng 조 등 | ☆认为 rènwéi 통 ~라고 생각하다 | ★无论 wúlùn 접 ~에 관계없이 [*无论A 都B: A를 막론하고 모두 B하다] | 出于 chūyú ~에서 나오다 | ★目的 mùdì 명 목적 | ☆应该 yīnggāi 조동 (마땅히)~해야 한다 | ★危害 wēihài 통 해치다 | ★实现 shíxiàn 명 실현하다

Shēnghuó zhōng duì huánjìng zàochéng wūrǎn de yīnsù yǒu nǎxiē? Qǐng jiǎndān shuō yi shuō.

12 生活 中，对 环境 造成 污染 的 因素 有 哪些? 请 简单 说 一 说。
생활에서 환경을 오염시키는 요소는 무엇이 있나요? 간단히 말해 보세요.

내용 구상하기

도입	첫 문장에서 많이 쓰이는 '随着……的发展'을 활용하여 환경 오염의 심각함을 알린다.	随着科技的发展，环境污染也越来越严重了。
전개	환경 오염에 영향을 주는 요인을 예를 들어 설명한다.	我认为生活中离我们最近的手机、电脑、私家车、一次性生活用品等，都是造成环境污染的重要因素。 拿我来说，虽然出门时会乘坐公共交通工具，但我非常喜欢用湿巾和一次性用品，比如：消毒湿巾、一次性纸杯、筷子、塑料吸管等。
마무리	환경 오염을 줄이는 방법에 대해 말한다.	在生活中，如果人人能从自己做起，减少使用这些给环境带来污染的用品，那我们的生存环境应该会有小小的改善吧。

발음 tip

① 권설음 [zh·ch·sh·r]을 주의하며 발음하자

② 3성-1·2·4·경성으로 이루어진 단어나 구를 읽을 때는 반3성-1·2·4·경성으로 발음한다

③ 3성이 연속으로 있을 때는 마지막 글자의 성조만 3성으로, 그 앞의 글자들은 2성으로 발음한다

④ '再'가 4성이기 때문에 그 앞의 '不'는 4성이 아닌 2성이 되며, 이 영향으로 '已'는 반3성으로 읽는다

⑤ '女'의 [nǔ] 발음을 할 때는 입을 둥그렇게 모은 채로 [위]와 [이]의 중간 소리를 낸다

⑥ '一些'는 [yīxiē]가 아닌 [yìxiē]로 읽어야 한다

190

随着[㉠] 科技 的 发展^①, 环境 污染 / 也^② 越来越[㉡] 严重
Suízhe kējì de fāzhǎn, huánjìng wūrǎn yě yuèláiyuè yánzhòng

了[㉡]. 我 认为^① / 生活   中 / 离 我们 最近 的 手机^①、电脑、
le. Wǒ rènwéi shēnghuó zhōng / lí wǒmen zuìjìn de shǒujī, diànnǎo,

私家车、一次性 生活   用品 等^③, 都 是^① 造成   环境
sījiāchē, yícìxìng shēnghuó yòngpǐn děng, dōu shì zàochéng huánjìng

污染 的 / 重要^① 因素。拿 我 来说^④, 虽然 / 出门 时 / 会
wūrǎn de zhòngyào yīnsù. Ná wǒ láishuō, suīrán chūmén shí huì

乘坐^① 公共   交通 工具,但 / 我 非常 喜欢[㉢] / 用 湿巾^① /
chéngzuò gōnggòng jiāotōng gōngjù, dàn wǒ fēicháng xǐhuan yòng shījīn /

和 一次性 用品,比如^④: 消毒 湿巾、一次性 纸杯^①、 筷子、
hé yícìxìng yòngpǐn, bǐrú: xiāodú shījīn, yícìxìng zhǐbēi, kuàizi,

塑料 吸管 等^③。在 生活 中,如果 / 人人 能 / 从 自己
sùliào xīguǎn děng. Zài shēnghuó zhōng, rúguǒ rénrén néng cóng zìjǐ

做起,减少^③ 使用 这些 / 给 环境^④ / 带来 污染 的 用品,那
zuòqǐ, jiǎnshǎo shǐyòng zhèxiē gěi huánjìng dàilái wūrǎn de yòngpǐn, nà

我们 的 / 生存   环境 / 应该 会[㉣] 有 小小^③ 的 / 改善 吧。
wǒmen de shēngcún huánjìng yīnggāi huì yǒu xiǎoxiǎo de gǎishàn ba.

해석 과학 기술의 발전에 따라 환경 오염도 점점 심각해지고 있습니다. 저는 일상에서 우리와 가장 가까운 핸드폰, 컴퓨터, 자가용, 일회용품 등이 환경을 오염시키는 중요 요인이라고 생각합니다. 저를 예로 들면 비록 외출 시에 대중교통을 이용하긴 하지만, 소독용 물티슈, 일회용 종이컵, 젓가락, 플라스틱 빨대 등 물티슈와 일회용품을 자주 사용합니다. 일상에서 만약 사람들이 자신부터 시작해 이러한 환경을 오염시키는 용품들의 사용을 줄인다면 우리의 생존 환경도 조금씩은 개선될 것입니다.

어휘 ★生活 shēnghuó 통 생활하다 | ☆环境 huánjìng 명 환경 | ★造成 zàochéng 통 초래하다 [*造成+안 좋은 내용] | ★污染 wūrǎn 명 오염 | ☆重要 zhòngyào 형 중요하다 | ★因素 yīnsù 명 요인 | ☆简单 jiǎndān 형 간단하다 | ★随着 suízhe 개 ~따라 | 科技 kējì 명 과학 기술 [`科学技术`의 약자] | ★发展 fāzhǎn 명 발전 | 越来越 yuèláiyuè 부 점점 | ★严重 yánzhòng 형 심각하다 | ☆认为 rènwéi 통 ~라고 생각하다 | 私家车 sījiāchē 명 자가용 | 一次性 yícìxìng 명 일회용 [*一次性用品: 일회용품] | 用品 yòngpǐn 명 용품 | ★等 děng 조 등 | 来说 láishuō ~으로 말하자면 [*对A来说: A에게 있어서] | 出门 chūmén 통 외출하다 | ★乘坐 chéngzuò 통 (자동차·배·비행기 등을) 타다 | 公共交通 gōnggòng jiāotōng 대중교통 | ★工具 gōngjù 명 수단 | 湿巾 shījīn 명 물티슈 | ★比如 bǐrú 접 예를 들어 [*比如……等: 예를 들어 ~등이 있다] | 消毒 xiāodú 통 소독하다 | 纸杯 zhǐbēi 종이컵 | ★筷子 kuàizi 명 젓가락 | 塑料 sùliào 명 플라스틱 | 吸管 xīguǎn 명 빨대 | ☆如果 rúguǒ 접 만약 [*如果A那B: 만약 A라면, 그렇다면 B하다] | ☆自己 zìjǐ 대 자신 | 起 qǐ 통 ~하기 시작하다 [*从A做起: A부터 시작하다] | ★减少 jiǎnshǎo 통 줄이다 | ★使用 shǐyòng 통 사용하다 | 带来 dàilái 통 가져다 주다 | 生存 shēngcún 명 생존 | ☆应该 yīnggāi 조동 (응당) ~할 것이다 | ★改善 gǎishàn 통 개선하다

표현 tip

㉠ 随着 ~에 따라
과학 기술과 같은 주제에서 많이 쓰일 수 있는 표현으로, 뒤에 '발전', '변화' 등의 내용이 온다. 중요한 표현이니 꼭 기억해두자

㉡ 越来越A了 점점 A해지다
정도의 증가를 나타내는 '越来越'와 상황의 변화를 나타내는 어기조사 '了'는 함께 쓰일 수 있다

㉢ 喜欢 자주 ~하다
'喜欢'은 '좋아하다'라는 뜻 외에도 '어떤 행위를 자주 한다'는 의미로도 쓰인다

㉣ 应该会 응당 ~할 것이다
작은 것이라도 환경 오염을 줄이는 일을 실천하면 작은 변화가 있을 것이라는 확신이나 추측을 나타낸다

발음 tip

① 권설음 [zh·ch·sh·r] 발음에 유의하여 소리 낸다

② '污染也'에서 '污染'은 주어, '也'는 부사어이며, 이 두 단어를 이어서 말하면 1성-2성-3성이지만, 여기서는 끊어 읽기 때문에 1성-3성/반3성으로 발음한다

③ 3성이 연속으로 있는 단어나 구의 마지막 글자의 성조만 3성으로 읽고, 그 앞의 글자들은 2성으로 소리 낸다

④ 3성-2성으로 이루어진 단어나 구를 자연스럽게 읽을 때는 반3성-2성으로 한다

Zài gōngzuò huò xuéxí zhōng, nǐ jīngcháng yòng diànnǎo zuò shénme?

13 在 工作 或学习 中, 你 经常 　用 电脑 做 什么?

일 또는 공부를 할 때 당신은 자주 컴퓨터로 무엇을 합니까?

내용 구상하기

도입	과거에 컴퓨터로 무엇을 했는지 간단히 이야기한다.	在我还是学生的时候，一般用电脑完成老师留的作业和写论文还有上网查资料。
전개 & 마무리	첫 문장과 반대로 현재는 컴퓨터로 무엇을 하는지 이야기한다.	现在，我已经工作了，所以平时大部分的时间是用电脑来完成工作的，业余时间会用电脑看电影还有玩儿游戏。虽然科技越来越发达，大部分的手机和平板电脑都具备电脑的一部分功能，但很多时候，电脑仍然是必不可少的。比如写材料或者文档等等，电脑的使用更方便、更快捷、储存的空间也更大。

모범 답안 🔘 track 713

在⑦ 我 还是 / 学生 的 时候⑦, 一般 用 电脑 / 完成
Zài wǒ háishi xuésheng de shíhou, yìbān yòng diànnǎo wánchéng

老师① 留 的 作业 / 和 写 论文① 还有 上网 查① 资料。
lǎoshī liú de zuòyè hé xiě lùnwén háiyǒu shàngwǎng chá zīliào.

现在, 我 已经ⓛ② 工作 了ⓛ, 所以② / 平时 大部分 的 时间 / 是
Xiànzài, wǒ yǐjīng gōngzuò le, suǒyǐ píngshí dàbùfen de shíjiān shì

用 电脑 来③ 完成 工作 的, 业余④ 时间 / 会 用 电脑 /
yòng diànnǎo lái wánchéng gōngzuò de, yèyú shíjiān huì yòng diànnǎo

看 电影 / 还有 玩儿① 游戏。虽然 / 科技ⓒ 越来越 发达, 大部分
kàn diànyǐng háiyǒu wánr yóuxì. Suīrán kējì yuèláiyuè fādá, dàbùfen

的 手机① / 和 平板 电脑 / 都 具备④ 电脑 的 / 一部分 功能,
de shǒujī hé píngbǎn diànnǎo dōu jùbèi diànnǎo de yíbùfen gōngnéng,

但 / 很 多① 时候, 电脑 / 仍然 是 必不可少② 的。比如ⓔ① 写
dàn hěn duō shíhou, diànnǎo réngrán shì bìbùkěshǎo de. Bǐrú xiě

材料① / 或者 文档 等等ⓔ②, 电脑 的 使用① / 更 方便、
cáiliào huòzhě wéndàng děngděng, diànnǎo de shǐyòng gèng fāngbiàn、

更 快捷、 储存① 的 空间 / 也 更 大。
gèng kuàijié、 chǔcún de kōngjiān yě gèng dà.

해석 제가 학생일 때는 보통 컴퓨터로 선생님이 내주신 과제를 완성하고 논문을 쓰고 인터넷에서 자료 조사를 하는 것이 중요했습니다. 이제는 일을 하기 때문에 평소에는 대부분의 시간에 컴퓨터로 일을 끝내고, 여가 시간에는 컴퓨터로 영화를 보고 게임도 하곤 합니다. 비록 과학 기술이 점점 발달하여 대부분의 핸드폰과 태블릿 PC 모두 컴퓨터의 일부 기능을 갖추고 있지만, 많은 경우 컴퓨터는 여전히 필수적입니다. 예를 들어 자료나 문서를 작성하는 것 등은 컴퓨터를 사용하는 것이 더 편리하고 더 빠르며 저장할 수 있는 공간도 더 넓습니다.

표현 tip

⑦ 在A的时候 A일 때
학생일 때 컴퓨터를 어떤 용도로 사용했는지 설명한다

ⓛ 已经A了 이미 A했다
A라는 동작이나 행위가 이미 진행되었음을 나타낼 때 사용한다

ⓒ 科技 과학 기술
'科学技术(과학 기술)'의 약자로, 정식 명칭과 약자 모두 기억해 두자

ⓔ 比如……等等 예를 들어 ~등등이 있다
컴퓨터로 할 수 있는 일을 구체적으로 예를 들어 이야기할 수 있다

발음 tip

① 3성-1·2·4·경성으로 이루어진 단어나 구절은 반3성-1·2·4·경성으로 읽으면 자연스럽다

② 3성으로 연속된 단어나 구를 이어서 읽을 때는 앞의 글자는 3성이 아닌 2성으로 발음한다

③ '用电脑来完成'을 한 번에 이어 읽을 때는 '电脑来'를 4성-반3성-2성으로 읽지만, 부사어 '用电脑'와 술어 '来完成'을 끊

或 huò 웹 또는 | ☆ **经常** jīngcháng 뮈 자주 | ☆ **用** yòng 게 ~으로 | ☆ **一般** yìbān 혱 보통이다 | ☆ **完成** wánchéng 동 완성하다, 끝내다 | ☆ **留** liú 동 남기다 | ☆ **作业** zuòyè 몡 과제 | ★ **论文** lùnwén 몡 논문 | ☆ **上网** shàngwǎng 동 인터넷을 하다 | ☆ **查** chá 동 조사하다 | ★ **资料** zīliào 몡 자료 | ★ **平时** píngshí 몡 평소 | ★ **大部分** dàbufen 대부분 | ★ **业余** yèyú 몡 여가 | ☆ **游戏** yóuxì 몡 게임 | **科技** kējì 과학 기술 ['科学技术'의 약자] | **越来越** yuèláiyuè 뮈 점점 | ★ **发达** fādá 혱 발달하다 | **平板电脑** píngbǎn diànnǎo 태블릿 PC | **具备** jùbèi 갖추다 | **一部分** yíbùfen 일부 | **功能** gōngnéng 몡 기능 | ★ **仍然** réngrán 뮈 여전히 | **必不可少** bìbùkěshǎo 혱 필수적이다 | ★ **比如** bǐrú 웹 예를 들어 [*比如……等等: 예를 들어 ~등등이 있다] | ★ **材料** cáiliào 몡 자료 | ☆ **或者** huòzhě 웹 ~든지 | **文档** wéndàng 몡 문서 | ★ **等** děng 죄 등 | **使用** shǐyòng 몡 사용 | ☆ **更** gèng 뮈 더 | ☆ **方便** fāngbiàn 혱 편리하다 | **快捷** kuàijié 혱 빠르다 | **储存** chǔcún 동 저장하여 두다 | ★ **空间** kōngjiān 몡 공간

④ '业余'의 '余 yú'나 '具备'의 '具 jù' 발음을 할 때는 입술을 동그랗게 오므린 채로 [이] 소리를 낸다

Shǒujī de shǐyòng yuèláiyuè pǔbiàn, nǐ líkāi shǒujī yě néng zhèngcháng shēnghuó ma?
14 手机 的 使用 越来越 普遍，你 离开 手机 也 能 正常 生活 吗？
Qǐng shuōshuo yuányīn.
请 说说 原因。
핸드폰의 사용이 갈수록 보편화되고 있는데, 당신은 핸드폰 없이도 정상적인 생활을 할 수 있습니까? 이유를 말해 보세요.

내용 구상하기

도입	질문에 대해 핸드폰 없이 사는 것이 힘들다고 바로 대답한다.	其实，我尝试过几天不用手机的生活。本来我认为，自己离开手机也可以正常生活，但事实证明：作为现代人，离开手机真的很难正常生活。
전개	'首先', '其次'를 활용하여 핸드폰이 없을 때 불편한 상황을 나열하여 설명한다.	首先，一日三餐就很不方便。因为我不和父母生活在一起，所以周末我一般都是叫外卖送到家里，没有手机的几天里，我因为懒得出门，所以一连吃了好几顿泡面。其次，我平时几乎都是在网上购物，没有手机的话，连基本的日常用品买起来都很不方便。
마무리	핸드폰 없이 살기 힘들다고 다시 한 번 이야기한다.	因此，经验告诉我，没有手机很难正常生活。

모범 답안 ▶ ● track 714

其实，我 尝试过① / 几② 天 不 用③ / 手机① 的 生活。
Qíshí, wǒ chángshìguo jǐ tiān bú yòng shǒujī de shēnghuó.

本来① / 我 认为，自己 离开③ 手机① / 也 可以④ 正常 生活，
Běnlái wǒ rènwéi, zìjǐ líkāi shǒujī yě kěyǐ zhèngcháng shēnghuó,

但 / 事实 证明：作为ⓛ 现代人，离开 手机① / 真的 很 难 /
dàn shìshí zhèngmíng: zuòwéi xiàndàirén, líkāi shǒujī zhēnde hěn nán

正常 生活。 首先①，一日三餐⑤ / 就 很 不① 方便。因为 /
zhèngcháng shēnghuó. Shǒuxiān, yírìsāncān jiù hěn bù fāngbiàn.Yīnwèi

我 不 和 父母 / 生活 在 一起，所以④ / 周末 / 我 一般① 都 是 /
wǒ bù hé fùmǔ shēnghuó zài yìqǐ, suǒyǐ zhōumò wǒ yìbān dōu shì

叫 外卖 / 送到 家 里，没有 手机④ 的 / 几② 天 里，我 / 因为
jiào wàimài sòngdào jiā li, méiyǒu shǒujī de jǐ tiān li, wǒ yīnwèi

懒得① 出门，所以④ / 一连 吃了 / 好 几④ 顿 泡面。其次，我 /
lǎnde chūmén, suǒyǐ yìlián chīle hǎo jǐ dùn pàomiàn. Qícì, wǒ

표현 tip

ㄱ **离开** 떠나다
핸드폰 '없이' 살 수 있다는 말을 표현하기 위해 '离开'를 사용했으며 반대 표현은 '离不开'라고 한다

ⓛ **作为** ~로서
뒤에 직업이나 신분을 나타내는 말이 오며, 주로 문두에 쓰인다

ⓒ **因此** 그러므로
결과를 나타내는 접속사로, 내용의 맨 마지막에 쓰는 경우가 많다

ⓔ **告诉**A(대상)B(내용) A에게 B를 알리다
'告诉'는 두 개의 목적어를 가질 수 있는 동사로, 사람(간접) 목적어가 먼저 위치하고, 그 다음 내용(직접) 목적어가 온다

平时 几乎② 都 是 / 在 网上① 购物, 没有 手机④ 的 话,
píngshí jīhū dōu shì zài wǎngshàng gòuwù, méiyǒu shǒujī de huà,

连 基本 的① / 日常 用品 / 买起来④ 都 很 不 方便。因此©,
lián jīběn de rìcháng yòngpǐn mǎiqǐlai dōu hěn bù fāngbiàn. Yīncǐ,

经验 告诉ᵉ 我, 没有 手机④ / 很 难① 正常 生活。
jīngyàn gàosu wǒ, méiyǒu shǒujī hěn nán zhèngcháng shēnghuó.

해석 사실 전 며칠 동안 핸드폰을 사용하지 않고 생활해 본 적이 있습니다. 원래 저는 핸드폰을 벗어나도 정상적인 생활을 할 수 있을 거라고 생각했지만, 현대인으로서 핸드폰을 떠나서는 정상적인 생활이 정말 어렵다는 사실이 증명됐습니다. 우선 하루 세 끼가 불편합니다. 저는 부모님과 함께 살지 않기 때문에 주말에 보통 집으로 배달을 시키는데, 핸드폰이 없는 며칠 동안 저는 밖에 나가기가 귀찮아서 라면을 연속해서 몇 끼 먹었습니다. 그 다음으로 저는 평소에 거의 인터넷에서 물건을 사는데, 핸드폰이 없으면 기본적인 일상용품을 사기에도 불편합니다. 그래서 핸드폰 없이는 정상적인 생활이 힘들다는 경험을 제게 알려 줬습니다.

어휘 ★ 使用 shǐyòng 몡 사용 | 越来越 yuèláiyuè 뮈 갈수록 | ★ 普遍 pǔbiàn 혱 보편적이다 | ☆ 离开 líkāi 동 벗어나다 | ★ 正常 zhèngcháng 혱 정상적인 | ★ 生活 shēnghuó 동 생활하다 | ★ 原因 yuányīn 몡 원인 | 其实 qíshí 뮈 사실 | 尝试 chángshì 동 시도해 보다 | ★ 本来 běnlái 뮈 원래 | ☆ 认为 rènwéi 동 생각하다 | ★ 自己 zìjǐ 때 자신 | 事实 shìshí 몡 사실 | ★ 证明 zhèngmíng 동 증명하다 | ★ 作为 zuòwéi 개 ~로서 | ★ 现代 xiàndài 몡 현대 [*现代人: 현대인] | ☆ 难 nán 혱 어렵다 | ★ 首先 shǒuxiān 뮈 우선 [*首先A, 其次B: 우선 A하고, 다음은 B 하다] | 一日三餐 yírìsāncān 하루 세 끼 | ★ 方便 fāngbiàn 혱 편리하다 | ★ 周末 zhōumò 몡 주말 | ☆ 一般 yìbān 혱 일반적이다 | 外卖 wàimài 몡 포장 판매하는 식품 | 懒得 lǎnde ~하는 것이 귀찮다 | 出门 chūmén 동 외출하다 | 一连 yìlián 뮈 (비슷한 동작·상황이) 계속 | ★ 顿 dùn 얭 끼니 | 泡面 pàomiàn 몡 인스턴트 라면 | 其次 qícì 몡 그다음 | ★ 平时 píngshí 몡 평소 | 网上 wǎngshàng 몡 인터넷 | ★ 购物 gòuwù 동 물건을 사다 | ★ 连 lián 개 ~조차도 [*连A都B: A조차도 B하다] | ★ 基本 jīběn 혱 기본적인 | ★ 日常 rìcháng 몡 일상 [*日用品: 일상용품] | 用品 yòngpǐn 몡 용품 | ★ 起来 qǐlai ~하기에 [동사 뒤에 쓰여 어떤 일에 대한 견해나 추측을 나타냄] | ★ 因此 yīncǐ 접 그래서 | ★ 经验 jīngyàn 몡 경험

발음 tip

① 3성-1·2·4·경성으로 이루어진 단어나 구절은 반3성-1·2·4·경성으로 읽는다

② '几jǐ'는 '몇'이라는 의미로 쓰일 때는 3성으로 소리 내지만 부사 '几乎jīhū'에서는 1성으로 소리 내야 한다. 같은 한자, 같은 병음이지만 성조가 다른 것에 주의하자

③ '不'는 원래 4성이지만 그 뒤의 단어인 '用'의 성조 역시 4성이므로, 2성으로 바뀐다

④ 3성이 연속으로 된 단어나 구절은 맨 뒤의 글자만 3성을 살리고 나머지는 2성으로 소리 낸다

⑤ '一'는 뒤의 단어에 따라 성조가 바뀌며, '日'의 영향으로 2성으로 소리 내는 것을 기억하자

05 중국

본문 p.112

Qǐng shuō yí ge nǐ zhīdào huò liǎojiě de Zhōngguó chuántǒng jiérì.
15 请 说 一 个 你 知道 或 了解 的 中国 传统 节日。
당신이 알고 있는 중국 전통 명절에 대해 말해 보세요.

내용 구상하기

도입	알고 있는 중국 전통 명절을 말하고, 그 중 가장 잘 알고 있는 것을 언급한다.	据我所知，中国的传统节日有春节，中秋节等等。我最了解并且亲身经历过的就是中国的春节。
전개 & 마무리	앞에서 가장 잘 알고 있다고 한 춘절에 대하여 자세히 설명한다.	中国人的春节长假大概是一周左右，这样的长假在韩国基本上是没有的。中国人在这几天会一家团聚吃年夜饭、包饺子、看电视。最近也有很多人选择在饭店和家人庆祝春节。当然，还少不了孩子们最喜欢的烟花，中国人会在春节这几天放烟花或者鞭炮，它给人们增添了节日的气氛。

据我所知㉠①，中国 的 传统 节日② / 有㉡ 春节②，
Jùwǒsuǒzhī, Zhōngguó de chuántǒng jiérì yǒu Chūnjié,

中秋节 等 等㉡①。我 / 最 了解① / 并且 / 亲身 经历过 的 /
Zhōngqiū Jié děng děng. Wǒ zuì liǎojiě bìngqiě qīnshēn jīnglìguo de

就 是 中国 的 春节。中国人 的 春节 长假 / 大概 是 /
jiù shì Zhōngguó de Chūnjié. Zhōngguórén de Chūnjié chángjià dàgài shì

一 周③ 左右㉢，这样 的 长假 / 在 韩国 / 基本上② 是 / 没有
yì zhōu zuǒyòu, zhèyàng de chángjià zài Hánguó jīběnshang shì méiyǒu

的②。中国人 / 在 这 几 天② / 会 一 家③ 团聚 / 吃 年夜饭、
de. Zhōngguórén zài zhè jǐ tiān huì yì jiā tuánjù chī niányèfàn,

包 饺子、看 电视。最近 / 也 有 很① 多人 选择② / 在 饭店
bāo jiǎozi, kàn diànshì. Zuìjìn yě yǒu hěn duō rén xuǎnzé zài fàndiàn

和 家人 / 庆祝 春节。当然，还 / 少不了④ / 孩子们 最 喜欢②
hé jiārén qìngzhù Chūnjié. Dāngrán, hái shǎobuliǎo háizimen zuì xǐhuan

的 烟花，中国人 / 会 在 春节 这 几 天② / 放 烟花 / 或者
de yānhuā, Zhōngguórén huì zài Chūnjié zhè jǐ tiān fàng yānhuā huòzhě

鞭炮，它 / 给㉣ 人们② / 增添㉣了 节日 的 气氛㉣。
biānpào, tā gěi rénmen zēngtiānle jiérì de qìfēn.

㉠ 据我所知 내가 알기로는
어려운 표현이지만, 여러 주제에
다양하게 쓰일 수 있으므로 꼭
기억하자

㉡ A有……等等 A에는 ~등
등이 있다
A에 대한 구체적인 예시를 들 때
쓸 수 있는 말이다

㉢ 左右 쯤
왼쪽과 오른쪽을 지칭하는 말이
지만 '쯤, 안팎, 내외'이라고도 쓰
이며, 수량사 뒤에서 대략적인
수를 나타낸다

㉣ 给A增添B의 기운 A에게 B
한 분위기를 더해 주다
다양한 고정격식을 사용하면 문
장을 더욱 풍부하게 만들 수 있
다

해석 제가 알기로 중국의 전통 명절에는 춘절, 중추절 등이 있습니다. 제가 가장 잘 알고 직접 경험한 것은 중국의 춘절입니다. 중국인들의 춘절 연휴는 대략 일주일쯤 되는데, 이런 장기 연휴는 한국에 거의 없습니다. 중국인들은 이 며칠 동안 가족이 한자리에 모여 제야 음식을 먹고 교자를 빚고 텔레비전을 봅니다. 최근에는 호텔에서 가족들과 춘절을 축하하는 사람들도 많습니다. 물론 아이들이 가장 좋아하는 불꽃놀이도 빼놓을 수 없습니다. 중국인들은 춘절 기간 불꽃놀이를 하거나 폭죽을 터뜨려 사람들에게 명절의 분위기를 더해 주곤 합니다.

발음 tip

① 3성이 연속된 단어나 구절은
맨 뒤의 글자만 3성을 지키고 그
앞은 2성으로 소리 낸다

② 3성-1·2·4·경성으로 이어진
단어나 구절은 반3성-1·2·4·경
성으로 읽어주면 훨씬 자연스럽다

③ '一'는 뒤 단어에 따라 성조가
바뀌는데, '周', '家' 모두 1성이
기 때문에 4성이 된다

④ '少不了'는 [shǎobùle]가 아
니라 [shǎobuliǎo]로 읽는 것을
주의하자

어휘 ★ 或 huò 웹 혹은 | ☆ 了解 liǎojiě 웹 알다 | ★ 传统 chuántǒng 웹 전통 | ★ 节日 jiérì 웹 명절 | 据我所知 jùwǒsuǒzhī 내가 알기로는 | 韩国 Hánguó 교유 한국 | ☆ 一样 yíyàng 웹 똑같다 [*和 A一样: A와 같다] | 比如 bǐrú 예를 들어 [*比如……等等: 예를 들어 ~등등이 있다] | 春节 Chūnjié 교유 춘절 | 中秋节 Zhōngqiū Jié 교유 중추절 | 并且 bìngqiě 웹 또한 | 亲身 qīnshēn 웹 직접 | ★ 经历 jīnglì 웹 경험하다 | 长假 chángjià 웹 장기 휴가 | ★ 大概 dàgài 웹 대략 | 周 zhōu 웹 주 | ★ 左右 zuǒyòu 웹 쯤 | 这样 zhèyàng 데 이렇게 | 基本上 jīběnshang 웹 대체로 | 团聚 tuánjù 웹 한자리에 모이다 | 年夜饭 niányèfàn 웹 제야 음식 [음력 섣달 그믐날 밤 일가족이 모여서 먹는 음식] | 包饺子 bāo jiǎozi 교자를 빚다 | ☆ 选择 xuǎnzé 웹 고르다 | 家人 jiārén 웹 가족 | 庆祝 qìngzhù 웹 축하하다 | ☆ 当然 dāngrán 웹 물론 | 少不了 shǎobuliǎo 빼놓을 수 없다 | 烟花 yānhuā 웹 불꽃놀이 [*放烟花: 불꽃놀이를 하다] | ☆ 或者 huòzhě 웹 ~든지 [*A或者B: A이던가 아니면 B이다] | ★ 鞭炮 biānpào 웹 폭죽의 총칭 | 增添 zēngtiān 웹 더하다 | ★ 气氛 qìfēn 웹 분위기

Qǐng shuō yíxià, Zhōngguó de Értóng Jié hé Hánguó de Értóng Jié yǒu shénme gòngtóngdiǎn hé

16 请 说 一下，中国 的 儿童节 和 韩国 的 儿童节 有 什么 共同点 和
chāyì.
差异。
중국의 어린이날은 한국의 어린이날과 어떤 공통점과 다른 점이 있는지 이야기해 보세요.

도입	중국과 한국의 어린이날이 날짜를 제외하고는 거의 비슷하다는 말로 시작한다.	中国的儿童节是六月，韩国的儿童节是五月，除了时间上不一样以外，庆祝的方式都差不多。
전개	어린이날에 보통 무엇을 하고 어떻게 기념하는지 이야기한다.	这一天，父母会带着孩子去游乐园或者去吃好吃的东西，街上到处都充满了欢乐的气氛。很多地方会举行打折活动，家长们也会在几天前就开始研究路线和做好计划，因为带着孩子出门不是一件容易的事。
마무리	어린이날이 아이들에게 어떤 의미인지 이야기하며 마무리한다.	最重要的就是，父母会给孩子买他们想要的礼物。这一天对孩子们来说，是和生日一样重要的日子。

모범 답안 ● track 716

中国① 的 儿童节 / 是 六月，韩国 的 儿童节 / 是 五月，
Zhōngguó de Értóng Jié shì liù yuè, Hánguó de Értóng Jié shì wǔ yuè,

除了⑤ 时间① 上 不 一样 以外⑤，庆祝 的 方式 / 都⑤ 差不多。
chúle shíjiān shang bù yíyàng yǐwài, qìngzhù de fāngshì dōu chàbuduō.

这 一 天②，父母 / 会 带ⓛ着 孩子 / 去③ 游乐园④ / 或者 去③ / 吃
Zhè yì tiān, fùmǔ huì dàizhe háizi qù yóulèyuán huòzhě qù chī

好吃① 的 东西，街上 到处 / 都 充满ⓒ了 欢乐④ 的 气氛。很
hǎochī de dōngxi, jiēshang dàochù dōu chōngmǎnle huānlè de qìfēn. Hěn

多 地方 / 会 举行③ 打折 活动，家长们 / 也 会 在 几 天 前 /
duō dìfang huì jǔxíng dǎzhé huódòng, jiāzhǎngmen yě huì zài jǐ tiān qián

就 开始① 研究 路线 和 做好 计划，因为 / 带着 孩子 出门
jiù kāishǐ yánjiū lùxiàn hé zuòhǎo jìhuà, yīnwèi dàizhe háizi chūmén

不 是⑤ 一 件⑥ 容易 的 事。最 重要 的 / 就 是①，父母 / 会
bú shì yí jiàn róngyì de shì. Zuì zhòngyào de jiù shì, fùmǔ huì

给 孩子 / 买 他们 想要 的 礼物。这 一 天① / 对 孩子们
gěi háizi mǎi tāmen xiǎngyào de lǐwù. Zhè yì tiān duì háizimen

来说，是 和 生日① / 一样 重要 的 日子①。
láishuō, shì hé shēngrì yíyàng zhòngyào de rìzi.

해석 중국의 어린이날은 6월, 한국의 어린이날은 5월로 시기가 다른 것을 제외하면 축하하는 방식은 거의 비슷합니다. 이날 부모들은 아이를 데리고 놀이공원에 가거나 맛있는 음식을 먹으러 가고, 거리 곳곳은 즐거운 분위기로 가득합니다. 많은 곳에서 할인 행사를 실시하고, 부모들도 며칠 전부터 동선을 고려해서 계획을 세우기 시작합니다. 아이를 데리고 외출하는 것이 쉽지 않기 때문입니다. 가장 중요한 것은 부모님이 아이가 원하는 선물을 사 준다는 것입니다. 이날은 아이들에게 생일만큼 중요한 날입니다.

어휘 儿童节 Értóng Jié 고유 어린이날 | 韩国 Hánguó 고유 한국 | 共同点 gòngtóngdiǎn 명 공통점 | 差异 chāyì 명 다른 점 | ☆ 除了 chúle 개 ~를 제외하고 [*除了A以外，都B: A를 제외하고 B하다] | ☆ 一样 yíyàng 형 동일하다 | ★ 庆祝 qìngzhù 동 축하하다 | ☆ 方式 fāngshì 명 방식 | ★ 差不多 chàbuduō 형 거의 비슷하다 | 父母 fùmǔ 명 부모 | ☆ 带 dài 동 데리다 | 游乐园 yóulèyuán 명 놀이공원 | ☆ 或者 huòzhě 접 혹은 | 街 jiē 명 거리 | ★ 到处 dàochù 명 곳곳

표현 tip

⑤ 除了A以外，都B A를 제외하고 모두 B하다

A(시간이 다른 것을)제외하면 B는 거의 비슷함을 표현하며, '都' 대신 '还'나 '也'를 쓰면 B에도 유사점이 아닌 차이점이 있다는 내용이 들어가야 한다

ⓛ 带A(대상)B(행위) A를 데리고 B하다

A에는 사람 이외에, 사물이 들어가기도 한다

ⓒ 充满 충만하다

'분위기'와 같은 추상적인 대상을 목적어로 가진다

발음 tip

① 권설음 [zh·ch·sh·r]발음은 신경 써서 발음해야 한다

② '一天'에서 '一'는 1성인 '天'의 영향을 받아 4성이 된다

③ '去'와 '举行jǔxíng'의 '举' 발음을 할 때는 입을 동그랗게 말아 [이]와 [위] 중간 발음을 낸다. 또한 '举行'의 '行'은 다음자로 여기에서는 [háng]이 아니라 [xíng]으로 발음해야 한다

④ 다음자 '乐'는 [lè]와 [yuè] 두 가지 음이 있는데, '游乐园 [yóulèyuán]'과 '欢乐[huānlè]'는 모두 [lè]로 발음한다

⑤ '不'는 본래 4성이지만 뒤의 단어 '是' 역시 4성이므로, 2성으로 바뀐다

★ 充满 chōngmǎn 동 가득차다 | 欢乐 huānlè 형 즐겁다 | ★ 气氛 qìfēn 명 분위기 | ☆ 地方 dìfang 명 곳 | ★ 举行 jǔxíng 동 실시하다 | ★ 打折 dǎzhé 동 할인하다 | ★ 活动 huódòng 명 행사 | 家长 jiāzhǎng 명 학부모 | ★ 研究 yánjiū 동 고려하다 | 路线 lùxiàn 명 노선 | ★ 计划 jìhuà 명 계획 | 出门 chūmén 동 외출하다 | ☆ 容易 róngyì 형 쉽다 | ★ 重要 zhòngyào 형 중요하다 | ★ 礼物 lǐwù 명 선물 | ★ 日子 rìzi 명 날

⑥ '一件'에서 '一'는 '一天'과 다르게, '件'이 4성이기 때문에, 4성이 아닌 2성이 된다

06 기타

본문 p.117

Nǐ de nǎxiē shēnghuó fāngshì shì hé fùmǔ bù yíyàng de, qǐng jiǎndān shuō yíxià.

17 你 的 哪些 生活 方式 是 和 父母 不 一样 的，请 简单 说 一下。

당신의 생활 방식은 부모님과 무엇이 다른지 간단히 이야기해 보세요.

내용 구상하기

도입	부모님과 생활 방식이 다르다고 언급한다.	虽然我和父母一起生活，但我们的生活方式还是会有不一样的地方。
전개	생활 방식이 어떻게 다른지 구체적으로 예를 들어 설명한다.	我比较喜欢在周末整理自己的东西或洗衣服什么的，但妈妈基本上一两天就会收拾一次东西或打扫房间，我经常因为把衣服乱堆而被妈妈批评。还有，我吃饭时没有米饭也没关系，但是我的爸爸妈妈必须每餐都要吃米饭。而且在家时，我们基本上不点外卖吃。
마무리	다른 점이 있더라도, 가족과의 정은 변함없다는 것으로 마무리한다.	然而，这些生活习惯上的差异并没有影响我们一家人的感情，我非常珍惜和家人在一起的每一天。

모범 답안　● track 717

虽然① / 我 和① 父母 一起 生活，但⑦ / 我们 的 生活
Suīrán wǒ hé fùmǔ yìqǐ shēnghuó, dàn wǒmen de shēnghuó

方式 / 还是 会 有 / 不 一样 的 地方。我 比较② 喜欢① / 在 周末 /
fāngshì háishi huì yǒu bù yíyàng de dìfang. Wǒ bǐjiào xǐhuan zài zhōumò

整理② 自己 的① 东西 / 或 洗 衣服① / 什么 的，但 / 妈妈 /
zhěnglǐ zìjǐ de dōngxi huò xǐ yīfu shénme de, dàn māma

基本上ⓛ 一 两③ 天 / 就 会 收拾 一 次④ 东西 / 或 打扫 房间，
jīběnshang yì liǎng tiān jiù huì shōushi yí cì dōngxi huò dǎsǎo fángjiān,

我 经常 因为ⓒ / 把 衣服① / 乱堆 而ⓒ / 被 妈妈 批评。还有，
wǒ jīngcháng yīnwèi bǎ yīfu luànduī ér bèi māma pīpíng. Háiyǒu,

我 吃饭① 时 / 没有 米饭② / 也 没关系①，但是 / 我 的① 爸爸
wǒ chīfàn shí méiyǒu mǐfàn yě méiguānxi, dànshì wǒ de bàba

妈妈 / 必须 每 餐 / 都 要 吃 米饭。而且 / 在 家 时，我们 /
māma bìxū měi cān dōu yào chī mǐfàn. Érqiě zài jiā shí, wǒmen

基本上① 不 点 外卖 / 吃。然而，这些 生活 习惯 上 的 /
jīběnshang bù diǎn wàimài chī. Rán'ér, zhèxiē shēnghuó xíguàn shang de

표현 tip

⑦ 虽然A，但B 비록 A하지만 B하다
전환을 나타내는 접속사 구문을 통해 부모님과 생활 방식이 다름을 언급한다

ⓛ 基本上 대체로
일반적으로 어떠한지를 나타낼 때 쓰는 부사 표현이다

ⓒ 因为A而B A해서 B하다
A에는 원인, B에는 결과가 들어가, 인과 관계를 나타낸다

ⓔ 并 결코
부정사 앞에 쓰여, 부정의 표현을 강조한다

발음 tip

① 1·2·4·경성 앞에 3성으로 된 글자가 있을 때 3성을 반3성으로 읽으면 보다 자연스럽다

差异 / 并② 没有　影响 / 我们⑤ 一 家人③ 的　感情①，我 / 非常
chāyì　bìng méiyǒu yǐngxiǎng wǒmen　yì jiārén　de gǎnqíng，wǒ fēicháng

珍惜 / 和 家人 在 一起 的 / 每 一 天③。
zhēnxī　hé jiārén zài yìqǐ de　měi yì tiān.

[해석] 비록 저는 부모님과 함께 살지만, 우리의 생활 방식은 그래도 다른 점이 있습니다. 저는 주말에 제 물건 정리를 하거나 옷 세탁 등을 하는 것을 비교적 좋아하는데, 엄마는 주로 하루 이틀에 한 번씩 물건을 정리하거나 방을 청소하십니다. 저는 늘 옷을 마구 쌓아 올려서, 엄마께 꾸지람을 듣습니다. 그리고 저는 식사할 때 쌀밥이 없어도 괜찮지만, 우리 아빠, 엄마는 매 끼니마다 쌀밥을 드셔야 합니다. 게다가 집에 있을 때 우리는 거의 배달 음식을 시키지 않습니다. 그러나 이러한 생활 습관의 차이는 우리 가족의 정에 전혀 영향을 미치지 않습니다. 저는 가족과 함께하는 하루하루를 매우 소중히 여깁니다.

[어휘] ★生活 shēnghuó 몡 생활 동 살다 | ★方式 fāngshì 몡 방식 | 父母 fùmǔ 몡 부모 | ★一样 yíyàng 동 동일하다 | ☆简单 jiǎndān 간단하다 | ★还是 háishi 그래도 | ☆地方 dìfang 몡 점 | ☆周末 zhōumò 몡 주말 | ★整理 zhěnglǐ 동 정리하다 | ★自己 zìjǐ 떼 자기 | 或 huò 젭 혹은 | 基本上 jīběnshang 뷔 주로 | ☆收拾 shōushi 동 정리하다 | 打扫 dǎsǎo 동 청소하다 | ☆经常 jīngcháng 뷔 늘 | ★乱 luàn 동 어지럽다 | 堆 duī 동 쌓이다 | ★而 ér 젭 목적 또는 원인을 나타내는 부분을 접속시킴 | ☆被 bèi 개 ~에게 ~를 당하다 [*주어+被+목적어+술어+기타성분] | ★批评 pīpíng 동 꾸짖다 | 米饭 mǐfàn 몡 쌀밥 | ★必须 bìxū 반드시 (~해야 한다) | 餐 cān 몡 식사 | ★而且 érqiě 젭 게다가 | 外卖 wàimài 몡 배달 음식 [*点外卖: 배달 음식을 시키다] | ★然而 rán'ér 젭 그러나 | ★习惯 xíguàn 몡 습관 | 并 bìng 뷔 전혀 [부정사 앞에 쓰여 부정의 어투 강조] | ☆影响 yǐngxiǎng 동 영향을 주다 | ★感情 gǎnqíng 몡 감정 | ★珍惜 zhēnxī 동 소중히 여기다

② 3성-3성인 단어나 구절은 2성-3성으로 소리 낸다

③ '一'의 뒤의 단어가 1, 2, 3성일 경우 4성이 된다

④ 위와 반대로 '一' 뒤의 단어가 4성일 경우, 2성으로 소리 낸다

⑤ '没有影响我们'은 '有影响我'의 4개 글자가 3성으로, 그동안의 팁에 따라 '有影响'은 모두 2성, '我'만 3성으로 발음한다고 생각할 수 있다. 그러나 전체 문장을 보면, 술어인 '影响'을 기준으로 끊어 읽기 때문에 '没有影响(2성-2성-2성-3성) / 我们(반3성-경성)'으로 발음한다

Duìyú "chénggōng" nǐ shì zěnme lǐjiě de? Qǐng tántan nǐ de kànfǎ.
18 对于 "成功" 你 是 怎么 理解 的? 请 谈谈 你 的 看法。
'성공'에 대해 당신은 어떻게 생각합니까? 당신의 견해를 말해 보세요.

[내용 구상하기]

도입	사람마다 성공에 대한 생각이 다름을 밝힌다.	对于"成功"，每个人都有自己的理解，而且我认为在人生的不同阶段，对"成功"的理解也不一样。
전개	현재 자신의 성공에 대한 기준을 설명한다.	作为一个普通的大学毕业生，现阶段我认为的成功其实就是找到一个自己感兴趣的工作，不让父母为我的生活担心。
마무리	미래 자신의 성공에 대한 기준을 추측하여 이야기한다.	然而，当我不再年轻，工作也比较稳定，并且有了自己的家庭，或许，我的心态又会有变化吧，那时的我应该认为家人因为我的努力而衣食无忧才是最大的成功。

[모범 답안] ▶ track **718**

对于 "成功①"，每 个 人 / 都 有 自己 的 理解②，而且 /
Duìyú "chénggōng"，měi ge rén dōu yǒu zìjǐ de lǐjiě，érqiě

我 认为① / 在　人生① 的 / 不同 阶段，对 "成功①" 的 理解②
wǒ rènwéi　zài rénshēng de　bùtóng jiēduàn，duì "chénggōng" de lǐjiě

也 不 一样。作为© 一 个③ 普通 的 大学 毕业生①，现 阶段
yě bù yíyàng. Zuòwéi yí ge　pǔtōng de dàxué bìyèshēng，xiàn jiēduàn

我 认为① 的 / 成功　其实① 就是① / 找到 一 个 / 自己 感兴趣②
wǒ rènwéi de chénggōng qíshí jiùshì zhǎodào yí ge　zìjǐ gǎnxìngqù

[표현 tip]

㉠ 我认为 나는 ~라고 생각한다
성공에 관한 자신의 생각을 표현하며, 이야기의 도입이나 마무리에 많이 쓰인다

㉡ 作为 ~로서
직업이나 신분을 목적어로 가지며 주로 문장 첫머리에 쓰인다

的　工作，不　让④　父母／为⑤我的　生活／担心。然而ⓒ，当
de gōngzuò, bú ràng　fùmǔ　wèi　wǒ de shēnghuó dānxīn. Rán'ér, dāng

我　不再②④　年轻，　工作／也比较②　稳定，并且／有了自己的
wǒ bú zài　niánqīng, gōngzuò yě bǐjiào wěndìng, bìngqiě yǒule zìjǐ de

家庭，或许⑥，我的心态／又会有　变化吧。那时①的我／
jiātíng, huòxǔ,　wǒ de xīntài　yòu huì yǒu biànhuà ba. Nàshí de wǒ

应该认为／家人因为／我的努力／而衣食①无忧／才是／最
yīnggāi rènwéi jiārén yīnwèi wǒ de nǔlì　ér yīshí wúyōu cái shì zuì

大的　成功。
dà de chénggōng.

'성공'에 대해서는 사람마다 자신의 생각이 있으며, 저는 인생의 단계별로 '성공'에 대한 이해도 다르다고 생각합니다. 평범한 대학 졸업생으로서, 지금 단계에서 제가 생각하는 성공은 바로 자신이 흥미가 있는 직업을 찾아서 부모님께 걱정을 끼치지 않는 것입니다. 그러나 제가 더 이상 어리지 않고 직장도 비교적 안정되며 또 제 가정이 생길 때면, 아마 저의 심리 상태에도 변화가 생길 것입니다. 그때의 저는 가족들이 저의 노력으로 기본적인 생계가 걱정이 없는 것이 가장 큰 성공이라고 생각할 것입니다.

★对于 duìyú 团 ~에 대해서 | ★成功 chénggōng 명 성공 | ★理解 lǐjiě 동 이해하다 | ★谈 tán 동 말하다 | 看法 kànfǎ 명 견해 | ☆自己 zìjǐ 명 자기 | ☆而且 érqiě 접 뿐만 아니라 | ☆认为 rènwéi 동 ~라고 여기다 | ★人生 rénshēng 명 인생 | 不同 bùtóng 다르다 | ★阶段 jiēduàn 명 단계 | ☆一样 yíyàng 형 같다 | ☆自己 zìjǐ 명 자기 | ★作为 zuòwéi 团 ~으로서 | 普通 pǔtōng 형 평범하다 | 大学 dàxué 명 대학 | 毕业生 bìyèshēng 명 졸업생 | 现 xiàn 명 지금 | ★其实 qíshí 부 사실 | 感兴趣 gǎnxìngqù 흥미가 있다 | 父母 fùmǔ 명 부모 | ★生活 shēnghuó 명 생활 | ☆担心 dānxīn 동 걱정하다 | ★然而 rán'ér 접 그러나 | ★当 dāng 团 바로 시간이나 그 장소를 가리킬 때 쓰임 | ☆年轻 niánqīng 형 어리다 | ★比较 bǐjiào 부 비교적 | ★稳定 wěndìng 형 안정적이다 | ★并且 bìngqiě 접 또한 | ★家庭 jiātíng 명 가정 | ★或许 huòxǔ 부 아마 | 心态 xīntài 명 심리 상태 | ☆又 yòu 부 또 | ☆变化 biànhuà 명 변화 | 应该 yīnggāi 조동 (아마도)~일 것이다 | ★家人 jiārén 명 가족 | ★努力 nǔlì 동 노력하다 | ★而 ér 접 목적 또는 원인을 나타내는 부분을 접속시킴 | 衣食 yīshí 명 기본적인 생계 | 无忧 wúyōu 걱정이 없다 | ☆才 cái 부 비로소

Ní rènwéi zìjǐ yǒu nǎxiē yōudiǎn hé quēdiǎn?
19 你认为自己有哪些　优点　和　缺点?
당신은 자신에 어떤 장점과 단점이 있다고 생각합니까?

도입	자신의 장점에 대하여 간단히 이야기한다.	我是一个缺点比优点多的人，我认为自己最大的优点就是真诚和善于倾听，很多朋友都愿意跟我说他们的心里话。
전개 & 마무리	자신의 단점을 언급하며 이를 고칠 것이라는 다짐과 함께 마무리한다.	说起缺点，我觉得应该是我比较固执，固执指的是对自己的事情，比如决定了的事一般不会轻易改变，家人的劝告我会参考，但一般情况下，会坚持自己的想法。或许在别人眼中，我还有自己没有意识到的缺点或问题，所以我今后会多听听别人的意见，这样自己才能进步。

모범 답안 ● track **719**

我是①一个缺点／比①优点　多的人，我认为／自己最
Wǒ shì　yí ge quēdiǎn bǐ yōudiǎn duō de rén, wǒ rènwéi zìjǐ zuì

然而 그런데
전환 관계를 나타내며, 보통 문장의 맨 앞에 사용한다

ⓔ 不再 더는 ~하지 않다
어떤 현상이나 사건이 다시는 일어나지 않음을 표현할 때 사용한다

발음 tip

① 권설음 [zh·ch·sh·r]이 있을 때는 각별히 주의하여 발음하자

② 3성-3성인 단어나 구절은 2성-3성으로 소리 낸다

③ '一个'는 2성-경성으로 소리 내는 것을 암기하자

④ '不'가 4성인 단어 앞에 위치하면 2성이 된다

⑤ '为'는 다의어로, 여기서는 '为A担心(A때문에 걱정하다)'이라는 뜻으로 쓰였으므로, 2성이 아니라 4성으로 소리 내야 한다

⑥ '或许'의 '许[xǔ]'는 [우] 입모양을 유지한 채로 [쉬]와 [슈] 중간 소리를 낸다

표현 tip

㉠ A比B술어 A는 B보다 ~하다
질문에서 장점과 단점에 대해 묻고 있기 때문에, 이야기를 장단

말하기 및 쓰기 유형

大 的 优点 / 就是　真诚 / 和 善于　倾听, 很 多^① 朋友 /
dà de yōudiǎn　jiù shì zhēnchéng hé shànyú　qīngtīng, hěn duō péngyou

都 愿意 / 跟 我 说^① 他们 的 / 心里话。说起[ⓛ] 缺点, 我 觉得^① /
dōu yuànyì　gēn wǒ shuō tāmen de　xīnlihuà. Shuōqǐ quēdiǎn, wǒ juéde

应该 是 / 我 比较^② 固执, 固执 指 的 是 / 对 自己 的^① 事情,
yīnggāi shì / wǒ bǐjiào gùzhi, gùzhi zhǐ de shì / duì zìjǐ de shìqing,

比如^{ⓒ①} / 决定了 的 事 / 一般 不 会^③ / 轻易 改变^①, 家人 的
bǐrú　juédìngle de shì yìbān bú huì　qīngyì gǎibiàn, jiārén de

劝告 / 我 会^① 参考, 但 / 一般　情况　下[ⓔ], 会 坚持 自己 的
quàngào wǒ huì　cānkǎo, dàn / yìbān qíngkuàng xià,　huì jiānchí zìjǐ de

想法。或许 在 别人　眼中,　我 还有^① / 自己 没有　意识到 的
xiǎngfa. Huòxǔ zài biérén yǎnzhōng,　wǒ háiyǒu　zìjǐ méiyǒu yìshídào de

缺点 / 或 问题, 所以 / 我 今后[ⓔ] / 会 多　听听 / 别人 的 意见,
quēdiǎn / huò wèntí,　suǒyǐ wǒ jīnhòu　huì duō tīngting biérén de yìjiàn,

这样 / 自己 才^① 能　进步。
zhèyàng　zìjǐ cái néng jìnbù.

해석 저는 단점이 장점보다 많은 사람입니다. 제 생각에 저의 가장 큰 장점은 진실되고 경청을 잘하는 것이고, 많은 친구들이 제게 그들의 속마음을 말하고 싶어 합니다. 단점을 말하자면, 제가 생각하기에 전 좀 고집스러운데, 고집스럽다는 것이 저에 대한 일, 예를 들면 결정한 일은 보통 좀체 바꾸지 않는 것을 가리킵니다. 가족의 충고는 참고하지만 보통 내 생각을 고집합니다. 혹시 다른 사람의 눈에는 제가 깨닫지 못한 단점이나 문제가 있을지도 모르니, 앞으로 다른 사람의 의견을 많이 들을 것입니다. 이렇게 해야 비로소 제가 발전할 수 있습니다.

어휘 ☆认为 rènwéi 图 ~라고 생각하다 | ★自己 zìjǐ 图 자신 | 优点 yōudiǎn 图 장점 | ★缺点 quēdiǎn 图 단점 | 真诚 zhēnchéng 图 진실되다 | ★善于 shànyú 图 ~을 잘하다 | 倾听 qīngtīng 图 경청하다 | ★愿意 yuànyì 图 ~하기를 바라다 | ★跟 gēn 团 ~와 | 心里话 xīnlihuà 图 속마음 | 应该 yīnggāi 图图 마땅히 ~해야 한다 | 固执 gùzhi 图 고집스럽다 | ★指 zhǐ 图 가리키다 | 比如 bǐrú 图 예를 들면 | ★决定 juédìng 图 결정하다 | 一般 yìbān 图 보통이다 | ★轻易 qīngyì 图 좀체 | ★改变 gǎibiàn 图 바꾸다 | 劝告 quàngào 图 충고 | ★参考 cānkǎo 图 참고하다 | ★坚持 jiānchí 图 고집하다 | 想法 xiǎngfa 图 생각 | ★或许 huòxǔ 图 혹시 | ★别人 biérén 图 다른 사람 | 眼 yǎn 图 눈 | 意识 yìshí 图 깨닫다 | 今后 jīnhòu 图 앞으로 | ★意见 yìjiàn 图 의견 | ☆才 cái 图 비로소 | ★进步 jìnbù 图 발전하다

점을 비교하는 방식으로 시작할 수 있다

ⓛ A起 A하자면
A라는 동사 뒤에 붙어, 그 동작을 하기에 어떠한지 설명할 때 쓸 수 있다

ⓒ 比如 예를 들어
앞에서 자신의 성격에 대해 이야기한 후, 예를 들어 더 구체적으로 설명한다

ⓔ 一般情况下 일반적인 상황에서
앞에서 예로 든 상황에서 자신은 보통 어떠한지 설명하기 위해 쓸 수 있다

ⓔ 今后 앞으로
앞부분에서 언급한 자기 단점에 대해 앞으로 어떻게 할지 다짐을 드러내기 위해 사용되었다

발음 tip

① 3성인 글자 뒤에 1·2·4·경성의 글자가 위치하면 반3성-1·2·4·경성으로 발음한다

② 3성인 글자가 2개 이상 연속할 경우, 마지막 글자만 원래의 성조를 살리고 그 앞은 2성으로 소리 낸다

③ '不'가 4성인 단어 앞에 위치하면 2성이 된다

Qǐng jiǎndān de bǐjiào　yíxià　nǐ zhùguo de liǎng ge bùtóng chéngshì de　qìhòu.
20 请　简单 地 比较 一下 你 住过 的 两 个 不同　城市 的 气候。
당신이 살아 본 두 도시의 기후를 간단히 비교해 보세요.

내용 구상하기

도입	하얼빈으로 유학을 갔다는 것을 밝히며 자신의 고향과 하얼빈의 기후를 비교할 것임을 암시한다.	我的大学专业是汉语, 所以在毕业前, 我就去了中国的哈尔滨留学。
전개 & 마무리	자신의 고향인 서울과 하얼빈의 기후를 비교한다.	刚到哈尔滨的那段时间, 因为干燥的天气, 我几天都不敢出门。虽然首尔的秋天也比较干燥, 但秋冬的哈尔滨对外国人来说, 还是需要时间适应的, 我也是到哈尔滨几个月后才习惯的。首尔和哈尔滨都是四季分明的城市, 可哈尔滨的夏天和冬天温差更大。

在首尔，如果不怕冷的话，冬天也可以穿裙子出门，在哈尔滨如果冬天穿裙子出去的话，一定会被"冻死"的。

모범 답안 ▶ ◉ track **720**

표현 tip

我 的 大学 专业 / 是 汉语，所以① / 在③ 毕业 前③，我 就
Wǒ de dàxué zhuānyè shì Hànyǔ, suǒyǐ　zài　bìyè qián,　wǒ jiù

去了 / 中国 的 哈尔滨 / 留学。刚 到 哈尔滨 的 / 那 段
qùle Zhōngguó de Hā'ěrbīn liúxué. Gāng dào Hā'ěrbīn de　nà duàn

时间，因为 / 干燥 的 天气，我 / 几 天 都 不敢 / 出门。虽然 /
shíjiān, yīnwèi gānzào de tiānqì, wǒ　jǐ tiān dōu bùgǎn chūmén. Suīrán

首尔① 的 秋天 / 也 比较① 干燥，但 / 秋冬 的 哈尔滨 / 对ⓛ
Shǒu'ěr de qiūtiān yě bǐjiào gānzào, dàn qiūdōng de Hā'ěrbīn duì

外国人 来说ⓛ，还是 需要 时间 / 适应 的，我 也① 是 / 到
wàiguórén láishuō, háishi xūyào shíjiān shìyìng de, wǒ yě shì dào

哈尔滨 / 几 个 月 后 / 才 习惯 的。首尔① 和 哈尔滨 / 都 是②
Hā'ěrbīn jǐ ge yuè hòu cái xíguàn de. Shǒu'ěr hé Hā'ěrbīn dōu shì

四季② / 分明 的 城市②，可 哈尔滨 的 夏天 / 和 冬天 温差③ /
sìjì fēnmíng de chéngshì, kě Hā'ěrbīn de xiàtiān hé dōngtiān wēnchā

更 大。在 首尔①，如果ⓒ / 不 怕④ 冷 的 话ⓒ，冬天 / 也 可以①
gèng dà. Zài Shǒu'ěr, rúguǒ　bú pà lěng de huà, dōngtiān yě kěyǐ

穿 裙子 / 出门，在 哈尔滨 / 如果 / 冬天 穿 裙子 / 出去 的
chuān qúnzi chūmén, zài Hā'ěrbīn rúguǒ dōngtiān chuān qúnzi chūqù de

话，一定 会ⓔ / 被 "冻死③" 的ⓔ。
huà, yídìng huì　bèi "dòngsǐ" de.

표현 tip

③ 在A前 A하기 전
A라는 상황이 진행되기 전을 표현할 때 쓸 수 있는 말이다

ⓛ 对A来说 A에게 있어서
A의 대상인 '외국인'에게 겨울의 하얼빈 날씨가 어떠한지 설명한다

ⓒ 如果A的话 만약 A하다면
A라는 상황을 가정하여 말할 때 쓰고, 그 뒤에는 가정의 결과에 대해 이야기한다

ⓔ 会A的 A할 것이다
추측을 나타낼 때 쓰는 표현으로 '的'를 생략하여 말하기도 한다

발음 tip

① 3성이 2개 이상 연속된 단어나 구절은 맨 뒤의 글자만 3성으로 발음하고 나머지는 2성으로 소리 낸다

② 권설음 [sh]와 설치음 [s]의 차이를 구분하자. 특히 운모가 [i]일 때는 더 각별히 주의해서 발음해야 한다

③ '差'는 다음자로, '온도 차'로 쓸 때는 [chā]로 읽어야 한다

④ '不'가 4성인 단어 앞에 위치하면 2성이 된다

해석 저의 대학 전공은 중국어였기 때문에, 졸업 전 중국의 하얼빈으로 유학을 갔습니다. 하얼빈에 막 도착했을 때 저는 건조한 날씨 때문에 며칠 동안 감히 외출할 수 없었습니다. 비록 서울의 가을도 비교적 건조한 편이지만, 가을·겨울의 하얼빈은 외국인에게 적응할 시간이 필요했고, 저 역시 하얼빈에 도착한 지 몇 달이 지나서야 비로소 익숙해졌습니다. 서울과 하얼빈 모두 사계절이 뚜렷한 도시지만, 하얼빈의 여름은 겨울과 기온 차가 훨씬 큽니다. 서울에서는 추위를 타지 않으면 겨울에도 치마를 입고 다닐 수 있지만, 하얼빈에서는 겨울에 치마를 입고 나가면 반드시 '얼어 죽을' 것입니다.

어휘 ☆简单 jiǎndān 형 간단하다 | ☆地 de 조 ~히 [*부사어+地+술어] | ★比较 bǐjiào 동 비교하다 부 비교적 | ☆城市 chéngshì 명 도시 | ★气候 qìhòu 명 기후 | 大学 dàxué 명 대학 | ★专业 zhuānyè 명 전공 | ★毕业 bìyè 동 졸업하다 | 哈尔滨 Hā'ěrbīn 고유 하얼빈 | ☆留学 liúxué 동 유학하다 | ★刚 gāng 부 막 | ☆段 duàn 양 동안 [시간·공간의 일정한 거리를 나타낼 때 쓰임] | ★干燥 gānzào 형 건조하다 | 不敢 bùgǎn 감히 ~하지 못하다 | 出门 chūmén 동 외출하다 | 首尔 Shǒu'ěr 고유 서울 | 秋天 qiūtiān 명 가을 | 秋冬 qiūdōng 명 가을과 겨울 | 外国人 wàiguórén 명 외국인 | 来说 láishuō ~으로 말하자면 [*对A来说: A에게 있어서] | ☆需要 xūyào 동 필요로 하다 | ★适应 shìyìng 동 적응하다 | ☆才 cái 부 비로소 | ☆习惯 xíguàn 동 익숙해지다 | 四季 sìjì 명 사계절 | 分明 fēnmíng 형 뚜렷하다 | 温差 wēnchā 명 온도 차 | ☆更 gèng 부 훨씬 | 如果 rúguǒ 접 만약 | 怕 pà 동 두려워하다 | ☆冬天 dōngtiān 명 겨울 | ★裙子 qúnzi 명 치마 | 一定 yídìng 부 반드시 | ☆被 bèi 개 ~에게 ~를 당하다 [*주어+被+목적어+술어+기타성분] | 冻死 dòngsǐ 동 얼어 죽다

Qǐng tántan nǐ duì wǎngzhàn shang huò shìpín zhōng jīngcháng chūxiàn guǎnggào zhè jiàn shì

21 请 谈谈 你 对 网站 上 或 视频 中 经常 出现 广告 这 件 事

yǒu shénme kànfǎ.

有 什么 看法。

웹사이트나 동영상에서 광고가 자주 등장하는 것에 대해 어떻게 생각하는지 이야기해 보세요.

내용 구상하기

도입	광고에 대해 '어쩔 수 없다'라는 견해를 밝힌다.	作为一名消费者，对于网站和视频中频繁出现广告的现象，其实是"无可奈何"的。
전개	견해에 대한 근거를 제시한다.	因为从网站或视频网站的角度来看，广告是他们的生命，所以广告的存在是有必要的；站在消费者的角度来看，这些频繁出现的广告确实会影响观赏质量。然而，在互联网时代下生活的人们早已习惯了这种现象。
마무리	결과를 나타내는 접속사 '因此'를 통해 자신의 견해를 다시 한번 강조한다.	因此，我个人认为，只要在可承受范围之内，一般情况下广告是不会影响用户对该网站或视频的使用率的。

모범 답안 ● track 721

作为 一 名① 消费者，对于 网站 / 和视频 中 / 频繁

Zuòwéi yì míng xiāofèizhě, duìyú wǎngzhàn hé shìpín zhōng pínfán

出现 / 广告 的 现象，其实 是 / "无可奈何"的。因为 从①

chūxiàn guǎnggào de xiànxiàng, qíshí shì "wúkěnàihé" de. Yīnwèi cóng

网站 / 或 视频 网站 的 / 角度 来看①，广告 / 是 他们 的

wǎngzhàn huò shìpín wǎngzhàn de jiǎodù láikàn, guǎnggào shì tāmen de

生命，所以② / 广告 的 存在 / 是 有 必要 的；站在ⓒ 消费者

shēngmìng,suǒyǐ guǎnggào de cúnzài shì yǒu bìyào de; zhànzài xiāofèizhě

的 / 角度 来看ⓒ，这些 / 频繁 出现 的 广告 / 确实 会 /

de jiǎodù láikàn, zhèxiē pínfán chūxiàn de guǎnggào quèshí huì

影响② 观赏 质量。然而，在 互联网 时代 下 / 生活 的

yǐngxiǎng guānshǎng zhìliàng. Rán'ér zài hùliánwǎng shídài xià shēnghuó de

人们 / 早已② 习惯了 / 这 种 现象。因此，我 个人③ 认为，

rénmen zǎoyǐ xíguànle zhè zhǒng xiànxiàng. Yīncǐ, wǒ gèrén rènwéi,

只要 / 在ⓒ 可 承受 范围 之内ⓒ，一般 广告 / 是 不 会④

zhǐyào zài kě chéngshòu fànwéi zhīnèi, yìbān guǎnggào shì bú huì

影响② 用户 / 对 该 网站 / 或 视频 的 使用率⑤ 的。

yǐngxiǎng yònghù duì gāi wǎngzhàn huò shìpín de shǐyònglǜ de.

해석 소비자로서 인터넷 사이트와 동영상에 광고가 빈번하게 등장하는 현상에 대해 사실 '어쩔 수 없다'고 생각합니다. 인터넷 사이트나 동영상 사이트 관점에서 보면 광고는 그들의 생명이기 때문에, 광고의 존재가 필요한 것입니다. 소비자 입장에서 볼 때, 이런 광고가 자주 나오는 것은 확실히 시청 품질에 영향을 줄 수 있습니다. 그러나 인터넷 시대를 살아가는 사람들은 이미 이런 현상에 익숙해져 있습니다. 따라서 저 개인적으로는 감당할 수 있는 범위 안에서라면, 보통 광고가 이용자의 해당 사이트나 동영상 사용률에 영향을 미치지 않을 것이라고 생각합니다.

표현 tip

㉠ 从A角度来看 A의 관점에서 보면

A의 관점에서 본 광고에 대해 설명해 준다

㉡ 站在A角度来看 A의 관점에 서다

실제로 어떤 위치에 서 있다는 의미가 아니라 A라는 관점에서 보는 것을 설명할 때에도 '站'를 쓸 수 있다

㉢ 在A之内 A 내에

A라는 범위 내에 포함되어 있는 것을 설명할 때 사용한다

발음 tip

① '一'의 성조는 뒤에 오는 단어의 성조에 따라 달라지는데 2성인 '名' 앞에서는 4성이 된다

② '所以'와 같이 3성이 두 개로 연속된 단어는 2성-3성으로 읽는다

③ '个'가 양사로 쓰일 때 경성으로 읽어서 '个人'을 경성-2성으로 읽는 실수를 할 수 있다. 여기서는 '개인'이라는 뜻으로 쓰여 '个'의 본래 성조 4성을 지켜서 읽어야 한다

202

어휘 ★谈 tán 동 이야기하다 | ★网站 wǎngzhàn 명 웹사이트 | **或** huò 접 혹은 | **视频** shìpín 명 동영상 | ☆经常 jīngcháng 부 자주 | ★出现 chūxiàn 동 등장하다 | ★广告 guǎnggào 명 광고 | ★看法 kànfǎ 명 견해 | ★作为 zuòwéi 개 ~로서 | **名** míng 양 명[사람을 세는 단위] | 消费者 xiāofèizhě 명 소비자 | ★现象 xiànxiàng 명 현상 | ★其实 qíshí 부 사실 | 无可奈何 wúkěnàihé 성 어쩔 수 없다 | ★角度 jiǎodù 명 관점 | 来看 láikàn ~에서 보면[*从A角度来看: A의 관점에서 보면] | ★生命 shēngmìng 명 생명 | ★存在 cúnzài 동 존재 | ★必要 bìyào 명 필요 | ★站 zhàn 동 ~의 입장에 서다 | ☆确实 quèshí 부 확실히 | ★影响 yǐngxiǎng 동 영향을 주다 | 观赏 guānshǎng 동 감상하다[여기서는 '시청하다'로 쓰임] | ★质量 zhìliàng 명 품질 | ★然而 rán'ér 접 그러나 | ★互联网 hùliánwǎng 명 인터넷 | ★时代 shídài 명 시대 | ★生活 shēnghuó 동 살아가다 | 早已 zǎoyǐ 부 이미 | ★习惯 xíguàn 동 익숙해지다 | ★因此 yīncǐ 접 따라서 | ★个人 gèrén 명 개인 | ☆认为 rènwéi 동 ~라고 생각하다 | ★只要 zhǐyào 접 ~하기만 하면 | 承受 chéngshòu 동 감당하다 | ★范围 fànwéi 명 범위 | 之内 zhīnèi ~의 내 | ☆一般 yìbān 형 보통이다 | 用户 yònghù 명 이용자 | 该 gāi 대 이, 그, 저 | 使用率 shǐyònglǜ 사용률

④ '不'가 4성인 단어 '会' 앞에 있기 때문에 2성이 된다

⑤ '使用率'에서 '率'의 발음은 입을 동그랗게 오므린 채로 [이]라고 소리 낸다

Nǐ xīwàng zìjǐ chéngwéi yí ge zěnyàng de rén?
22 你 希望 自己 成为 一 个 怎样 的 人?
당신은 자신이 어떤 사람이 되기를 원합니까?

내용 구상하기

도입	질문 문장을 활용하여 어떤 사람이 되고 싶은지 바로 답변한다.	我希望自己成为一个"温暖他人"和"值得他人信任"的人。
전개 & 마무리	'타인에게 따뜻하고', '타인이 믿을 만한' 사람이 되고 싶은 이유를 제시한다.	想要成为"温暖他人"的人是因为，现实生活中的我性格比较直接，很多时候说了让对方伤心的话，自己都意识不到。而想要成为一个"值得他人信任"的人则是我希望在专业的领域，比如职场中，赢得他人的信任。我觉得，如果让他人感到温暖时，自己也会感到幸福。而能在自己的工作中被别人信任，那我一定会很有成就感，并且更努力工作。

모범 답안 ● track 722

我 希望① / 自己① 成为 一 个② "温暖 他人" 和 / "值得
Wǒ xīwàng zìjǐ chéngwéi yí ge "wēnnuǎn tārén" hé "zhídé

他人 信任" 的人。 想要③ / 成为 "温暖 他人" 的人 / 是
tārén xìnrèn" de rén. Xiǎngyào chéngwéi "wēnnuǎn tārén" de rén shì

因为ⓛ， 现实 生活 中 的 我 / 性格 比较③ 直接， 很 多
yīnwèi, xiànshí shēnghuó zhōng de wǒ xìnggé bǐjiào zhíjiē, hěn duō

时候 / 说了 / 让 对方 / 伤心 的 话ⓒ， 自己① / 都 意识 不到④。
shíhou shuōle ràng duìfāng shāngxīn de huà, zìjǐ dōu yìshí budào.

而 想要 / 成为 一 个② "值得 他人 信任" 的 人 / 则 是 我
Ér xiǎngyào chéngwéi yí ge "zhídé tārén xìnrèn" de rén zé shì wǒ

希望③ / 在 专业 的 领域③， 比如③ 职场① 中， 赢得 他人 的
xīwàng zài zhuānyè de lǐngyù, bǐrú zhíchǎng zhōng, yíngdé tārén de

信任。我 觉得③， 如果 / 让 他人 / 感到 温暖 时③， 自己 /
xìnrèn. Wǒ juéde, rúguǒ ràng tārén gǎndào wēnnuǎn shí, zìjǐ

也 会③ 感到ⓔ 幸福。而 / 能 在 自己① 的 / 工作 中 / 被 别人
yě huì gǎndào xìngfú. Ér néng zài zìjǐ de gōngzuò zhōng bèi biérén

표현 tip

ⓐ 我希望 나는 ~을 희망한다
'希望'은 절을 목적어로 가질 수 있는 동사로, 뒤에 희망하는 내용이 나온다

ⓛ A是因为B A인 것은 B이기 때문이다
A에는 결과, B에는 원인이 들어가며, '因为A, 所以B'와 원인과 결과의 위치가 다른 것을 주의해서 써야 한다

ⓒ 的话 ~하다면
가정을 나타내는 조사로, 앞에 '如果' 등과 함께 쓰이기도 한다

ⓔ 感到A A를 느끼다
A에 주로 감정을 나타내는 말이 들어간다

• 203

信任, 那 我 / 一定 会 / 很 有⑤ 成就感, 并且 更 努力③ 工作。
xìnrèn, nà wǒ yídìng huì hěn yǒu chéngjiùgǎn, bìngqiě gèng nǔlì gōngzuò.

해석 저는 '타인에게 따뜻하고', '타인이 믿을 만한' 사람이 되기를 희망합니다. '타인에게 따뜻한' 사람이 되고 싶은 것은 현실에서 제 성격이 비교적 직설적이고, 상대방을 상심하게 만드는 말을 하고도 스스로 깨닫지 못할 때가 많기 때문입니다. '타인이 믿을 만한' 사람이 되고 싶다는 것은 바로 전문 분야, 예를 들어 직장에서 다른 사람의 신뢰를 받기를 희망하는 것입니다. 저는 타인을 따뜻하게 해줄 때 스스로도 행복할 수 있다고 생각합니다. 그리고 제가 하는 일에서 다른 사람에게 신임을 받을 수 있다면 저는 반드시 성취감을 가지고 열심히 일할 것입니다.

어휘 ☆ 自己 zìjǐ 대 자신, 스스로 | ★ 成为 chéngwéi 동 ~이 되다 | ★ 温暖 wēnnuǎn 동 따뜻하게 하다 | 他人 tārén 명 타인 | ★ 值得 zhídé 동 ~할 만한 가치가 있다 | ★ 信任 xìnrèn 동 믿다 | ★ 现实 xiànshí 명 현실 | ★ 生活 shēnghuó 명 생활 | ★ 性格 xìnggé 명 성격 | ☆ 比较 bǐjiào 부 비교적 | ★ 直接 zhíjiē 형 직접적인 | ★ 对方 duìfāng 명 상대방 | ★ 伤心 shāngxīn 동 상심하다 | 意识 yìshí 동 깨닫다 | ★ 则 zé 부 바로 ~이다 [판단구에 쓰여 긍정을 나타냄] | ★ 专业 zhuānyè 명 전문 | ★ 领域 lǐngyù 명 분야 | 比如 bǐrú 접 예를 들어 | 职场 zhíchǎng 명 직장 | 赢得 yíngdé 동 받다 | ☆ 如果 rúguǒ 접 만약 | 感到 gǎndào 동 느끼다 | ★ 幸福 xìngfú 형 행복하다 | ★ 被 bèi 개 ~에게 ~를 당하다 [*주어+被+목적어+술어+기타성분] | ☆ 别人 biérén 명 다른 사람 | ☆ 一定 yídìng 부 반드시 | 成就感 chéngjiùgǎn 명 성취감 | ★ 并且 bìngqiě 접 그리고 | ☆ 更 gèng 부 더 | ☆ 努力 nǔlì 동 열심히 하다

발음 tip

① 설치음 [z]와 권설음 [zh]가 운모 [i]와 결합했을 때의 발음을 잘 구분해서 읽어야 한다

② '一'의 성조는 뒤에 오는 단어의 성조에 따라 달라진다. '个'는 본래 4성이지만 양사로 쓰일 때는 경성으로 소리 내고 '一'는 '个'의 본래 성조에 따라 2성이 된다

③ 3성-1·2·4·경성이 이어진 부분은 반3성-1·2·4·경성으로 소리 낸다

④ '不到'에서 '到'가 4성이기 때문에 '不'를 2성으로 발음해야 할 것 같지만, 여기서 '不到'는 가능 보어의 부정형으로, 경성으로 가볍게 읽어준다

⑤ 3성의 글자가 두 개 연달아 있으면 앞글자는 2성, 뒷글자는 3성으로 소리 내는 것을 잊지 말자

모의고사 (1회)

---

1. 我已经收到你的电子邮件了。
2. 我跟你一起去散步吧。
3. 幸福其实很简单。
4. 银行卡的密码是你的生日。
5. 最近气候变化非常大。
6. 你别忘了带护照。
7. 我打算周末和朋友一起去爬山。
8. 表演还没开始呢。
9. 他是一位很有经验的演员。
10. 我游泳游得比他好。

해석&풀이

1. 收到电子邮件: 이메일을 받다   ● track 801

我已经收到 / **你的电子邮件**了。
주어+부사어+술어   관형어+的+목적어+了
나는 이미 너의 이메일을 받았다.

술어 '收到'를 기준으로 끊어 읽고, 목적어 '电子邮件'을 강조하여 읽는다. '받다'라는 중국어 단어에는 '收到[shōudào]' 뿐만 아니라 비슷한 발음의 '受到[shòudào]'도 있다. '收到[shōudào]'는 뒤에 구체적인 목적어를 가지는 반면, '受到[shòudào]'는 뒤에 추상적인 목적어를 가지기 때문에, '收'는 4성이 아닌 1성으로 읽어야 한다는 점을 반드시 기억하자.

어휘 收到 shōudào 동 받다 | ☆ 电子邮件 diànzǐ yóujiàn 이메일

2. A跟B散步: A는 B와 산책하다   ● track 802

我跟你 / **一起去** 散步 吧。
주어+부사어   술어1+술어2 + 吧
나는 너와 함께 산책을 갈 거야.

'A跟B散步(A는 B와 산책하다)'라는 고정격식으로, 개사구 '跟你'를 기준으로 끊어 읽고, 문장의 핵심 내용인 '散步'를 강조하여 읽는다.

어휘 ☆ 跟 gēn 개 ~와 | ★ 散步 sànbù 동 산책하다

3. 정도부사 + 형용사   ● track 803

幸福 / **其实很**简单。
주어   부사어+술어
행복은 사실 간단하다.

주어 '幸福'를 기준으로 끊어 읽고, 문장의 핵심인 '幸福'와 술어인 '简单'을 강조하여 읽는다. '其实很简单'을 한 호흡에 읽기 때문에 '很'은 3성이 아닌 2성으로 발음한다.

어휘 ★ 幸福 xìngfú 명 행복 | ☆ 其实 qíshí 부 사실 | ☆ 简单 jiǎndān 형 간단하다

4. A是B: A는 B이다 (A: 특정 어휘·B: 설명)   ● track 804

银行卡的密码 / 是**你的**生日。
관형어+的+주어   술어+관형어+的+목적어
은행 카드의 비밀번호는 너의 생일이다.

'是'자문을 읽을 때는 주어 '密码'와 목적어 '生日'를 강조해서 읽는다. '是'와 '生日'의 권설음 [sh·r]에 주의해서 읽는다.

어휘 银行卡 yínhángkǎ 명 은행 카드 | ★ 密码 mìmǎ 명 비밀번호

5. 变化大: 변화가 크다 ⊙ track 805

> 最近 / 气候变化 非常大。
> 부사어　관형어+주어 + 부사어+술어
> 최근 기후 변화가 매우 크다.

시간을 나타내는 부사어 '最近'까지 끊어 읽고 그 뒤는 한 호흡에 읽는다. 이때 '气候变化非常大'를 한 번에 읽기 부담스럽다면 '气候变化 / 非常大'로 끊어 읽어도 괜찮다. '非常'을 읽을 때는 '非'의 [f] 발음과 '常'의 권설음 [ch]에 주의해서 발음한다.

어휘 ☆最近 zuìjìn 몡 최근 | ★气候 qìhòu 몡 기후 | ☆变化 biànhuà 몡 변화

6. 别A了: A하지 마라 (A: 금지 내용) ⊙ track 806

> 你 别 忘 了 / 带 护照。
> 주어+부사어+술어1+了　술어2 + 목적어
> 너 여권 챙기는 것 잊지 마.

일반적으로 금지를 나타내는 '别A了'는 한 호흡에 읽어 주는 것이 자연스럽기 때문에 두 번째 술어 '带' 앞에서 끊어 읽는다. 문장 중간에 있는 '了'를 잊지 말고 읽어야 한다.

어휘 忘 wàng 동 잊다 | ☆带 dài 동 챙기다 | ☆护照 hùzhào 몡 여권

7. 打算 + 계획한 것: ~할 계획이다 ⊙ track 807

> 我打算 / 周末和朋友 / 一起去爬山。
> 주어+술어　주어+부사어　술어1+술어2
> 　　　　　　　목적어
> 나는 주말에 친구와 함께 등산할 계획이다.

'打算'은 문장이라는 긴 목적어를 가질 수 있는 술어로, 강조하면서 읽고 여기서 한 번 끊어 읽는다. 목적어인 '周末和朋友一起去爬山'은 길어서 한 호흡에 읽기 힘들기 때문에 문장 목적어의 개사구 '和朋友'까지 읽고 내용의 핵심이라고 할 수 있는 '爬山'을 강조하여 읽는다.

어휘 ☆打算 dǎsuàn 동 ~할 계획이다 | ☆周末 zhōumò 몡 주말 | ☆爬山 páshān 동 등산하다

8. 还没A呢: 아직 A하지 않았다 (A: 동사) ⊙ track 808

> 表演 / 还没开始呢。
> 주어　부사어+술어+呢
> 공연은 아직 시작하지 않았다.

'还没A呢'는 A라는 행위를 하지 않았다는 표현으로, 주어 '表演'까지 읽고 그 뒤를 읽는다. '表演'은 두 글자가 모두 3성으로 구성된 단어로 2성-3성으로 소리 낸다.

어휘 ★表演 biǎoyǎn 몡 공연

9. A是B: A는 B이다 (A: 특정 어휘·B: 설명) ⊙ track 809

> 他是一位 / 很有经验的演员。
> 주어+술어+관형어　的+목적어
> 그는 경험이 많은 배우이다.

한정적 관형어인 '一位'와 묘사적 관형어인 '很有经验的' 사이에서 한 번 끊어 읽는다. 여기서 '一' 뒤에 4성인 '位'가 있기 때문에 2성으로 발음하고, '很有'는 3성-3성이므로, 2성-반3성으로 소리 낸다.

어휘 ☆位 wèi 양 분 [공경의 뜻을 내포함] | ★经验 jīngyàn 몡 경험 | ★演员 yǎnyuán 몡 배우

10. 술어 + 得 + 정도보어: ~하는 정도가 ~하다·A比B술어: A는 B보다 (술어)하다 (A·B: 비교 대상) ⊙ track 810

> 我 / 游泳游得 / 比他好。
> 주어　술어1+목적어+술어2+得　정도보어
> 나는 그보다 수영을 잘한다.

주어와 술어 사이에서 한 번 끊어 읽는다. 그리고 정도보어가 있는 문장을 읽을 때는 일반적으로 '得' 뒤에서 끊어 읽는다. 이때 '泳'은 반3성으로 읽으면 더 자연스럽게 들린다.

11.

내용 구상하기

연상 어휘
떠올리기
- 学习 학습하다
- 压力大 스트레스가 크다
- 减负 부담을 줄이다
- 竞争激烈 경쟁이 치열하다

어휘
확장하기
- 提高学习效率 학습 효율을 높이다
- 压力比十几年前大了 스트레스가 십여 년 전보다 크다
- 在竞争激烈的今天 경쟁이 치열한 오늘날
- 提倡"减负" '부담 경감'을 제창하다

논리적으로
구성하기

学生在学习方面的压力比十几年前更大了
학생들은 학습 방면의 스트레스가 십여 년 전보다 더 크다

→ 教育家们一直在提倡"减负" 교육자들은 줄곧 '부담 경감'을 제창하고 있다
→ 在竞争激烈的今天，每个人都要学习，但家长和老师们应该帮助孩子们在有效的时间里，提高学习效率 경쟁이 치열한 오늘날은 누구나 공부해야 한다. 하지만 학부모와 선생님들은 아이들이 효과적인 시간 안에 학습 효율을 높이도록 도와주어야 한다

모범 답안 ▶ ● track 811

这个 孩子 / 使 我① / 想起了① / 自己 上学 的 时候。
Zhège háizi shǐ wǒ xiǎngqǐle zìjǐ shàngxué de shíhou.

做不完 的 作业、看不完 的 书，然而 / 真正 记住的 / 非常
Zuòbuwán de zuòyè、kànbuwán de shū, rán'ér zhēnzhèng jìzhù de fēicháng

少。现在 的 学生 / 在学习 方面 的压力 / 比① 十几 年② 前 /
shǎo. Xiànzài de xuésheng zài xuéxí fāngmiàn de yālì bǐ shí jǐ nián qián

更① 大 了，教育家们 / 一直 在 提倡 "减负"，但 / 我 / 却 没
gèng dà le, jiàoyùjiāmen yìzhí zài tíchàng "jiǎnfù", dàn wǒ què méi

看到 任何 改变。在 竞争 / 激烈 的 今天，每个 人 / 都 要
kàndào rènhé gǎibiàn. Zài jìngzhēng jīliè de jīntiān, měi ge rén dōu yào

学习，但 / 家长 和 老师们 / 应该ⓛ 帮助 孩子们 / 在 有效 的
xuéxí, dàn jiāzhǎng hé lǎoshīmen yīnggāi bāngzhù háizimen zài yǒuxiào de

时间 里，提高 学习 效率③。我 认为ⓒ，应该 给 孩子④ / 一些
shíjiān li, tígāo xuéxí xiàolù. Wǒ rènwéi, yīnggāi gěi háizi yìxiē

玩儿 的 时间，或是 给 他们 / 一些 做 自己 感兴趣 的 / 事情 的
wánr de shíjiān, huòshì gěi tāmen yìxiē zuò zìjǐ gǎnxìngqù de shìqing de

时间。这样ⓔ / 才 更 / 有利于 他们 的 成长。
shíjiān. Zhèyàng cái gèng yǒulìyú tāmen de chéngzhǎng.

해석 이 아이는 내가 학교 다녔을 때를 떠올리게 한다. 다 하지 못한 숙제, 다 읽지 못한 책, 그러나 진짜로 기억하고 있는 것은 매우 적다. 오늘날 학생들은 학습 방면의 스트레스가 십여 년 전보다 더 크고, 교육자들은 줄곧 '부담 경감'을 제창하고 있지만, 나는 어떠한 변화도 보지 못했다. 경쟁이 치열한 오늘날은 누구나 공부해야 한다. 하지만 학부모와 선생님들은 아이들이 효과적인 시간 안에 학습 효율을 높이도록 도와주어야 한다. 나는 아이들에게 놀 시간을 주거나 스스로 흥미를 느끼는 일을 할 수 있는 시간을 줘야 한다고 생각한다. 그래야 그들의 성장에 더 도움이 된다.

어휘 ★ 使 shǐ 동 ~하게 하다 [=让 ràng] | ☆ 自己 zìjǐ 대 자신 | 上学 shàngxué 동 학교에 가다

표현 tip

㉠ A比B更술어 A가 B보다 더 ~하다
'比'자 비교문을 쓸 때는 '很'이나 '非常' 같은 부사를 쓰지 않고 '更'이나 '还'를 쓰는 점에 주의하자

ⓛ 应该 마땅히 ~해야 한다
당위를 나타내는 조동사로, 아이들에게 어떻게 해 주어야 하는지 주장한다

ⓒ 我认为 나는 ~라고 생각한다
자신의 생각으로 글을 마무리한다

ⓔ 这样 그래야
앞의 내용을 대신할 때 쓰는 표현으로, 이야기의 첫 시작에는 쓰지 않는다

발음 tip

① 3성이 연속으로 2개 이상 있을 때는 맨 뒤의 글자만 3성 혹은 반3성으로 읽고 나머지 글자들은 2성이 된다

② '比十几年'는 '3성-2성'이 두 번 반복된 구로, 리듬을 타듯 '반3성-2성-반3성-2성'으로 읽는다

③ '效率'의 '率[lǜ]'는 입술을 동그랗게 오므린 채로 [이]라고 소

| ☆作业 zuòyè 몡 숙제 | ★然而 rán'ér 젭 그러나 | ★真正 zhēnzhèng 뷘 진짜로 | 记住 jìzhu 확실히 기억해 두다 | ★方面 fāngmiàn 몡 방면 | 压力 yālì 몡 스트레스 | 更 gèng 뷘 더 | 教育家 jiàoyùjiā 몡 교육가 | ☆一直 yìzhí 뷘 계속 | 提倡 tíchàng 동 제창하다 | 减负 jiǎnfù 동 부담을 줄이다 [특히 초중고생의 과중한 학업 부담을 줄이는 것을 말함] | ★却 què 뷘 오히려 | ★任何 rènhé 때 어떠한 | ☆改变 gǎibiàn 동 변화 | ★竞争 jìngzhēng 몡 경쟁 | ★激烈 jīliè 혱 치열하다 | 家长 jiāzhǎng 몡 학부모 | ☆应该 yīnggāi 조동 마땅히 ~해야 한다 | 有效 yǒuxiào 혱 효과가 있다 | ★提高 tígāo 동 높이다 [*提高效率: 효율을 높이다] | ★效率 xiàolǜ 몡 효율 | 认为 rènwéi 동 ~라고 생각하다 | ☆感兴趣 gǎnxìngqù 흥미가 있다 | ★才 cái ~해야만 비로소 | ★有利 yǒulì 혱 유리하다 [*有利于: ~에 유리하다] | ★成长 chéngzhǎng 몡 성장

④ '给孩子'를 보다 자연스럽게 읽으려면 '给'를 반3성으로 소리 낸다

12.

내용 구상하기

연상 어휘 떠올리기
- 去超市 슈퍼마켓에 가다
- 买食材 식재료를 사다
- 做饭/菜/食物 밥/요리/음식을 하다

어휘 확장하기
- 去超市买很多食材 슈퍼마켓에 가서 많은 식재료를 사다
- 不太会做饭 밥을 잘 못하다
- 学做菜 요리를 배우다
- 亲自做食物 직접 음식을 하다

논리적으로 구성하기

去超市买了很多食材 슈퍼마켓에 가서 많은 식재료를 샀다

→ 这次他要亲自做聚会上吃的食物 그가 이번 모임에서 먹을 음식을 직접 만들다

→ 她知道男朋友不太会做饭，所以有点儿担心 그녀는 남자 친구가 밥을 잘 못하는 것을 알아서 조금 걱정이 되었다

→ 可男朋友很有自信地说，自己这段时间一直在学做菜 그러나 남자 친구는 그동안 계속 요리를 배웠다고 자신있게 말했다

모범 답안 ● track 812

丽丽 和 男朋友 / 这个 周末 要 / 在 家 和 朋友们 /
Lìlì hé nánpéngyou zhège zhōumò yào zài jiā hé péngyoumen

聚会，所以① / 今天 特意③ 去 超市 买了 很 多 食材。丽丽
jùhuì, suǒyǐ jīntiān tèyì qù chāoshì mǎile hěn duō shícái. Lìlì

没 想到ⓒ 男朋友 说，这次② 他 要 亲自 做 聚会 上 吃
méi xiǎngdào nánpéngyou shuō, zhècì tā yào qīnzì zuò jùhuì shang chī

的 食物。丽丽 / 很 吃惊，但 / 她 知道② / 男朋友 不 太③ 会
de shíwù. Lìlì hěn chījīng, dàn tā zhīdào nánpéngyou bú tài huì

做饭，所以① / 有点儿ⓒ① 担心，问 他 / 要 不 要 / 再 考虑④
zuòfàn, suǒyǐ yǒudiǎnr dānxīn, wèn tā yào bu yào zài kǎolǜ

一下。可 / 男朋友 / 很 有① 自信② 地 / 说，自己② 这 段 时间 /
yíxià. Kě nánpéngyou hěn yǒu zìxìn de shuō, zìjǐ zhè duàn shíjiān

一直 在 学 做菜，很 想 给① 丽丽 和 朋友们 / 展示 一下，
yìzhí zài xué zuòcài, hěn xiǎng gěi Lìli hé péngyoumen zhǎnshì yíxià,

并 / 让 丽丽 / 放心，绝对 不 会ㄹ③ 失败。听 他 这么 说，丽丽
bìng ràng Lìlì fàngxīn, juéduì bú huì shībài. Tīng tā zhème shuō, Lìlì

也 不 再③ 担心 了，反而⑤ 期待 起了 / 周末 的 聚会。
yě bú zài dānxīn le, fǎn'ér qīdài qǐle zhōumò de jùhuì.

표현 tip

㉠ 特意 특별히
긍정적인 일을 위해 '특별히, 일부러' 한다는 뉘앙스를 주고 싶을 때 사용한다

㉡ 没想到 생각지도 못하다
예상치 못한 일에 대해 이야기할 때 쓸 수 있으며 '竟然'과 함께 자주 쓰인다

㉢ 有点儿 좀 ~하다
뒤에 부정적인 뉘앙스의 동사나 형용사가 위치한다

㉣ 绝对不会 절대 ~하지 않을 것이다
요리를 절대 실패하지 않을 것이라는 남자 친구의 의지를 나타낸다

발음 tip

① 3성이 연속으로 2개 이상 있을 때, 맨 뒤의 글자만 3성으로, 나머지 글자들은 2성으로 발음한다

208 •

해석 리리와 남자 친구는 이번 주말에 집에서 친구들과 모일 거야. 오늘 특별히 슈퍼마켓에 가서 많은 식재료를 샀다. 리리는 남자 친구가 이번 모임에서 먹을 음식을 직접 만들겠다고 말할 줄은 생각지도 못했다. 리리는 놀랐지만 남자 친구가 밥을 잘 못하는 것을 알아서 조금 걱정이 되었고, 다시 생각해 보는 것이 어떠냐고 물었다. 하지만 남자 친구는 그동안 계속 요리를 배웠으니 리리와 친구들에게 보여 주고 싶다고 자신있게 말했고, 절대 실패하지 않을 것이라고 리리를 안심시켰다. 그가 이렇게 말하는 것을 듣고 리리도 더 이상 걱정하지 않고, 오히려 주말 모임을 기대하기 시작했다.

어휘 丽丽 Lìli 고유 리리 [인명] | ☆周末 zhōumò 명 주말 | ★聚会 jùhuì 명 모임 | 特意 tèyì 부 특별히 | ☆超市 chāoshì 명 슈퍼마켓 | 食材 shícái 명 식재료 | 亲自 qīnzì 직접 | ★食物 shíwù 명 음식물 | ★吃惊 chījīng 동 놀라다 | ☆担心 dānxīn 동 걱정하다 | ★考虑 kǎolǜ 동 생각하다 | 自信 zìxìn 자신감 | 地 de 조 ~히 [*부사어+地+술어] | ☆自己 zìjǐ 대 자신 | ☆段 duàn 양 동안 [시간·공간의 일정한 거리를 나타낼 때 쓰임] | 一直 yìzhí 부 계속 | 展示 zhǎnshì 동 드러내다 | 并 bìng 접 그리고 | ★放心 fàngxīn 동 안심하다 | 绝对 juéduì 부 절대로 | ★失败 shībài 동 실패하다 | ★反而 fǎn'ér 부 오히려 | ★期待 qīdài 동 기대하다

② 성모 중 권설음 [zh·ch]와 설치음 [z·c]가 운모 [i]와 결합할 때의 차이를 구분해서 발음해야 한다

③ '不'는 4성이지만 뒷글자의 성조가 4성일 때는 2성으로 바뀐다

④ '考虑'에서 '虑[lǜ]'를 발음할 때는 입술을 동그랗게 오므린 채로 [이]라고 소리 낸다

⑤ '反而'과 같이 3성-2성으로 구성된 어휘는 반3성-2성으로 읽는다

Qǐng tántan nǐ de xìngqù àihào yǒu nǎxiē. Bìngqiě shuōshuo tāmen duì nǐ de yǐngxiǎng.

13. 请 谈谈 你 的 兴趣 爱好 有 哪些。并且 说说 它们 对 你 的 影响。

당신의 취미는 무엇인지 말해 보세요. 그리고 그것이 당신에게 미치는 영향에 대해 말해 보세요.

내용 구상하기

도입	화자의 취미를 여러 개 나열한다.	我有很多的兴趣爱好，除了对学习外语比较感兴趣以外，我还喜欢运动、旅行、摄影什么的。
전개 & 마무리	위의 언급된 취미 중 외국어 공부와 사진 찍기를 선택하여 자세히 설명한다.	其中对我影响最大的就是学外语和摄影。在学习外语的过程中，我不仅了解了外国的文化，也交到了很多外国朋友。而摄影则是我生活中的一部分，在用手机和相机记录生活的同时，也让我懂得了要珍惜每一个身边的人和每一天的时间。

모범 답안 ● track 813

我 有① / 很 多② 的 兴趣 爱好③，除了⑦ 对 学习 外语 / 比较②
Wǒ yǒu hěn duō de xìngqù àihào, chúle duì xuéxí wàiyǔ bǐjiào

感兴趣② 以外⑦，我 还①② 喜欢② / 运动、旅行④、摄影 什么
gǎnxìngqù yǐwài, wǒ hái xǐhuan yùndòng、lǚxíng、shèyǐng shénme

的。其中ⓒ / 对 我 影响① 最 大 的 / 就是 学 外语 / 和 摄影。
de. Qízhōng duì wǒ yǐngxiǎng zuì dà de jiùshì xué wàiyǔ hé shèyǐng.

在ⓒ 学习 外语 的 / 过程 中ⓒ，我 / 不仅 了解①了 / 外国 的
Zài xuéxí wàiyǔ de guòchéng zhōng, wǒ bùjǐn liǎojiěle wàiguó de

文化，也 交到了 / 很 多② 外国 朋友。而 / 摄影 / 则 是 / 我
wénhuà, yě jiāodàole hěn duō wàiguó péngyou. Ér shèyǐng zé shì wǒ

生活 中 的 / 一部分，在ⓔ 用 手机② 和 相机 / 记录 生活
shēnghuó zhōng de yíbùfen, zài yòng shǒujī hé xiàngjī jìlù shēnghuó

的 同时，也ⓔ 让 我 / 懂得了② 要 珍惜 / 每 一 个⑤ 身边 的
de tóngshí, yě ràng wǒ dǒngdele yào zhēnxī měi yí ge shēnbiān de

人 / 和 每 一 天⑤ 的 时间。
rén hé měi yì tiān de shíjiān.

표현 tip

⑦ 除了A以外，还B A 이외에도 또 B하다
A외에 B까지 포함하는 것을 나타낼 때 쓴다. '除了A以外，都B'는 A외에 B는 제외시킨다는 것으로 의미 구별에 주의하자

ⓒ 其中 그중에
앞에 언급된 많은 것들 중 특정한 몇 개를 골라 이야기할 때 쓸 수 있는 말이다

ⓒ 在A的过程中 A하는 과정 중에
외국어를 배우는 과정에서 얻게 된 것이 무엇인지 알 수 있다

ⓔ 在A的同时，也B A하는 동시에 B도 하다
A와 B라는 내용이 동시에 이루어짐을 나타낼 때 쓴다

해석 저는 많은 취미를 가지고 있습니다. 외국어 공부에 비교적 관심을 갖고 있는 것 외에도, 저는 운동을 하고 여행을 하며 사진을 찍는 것 등도 좋아합니다. 그중 저에게 가장 큰 영향을 준 것은 외국어를 배우는 것과 사진을 찍는 것입니다. 외국어를 배우는 과정에서 저는 외국 문화를 알게 됐을 뿐만 아니라, 많은 외국인 친구들도 사귀게 되었습니다. 그리고 촬영은 제 생활의 일부분으로, 핸드폰과 카메라로 삶을 기록하는 동시에 모든 주변 사람들과 하루하루의 시간을 소중히 여겨야 한다는 것을 깨닫게 해 주었습니다.

어휘 ☆ 谈 tán 통 말하다 | 兴趣 xìngqù 명 취미 | ☆ 爱好 àihào 명 취미 | ★ 并且 bìngqiě 접 게다가 | ☆ 影响 yǐngxiǎng 명 영향 | ☆ 除了 chúle 개 ~외에도 [*除了A以外, 还B: A 이외에도 또 B 하다] | 外语 wàiyǔ 명 외국어 | 比较 bǐjiào 부 비교적 | ☆ 感兴趣 gǎnxìngqù 흥미가 있다 [*对A感兴趣: A에 관심을 갖다] | ★ 旅行 lǚxíng 통 여행하다 | ★ 摄影 shèyǐng 통 사진을 찍다 | ★ 其中 qízhōng 대 그중에 | ★ 过程 guòchéng 명 과정 | 不仅 bùjǐn 통 ~뿐만 아니라 [*不仅A, 也B: A할 뿐만 아니라 B도 하다] | 了解 liǎojiě 통 알다 | 外国 wàiguó 명 외국 | ☆ 文化 wénhuà 명 문화 | ★ 交 jiāo 통 사귀다 | 则 zé 부 바로 ~이다 [판단구에 쓰여 긍정을 나타냄] | ★ 生活 shēnghuó 명 생활 | 一部分 yíbùfen 일부분 | 用 yòng 통 ~으로 | 相机 xiàngjī 명 카메라 | ★ 记录 jìlù 통 기록하다 | ★ 同时 tóngshí 명 동시 [*在A的同时, 也B: A하는 동시에 B도 하다] | 懂得 dǒngde 통 이해하다 | ★ 珍惜 zhēnxī 통 소중히 여기다 | 身边 shēnbiān 명 곁

발음 tip

① 3성이 연속된 단어나 구를 읽을 때는 마지막 글자만 3성으로, 나머지는 2성으로 소리 낸다

② 3성-1·2·4·경성은 반3성-1·2·4·경성으로 읽는 것이 자연스럽다

③ '爱好'의 병음과 성조가 질문에 나와 있지만 '好'를 습관적으로 3성으로 소리 내지 않도록 주의해야 한다

④ '旅行'의 '旅[lǚ]'는 입술을 동그랗게 오므린 채로 [이]라고 발음하며, 성조는 반3성-2성으로 읽어야 한다

⑤ '一'는 뒷글자에 따라 성조가 달라진다. 양사 '个'는 경성이지만 '个' 자체 성조는 4성이므로 이때 '一'는 2성이 되고, '天'은 1성이기 때문에 이때 '一'의 성조는 4성이 된다

14.
Zhōngguó yǒu jù huà jiào "jīhuì zhǐ liúgěi yǒu zhǔnbèi de rén". Qǐng tántan nǐ shì zěnme

中国 有句话叫"机会只留给有准备的人"。请 谈谈你是怎么

kàn zhè jù huà de.

看 这 句 话 的。

중국에는 '기회는 준비된 자에게만 주어진다'는 말이 있습니다. 이 말을 어떻게 생각하는지 말해 주세요.

내용 구상하기

도입	질문에 대한 대답을 하고, 간단히 이유를 말한다.	我觉得这句话说的非常有道理，因为对于没有积累，没有准备的人来说，即使机会来到他眼前，他也不会意识到。
전개	준비를 잘 해야 하는 이유에 대해 부연 설명한다.	虽然现实中的竞争是激烈的，但我们不能因此而放弃。因为大多数情况下，机会是很公平的。只有准备好的人，才能意识到什么是对自己有利的情况；也只有努力积累的人，才不会错过每一次机会。
마무리	질문에 나온 명언의 의미를 다시 강조한다.	"机会只留给有准备的人"这句话的意义非常大，它鼓励了很多普通人不断地为理想而努力。

모범 답안 ● track 814

我 觉得①① / 这② 句 话 说② 的 / 非常② 有 道理，因为 /
Wǒ juéde zhè jù huà shuō de fēicháng yǒu dàolǐ, yīnwèi

对于ⓛ 没有 积累，没有 准备③ 的 人 来说ⓛ，即使② / 机会 /
duìyú méiyǒu jīlěi, méiyǒu zhǔnbèi de rén láishuō, jíshǐ jīhuì

来到 他 眼 前①，他 / 也 不会④ 意识到。虽然 / 现实② 中 啊
láidào tā yǎn qián, tā yě bú huì yìshídào. Suīrán xiànshí zhōng

표현 tip

㉠ 我觉得 나는 ~라고 생각한다
처음이나 맨 마지막에 써서 생각하는 바를 이야기할 수 있다

ⓛ 对于A来说 A에게 있어서
A의 입장을 대변해 주는 말로 '对A来说'라고 써도 같은 말이다

的　竞争　是② 激烈 的，但／我们／不 能 因此 而 放弃。因为／
de jìngzhēng shì　jīliè de,　dàn wǒmen bù néng yīncǐ ér fàngqì. Yīnwèi

大多数　　情况　下ⓒ，机会／是② 很 公平 的。只有ⓔ 准备
dàduōshùqíngkuàng xià,　jīhuì　shì hěn gōngpíng de. Zhǐyǒu zhǔnbèi

好 的 人②，才ⓔ 能 意识到／什么 是／对 自己／有利 的
hǎo de rén,　cái néng yìshídào shénme shì duì zìjǐ　yǒulì de

情况；　也 只有ⓔ 努力③ 积累 的 人②，才ⓔ 不 会④ 错过 每 一
qíngkuàng; yě zhǐyǒu　nǔlì　jīlěi de rén,　cái bú huì　cuòguò měi yí

次⑤ 机会。"机会／只 留给①／有 准备③ 的 人"这 句 话 的 意义
cì　jīhuì. "Jīhuì zhǐ liúgěi yǒu zhǔnbèi de rén" zhè jù huà de　yìyì

／非常② 大，它 鼓励了／很 多 普通人／不断 地／为 理想③
/fēicháng dà, tā gǔlìle　hěn duō pǔtōngrén búduàn de　wèi lǐxiǎng

而 努力。
ér　nǔlì.

해석 저는 이 말이 매우 일리가 있다고 생각합니다. 왜냐하면 (경험이나 지식을) 쌓지 않고 준비하지 않는 사람은 기회가 눈앞에 오더라도 깨닫지 못하기 때문입니다. 비록 현실의 경쟁은 치열하지만 우리는 포기하면 안 됩니다. 대부분의 상황에서 기회는 공평한 경우가 많기 때문입니다. 준비를 잘 한 사람만이 자신에게 유리한 상황을 깨달을 수 있고, 또 노력하고 축적한 사람만이 모든 기회를 놓치지 않을 것입니다. '기회는 준비된 자에게만 주어진다'는 이 말의 의미는 매우 크고, 보통 사람들에게 이상을 위해 끊임없이 노력하도록 장려합니다.

어휘 句 jù 양 마디 [언어·시문을 세는 단위] | ☆ 机会 jīhuì 명 기회 | ★ 只 zhǐ 부 오직 [성조 주의] | ★ 留 liú 동 남기다 | ★ 谈 tán 동 말하다 | ★ 道理 dàolǐ 명 일리 [*有道理: 일리가 있다] | ★ 对于 duìyú 개 ~에 대해서 [*对于A来说: A에게 있어서] | ★ 积累 jīlěi 동 쌓이다 | ★ 即使 jíshǐ 접 설령 ~하더라도 [*即使A, 也B: 설사 A하더라도, B하다] | 意识 yìshí 동 깨닫다 [*意识到: 깨닫다] | ★ 现实 xiànshí 명 현실 | ★ 竞争 jìngzhēng 명 경쟁 | ☆ 激烈 jīliè 형 치열하다 | ★ 因此 yīncǐ 접 그래서 | ★ 而 ér 접 목적 또는 원인을 나타내는 부분을 접속시킴 | ☆ 放弃 fàngqì 동 포기하다 | 大多数 dàduōshù 형 대부분의 | ★ 情况 qíngkuàng 명 상황 | ☆ 公平 gōngpíng 형 공평하다 | ★ 只有 zhǐyǒu 접 ~해야만 ~이다 [*只有A, 才B: A해야만 비로소 B하다] | ☆ 自己 zìjǐ 대 자신 | ★ 有利 yǒulì 형 유리하다 [*对A有利: A에 유리하다] | ☆ 努力 nǔlì 동 노력하다 | ★ 意义 yìyì 명 의미 | ★ 鼓励 gǔlì 동 장려하다 | 普通人 pǔtōngrén 보통 사람 | ★ 不断 búduàn 부 끊임없이 | ☆ 地 de 조 ~히 [*부사어+地+술어] | ☆ 为 wèi 개 ~을 위하여 | ★ 理想 lǐxiǎng 명 이상

ⓒ 大多数情况下 대부분의 상황에서

'大多数' 대신 '一般'을 써서 '一般情况下(일반적인 상황에서)'라고 쓸 수 있다

ⓔ 只有A，才B A해야만 비로소 B하다

A는 B라는 결과를 위해 필요한 유일 조건으로, B를 위해 A가 반드시 필요하다는 의미를 포함한다

발음 tip

① '我觉得'처럼 3성-2성으로 연속된 단어나 구절은 반3성-2성으로 소리내는 것이 자연스럽다

② 권설음 [zh·ch·sh·r]은 혀를 말아 올린 상태에서 혀의 끝부분을 윗잇몸 뒤쪽의 딱딱한 부분에 대고 소리를 낸다

③ 글자가 3성이 연속되어 있다면, 마지막 글자의 성조만 3성으로 소리 내고 나머지는 2성으로 소리 낸다

④ '不'는 4성인 단어 '会' 앞에 있기 때문에 2성이 된다

⑤ '每一次'는 '一'가 4성인 단어 '次' 앞에서 2성이 되며, 반3성-2성-4성으로 소리 낸다

1. 这个图书馆有一百五十年历史了。	6. 这位演员表演得相当精彩。
2. 你好，这儿禁止抽烟。	7. 新买的衬衫有点儿贵。
3. 只有在大城市才有这样的酒店。	8. 观众被那位演员的表演感动了。
4. 中国北方的气候比较干燥。	9. 她不让我给她打电话。
5. 这是当地最高级的饭店。	10. 这个问题没有引起大众的重视。

해석&풀이

1. **A有B: A는 B가 있다 (A: 조직·B: 소유하는 대상)**　　　　　　　　⊙ track 815

这个图书馆 / 有 一百五十年 / 历史了。
관형어+주어　　술어+관형어　　　목적어+了
이 도서관은 150년의 역사를 가지고 있다.

크게 주어, 술어, 목적어를 기준으로 끊어 읽는다. 이때 '一百五十年'의 성조는 4성-3성-3성-2성-2성인데, 4성-2성-반3성-2성-2성으로 읽으면 더 자연스럽다.

어휘　☆ **图书馆** túshūguǎn 몡 도서관 | ☆ **历史** lìshǐ 몡 역사

2. **禁止 + 금지하는 내용: ~을 금지하다**　　　　　　　　　　　　⊙ track 816

你好, / 这儿禁止抽烟。
주어+술어　　주어+술어1+술어2
안녕하세요, 여기는 흡연 금지입니다.

쉼표가 있는 구간은 항상 끊어 읽는다. '你好'는 3성이 두 개 연속되어 있으므로, 2성-3성으로 읽는다. 이 문장의 핵심 내용인 '禁止抽烟'은 강조해서 읽는다. '禁止'의 '止', '抽烟'의 '抽'는 권설음 [zh·ch]으로 주의해서 발음하자.

어휘　★ **禁止** jìnzhǐ 동 금지하다 | ★ **抽烟** chōuyān 동 흡연하다

3. **只有A才B: A해야만 비로소 B하다**　　　　　　　　　　　　　⊙ track 817

只有 在大城市 / 才 有 这样 的 酒店。
只有 + 부사어　　才+술어 + 관형어+的 + 목적어
대도시에만 비로소 이런 호텔이 있다.

접속사 '只有A才B' 구문으로, A 부분인 '在大城市'까지 읽고 잠깐 쉰 후 나머지를 읽는다. '只有'는 3성-3성으로 이루어진 단어로, 2성-반3성으로 읽는 것에 주의하자.

어휘　☆ **只有** zhǐyǒu 젭 ~해야만 ~이다 | **大城市** dàchéngshì 몡 대도시 | ☆ **才** cái 뷔 비로소 | **酒店** jiǔdiàn 몡 호텔

4. **气候干燥: 기후가 건조하다**　　　　　　　　　　　　　　　　⊙ track 818

中国北方的 气候 / 比较干燥。
관형어+的 + 주어　　부사어+술어
중국 북방 지역의 기후는 비교적 건조하다.

주어를 수식하는 관형어를 주어와 함께 읽은 후, 술어를 수식하는 부사어를 술어와 함께 읽고, 주어와 술어는 강조해서 읽는다. '北方'의 [f] 발음에 유의하자

어휘　☆ **北方** běifāng 몡 북방 | ★ **气候** qìhòu 몡 기후 | ☆ **比较** bǐjiào 뷔 비교적 | ★ **干燥** gānzào 혱 건조하다

5. **A是B: A는 B이다 (A: 지시 대사·B: 설명)** ◎ track **819**

这 是 <u>当地</u> / <u>最高级的</u>饭店。
주어+술어 + 관형어　　　的+목적어
이곳은 현지 최고급 호텔이다.

주어와 술어 사이를 한 번 끊어 읽는 것이 일반적이지만 지시대사 '这'나 '那' 같이 주어가 짧은 경우에는 술어와 함께 읽기도 한다. 이 문장도 마찬가지로 주어와 술어를 같이 읽고 관형어 '当地'와 '最高级的' 사이에서 한 번 끊어 읽는다.

> **어휘** ★ **当地** dāngdì 명 현지 | ★ **高级** gāojí 형 (품질 또는 수준 등이) 고급인

---

6. **술어 + 得 + 정도보어: ~하는 정도가 ~하다** ◎ track **820**

这位演员 / <u>表演得</u> / <u>相当精彩</u>。
관형어+주어　　술어+得　　정도보어
이 배우는 연기를 상당히 훌륭하게 한다.

주어, 술어, 보어를 기준으로 끊어 읽고, 술어와 보어를 강조해서 읽는다. 여기서 '演员'은 반3성-2성으로 읽고 '表演'은 2성-3성으로 읽는 것이 자연스럽다.

> **어휘** ☆ **位** wèi 양 분 [공경의 뜻을 내포함] | ★ **演员** yǎnyuán 명 배우 | ★ **表演** biǎoyǎn 동 연기하다 | ★ **相当** xiāngdāng 부 상당히 | ★ **精彩** jīngcǎi 형 훌륭하다

---

7. **有点儿 + 부정적 뉘앙스의 형용사: 좀 ~하다** ◎ track **821**

<u>新买的</u>衬衫 / <u>有点儿</u>贵。
관형어+的+주어　　부사어+술어
새로 산 셔츠는 좀 비싸다.

크게 주어와 술어 두 부분으로 끊어 읽고, 주어와 술어는 강조해서 읽는다. 이때 '有点儿'에서 '有'는 2성으로 읽는 것을 잊지 말자. '衬衫'의 권설음 [ch·sh]에 유의하여 발음하자.

> **어휘** ☆ **衬衫** chènshān 명 셔츠

---

8. **被A感动了: A에 의해 감동 받다** ◎ track **822**

观众 / <u>被那位演员的</u>表演 / <u>感动了</u>。
주어　　　부사어　　　　술어+了
관객은 그 배우의 공연에 의해 감동 받았다.

개사 '被'로 피동을 나타내는 문장으로, 주어, 부사어, 술어 세 부분으로 끊어 읽는다. '被'자문은 주체와 객체가 중요하므로, '观众'과 '表演'을 강조하여 읽는다.

> **어휘** ★ **观众** guānzhòng 명 관객 | ☆ **被** bèi 개 ~에게 ~를 당하다 [*주어+被+목적어+술어+기타성분] | ☆ **位** wèi 양 분 [공경의 뜻을 내포함] | ☆ **演员** yǎnyuán 명 배우 | ★ **表演** biǎoyǎn 명 공연 | ★ **感动** gǎndòng 동 감동하다

---

9. **让AB: A로 하여금 B하게 하다 (A: 대상·B: 행위)** ◎ track **823**

她 不 让 我 / 给她 打 电话。
주어+부사어+술어+목적어1　　부사어 + 술어2+목적어2
（=의미상 주어）
그녀는 내가 그녀에게 전화를 거는 것을 원치 않는다.

이 문장은 겸어문으로, 첫 번째 목적어(의미상 주어)인 '我'까지 읽고 한번 쉰다. 이 문장을 읽을 때 주의해야 할 점은 부정부사 '不'가 4성인 단어 '让'앞에 위치하여 2성으로 바뀐다는 것이다. 또한 '让'의 권설음 [r]에 주의해서 소리 낸다.

---

10. **引起重视: 중시를 받다** ◎ track **824**

这个问题 / <u>没有</u>引起 / <u>大众的</u>重视。
관형어+주어　　부사어+술어　　관형어+的+목적어
이 문제는 대중의 중시를 받지 못했다.

문장의 핵심인 주어, 술어, 목적어를 강조해서 읽고, 주어 뒤, 술어 뒤에서 끊어 읽는다. 또한 '没有引起'에서 세 글자가 3성이기 때문에, '有引'은 2성으로 읽는 것을 잊지 말자.

> **어휘** ★ **引起** yǐnqǐ 동 (주의를) 끌다 | **大众** dàzhòng 명 대중 | ★ **重视** zhòngshì 명 중시

11.

내용 구상하기

연상 어휘
떠올리기

- 养宠物 애완동물을 키우다
- 照顾它们 그들을 보살피다
- 狗是人类的朋友 개는 인간의 친구이다

어휘
확장하기

- 决定养宠物 애완동물을 키우기로 결정하다
- 好好照顾它们 그들을 잘 보살피다
- 人们常说: "狗是人类的朋友"
  사람들은 종종 '개는 인간의 친구'라고 말한다

논리적으로
구성하기

人们常说: "狗是人类的朋友", 无论城市还是农村, 人们最常养的宠物就是狗了 사람들은 종종 '개는 인간의 친구'라고 말하는데, 도시나 농촌을 막론하고 사람들이 가장 많이 키우는 애완동물이 바로 개다

→ 如果你决定了养宠物 만약 당신이 애완동물을 키우기로 결정했다
→ 那么一定要好好照顾它们 (그러면) 반드시 애완동물(그것)을 잘 보살펴야 한다

모범 답안 ▶ ⊙ track 825

人们 / 常 说①: "狗 是 / 人类的 朋友", 无论 / 城市
Rénmen cháng shuō: "gǒu shì rénlèi de péngyou", wúlùn chéngshì

还是 农村, 人们 / 最 常 养 的 宠物 / 就是 狗 了。很 多
háishi nóngcūn, rénmen zuì cháng yǎng de chǒngwù jiùshì gǒu le. Hěn duō

人 是 / 在 宠物 刚 生下来 的 时候 / 就 开始 养①, 一直
rén shì zài chǒngwù gāng shēngxiàlai de shíhou jiù kāishǐ yǎng, yìzhí

到 / 它们 长大、变老、最后 死去②。养 宠物① 的 人 / 常
dào tāmen zhǎngdà, biànlǎo, zuìhòu sǐqù. Yǎng chǒngwù de rén cháng

说, 宠物 / 和ⓛ 家人 一样ⓛ, 它们 / 离开 时, 就 像ⓒ 失去
shuō, chǒngwù hé jiārén yíyàng, tāmen líkāi shí, jiù xiàng shīqù

亲人 一样ⓒ。我 / 看到 他们 的 经历, 虽然 / 无法 完全
qīnrén yíyàng. Wǒ kàndào tāmen de jīnglì, suīrán wúfǎ wánquán

感受 到 / 那 种 感觉③, 但 / 我 完全 能 理解。而 / 我ⓔ
gǎnshòu dào nà zhǒng gǎnjué, dàn wǒ wánquán néng lǐjiě. Ér wǒ

也① 认为ⓔ, 如果 / 你 决定了 / 养 宠物①, 那么 / 一定 要
yě rènwéi, rúguǒ nǐ juédìngle yǎng chǒngwù, nàme yídìng yào

好好④ 照顾 / 它们, 因为 / 在 它们 眼里, 你 / 就是 它 的 全部。
hǎohǎo zhàogù tāmen, yīnwèi zài tāmen yǎnli, nǐ jiùshì tā de quánbù.

해석 사람들은 종종 '개는 인간의 친구'라고 말하는데, 도시나 농촌을 막론하고 사람들이 가장 많이 키우는 애완동물이 바로 개다. 많은 사람들이 애완동물이 태어나서부터 자라고 늙어서 죽을 때까지 키운다. 애완동물을 키우는 사람들은 애완동물이 가족과 같아서, 그들이 떠나면 마치 가족을 잃은 것 같다고 말한다. 나는 그들의 경험을 보고, 비록 그 느낌을 완전히 느낄 수는 없어도, (나는) 충분히 이해할 수 있었다. 그리고 나는 만약 당신이 애완동물을 키우기로 결정했다면, 애완동물(그들)의 마음에는 당신이 (그것의) 전부이기 때문에 반드시 애완동물(그것)을 잘 보살펴야 한다고 생각한다.

어휘 ★人类 rénlèi 몡 인류 | ★无论 wúlùn 젭 ~을 막론하고 [*无论A还是B: A 혹은 B를 막론하고] | ☆城市 chéngshì 몡 도시 | 农村 nóngcūn 몡 농촌 | 养 yǎng 동 (동물을) 키우다 | 宠物 chǒngwù 몡 애완동물 | ★刚 gāng 핀 막 | 生 shēng 동 태어나다 | ☆一直 yìzhí 핀 줄곧 | 长大

표현 tip

㉠ 人们常说 사람들은 종종 ~라고 말한다
사람들의 일반적인 생각을 이야기하면서 글을 시작할 수 있다

ⓛ 和A一样 A와 같다
여기서는 '一样'이 술어로 쓰였지만, 뒤에 술어가 존재할 경우에는 부사어로 쓰여 'A와 같이 ~하다'라는 의미가 된다

ⓒ 像A一样 마치 A인 것 같다
앞의 애완동물을 떠나보냈을 때의 상황을 A에 비유하여 표현할 수 있다

ⓔ 我认为 나는 ~라고 생각한다
화자의 생각으로 글을 마무리한다

발음 tip

① 단어나 구절이 3성으로 이어질 때 마지막 글자만 3성 혹은 반3성으로 발음하고 그 앞의 글자는 모두 2성으로 발음한다

② '死去'의 '死'는 [sǐ]라고 발음하며 권설음 [shi]와 구분해야 한다

③ '那种感觉'의 원래 성조는 4성-3성-3성-2성인데, 읽을 때는 4성-2성-반3성-2성으로 해야 유창하게 들린다

④ '好好'는 3성이 2개 이어져서 2성-3성으로 발음하며, 구어

zhǎngdà 통 자라다 | **变老** biànlǎo 늙어지다 | ☆**最后** zuìhòu 형 맨 마지막의 | **家人** jiārén 명 가족 | ☆**一样** yíyàng 형 똑같다 | ★**离开** líkāi 통 떠나다 | **像** xiàng 튄 마치 ~인 것 같다 [*像A一样: 마치 A인 것 같다] | ★**失去** shīqù 통 잃다 | **亲人** qīnrén 명 가까운 친척 | ★**经历** jīnglì 명 경험 | **无法** wúfǎ 통 할 수 없다 | ★**完全** wánquán 튄 완전히 | **感受** gǎnshòu 통 느끼다 | **种** zhǒng 양 종류 | ★**感觉** gǎnjué 명 느낌 | ★**理解** lǐjiě 통 이해하다 | ★**而** ér 접 그리고 | ☆**如果** rúguǒ 접 만약 [*如果A那么B: 만약 A라면, 그렇다면 B하다] | ★**决定** juédìng 통 결정하다 | ☆**照顾** zhàogù 보살피다 | **眼里** yǎnli 명 마음 | ★**全部** quánbù 명 전부

에서는 얼화해서 '好好儿'로 말하기도 하는데, 이 경우 두 번째 '好'를 1성으로 발음한다

12.

내용 구상하기

연상 어휘
떠올리기

• 拿着地图 지도를 들고 있다
• 来中国旅行 중국으로 여행을 오다
• 找到酒店 호텔을 찾다

어휘
확장하기

• 一直拿着地图 계속 지도를 들고 있다
• 第一次来中国旅行 처음 중국으로 여행을 오다
• 找到预订的酒店 예약한 호텔을 찾다

논리적으로
구성하기

东东和娜娜是第一次来中国旅行 동동과 나나는 처음으로 중국에 여행을 왔다
→ 一直拿着地图, 边走边问 계속 지도를 들고서 걸으며 (사람들에게) 물어봤다
→ 他们很快就找到了预订的酒店 그들은 빠르게 예약한 호텔을 찾았다

모범 답안 ● track 826

东东 和 娜娜 / 是 第一① 次 / 来 中国 / 旅行②, 娜娜 /
Dōngdong hé Nàna shì dì-yī cì lái Zhōngguó lǚxíng, Nàna

还 为了⑦ 这次 的 旅行②, 学了 几 个 月 汉语。一⑥ 下③ 飞机,
hái wèile zhècì de lǚxíng, xuéle jǐ ge yuè Hànyǔ. Yí xià fēijī,

她 / 就⑥ 买了 一 张③ / 当地④ 的 地图④。虽然 / 上网 / 也 能
tā jiù mǎile yì zhāng dāngdì de dìtú. Suīrán shàngwǎng yě néng

找到 酒店, 但 / 娜娜 / 想 自己 先 试试⑤ 看。东东 / 也 想⑦
zhǎodào jiǔdiàn, dàn Nàna xiǎng zìjǐ xiān shìshi kàn. Dōngdong yě xiǎng

看看⑥ / 娜娜 的 汉语 实力, 于是 / 这 一 路③ / 他们 / 没 看
kànkan Nàna de Hànyǔ shílì, yúshì zhè yí lù tāmen méikàn

手机, 一直 拿着 地图, 边⑥ 走 / 边⑥ 问。 东东 / 看 娜娜
shǒujī, yìzhí názhe dìtú, biān zǒu biān wèn. Dōngdong kàn Nàna

认真 的 样子, 感到 非常 幸福。最后, 他们 / 很 快 就
rènzhēn de yàngzi, gǎndào fēicháng xìngfú. Zuìhòu, tāmen hěn kuài jiù

找到了 / 预订 的 酒店, 并且 顺利 地④ / 办理了 入住 手续。
zhǎodàole yùdìng de jiǔdiàn, bìngqiě shùnlì de bànlǐle rùzhù shǒuxù.

娜娜 觉得 / 很 有⑥ 成就感, 决定 回国 后 / 还 要 继续 / 学
Nàna juéde hěn yǒu chéngjiùgǎn, juédìng huíguó hòu hái yào jìxù xué

汉语。
Hànyǔ.

모범 답안 배경 음원

표현 tip

㉠ 为了A(목적)B(행위) ~하기 위해 ~하다
중국 여행을 위해 중국어를 배웠다고 표현할 때 '为了'를 사용한다

㉡ 一A就B A하자 마자 B하다
A라는 행동(행위)을 하자마자 바로 B라는 행동(행위)을 한다는 뜻으로, 이 구문에서 그림의 핵심인 '地图 (지도)'가 제시되었다

㉢ 边A边B A하면서 B하다
동시 동작을 나타내는 접속사로 '一边A一边B'와 같은 말이다

발음 tip

① '第一'는 서수를 나타내는 것으로, '一'의 성조가 바뀌지 않고 1성을 유지한다

② '旅[lǚ]'는 입술을 동그랗게 오므린 상태에서 [이]라고 발음하며, 성조는 반3성-2성으로 읽어야 한다

③ '一' 뒤의 단어가 4성일 때는 2성으로 바뀌고, 1·2·3성일 때는 4성으로 바뀐다

• 215

동동과 나나는 처음으로 중국에 여행을 왔는데, 나나는 이번 여행을 위해 몇 달 동안 중국어를 배우기도 했다. 비행기에서 내리자마자 그녀는 현지 지도를 한 장 샀다. 비록 인터넷으로도 호텔을 찾을 수 있지만 나나는 먼저 스스로 시도해 보고 싶었다. 동동도 나나의 중국어 실력을 한번 보고 싶어서, 핸드폰을 보지 않고 계속 지도를 들고서 걸으며 (사람들에게) 물어봤다. 동동은 나나의 진지한 모습을 보고 매우 행복했다. 결국 그들은 빠르게 예약한 호텔을 찾았고 순조롭게 체크인을 했다. 나나는 성취감을 느꼈고, 귀국하고 나서도 중국어를 계속 배우기로 결정했다.

东东 Dōngdong 고유 동동 [인명] | 娜娜 Nàna 고유 나나 [인명] | ★旅行 lǚxíng 동 여행하다 명 여행 | ☆为了 wèile 개 ~을 하기 위하여 [*为了+목적, 행위: ~하기 위하여 ~하다] | ☆张 zhāng 양 장 [종이·가족 등을 세는 단위] | ★当地 dāngdì 명 현지 | ☆地图 dìtú 명 지도 | ☆上网 shàngwǎng 동 인터넷을 하다 | 酒店 jiǔdiàn 명 호텔 | ☆自己 zìjǐ 대 자신 | ☆先 xiān 부 먼저 | ☆试 shì 동 시험 삼아 해보다 | 实力 shílì 명 실력 | ☆于是 yúshì 접 그리하여 | 一直 yìzhí 부 계속 | 拿 ná 동 (손으로) 쥐다 | ☆边 biān 접 한편으로 ~하면서 [*边A边B: A하면서 B하다] | ★认真 rènzhēn 형 진지하다 | ★样子 yàngzi 명 모습 | 感到 gǎndào 동 느끼다 [*感到+감정: ~을 느끼다] | ★幸福 xìngfú 형 행복하다 | ★最后 zuìhòu 명 결국 | ★预订 yùdìng 동 예약하다 | ★并且 bìngqiě 접 또한 | ★顺利 shùnlì 형 순조롭다 | ☆地 de 조 ~히 [*부사어+地+술어] | ☆办理 bànlǐ 동 (수속을) 밟다 [*办理入住手续: 체크인하다] | 入住 rùzhù 동 (호텔에) 숙박하다 | ★手续 shǒuxù 명 수속 | 成就感 chéngjiùgǎn 명 성취감 | ☆决定 juédìng 동 결정하다 | 回国 huíguó 동 귀국하다 | ★继续 jìxù 동 계속하다 [부사적 용법으로 많이 쓰임]

④ '地'가 '땅'의 의미로 쓰인 '当地dāngdì'와 '地图dìtú'에서는 [dì]로 소리 나지만, 구조조사로 쓰일 때는 [de]로 소리 내야 하는 것을 잊지 말자

⑤ '也能'을 성조 그대로 읽으면 3성-2성이지만 반3성-2성으로 읽어야 한다

⑥ 1음절 동사를 중첩하면 일반적으로 뒤의 동사의 성조는 경성으로 읽는다

⑦ '也想'과 '很有'는 3성이 두 개 연속되어 있으므로, 2성-반3성으로 읽어야 한다

Qǐng tántan nǐ píngshí shì rúhé duànliàn shēntǐ de.

13. 请 谈谈 你 平时 是 如何 锻炼 身体 的。

평소에 어떻게 신체를 단련하는지 이야기해 보세요.

내용 구상하기

도입	언제부터 운동을 하게 되었는지 이야기한다.	我从高中时开始去健身房运动到现在，一直没有间断过。
전개	운동을 시작하게 된 계기와 운동의 장점을 소개한다.	起初，我运动的目的是减肥。逐渐地，随着我对运动的喜爱越来越深，跑步、瑜伽、竞走早已成了我生活中的一部分。对我来说，我可以少吃一顿饭，但不能不运动，因为运动让我有个健康的身体，和乐观的心态。我认为，合理的运动带给我们的好处比吃药更有效。
마무리	듣는 사람들에게 운동을 할 것을 추천하면서 마무리한다.	从这一刻开始锻炼身体吧！你一定会发现自己身体和心态的变化。

모범 답안 ▶ track **827**

我 从 高中 时 / 开始 去 健身房 / 运动 到 现在，
Wǒ cóng gāozhōng shí kāishǐ qù jiànshēnfáng yùndòng dào xiànzài,

一直 没有① 间断过①。起初①，我 运动 的 目的② / 是
yìzhí méiyǒu jiànduànguo. Qǐchū, wǒ yùndòng de mùdì shì

减肥。逐渐 地，随着 我 对① 运动 的 喜爱① / 越来越 深，
jiǎnféi. Zhújiàn de, suízhe wǒ duì yùndòng de xǐ'ài yuèláiyuè shēn,

跑步①、瑜伽、竞走 / 早已 成了③ 我 生活 中 的 一部分。
pǎobù, yújiā, jìngzǒu zǎoyǐ chéngle wǒ shēnghuó zhōng de yíbùfen.

对 我 来说①，我 / 可以 少④ 吃 一 顿⑤ 饭，但 / 不 能 不
Duì wǒ láishuō, wǒ kěyǐ shǎo chī yí dùn fàn, dàn bù néng bú

표현 tip

㉠ 没有A(동사)过 A한 적이 없다

동태조사 '过'는 행위나 동작의 경험을 나타내며, A라는 행동을 한 적이 없음을 표현할 때 '没有A(동사)过'라고 쓴다

㉡ 让A(대상)B(행위) A로 하여금 B하게 하다

'让'자 겸어문은 한 문장에 두 개 이상의 동사가 있어서, 첫 번째 동사의 목적어가 두 번째 동사의 의미상 주어 역할을 겸한다

216 •

运动⑥，因为 / 运动　让ⓒ 我 / 有个 健康 的 身体，和 乐观⑦
yùndòng, yīnwèi yùndòng ràng wǒ yǒu ge jiànkāng de shēntǐ, hé lèguān

的 心态。我　认为，合理 的 运动 / 带给　我们 的 好处①
de xīntài. Wǒ rènwéi, hélǐ de yùndòng dàigěi wǒmen de hǎochù

比ⓒ 吃药 更ⓒ 有效。从 这 一 刻⑤ 开始 / 锻炼　身体 吧!ⓔ
bǐ chīyào gèng yǒuxiào. Cóng zhè yí kè kāishǐ duànliàn shēntǐ ba!

你 / 一定 会 发现 / 自己 身体 / 和 心态 的 变化。
Nǐ yídìng huì fāxiàn zìjǐ shēntǐ hé xīntài de biànhuà.

[해석] 저는 고등학교 때부터 헬스장에 가서 운동하기 시작했고 지금까지 한 번도 중단한 적이 없습니다. 처음에 저는 살을 빼기 위해 운동을 했습니다. 운동에 대한 애정이 점점 깊어지면서 달리기, 요가, 경보는 이미 제 삶의 일부가 되었습니다. 저는 밥을 한 끼 덜 먹을 수 있지만 운동을 안 할 수는 없는데, 운동은 제가 건강한 몸과 낙관적인 마음가짐을 가지게 하기 때문입니다. 저는 적절한 운동이 우리에게 주는 좋은 점이 약보다 더 효과적이라고 생각합니다. 지금 이 순간부터 몸을 단련해 보세요! (당신은) 반드시 자신의 몸과 마음의 변화를 발견하게 될 것입니다.

[어휘] ☆ 谈 tán 동 이야기하다 | ☆ 平时 píngshí 명 평소 | ★ 如何 rúhé 대 어떻게 | ☆ 锻炼 duànliàn 동 단련하다 [*锻炼身体: 신체를 단련하다] | 高中 gāozhōng 명 고등학교 | 健身房 jiànshēnfáng 명 헬스장 | ☆ 一直 yìzhí 부 줄곧 | 间断 jiànduàn 동 중단되다 | 起初 qǐchū 부 처음에 | ★ 目的 mùdì 명 목적 | ☆ 减肥 jiǎnféi 동 살을 빼다 | ☆ 逐渐 zhújiàn 부 점점 | ★ 地 de 조 ~하게 [*부사어+地+술어] | ★ 随着 suízhe 개 ~에 따라 | 喜爱 xǐ'ài 동 애정하다 [여기서는 명사적 용법으로 쓰임] | ★ 越来越 yuèláiyuè 부 갈수록 | ★ 深 shēn 형 깊다 | 瑜伽 yújiā 명 요가 | 竞走 jìngzǒu 명 경보 | 早已 zǎoyǐ 부 이미 | 成 chéng 동 ~이 되다 | ☆ 生活 shēnghuó 명 삶 | 一部分 yíbùfen 명 일부분 | 来说 láishuō ~으로 말하자면 [*对A来说: A에게 있어서] | ★ 顿 dùn 양 끼 [식사·질책·권고 등을 세는 단위] | ☆ 健康 jiànkāng 형 건강하다 | ★ 乐观 lèguān 형 낙관적이다 | 心态 xīntài 명 심리 상태 | ☆ 认为 rènwéi 동 ~라고 생각하다 | ★ 合理 hélǐ 형 합리적이다 | ★ 带 dài 동 가지다 [*带给: 가져다 주다] | ★ 好处 hǎochù 명 좋은 점 | ☆ 更 gèng 부 더 | 有效 yǒuxiào 형 효과적이다 | ★ 刻 kè 명 순간 | ☆ 一定 yídìng 부 반드시 | ☆ 发现 fāxiàn 동 발견하다 | ☆ 自己 zìjǐ 대 자신 | ☆ 变化 biànhuà 명 변화

ⓒ A(비교대상)比B(비교대상)更 C(술어) A가 B보다 더 C하다
운동하는 것이 약을 먹는 것보다 다이어트에 더 적합하다는 말로, '比'자 비교문을 쓸 때는 '很'이나 '非常' 같은 정도부사를 쓸 수 없는 것에 주의하자

ⓔ A吧! A하자!
'吧'는 권유나 청유를 나타내는 어기조사로, A에는 완전한 문장이 들어간다

발음 tip

① 1·2·4·경성의 글자 앞에 오는 3성의 글자는 반3성으로 읽으면 더 자연스럽게 들린다

② '的'는 다음자로, '목적'이라는 뜻으로 쓰였을 때는 [dì]가 되는 것을 잊지 말자

③ '早已成了'의 원래 성조는 3성-3성-2성-경성으로, 2성-반3성-2성-경성으로 읽으면 더욱 유창하게 들린다

④ 3성이 여러 개 연속된 부분은 마지막 글자만 원래 성조를 지키고, 나머지는 2성으로 읽는다

⑤ '顿'과 '刻' 모두 4성이므로, 그 앞의 '一'는 2성이 된다

⑥ 4성으로 시작하는 어휘 앞에 있으면 '不'는 4성에서 2성으로 바뀐다

⑦ '乐观lèguān'의 '乐'는 다음 자로 '낙관적이다'라는 뜻으로 쓰일 때는 [lè]로 발음해야 한다

Rúguǒ nǐ zài Zhōngguó, nǐ huì dài cóng Hánguó lái de qīnqi qù Zhōngguó de
14. 如果 你 在 中国，你 会 带 从 韩国 来 的 亲戚 去 中国 的
shénme dìfang?
什么 地方?
만약 당신이 중국에 있다면 한국에서 온 친척을 데리고 중국의 어느 지역에 가겠습니까?

[내용 구상하기]

도입	질문에 상하이라고 바로 대답한다	如果亲戚要来中国，我一定会带他们去上海。
전개	상하이에 데려가려는 이유를 여러 개 제시한다.	因为上海是一座国际化的大城市，而且那里的气候对外国人来说，比较容易适应。虽然北方也有很多值得去的地方，但如果只是在中国玩儿几天的话，上海是最优先的选择。上海的很多小吃

		是韩国人比较喜欢的，比如小笼包，软糖等等。还有，来上海一定要去黄浦江看看。
마무리	친척들에게 상하이의 분위기를 느끼게 해 주고 싶다는 말로 마무리한다.	那里中西文化相结合的氛围是上海特有的，我很想让家人去感受一下。

모범 답안 ◉ track 828

如果① / 亲戚 / 要来 中国①，我 / 一定 会 带 他们 / 去
Rúguǒ qīnqi yào lái Zhōngguó, wǒ yídìng huì dài tāmen qù

上海①。 因为 / 上海① 是① 一 座② / 国际化 的 大城市①，
Shànghǎi. Yīnwèi shànghǎi shì yí zuò guójìhuà de dàchéngshì,

而且 / 那里 的 气候 对⑦ 外国人 来说，比较③ 容易 适应。
érqiě nàli de qìhòu duì wàiguórén láishuō, bǐjiào róngyì shìyìng.

虽然ⓛ / 北方 也 有 很④ 多值得 / 去 的 地方，但ⓛ / 如果①
Suīrán běifāng yě yǒu hěn duō zhídé qù de dìfang, dàn rúguǒ

只是③ 在 中国 / 玩儿 儿 天③ 的话，上海① 是 最 优先 的
zhǐshì zài Zhōngguó wánr jǐ tiān dehuà, Shànghǎi shì zuì yōuxiān de

选择③。 上海① 的 很 多③ 小吃③ / 是 韩国人 比较③ 喜欢③ 的，
xuǎnzé. Shànghǎi de hěn duō xiǎochī shì Hánguórén bǐjiào xǐhuan de,

比如ⓒ③ / 小笼包③，软糖③ 等等ⓒ④。 还有，来 上海① / 一定
bǐrú xiǎolóngbāo, ruǎntáng děngděng. Háiyǒu, lái Shànghǎi yídìng

要ⓔ 去 黄浦江③ / 看看⑤。 那里 中西 文化 / 相 结合 的
yào qù Huángpǔjiāng kànkan. Nàli Zhōngxī wénhuà xiāng jiéhé de

氛围 / 是 上海① 特有 的，我 很 想④ 让① 家人 / 去 感受③
fēnwéi shì Shànghǎi tèyǒu de, wǒ hěn xiǎng ràng jiārén qù gǎnshòu

一下。
yíxià.

해석 만약 친척이 중국에 온다면 저는 그들을 꼭 상하이에 데려갈 것입니다. 상하이는 국제화된 대도시인 데다, 그곳의 기후가 외국인이 적응하기 비교적 쉽기 때문입니다. 비록 북쪽에도 가 볼 만한 곳이 많이 있지만, 중국에서 며칠만 논다면 상하이가 최우선의 선택입니다. 상하이의 많은 간식거리는 한국인들이 비교적 좋아하는 것으로, 예를 들면 샤오룽바오, 젤리 등이 있습니다. 그리고 상하이에 오면 꼭 황푸강에 가 봐야 합니다. 그곳의 중국과 서양 문화가 서로 결합된 분위기는 상하이의 고유한 것으로, 저는 가족이 꼭 한 번 느껴 보게 하고 싶습니다.

어휘 ☆如果 rúguǒ 접 만약 [*如果A的话: 만약 A라면] | ★带 dài 동 데리다 | 韩国 Hánguó 고유 한국 | ★亲戚 qīnqi 친척 | ☆地方 dìfang 명 지역 | 上海 Shànghǎi 고유 상하이 | ☆座 zuò 양 좌, 채 (건물, 다리, 도시 등을 세는 단위) | 国际化 guójìhuà 명 국제화 | 大城市 dàchéngshì 명 대도시 | ☆而且 érqiě 접 게다가 | ★气候 qìhòu 명 기후 | 外国人 wàiguórén 외국인 | 来说 láishuō ~으로 말하자면 [*对A来说: A에게 있어서] | ☆比较 bǐjiào 부 비교적 | ☆容易 róngyì 형 ~하기 쉽다 | ★适应 shìyìng 동 적응하다 | 北方 běifāng 명 북쪽 | ☆值得 zhídé ~할 만하다 | 只是 zhǐshì 부 오직 | 优先 yōuxiān 우선하다 | ☆选择 xuǎnzé 선택 | ★小吃 xiǎochī 간식 | ★比如 bǐrú 접 예를 들어 [*比如……等等: 예를 들어 ~등등이 있다] | 小笼包 xiǎolóngbāo 샤오룽바오 [중국요리 중의 하나] | 软糖 ruǎntáng 명 젤리 | 等等 děngděng 조 등등 | 黄浦江 Huángpǔjiāng 고유 황푸강 [상하이에 있는 강 이름] | ☆文化 wénhuà 명 문화 | 相 xiāng 서로 | ★结合 jiéhé 동 결합하다 | 氛围 fēnwéi 명 분위기 | 特有 tèyǒu 형 고유하다 | ★感受 gǎnshòu 동 느끼다

표현 tip

㉠ 对A来说 A에게 있어서
A의 입장을 표현할 때 쓰는 말로, '对于A来说', '拿A来说' 등 다양한 동의어가 있다

ⓛ 虽然A，但(是)B 비록 A하지만 B하다
역접을 나타내는 접속사로, '但(是)' 대신 '可(是)', '不过' 등을 쓸 수도 있다

ⓒ 比如……等 예를 들어 ~등이 있다
앞의 '小吃'에 대한 여러 예시를 설명한다

ⓔ 一定要 반드시 해야 ~한다
뒤에는 반드시 해야 할 행동(동사)이 들어간다

발음 tip

① 권설음 [zh·ch·sh·r] 발음을 할 때는 혀를 둥글게 말아서 윗잇몸 뒤쪽에 대고 소리를 낸다

② '一'는 뒤의 '座'가 4성이므로, 성조가 2성으로 바뀐다

③ 3성-1·2·4·경성이 이어진 단어나 구절은 반3성-1·2·4·경성으로 읽는다

④ 단어나 구절이 3성으로 이루어졌을 경우, 마지막 글자만 본래 성조를 지키고 앞의 글자는 2성으로 읽는다

⑤ 1음절 동사 '看'을 중첩하여 사용할 때, 두 번째 '看'은 경성으로 읽는다

모의고사 (3회)

1. 请大家按顺序排队进入展厅。	6. 经理对我的工作态度非常满意。
2. 我明天要带孩子去动物园。	7. 请把这几件衣服放在沙发上。
3. 长城是中国最著名的景点之一。	8. 后天一月十五号，对不对？
4. 你的汉语发音非常标准。	9. 她穿这条裙子真合适。
5. 小李从小就养成了每天写日记的习惯。	10. 这些问题必须马上处理。

해석&풀이

1. 请 + 대상 + 술어(내용): ~해 주세요 　　　　　　　　　　　● track 829

请 大家 / 按顺序 排队 / 进入 展厅。
술어1+목적어1　　부사어 + 술어2　　술어3 + 목적어2
모두 순서에 따라 줄을 서서 전시홀에 입장해 주세요.

한 문장 안에 술어 3개가 들어 있는 문장으로, 각 술어와 직접적으로 호응하는 문장성분을 기준으로 끊어 읽는다. '顺序'의 '序' 발음을 할 때는 입을 오므린 채로 [이] 소리를 낸다

어휘 按 àn [개] ~에 따라 | ★ 顺序 shùnxù [명] 순서 | ★ 排队 páiduì [동] 줄을 서다 | 进入 jìnrù [동] 들어가다 | 展厅 zhǎntīng [명] 전시홀

2. 带 + 사람·사물 + 행위: ~을 데리고 ~하다 　　　　　　　● track 830

我 明天 / 要带 孩子 / 去 动物园。
주어+부사어　　술어1+목적어1　　술어2 + 목적어2
나는 내일 아이를 데리고 동물원에 갈 것이다.

부사어 '明天'과 '要' 사이에서 한 번 끊어 읽은 뒤, 첫 번째 목적어와 두 번째 술어 사이에서 한 번 더 끊어 읽는다. 연동문은 일반적으로 첫 번째 목적어와 두 번째 술어 사이에서 끊어 읽는 경우가 많다.

어휘 ☆ 带 dài [동] 데리다 | 动物园 dòngwùyuán [명] 동물원

3. A是B之一: A는 B중 하나이다 　　　　　　　　　　　　● track 831

长城是 / 中国最著名的 / 景点之一。
주어+술어　　관형어+的　　　목적어
만리장성은 중국에서 가장 유명한 명소 중 하나이다.

주어가 두 글자로 짧기 때문에 술어 '是'와 이어서 읽고, 그 뒤의 관형어와 목적어를 기준으로 한 번 더 끊어 읽는다. '景点'은 3성으로 이루어진 단어로, 2성-3성으로 읽는다.

어휘 ★ 长城 Chángchéng [고유] 만리장성 | ★ 著名 zhùmíng [형] 유명하다 | 景点 jǐngdiǎn [명] 명소 | 之一 zhīyī [명] ~중의 하나

4. 发音标准: 발음이 표준적이다 　　　　　　　　　　　　● track 832

你 的 汉语 发音 / 非常 标准。
관형어+的+관형어 + 주어　　부사어+술어
너의 중국어 발음은 매우 표준적이다.

주어를 수식하는 관형어를 주어와 함께 읽은 후, 술어를 수식하는 부사어를 술어와 함께 읽는다. 문장의 핵심인 '汉语发音'과 '标准'을 강조해서 읽는다.

어휘 ☆ 发音 fāyīn [명] 발음 | ★ 标准 biāozhǔn [형] 표준적이다

5. **养成习惯**: 습관을 기르다　　　　　　　　　　　　　● track 833

小李 / 从小就养成了 / 每天写日记的习惯。
<u>주어</u>　　<u>부사어+술어+了</u>　　　<u>관형어+的+목적어</u>
샤오리는 어려서부터 매일 일기를 쓰는 습관을 길렀다.

크게 주어, 술어, 목적어의 세 부분으로 나누어 읽는다. '小李'는 2성-3성으로 발음하고, '养成'은 반3성-2성으로 발음하는 것을 잊지 말자. 또한 '日记'의 권설음 [r]에 주의해서 발음하자.

> **어휘**　小李 Xiǎo Lǐ [고유] 샤오리 [인명] | 从小 cóngxiǎo [부] 어려서부터 | ★养成 yǎngchéng [동] 기르다 | 每天 měitiān [명] 매일 | ★日记 rìjì [명] 일기 [*写日记: 일기를 쓰다] | ☆习惯 xíguàn [명] 습관

6. **对A满意**: A에 대해 만족하다　　　　　　　　　　　● track 834

经理对我的<u>工作态度</u> / 非常<u>满意</u>。
<u>주어+부사어</u>　　　　　　<u>술어</u>
매니저는 나의 업무 태도에 대해 매우 만족한다.

고정격식 '对A满意' 구문으로, 주어부터 A에 해당하는 '我的工作态度'까지 읽은 후, 잠깐 쉬고 나머지를 읽는다. 중요 내용인 '工作态度'와 '满意'는 강조해서 읽는다.

> **어휘**　☆经理 jīnglǐ [명] 매니저 | ★态度 tàidu [명] 태도 | ☆满意 mǎnyì [형] 만족하다

7. **请 + 대상 + 술어(내용)**: ~해 주세요 · **把A放在B**: A를 B에 두다　● track 835

请 把这几件<u>衣服</u> / 放 在 沙发上。
<u>술어1+부사어</u>　　　　<u>술어2+보어 + 목적어</u>
이 몇 벌의 옷을 소파 위에 두세요.

'把'자문의 빈출 구문인 '把A放在B'로 A에 해당하는 '这几件衣服'까지 읽고, '放在沙发上'을 이어서 읽는다. '请把'는 3성-3성으로 되어 있기 때문에 2성-3성으로 발음해야 한다.

> **어휘**　☆把 bǎ [개] ~을 [*주어+把+목적어+술어+기타성분] | ☆放 fàng [동] 두다 | ★沙发 shāfā [명] 소파

8. **一月十五号**: 1월 15일이다　　　　　　　　　　● track 836

后天 / 一月十五号 , / 对不对?
<u>주어</u>　　<u>술어</u>　　　<u>对+不+对</u>
모레가 1월 15일이지, 맞지?

이 문장은 명사술어문으로 명사술어인 '一月十五号'를 강조해서 읽는다. 또한 쉼표가 있을 때는 항상 끊어 읽는다. 여기서 '一'는 성조 변화 없이 1성으로 발음하며, 정반의문문을 읽을 때 '不'는 경성으로 가볍게 읽는다. 명사술어문은 동사 '是'를 사용하여 '后天是一月十五号'라고도 쓸 수 있다.

> **어휘**　后天 hòutiān [명] 모레

9. **裙子合适**: 치마가 어울리다　　　　　　　　　　● track 837

她穿这条<u>裙子</u> / 真<u>合适</u>。
<u>관형어+주어</u>　　　<u>부사어+술어</u>
그녀가 입은 이 치마는 정말 잘 어울린다.

이 문장은 형용사술어문으로 주어, 술어로 크게 두 부분으로 나누어 읽는다. 주어와 술어 사이의 부사어 '真'은 술어를 수식하기 때문에 '合适'와 붙여 읽는다.

> **어휘**　☆条 tiáo [양] 벌 [치마·바지를 세는 단위] | ☆裙子 qúnzi [명] 치마 | ★合适 héshì [형] 어울리다

10. **马上处理**: 바로 해결하다　　　　　　　　　　● track 838

这些<u>问题</u> / 必须马上 处理。
<u>관형어+주어</u>　　<u>부사어 + 술어</u>
이 문제들은 반드시 바로 해결되어야 한다.

주어를 수식하는 관형어+주어까지 읽은 후, 술어를 수식하는 부사어+술어를 함께 읽는다. 이때 '处理'의 성조를 2성-3성으로 하는 것을 잊지 말자.

> **어휘**　☆必须 bìxū [부] 반드시 (~해야 한다) | ☆马上 mǎshàng [부] 바로 | ★处理 chǔlǐ [동] 해결하다 [*处理问题: 문제를 해결하다]

11.

연상 어휘 떠올리기	• 排队 줄을 서다 • 站在 ~에 서다

어휘 확장하기	• 在那家新开的咖啡厅门前排队 그 새로 생긴 카페 문 앞에 줄을 서다 • 站在最后 맨 뒤에 서다

논리적으로 구성하기	我就看到有好多人在那家新开的咖啡厅门前排队 나는 많은 사람들이 그 새로 생긴 카페 문 앞에 줄 서 있는 것을 봤다 → 这让本来对咖啡并不感兴趣的我产生了好奇，于是也站在最后 이는 원래 커피에 관심이 없던 나도 호기심이 생기게 해서, 맨 뒤에 섰다

모범 답안 ▶ track 839

我 的① 公司 附近 / 新 开了 一家② 咖啡厅，听 同事 说 /
Wǒ de gōngsī fùjìn xīn kāile yì jiā kāfēitīng, tīng tóngshì shuō

那里 的 咖啡 / 又① 便宜 / 又① 好喝，而且 / 服务 态度 / 也 很
nàli de kāfēi yòu piányi yòu hǎohē, érqiě fúwù tàidu yě hěn

好③，这 附近 的 / 很 多 公司 职员 / 都 常 去 那 家 咖啡厅。
hǎo, zhè fùjìn de hěn duō gōngsī zhíyuán dōu cháng qù nà jiā kāfēitīng.

今天 早上 / 一 出② 地铁站，我 / 就 看到 有 好③ 多 人 / 在
Jīntiān zǎoshang yì chū dìtiězhàn, wǒ jiù kàndào yǒu hǎo duō rén zài

那家 新开 的 / 咖啡厅 门 前 / 排队，这 让 本来① 对ⓛ 咖啡
nà jiā xīn kāi de kāfēitīng mén qián páiduì, zhè ràng běnlái duì kāfēi

并 不 感兴趣 的 我 / 产生ⓛ 了 好奇④，于是 / 也 站在①
bìng bù gǎnxìngqù de wǒ chǎnshēngle hàoqí, yúshì yě zhànzài

最后，排起了 队。排队 的 人 / 很 多，但是 / 他们 做 的 速度 /
zuìhòu, páiqǐle duì. Páiduì de rén hěn duō, dànshì tāmen zuò de sùdù

很 快①，我 也 很③ 快 / 就 买到了 / 想 喝① 的 咖啡。他们 的
hěn kuài, wǒ yě hěn kuài jiù mǎidàole xiǎng hē de kāfēi. Tāmen de

咖啡 味道 / 很 不错①，果然ⓒ①，我 也 成了⑤ 这 家 咖啡厅
kāfēi wèidao hěn búcuò, guǒrán, wǒ yě chéngle zhè jiā kāfēitīng

的 老 顾客①。
de lǎo gùkè.

해석 우리 회사 근처에 카페가 새로 생겼는데, 그곳 커피가 싸고 맛있는 데다가 서비스 태도도 좋아서 이 근처의 많은 회사원들이 그 커피숍에 자주 간다는 말을 동료에게 들었다. 오늘 아침 지하철역에서 나오자마자 나는 많은 사람들이 그 새로 생긴 카페 문 앞에 줄 서 있는 것을 봤고, 이는 원래 커피에 관심이 없던 나도 호기심이 생기게 해서, 맨 뒤에 섰다. 줄을 선 사람은 많았지만, 그들이 (커피를) 만드는 속도는 빨랐고, 나도 먹고 싶은 커피를 빠르게 샀다. 그들의 커피 맛은 괜찮았고, 아니나 다를까 나도 이 카페의 단골손님이 되었다.

어휘 ☆附近 fùjìn 명 근처 | 咖啡厅 kāfēitīng 명 카페 | ☆又 yòu 부 또 [*又A又B: A하면서 동시에 B하다] | 而且 érqiě 접 게다가 | 服务 fúwù 동 서비스하다 [*服务态度: 서비스 태도] | ★态度 tàidu 명 태도 | 职员 zhíyuán 명 직원 | 地铁站 dìtiězhàn 지하철역 | ★排队 páiduì 동 줄을 서다 | ★本来 běnlái 부 원래 | 并 bìng 부 결코 [부정사 앞에 쓰여 부정의 어투 강조] | ☆感兴趣 gǎnxìngqù

표현 tip

㉠ 又A又B A하고 또 B하다
동시 상황이나 동작을 나타내는 접속사로, 커피에 대해 설명하고 있다

ⓛ 对A产生好奇 A에 대해 호기심이 생기다
어떤 대상에 대하여 호기심이 생겼다는 표현으로, 카페의 줄이 긴 것을 보고 그 카페의 커피가 궁금해졌다는 내용으로 쓰였다

ⓒ 果然 아니나 다를까
짐작한대로, 과연 예측한 바와 같음을 의미한다

발음 tip

① 3성-1·2·4·경성으로 된 단어나 구절은 반3성-1·2·4·경성으로 발음하는 것이 읽기도 편하고 듣기도 자연스럽다

② '一'는 뒷단어 성조에 따라 성조가 변하며 1, 2, 3성 앞에서는 4성이 되고 4성 앞에서는 2성이 된다

③ 3성이 이어진 단어나 구절을 읽을 때는 맨 마지막 글자의 성조만 3성으로, 나머지는 2성으로 발음한다

④ '好'는 3성, 4성의 두 가지 발음이 있는데, '好奇'는 4성으로 발음해야 한다는 것을 주의하자

⑤ 위의 팁을 종합할 때 '我也成了'를 발음할 때는 2성-반3성-2성-경성으로 읽어야 하는 것을 알 수 있다

관심을 갖다 [*对A感兴趣: A에 관심을 느끼다] | ★ **产生** chǎnshēng 图 생기다 | ★ **好奇** hàoqí 图 호기심이 많다 [여기서는 명사적 용법으로 쓰임] | ★ **于是** yúshì 圈 그래서 | ☆ **站** zhàn 图 서다 | ☆ **最后** zuìhòu 图 맨 마지막 | ★ **速度** sùdù 图 속도 | **味道** wèidao 图 맛 | **不错** búcuò 图 괜찮다 | ★ **果然** guǒrán 图 생각한 대로 | **成** chéng 图 ~이 되다 | ★ **顾客** gùkè 图 고객 [*老顾客: 단골손님]

12.

연상 어휘 떠올리기
• 骑自行车 자전거를 타다
• 摔倒好几次 여러 번 넘어지다
• 送我自行车 나에게 자전거를 주다

내용 구상하기

어휘 확장하기
• 学骑自行车 자전거 타는 것을 배우다
• 一连摔倒好几次 여러 번 계속해서 넘어졌다
• 送我一台自行车 나에게 자전거 한 대를 주다

논리적으로 구성하기
很多人都有过学骑自行车的经历吧?
많은 사람들이 자전거 타는 것을 배워 본 경험이 있겠죠?
→ 爸爸送了我一台自行车 아버지께서 저에게 자전거 한 대를 주셨습니다
→ 骑自行车比想象中难多了，我一连摔倒好几次
자전거 타기는 상상한 것보다 많이 어려워서 저는 여러 번 계속해서 넘어졌습니다

모범 답안 ● track 840

很 多 人 / 都 有过① / 学 骑 自行车① 的 经 历 吧?① 在 我
Hěn duō rén dōu yǒuguo xué qí zìxíngchē de jīnglì ba? Zài wǒ

上 小学② 的 时候, 爸爸 送了 / 我 / 一 台③ 自行车。 虽然 /
shàng xiǎoxué de shíhou, bàba sòngle wǒ yì tái zìxíngchē. Suīrán

我 还 不 会③ 骑, 但 / 看到 自行车① 的 / 那 一 刻③, 我 就②
wǒ hái bú huì qí, dàn kàndào zìxíngchē de nà yí kè, wǒ jiù

坐了 / 上去。 没 想到Ⓛ, 骑 自行车① / 比 想象⑤ 中 难
zuòle shàngqu. Méi xiǎngdào, qí zìxíngchē bǐ xiǎngxiàng zhōng nán

多了, 我 / 一连 摔倒 好几⑤ 次, 因为 / 爸爸 / 一直① 在 身
duōle, wǒ yìlián shuāidǎo hǎojǐ cì, yīnwèi bàba yìzhí zài shēn

后 / 保护② 我, 所以⑤ / 我 / 一点儿 都 不 害怕④。 后来, 我 /
hòu bǎohù wǒ, suǒyǐ wǒ yìdiǎnr dōu bú hàipà. Hòulái, wǒ

终于 可以⑤ 不 在④ / 爸爸 的 帮助 下, 骑车 了。 那时, 爸爸 /
zhōngyú kěyǐ bú zài bàba de bāngzhù xià, qíchē le. Nàshí, bàba

微笑着 / 看着 我 说, 今后 / 遇到 困难 时, 也 要② 像
wēixiàozhe kànzhe wǒ shuō, jīnhòu yùdào kùnnan shí, yě yào xiàng

今天 / 这样 勇敢⑤ 面对, 我 觉得Ⓒ② / 有 爸爸 在 身边 /
jīntiān zhèyàng yǒnggǎn miànduì, wǒ juéde yǒu bàba zài shēnbiān

非常 幸福。
fēicháng xìngfú.

해석 많은 사람들이 자전거 타는 것을 배워 본 경험이 있겠죠? 제가 초등학교에 입학했을 때, 아버지께서 저에게 자전거 한 대를 주셨습니다. 비록 저는 탈 줄은 몰랐지만, 자전거를 본 그 순간 바로

표현 tip

㉠ 很多人都有过A经历吧?
많은 사람들이 A한 경험이 있죠?
사람들의 경험을 물으면서 이야기를 시작할 수 있다

Ⓛ 没想到 생각지 못하게
예상하지 못했던 일에 대해 말할 때 쓰는 말로, 자전거를 타기가 의외로 어려웠다는 것을 묘사한다

Ⓒ 我觉得 나는 ~라고 생각한
자신의 생각으로 이야기를 마무리한다

발음 tip

① 설치음 [z], 권설음 [zh]이 운모 [i]와 결합할 때 발음을 구분해서 소리 내자

② 3성-1·2·4·경성으로 된 단어나 구절은 반3성-1·2·4·경성으로 읽는다

③ 1, 2, 3성 단어 앞의 '一'는 4성이 되고, 4성 단어 앞의 '一'는 2성이 된다

④ '不'는 4성 단어 앞에 있을 때 2성으로 성조 변화가 일어난다

올라탔습니다. 뜻밖에 자전거 타기는 상상한 것보다 많이 어려워서 저는 여러 번 계속해서 넘어졌지만, 아빠가 뒤에서 계속 저를 보호해 주셨기 때문에 조금도 무섭지 않았습니다. 나중에 저는 결국 아버지의 도움 없이 자전거를 타게 되었습니다. 그때 아버지는 미소를 띠고 저를 보며, 앞으로 힘든 일이 있을 때 오늘처럼 용감하게 맞서라고 말씀해 주셨습니다. 저는 아버지께서 제 곁에 있다는 것이 너무 행복하다고 생각합니다.

⑤ 3성이 연속된 구절에서 맨 마지막 글자만 3성으로 읽고 그 앞은 2성으로 읽는 것은 계속 강조한 부분으로 꼭 잊지 말자

어휘 ☆骑 qí 동 타다 [*骑自行车: 자전거를 타다] | ★自行车 zìxíngchē 명 자전거 | ★经历 jīnglì 명 경험 | ★台 tái 양 대 [기계·차량·설비 등을 세는 단위] | ★刻 kè 명 순간 [*那一刻: 그 순간] | ★想象 xiǎngxiàng 동 상상하다 | ☆难 nán 형 어렵다 | 一连 yìlián 부 (비슷한 동작·상황이) 계속해서 | ★摔倒 shuāidǎo 동 넘어지다 | 好几 hǎojǐ 수 여러 | 一直 yìzhí 부 줄곧 | ★保护 bǎohù 동 보호하다 | ☆害怕 hàipà 동 무서워하다 | ☆后来 hòulái 명 후에 | ★终于 zhōngyú 부 결국 [*终于A 了: 결국 A하다] | ★微笑 wēixiào 동 미소 짓다 | ★遇到 yùdào 동 마주치다 [*遇到困难: 어려움을 마주하다] | ★困难 kùnnan 명 어려움 | ★像 xiàng 부 마치 ~인 것 같다 | ★勇敢 yǒnggǎn 형 용감하다 | ★面对 miànduì 동 맞서다 | 身边 shēnbiān 명 곁 | ★幸福 xìngfú 형 행복하다

Qǐng jièshào nǐ de yí wèi hǎo péngyou.
13. 请 介绍 你 的 一 位 好 朋友。
당신의 좋은 친구 한 명을 소개해 주세요.

내용 구상하기

도입	질문에 대한 대답과 어떻게 알게 된 친구인지 이야기한다.	我有一个好朋友，我们是在中国留学时认识的。
전개	이 친구를 소개하고 싶은 이유에 대해 설명한다.	之所以我想给大家介绍他，是因为我觉得他身上有很多值得我学习的地方。性格上，他开朗乐观，而且很喜欢帮助别人。在学习上，他非常努力，他会为完成自己的目标尽最大的努力。
마무리	친구에 대한 에피소드 하나를 추가 설명한다.	还有一件事令我十分佩服。他大学毕业后，为了帮助生重病的母亲管理自家的餐厅，他毅然放弃了读研究生的机会。他说他从不后悔自己的选择。如今，在他的管理下，餐厅的生意非常红火。

모범 답안 ● track 841

我 有 一 个① / 好 朋友②，我们② 是 / 在 中国 留学
Wǒ yǒu yí ge hǎo péngyou, wǒmen shì zài Zhōngguó liúxué

时 / 认识 的。之所以⑦ / 我 / 想 给③ 大家 / 介绍 他，是因为⑦ /
shí rènshi de. Zhīsuǒyǐ wǒ xiǎng gěi dàjiā jièshào tā, shìyīnwèi

我 觉得② / 他 身上 / 有 很③ 多 值得 / 我 学习② 的 地方④。
wǒ juéde tā shēnshang yǒu hěn duō zhídé wǒ xuéxí de dìfang.

性格 上，他 / 开朗 乐观，而且 很 喜欢③ / 帮助 别人。在ⓛ
Xìnggé shang, tā kāilǎng lèguān, érqiě hěn xǐhuan bāngzhù biéren. Zài

学习 上ⓛ，他 / 非常④ 努力②，他 会 / 为 完成 自己 的②
xuéxí shang, tā fēicháng nǔlì, tā huì wèi wánchéng zìjǐ de

目标 / 尽 最② 大 的 努力。还有 一 件⑤ 事 / 令ⓒ 我 / 十分④
mùbiāo jǐn zuì dà de nǔlì. Háiyǒu yí jiàn shì lìng wǒ shífēn

佩服④。他 大学 / 毕业 后，为了 / 帮助 生 重病 的 母亲②
pèifú. Tā dàxué bìyè hòu, wèile bāngzhù shēng zhòngbìng de mǔqīn

표현 tip

⑦ 之所以A, 是因为B A인 것은 B이기 때문이다
인과를 나타내는 접속사로, A에는 결과 B에는 원인이 들어가는 반면, '因为A，所以B'는 A에 원인, B에 결과가 들어간다

ⓛ 在A上 A상
어떤 것의 범위 안에 있음을 나타낼 때 사용한다

ⓒ 令A(대상)B(내용) A를 B하게 하다
B에는 주로 감정을 표현하는 말이 들어간다

② 在A下 A하에
일정한 범위·장소·조건 등에 속함을 나타낼 때 사용한다

管理^③ 自家 的 餐厅，他 / 毅然 放弃了^④ / 读 研究生 的 机会。
guǎnlǐ zìjiā decāntīng, tā yìrán fàngqìle dú yánjiūshēng de jīhuì.

他 说 / 他 / 从 不 后悔^⑥ / 自己 的 选择^②。如今，在^㉑ 他 的
Tā shuō tā cóngbú hòuhuǐ zìjǐ de xuǎnzé. Rújīn, zài tā de

管理^③ 下^㉑，餐厅 的 生意 / 非常^④ 红火。
guǎnlǐ xià, cāntīng de shēngyì fēicháng hónghuo.

해석 저는 좋은 친구가 하나 있는데, 우리는 중국에서 유학할 때 만났습니다. 제가 여러분께 그를 소개하고 싶은 이유는 그에게 배울 만한 점이 많다고 생각하기 때문입니다. 성격상 그는 명랑하고 낙천적일 뿐만 아니라, 다른 사람을 돕는 것을 좋아합니다. 공부에 있어서도 그는 매우 노력하는데, 자신의 목표를 이루기 위해 최선의 노력을 다합니다. 또 저를 감탄하게 한 일이 하나 있습니다. 그는 대학 졸업 후 중병에 걸린 어머니를 도와 식당을 관리하기 위해 단호하게 대학원 진학의 기회를 포기했습니다. 그는 자신의 선택을 후회한 적이 없다고 말합니다. 지금은 그의 관리 아래, 식당이 장사가 아주 잘 되고 있습니다.

어휘 ☆ 位 wèi 图 분 [공경의 뜻을 내포함] | ☆ 留学 liúxué 图 유학하다 | ★ 值得 zhíde 图 ~할 만한 가치가 있다 | ☆ 地方 dìfang 图 점 | ★ 性格 xìnggé 图 성격 | 开朗 kāiláng 图 명랑하다 | ★ 乐观 lèguān 图 낙관적이다 | ☆ 而且 érqiě 图 게다가 | ★ 别人 biéren 回 다른 사람 | ★ 努力 nǔlì 图 노력하다 图 노력 | ★ 为 wèi 图 ~을 위하여 | ★ 完成 wánchéng 图 이루다 [*完成目标: 목표를 이루다] | ☆ 自己 zìjǐ 回 자신 | ★ 目标 mùbiāo 图 목표 | ★ 尽 jǐn 图 다하다 | ★ 令 lìng 图 ~하게 하다 | ★ 十分 shífēn 图 매우 | ★ 佩服 pèifú 图 감탄하다 | 大学 dàxué 图 대학 | ★ 毕业 bìyè 图 졸업하다 | ☆ 为了 wèile 图 ~을 위하여 | 生 shēng 图 생기다 [*生重病: 중병에 걸리다] | 重病 zhòngbìng 图 중병 | ★ 母亲 mǔqīn 图 어머니 | ★ 管理 guǎnlǐ 图 관리하다 | 自家 zìjiā 回 자기 | ★ 餐厅 cāntīng 图 식당 | 毅然 yìrán 图 단호하게 | ★ 放弃 fàngqì 图 포기하다 | 读 dú 图 진학하다 [*读研究生: 대학원에 진학하다] | ☆ 研究生 yánjiūshēng 图 대학원생 | ☆ 机会 jīhuì 图 기회 | ★ 后悔 hòuhuǐ 图 후회하다 | ☆ 选择 xuǎnzé 图 선택 | ★ 如今 rújīn 图 지금 | ★ 生意 shēngyì 图 장사 | 红火 hónghuo 图 번창하다

발음 tip

① '我有一个'는 의외로 발음이 까다로운 부분으로, '我有'를 2성-3성으로 읽는 것은 모두 알 것이다. 그 뒤의 '个'는 경성이지만, 원래 성조가 4성이므로 '一'는 2성으로 읽어야 한다. 따라서 이 네 글자는 이어서 읽으면 2성-반3성-2성-경성으로 발음해야 한다

② 3성-1·2·4·경성이 이어지면 반3성-1·2·4·경성으로 읽어야 한다

③ 3성이 2개 이상 이어진 단어나 구절은 앞은 2성, 맨 마지막만 3성으로 읽는 것은 꼭 알아야 한다

④ [f] 발음은 한국어에 없는 소리로 [p] 발음으로 하지 않도록 주의해야 한다.

⑤ '一'는 뒤의 양사 '件'이 4성이므로 2성으로 읽는다

⑥ '不'는 4성으로 시작하는 어휘 '后悔' 앞에 있기 때문에 성조가 2성으로 바뀐다

Rújīn, yuèláiyuè duō de rén xǐhuan "xiànshàng liáotiān", nǐ rènwéi "miànduìmiàn jiāoliú" hé

14. 如今，越来越 多 的 人 喜欢 "线上 聊天"，你 认为 "面对面 交流" 和

"xiànshàng jiāoliú" nǎ zhǒng fāngshì gèng hǎo? Wèishénme?
"线上 交流" 哪 种 方式 更 好? 为什么?

오늘날 점점 많은 사람들이 '온라인 소통'을 더 좋아하는데, 당신은 '대면 소통'과 '온라인 소통' 중 어떤 방식을 더 좋아하나요? 이유는 무엇인가요?

내용 구상하기

도입	질문에 대해 각각 장점이 있다고 바로 대답한다.	我觉得"面对面交流"和"线上交流"各有各的好处。
전개	열거를 나타내는 '首先'을 활용하여 첫 번째 이유를 제시한다.	首先，现在的年轻人都很忙，很多时候需要配合对方的时间，才能见上一面，但面对面能让人们更深入地交流，也可以更直观地感受到对方的情感。
마무리	'首先'과 호응하는 '其次'를 활용하여 두 번째 이유를 이야기한다.	其次，线上交流比较自由，没有时间和地点的限制，随时随地都可以进行对话。并且现在的电子设备功能都很齐全，如果需要的话也可以进行视频对话，特别是在疫情期间。

我 觉得① / "面对面　交流" / 和 "线上　交流" /
Wǒ juéde　"miànduìmiàn jiāoliú"　hé "xiànshàng jiāoliú"

各有各的③ 好处①。 首先ⓛ, 现在 的 年轻人 / 都 很 忙①,
gèyǒugède hǎochù.　Shǒuxiān, xiànzài de niánqīngrén dōu hěn máng,

很 多 时候② 需要③ / 配合 对方 的 时间, 才 能 / 见上
hěn duō shíhou xūyào　pèihé duìfāng de shíjiān, cái néng jiànshàng

一 面④, 但 / 面对面 / 能 让② 人们 / 更 深入 地 交流,
yí miàn,　dàn miànduìmiàn néng ràng rénmen gèng shēnrù de jiāoliú,

也 可以⑤ 更 直观 地 / 感受① 到 / 对方 的 情感。 其次ⓒ,
yě kěyǐ gèngzhíguān de gǎnshòu dào duìfāng de qínggǎn. Qícì,

线上 交流 / 比较① 自由, 没有 时间① 和 地点 的 限制②,
xiànshàng jiāoliú bǐjiào zìyóu, méiyǒu shíjiān hé dìdiǎn de xiànzhì,

随时随地ⓒ / 都 可以⑤ 进行 对话。并且 / 现在 的 / 电子 设备
suíshísuídì dōu kěyǐ jìnxíng duìhuà. Bìngqiě xiànzài de diànzǐ shèbèi

功能 / 都 很 齐全①, 如果 / 需要③ 的话 / 也 可以⑤ 进行 视频②
gōngnéng dōu hěn qíquán, rúguǒ xūyào dehuà yě kěyǐ jìnxíng shìpín

对话, 特别 是 / 在 疫情 期间。
duìhuà, tèbié shì zài yìqíng qījiān.

해석 저는 '대면 소통'과 '온라인 소통'이 각각 장점이 있다고 생각합니다. 우선 요즘 젊은 사람들은 모두 바빠서, 많은 경우 서로 시간을 맞춰야 겨우 만날 수 있습니다. 하지만 대면(소통)은 사람들이 더 깊이 소통할 수 있게 하고, 직관적으로 상대방의 감정을 느낄 수도 있습니다. 다음으로, 온라인 소통은 비교적 자유롭고 시간과 장소의 제약 없이 언제 어디서나 대화를 할 수 있습니다. 그리고 현재 전자 기기의 기능이 모두 잘 갖추어져 있어서, 만약 필요하다면, 특히 전염병 발생 기간 같은 경우, 화상 대화도 할 수 있습니다.

어휘 ★如今 rújīn 閉 오늘날 | 越来越 yuèláiyuè 閉 갈수록 | 线上聊天 xiànshàng liáotiān 온라인 소통 | ☆认为 rènwéi 됨 ~라고 생각하다 | 面对面 miànduìmiàn 대면하다 | ★交流 jiāoliú 됨 (서로) 소통하다 | ★种 zhǒng 양 종 | ★方式 fāngshì 몡 방식 | 更 gèng 閉 더욱 | 各有各的 gèyǒugède 각양각색의 | ★好处 hǎochù 몡 장점 | ★首先 shǒuxiān 몡 우선 [*首先A, 其次B: 우선 A하고, 다음은 B 하다] | 年轻人 niánqīngrén 몡 젊은 사람 | ☆需要 xūyào 됨 ~해야 한다 | ★配合 pèihé 됨 맞추다 | ★对方 duìfāng 몡 상대방 | ★才 cái 閉 비로소 | ☆见面 jiànmiàn 됨 만나다 | 深入 shēnrù 혱 깊다 | ☆地 de 조 ~하게 [*부사어+地+술어] | 直观 zhíguān 혱 직관의 | ★感受 gǎnshòu 됨 느끼다 | 情感 qínggǎn 몡 감정 | ★其次 qícì 그 다음 | 比较 bǐjiào 閉 비교적 | 自由 zìyóu 혱 자유롭다 | ★地点 dìdiǎn 몡 장소 | ★限制 xiànzhì 제약 | 随时随地 suíshísuídì 성 언제 어디서나 | ★进行 jìnxíng 됨 진행하다 | 对话 duìhuà 됨 대화하다 | ★并且 bìngqiě 젭 그리고 | 电子 diànzǐ 몡 전자 [*电子设备: 전자 설비] | ★设备 shèbèi 몡 설비 | ★功能 gōngnéng 몡 기능 | 齐全 qíquán 됨 완전히 갖추다 | ☆如果 rúguǒ 젭 만약 [*如果A的话: 만약 A라면] | 视频 shìpín 몡 화상캠(채팅) | ☆特别 tèbié 閉 특히 | 疫情 yìqíng 몡 전염병 발생 | ★期间 qījiān 몡 기간

표현 tip

㉠ 各有各的 제각기 다른
'各'는 '각각'이라는 뜻을 가져, '各有各的'를 종합하면 '제각기 다른'이라는 뜻을 가진다

ⓛ 首先A , 其次B 우선 A하고 그다음 B하다
나열을 나타내는 표현으로 온라인 소통과 대면 소통 각각의 장점을 설명한다

ⓒ 随时随地 언제 어디서나
성어를 사용하여 이야기를 만들면 더욱 좋은 점수를 받을 수 있다. '随时随地'와 같이 자주 쓰이는 성어는 꼭 외워 두자

발음 tip

① 3성-1·2·4·경성이 이어진 구절은 반3성-1·2·4·경성으로 읽는다

② 권설음은 혀를 말아 올린 상태에서 혀의 끝부분을 윗잇몸 뒤쪽의 딱딱한 부분에 대고 소리낸다

③ '需要'에서 '需' 소리는 입술을 오므린 채로 [시] 소리를 내면 [시]와 [쉬] 중간 소리가 난다

④ '一'가 4성 글자 '面' 앞에 있으므로 2성으로 바뀐다

⑤ 3성으로만 이루어진 단어나 구절의 경우, 마지막 글자만 본래 성조를 지키고 앞의 글자는 모두 2성으로 읽는다

모의고사 (4회)

---

1. 家人之间的信任比什么都重要。
2. 玩儿完游戏别忘了洗脸。
3. 我们终于想出了一个好办法。
4. 抱歉，麻烦您一下。
5. 餐厅里的人越来越少了。
6. 她是我见过最漂亮的女生。
7. 这篇文章的内容比较复杂。
8. 我们偶尔会去打乒乓球。
9. 那位司机对机场附近的环境很熟悉。
10. 百分之八十五的学生通过了这次考试。

해석&풀이

1. **A比B술어**: A는 B보다 ~하다 (A·B: 비교 대상)　　　　　　　　⊙ track 843

家人之间的 信任 / 比什么都 重要。
관형어+的　+　주어　　　부사어　+　술어
가족 간의 신뢰는 무엇보다 중요하다.

‘比’자 비교문은 일반적으로 ‘比’ 앞에서 끊어 읽는 경우가 많다. ‘比什么’를 읽을 때 ‘比’를 반3성으로 읽어 준다. 권설음 [zh·ch·sh·r]에 주의하여 발음하자.

> **어휘** 家人 jiārén 몡 가족 | 之间 zhījiān 몡 ~의 사이 | ★信任 xìnrèn 몡 신뢰 | ☆重要 zhòngyào 휑 중요하다

2. **别忘了A**: A하는 것을 잊지 마 (A: 금지 내용)　　　　　　　　⊙ track 844

玩儿 完 游戏 / 别 忘 了 洗脸。
술어+보어+목적어1　부사어+술어2+了+목적어2
게임을 다 하고 세수하는 거 잊지 마.

‘别’는 금지를 나타내는 부사로, 이 앞에서 한 번 끊어 읽는다. 이 문장에서는 ‘세수를 해야 하는 것’이 가장 중요하기 때문에 ‘洗脸’을 강조하고, ‘洗’는 2성으로 읽어야 한다.

> **어휘** ☆游戏 yóuxì 몡 게임 [*玩游戏: 게임을 하다] | ☆忘 wàng 동 잊다 | 洗脸 xǐliǎn 동 세수하다

3. **想办法**: 방법을 생각하다　　　　　　　　　　　　　　　　⊙ track 845

我们 / 终于想出了 / 一个好办法。
주어　　부사어+술어+보어+了　관형어+목적어
우리는 마침내 좋은 방법을 생각해 냈다.

크게 주어, 술어, 목적어 부분으로 끊어 읽는다. 세부적으로는 부사어와 보어, 동태조사 ‘了’는 술어와 연관성이 높고 관형어는 목적어와 연관성이 높기 때문에, ‘终于想出了’를 한 단락으로 읽고 ‘一个好办法’를 또 한 단락으로 읽는다.

> **어휘** ☆终于 zhōngyú 뷔 마침내 [*终于A了: 마침내 A했다] | ☆办法 bànfǎ 몡 방법

4. **抱歉**: 죄송합니다 · **麻烦您 + 귀찮은 내용**: (당신을) ~해서 귀찮게 해 드렸습니다　⊙ track 846

抱歉, / 麻烦 您 一下。
술어　　　술어 + 목적어 + 보어
죄송합니다, 귀찮게 해 드렸죠.

쉼표를 기준으로 끊어 읽는다. ‘一下’의 ‘一’는 2성으로 발음해야 한다. ‘你 nǐ’가 아니라 ‘您 nín’이라고 읽는 것에 주의하자

> **어휘** ★抱歉 bàoqiàn 휑 미안해하다 | ★麻烦 máfan 동 번거롭게 하다

5. 越来越A了 : 점점 A해졌다 (A: 형용사) ● track 847

餐厅里的人 / 越来越 少 了。
관형어+的+주어　　　부사어 + 술어+了
식당 안의 사람이 점점 적어졌다.

형용사술어문은 크게 주어와 술어로 나누어 읽는다. 부사어 '越来越'는 술어 '少'를 수식하기 때문에 이를 기준으로 끊어 읽는다. '里'는 경성으로 가볍게 소리 내자.

어휘 ★餐厅 cāntīng 명 식당 | 越来越 yuèláiyuè 부 점점

6. A是B : A는 B이다 (A: 특정 어휘·B: 설명) ● track 848

她 是 我见过 / 最漂亮的女生。
주어+술어 + 관형어　　　的+목적어
그녀는 내가 본 가장 예쁜 여학생이다.

이 문장은 관형어가 긴 문장으로, '我见过'와 '最漂亮' 사이에서 한 번 끊어 읽는다. '女[nǚ]'는 입을 동그랗게 유지한 채로 발음해야 한다. 동태조사 '过'는 가볍게 경성으로 읽는다.

어휘 见 jiàn 동 보다 | 女生 nǚshēng 명 여학생

7. 比较复杂 : 비교적 복잡하다 ● track 849

这篇文章的 内容 / 比较复杂。
관형어+的 + 주어　　부사어+술어
이 글의 내용은 비교적 복잡하다.

이 문장은 형용사술어문으로, 주어 '内容'까지 읽은 후 잠깐 쉬고, 그 나머지를 읽는다. '文章'의 '章', '内容'의 '容' 권설음 발음에 주의하자.

어휘 ★篇 piān 양 장 [일정한 형식을 갖춘 글을 세는 단위] | ★文章 wénzhāng 명 글 | ★内容 nèiróng 명 내용 | ☆比较 bǐjiào 부 비교적 | ★复杂 fùzá 형 복잡하다

8. 去 + (장소) + 행위 : (~에) ~하러 가다 ● track 850

我们 / 偶尔会 去 / 打 乒乓球。
주어　　부사어 + 술어1　술어2 + 목적어
우리는 가끔 탁구를 치러 가곤 한다.

연동문은 하나의 주어가 두 개 이상의 술어를 가지는 문장으로, 주어와 술어를 기준으로 끊어 읽는다. 따라서 '偶尔会去' 앞 뒤에서 끊어 읽는다. '偶尔'은 2성-3성으로 읽는 것을 잊지 말자.

어휘 ★偶尔 ǒu'ěr 부 간혹 | ★乒乓球 pīngpāngqiú 명 탁구 [*打乒乓球: 탁구를 치다]

9. A对B熟悉 : A는 B에 대해 잘 알다 ● track 851

那位司机 / 对机场附近的环境 / 很熟悉。
관형어+주어　　　부사어　　　　술어
그 기사님은 공항 근처의 환경에 대해 잘 안다.

고정격식 'A对B熟悉(A는 B에 대해 잘 알다)' 구문으로, 부사어 앞 뒤를 기준으로 두 번 끊어 읽는다. '司机'의 '司'는 권설음이 아닌 설치음으로, 혀를 윗니의 뒷부분에 대고 소리 낸다.

어휘 ☆位 wèi 양 분 [공경의 뜻을 내포함] | ☆司机 sījī 명 기사 | ☆附近 fùjìn 명 근처 | ★环境 huánjìng 명 환경 | ★熟悉 shúxī 형 잘 알다

10. 通过考试 : 시험을 통과하다 ● track 852

百分之八十五的 学生 / 通过了 / 这次考试。
관형어+的 + 주어　술어+了　관형어+목적어
85%의 학생이 이번 시험을 통과했다.

이 문장은 동사술어문으로, 주어, 술어, 목적어 세 부분으로 나누어 읽는다. 동태조사 '了'는 술어와 함께 읽고 관형어 '这次'는 목적어 '考试'를 수식하여 함께 읽는다.

어휘 ★百分之 bǎifēnzhī 퍼센트(%) | ★通过 tōngguò 동 통과하다

11.

내용 구상하기

연상 어휘
떠올리기

- 蛋糕 케이크
- 生日 생일
- 开心 즐겁다

어휘
확장하기

- 准备蛋糕 케이크를 준비하다
- 今天是她生日 오늘은 그녀의 생일이다
- 聊得很开心 즐겁게 이야기하다

논리적으로
구성하기

今天是她生日 오늘은 그녀의 생일이다
→ 还为了小丽准备了蛋糕 샤오리를 위해 케이크까지 준비했다
→ 看起来，他们聊得很开心 보아하니 그들은 즐겁게 이야기를 하는 것 같다

모범 답안 ▶ ● track 853

相亲 / 在 当今 社会 已经① 十分 常见 了⑦, 很 多①
Xiāngqīn zài dāngjīn shèhuì yǐjīng shífēn chángjiàn le, hěn duō

年轻人 / 都 是 通过 相亲 / 开始 交往 的①。然而, 虽然 /
niánqīngrén dōu shì tōngguò xiāngqīn kāishǐ jiāowǎng de. Rán'ér, suīrán

已经① 有 那么 多人 / 相亲 成功 了, 但 / 还是 有 一部分①
yǐjīng yǒu nàme duō rén xiāngqīn chénggōng le, dàn háishi yǒu yíbùfen

人 / 不 太② 愿意 / 通过 这 种 方式 见面, 小丽① 就是
rén bú tài yuànyì tōngguò zhè zhǒng fāngshì jiànmiàn, Xiǎo Lì jiùshì

这样 的 人。可 / 她 / 今天 为什么ⓛ 会 出现 呢?ⓛ 因为 /
zhèyàng de rén. Kě tā jīntiān wèishénme huì chūxiàn ne? Yīnwèi

今天 / 是 她 生日, 而且 / 在 好友③ 的 劝说 下, 她 也
jīntiān shì tā shēngrì, érqiě zài hǎoyǒu de quànshuō xià, tā yě

觉得① / 应该 给 自己 / 一 个④ 机会。没 想到①, 对方 / 给 她
juéde yīnggāi gěi zijǐ yí ge jīhuì. Méi xiǎngdào, duìfāng gěi tā

的 第一④ 印象 / 很 好③, 甚至 / 还 为了 小丽① / 准备了① 蛋糕。
de dì-yī yìnxiàng hěn hǎo, shènzhì hái wèile Xiǎo Lì zhǔnbèile dàngāo.

看起来ⓒ, 他们 / 聊 得 / 很 开心①, 小丽① / 可能① 很 快 就
Kànqǐlai, tāmen liáo de hěn kāixīn, Xiǎo Lì kěnéng hěn kuài jiù

会 / 有 好③ 消息 了。
huì yǒu hǎo xiāoxi le.

해석 소개팅은 요즘 사회에서 이미 매우 흔하게 볼 수 있고, 많은 젊은 사람들이 소개팅을 통해 교제를 시작한다. 그런데 이미 그렇게 많은 사람들이 소개팅에 성공했음에도, 일부 사람들은 이 방식으로 만나기를 원하지 않는데, 샤오리가 바로 이러한 사람이다. 그런데 그녀는 오늘 왜 나타났을까? 오늘은 그녀의 생일이기도 하고, 친구의 권유에 그녀도 자신에게 기회를 줘야겠다는 생각이 들었기 때문이다. 뜻밖에도 상대가 그녀에게 준 첫인상이 좋았고, 심지어 샤오리를 위해 케이크까지 준비했다. 보아하니 그들은 즐겁게 이야기를 하는 것 같고, 샤오리에게 아마 곧 좋은 소식이 있을 것 같다.

어휘 相亲 xiāngqīn 소개팅하다 | 当今 dāngjīn 몡 요즘 | ★社会 shèhuì 몡 사회 | ★十分 shífēn 믠 매우 | 常见 chángjiàn 통 흔히 보다 | 年轻人 niánqīngrén 몡 젊은 사람 | ★通过 tōngguò 개 ～을 통해 | ★交往 jiāowǎng 통 교제하다 | ★然而 rán'ér 접 그런데 | ★成功

표현 tip

⑦ 已经A了 이미 A하다
동작이 완성되었는지의 여부에 중점을 두며, 그 상황이 여전히 지속되고 있음을 의미한다

ⓛ 为什么A呢? 왜 A할까?
궁금증을 유발하는 표현으로, 그 뒤에 이유를 설명한다

ⓒ 看起来 보아하니 ～하다
방향보어 '起来'는 추측이나 평가를 나타내며, 앞의 동사 '看'과 함께 쓰여 '보아하니 ～하다'라는 의미가 된다

발음 tip

① 3성-1·2·4·경성으로 이어 진 구절이나 단어는 반3성-1·2·4·경성으로 읽는 것이 좋다

② '不'는 원래 4성이지만 뒤의 오는 '太' 역시 4성이므로, 성조 변화가 일어나 2성이 된다

③ 3성으로만 연결된 부분을 이어서 읽을 때는 맨 뒤의 글자만 3성으로 발음하고 그 앞은 2성으로 읽는 것을 잊지 말자

④ 양사 '个'는 경성이지만 글자의 원래 성조는 4성으로, 이에 따라 '一'의 성조가 바뀌어 2성이 된다. 하지만 서수를 표현할 때는 성조 변화가 없어서 '第一'는 뒷글자에 상관없이 1성으로 발음한다

chénggōng 통 성공하다 | ☆还是 háishi 튀 그래도 여전히 | 一部分 yíbùfen 명 일부분 | 愿意
yuànyì 통 ~하기를 바라다 | ☆种 zhǒng 양 종 | ★方式 fāngshì 명 방식 | ☆见面 jiànmiàn 통 만
나다 | 小丽 Xiǎo Lì 고유 샤오리 [인명] | ★出现 chūxiàn 통 나타나다 | 而且 érqiě 접 게다가 | 劝
说 quànshuō 통 권유하다 | ☆应该 yīnggāi 조동 마땅히 ~해야 한다 | 自己 zìjǐ 대 자신 | 机会
jīhuì 명 기회 | ★对方 duìfāng 명 상대방 | 印象 yìnxiàng 명 인상 [*第一印象: 첫인상] | ★甚至
shènzhì 접 심지어 | 为了 wèile 개 ~을 하기 위하여 | ☆蛋糕 dàngāo 명 케이크 | 看起来
kànqǐlai 보아하니 ~하다 | 聊 liáo 통 대화하다 | ★开心 kāixīn 형 즐겁다 | ★消息 xiāoxi 명 소식

12.

내용 구상하기

연상 어휘
떠올리기
- 毕业 졸업하다
- 拍照片 사진을 찍다
- 非常开心 매우 즐겁다

어휘
확장하기
- 大学毕业 대학교를 졸업하다
- 一起拍照片 함께 사진을 찍다
- 看起来非常开心 매우 즐거워 보인다

논리적으로
구성하기
去年2月10日是我大学毕业的日子 작년 2월 10일은 내가 대학을 졸업한 날이다
→ 我们一家三口也在一起拍了很多照片 우리 세 식구도 함께 많은 사진을 찍었다
→ 其中有一张是我和爸爸拍的，我们看起来都非常开心
그중 한 장은 나와 아빠가 찍은 것으로 우리 모두 즐거워 보인다

모범 답안 ▶ track 854

去年 2 月 10 日① / 是①① 我 大学 毕业 的 日子①①， 爸爸
Qùnián 2 yuè 10 rì　　　shì　　wǒ dàxué bìyè de rìzi,　　bàba

妈妈 / 为了 给 我② 庆祝① / 来到了 我 的 学校， 我们 一 家③
māma　 wèile gěi wǒ qìngzhù　 láidàole wǒ de xuéxiào, wǒmen yì jiā

三 口 / 也 在 一起 拍了 / 很 多 照片①。今天 / 我 / 打开
sān kǒu　 yě zài yìqǐ pāile　 hěn duō zhàopiàn. Jīntiān wǒ dǎkāi

电脑， 又 看到了 / 毕业 那天 的 照片①， 其中 / 有 一 张③ /
diànnǎo, yòu kàndàole　 bìyè nà tiān de zhàopiàn, qízhōng yǒu yì zhāng

是① 我 和 爸爸 拍 的， 我们 / 看起来 都　 非常 开心。然而，
shì wǒ hé bàba pāi de, wǒmen　 kànqǐlai dōu fēicháng kāixīn. Rán'ér,

看到 / 爸爸 的 白发 时①， 我 恍然大悟ⓛ④： 爸妈 / 早已② 不 再⑤
kàndào bàba de báifà shí,　 wǒ huǎngrándàwù: bàmā　 zǎoyǐ bú zài

年轻 了。我 / 感到 有些　 伤感①， 但 / 我 也② 知道， 自己 /
niánqīng le. Wǒ gǎndào yǒuxiē shānggǎn,　 dàn wǒ yě zhīdào, zìjǐ

只有② 更加 努力， 并且 / 找到 / 一 份③ 理想② 的 工作， 才 是①
zhǐyǒu gèngjiā nǔlì,　 bìngqiě zhǎodào yí fèn lǐxiǎng de gōngzuò, cái shì

对 父母 / 最好 的 报答。
duì fùmǔ　 zuìhǎo de bàodá.

해석 작년 2월 10일은 내가 대학을 졸업한 날이다. 아빠, 엄마는 나를 축하해 주기 위해 우리 학
교에 왔고, 우리 세 식구도 함께 많은 사진을 찍었다. 오늘 나는 컴퓨터를 켜서 졸업한 날의 사진을
또 봤는데, 그중 한 장은 나와 아빠가 찍은 것으로 우리 모두 즐거워 보인다. 그러나 아빠의 흰 머리

표현 tip

㉠ A是B的日子 A는 B하는 날
이다

첫 문장에 쓰여 뒤에 자세히 부
연 설명을 할 수 있다

ⓛ 恍然大悟 문득 모든 것을
깨치다

성어는 문장을 더욱 고급스럽게
만들어 주지만, 너무 어려울 경
우 '突然感受到' 같이 쉬운 말로
바꿔 쓸 수 있다

발음 tip

① 권설음 [zh·ch·sh·r]은 혀를
만 상태에서 혀끝을 윗잇몸 뒤에
대고 소리 낸다

② 2글자 이상 3성이 이어질 때,
맨 마지막의 글자만 3성으로 읽
고 그 앞은 2성으로 읽어야 한다

③ '一'는 뒤의 단어에 따라 성조
변화가 생기는데, 1, 2, 3성 단어
앞에서는 4성이 되고, 4성 단어
앞에서는 2성으로 바뀐다

④ '我恍然大悟'는 3성이 두 개
연속되고 그 뒤에 바로 2성이 이
어져 발음하기 까다로운데, 2

를 보고 나는 아빠, 엄마가 더 이상 젊지 않으시다는 것을 문득 깨달았다. 나는 조금 슬프지만, 나도 내가 더 열심히 노력해서 이상적인 직업을 찾는 것만이 비로소 부모님에 대한 가장 좋은 보답이라는 것을 안다.

성-반3성-2성-4성-4성으로 읽으면 된다

⑤ '不'는 4성의 단어 앞에 있을 때 2성으로 바뀐다

어휘 ★毕业 bìyè 图 졸업하다 | ★日子 rìzi 图 날 | ★为了 wèile 게 ~을 위하여 [*为了+목적, 행위: ~하기 위하여 ~하다] | ★庆祝 qìngzhù 图 축하하다 | ★口 kǒu 图 식구 [사람을 셀 때 쓰임] | ★拍 pāi 图 찍다 | ☆照片 zhàopiàn 图 사진 | 打开 dǎkāi 图 켜다 | 又 yòu 图 또 | 其中 qízhōng 图 그중 | ☆张 zhāng 图 장 [종이·가죽 등을 세는 단위] | 看起来 kànqǐlai 보아하니 | 开心 kāixīn 图 즐겁다 | ★然而 rán'ér 젭 그러나 | 白发 báifà 图 흰 머리 | 恍然大悟 huǎngrándàwù 图 문득 모든 것을 깨닫다 | 早已 zǎoyǐ 图 이미 | ☆年轻 niánqīng 图 젊다 | 感到 gǎndào 느끼다 [*感到+감정: ~을 느끼다] | 伤感 shānggǎn 图 슬퍼하다 | ☆只有 zhǐyǒu 젭 ~해야만 ~이다 [*只有A才B: A해야만 비로소 B하다] | 更加 gèngjiā 图 더욱 | ★努力 nǔlì 图 노력하다 | ★并且 bìngqiě 젭 그리고 | ★份 fèn 图 일을 세는 단위 | ★理想 lǐxiǎng 图 이상적이다 | 才 cái 图 비로소 | 父母 fùmǔ 图 부모 | ★最好 zuìhǎo 图 가장 좋다 | 报答 bàodá 图 보답하다 [여기서는 명사적 용법으로 쓰임]

Nǐ shì rúhé huǎnjiě shēnghuó hé gōngzuò zhōng yùdào de gèzhǒng yālì de?

13. 你 是 如何 缓解 生活 和 工作 中 遇到 的 各种 压力 的?
당신은 생활과 업무 중에 마주하는 각종 스트레스를 어떻게 풉니까?

내용 구상하기 ▶

도입	내가 보통 어떤 사람인지를 이야기한다.	我是一个比较乐观、开朗的人,生活中的我很少会出现情绪特别低落的情况。
전개	스트레스를 받을 때 해소 방법을 말한다.	然而,每个人都难免会遇到一些或大或小的压力,缓解压力的方法也都各不相同。拿我来说,找信任的人聊天和吃自己喜欢吃的东西是我用得最多的。
마무리	앞서 말한 스트레스 해소법의 효과를 설명한다.	首先,找人聊天可以释放内心的负面情绪,也能听听好友给自己提的建议。其次,吃自己爱吃的东西可以让我暂时忘掉烦恼,这也有助于调节心情。

모범 답안 ▶ ● track 855

我 是① 一 个① / 比较② 乐观③、开朗 的 人, 生活 中
Wǒ shì yí ge bǐjiào lèguān、 kāilǎng de rén, shēnghuó zhōng

的 我 很 少④ 会 出现 / 情绪 特别 低落 的 情况。 然而,
de wǒ hěn shǎo huì chūxiàn qíngxù tèbié dīluò de qíngkuàng. Rán'ér,

每 个② 人 / 都 难免ⓛ 会 遇到 / 一些 或 大 或 小 的② 压力,
měi ge rén dōu nánmiǎn huì yùdào yìxiē huò dà huò xiǎo de yālì,

缓解④ 压力 的 方法 / 也 都 各不相同ⓒ。 拿 我 来说②, 找 信任②
huǎnjiě yālì de fāngfǎ yě dōu gèbùxiāngtóng. Ná wǒ láishuō, zhǎo xìnrèn

的 人 / 聊天 / 和 吃 自己 喜欢④ 吃 的 东西 / 是 我 用② 得 / 最
de rén liáotiān hé chī zìjǐ xǐhuan chī de dōngxi shì wǒ yòng de zuì

多 的。 首先②, 找 人② 聊天 / 可以④ 释放 内心 的 / 负面
duō de. Shǒuxiān, zhǎo rén liáotiān kěyǐ shìfàng nèixīn de fùmiàn

情绪, 也 能② 听听⑤ 好友 / 给 自己 提 的 建议。 其次, 吃 自己
qíngxù, yě néng tīngting hǎoyǒu gěi zìjǐ tí de jiànyì. Qícì, chī zìjǐ

표현 tip

㉠ A(특정어휘)是B(설명) A는 B이다
이야기를 시작할 때 자주 쓰는 표현으로 꼭 암기해 두자

ⓛ 难免 피할 수 없다
뒤에 '피하기 힘든 일'이 오며 의역하면 '~하기 마련이다'라고도 한다

ⓒ 各不相同 서로 다르다
직역하면 '각자 서로 같지 않다'로 자연스럽게 '서로 다르다'라고 해석한다. 어렵지 않은 성어이니 기억해 두자

ⓔ 有助于 ~에 도움이 되다
유의어로 '对A有帮助'가 있다. 고정격식은 많이 알아 둘수록 유

爱 吃 的 东西 / 可以④ 让 我 / 暂时　忘掉　烦恼，这 / 也
ài chī de dōngxi kěyǐ ràng wǒ zànshí wàngdiào fánnǎo, zhè yě

有助于②④ 调节　心情。
yǒuzhùyú tiáojié xīnqíng.

[해석] 저는 비교적 낙천적이고 밝은 사람으로, 살면서 기분이 아주 가라앉는 상황이 나타나는 경우는 적습니다. 그렇지만 모든 사람들은 크고 작은 스트레스를 받으며, 스트레스 푸는 방법 역시 서로 다릅니다. 저로 말하자면, 신뢰하는 이를 찾아 이야기하고, 좋아하는 음식을 먹는 것이 제가 가장 많이 쓰는 방법(것)입니다. 우선 (사람을 찾아) 이야기를 하는 것은 마음의 부정적인 감정도 내보낼 수 있고, 친한 친구가 제게 하는 제안도 들어볼 수 있습니다. 다음으로 자신이 좋아하는 음식을 먹는 것은 내가 잠시 고민을 잊게 해 주고, 이 역시 기분 조절에 도움이 됩니다.

[어휘] ★如何 rúhé 때 어떻게 | ★缓解 huǎnjiě 통 완화시키다 [*缓解压力: 스트레스를 풀다] | ★生活 shēnghuó 몡 생활 | ☆遇到 yùdào 통 마주치다 | 各种 gèzhǒng 톙 각종 | ★压力 yālì 몡 스트레스 | ★比较 bǐjiào 틘 비교적 | ★乐观 lèguān 톙 낙관적이다 | 开朗 kāilǎng 톙 밝다 | ★出现 chūxiàn 통 나타나다 | 情绪 qíngxù 몡 기분 | ★特别 tèbié 틘 특별히 | 低落 dīluò 통 가라앉다 | ★情况 qíngkuàng 몡 상황 | ★然而 rán'ér 젭 그렇지만 | ★难免 nánmiǎn 피할 수 없다 | ★方法 fāngfǎ 몡 방법 | 各不相同 gèbùxiāngtóng 쟁 서로 다르다 | 来说 láishuō ~으로 말하자면 [*拿A来说: A에게 있어서] | ★信任 xìnrèn 통 신뢰하다 | ★聊天 liáotiān 통 이야기하다 | ☆自己 zìjǐ 때 자신 | ☆用 yòng 통 쓰다 | ★首先 shǒuxiān 몡 우선 [*首先A, 其次B: 우선 A하고, 다음은 B 하다] | 释放 shìfàng 통 내보내다 | 内心 nèixīn 몡 마음 | 负面 fùmiàn 몡 부정적인 면 | 好友 hǎoyǒu 친한 친구 | ★提 tí 통 언급하다 [*提建议: 제안을 하다] | ★建议 jiànyì 몡 제안 | ★其次 qícì 몡 다음 | ★暂时 zànshí 몡 잠시 | ★忘 wàng 통 잊다 [*忘掉: 잊어버리다] | ★掉 diào ~해 버리다 [동사 뒤에 쓰여 동작의 완성을 나타냄] | ★烦恼 fánnǎo 몡 고민 | 有助于 yǒuzhùyú ~에 도움이 되다 | 调节 tiáojié 통 조절하다 [*调节心情: 기분을 조절하다] | ★心情 xīnqíng 몡 기분

창한 중국어 문장을 만드는 데 도움이 된다

발음 tip

① '一'는 뒷글자 성조에 따라 2성으로 바뀌며, '个'는 양사로 쓰일 때 경성이 된다

② 3성-1·2·4·경성이 이어지는 경우 반3성-1·2·4·경성으로 발음한다

③ '乐观lèguān'의 '乐'는 다음자로 '낙관적이다'라는 뜻으로 쓰일 때는 [lè]라고 발음한다

④ 3성이 여러 개 이어진 구절이나 단어를 읽을 때 맨 뒤의 글자만 3성으로 살리고 나머지는 2성으로 발음한다

⑤ 1음절 동사가 중첩될 때 첫번째 동사는 원래 성조를 지키고, 두 번째 동사는 경성으로 가볍게 읽는다

Rúguǒ gěi nǐ yí ge sān tiān de cháng zhōumò, nǐ huì rúhé ānpái?

14. 如果 给 你 一 个 三 天 的 长　周末，你 会 如何 安排?
만약 당신에게 3일간의 긴 주말이 주어진다면, 당신은 어떻게 안배할 것입니까?

[내용 구상하기]

도입	먼저 대다수 사람에 대한 내용으로 답변한다	众所周知，韩国的公休日和假期一般都比较短。很多人更是会利用周末的时间学习或者打工。
전개 & 마무리	나의 경우는 어떠한지 상세하게 대답한다.	我也不例外，学生时期的我就已经开始利用业余时间打工赚钱了。如果现在给我三天长周末，我可能也不会有什么特别的安排，应该会先在家好好睡一觉，然后一个人去书店逛逛，最后，抽出一天时间陪父母，跟他们一起去超市购物、陪他们聊天，他们一定会很开心的。

[모범 답안] ▶ track 856

众所周知⑦，　韩国 的 公休日 / 和假期 / 一般 都 比较①
Zhòngsuǒzhōuzhī, Hánguó de gōngxiūrì hé jiàqī yìbān dōu bǐjiào

短。很 多① 人 / 更 是 会 / 利用　周末 的 时间 学习 / 或者
duǎn. Hěn duō rén gèng shì huì lìyòng zhōumò de shíjiān xuéxí huòzhě

打工①②。我 也 不 例外③，学生　时期 的 我ⓛ　就 已经① 开始 /
dǎgōng. Wǒ yě bú lìwài, xuésheng shíqī de wǒ jiù yǐjīng kāishǐ

利用 业余 时间 / 打工①　赚钱 了。如果 / 现在 给 我② 三　天
lìyòng yèyú shíjiān dǎgōng zhuànqián le. Rúguǒ xiànzài gěi wǒ sān tiān

표현 tip

⊙ 众所周知 모두가 알고 있다
첫 문장에 많이 쓰이는 성어로 기억할 수 있도록 하자

ⓛ A时期的我 A 시절의 나
A라는 시절의 내 모습에 대해 묘사하는 말로, 경험 등을 이야기할 때 쓸 수 있다

ⓒ 会A的 A할 것이다
확신할 때 쓰는 말로 '的'를 생략

长　　周末，我 / 可能 也 不 会④ / 有　什么① 特别 的 安排，
cháng zhōumò, wǒ kěnéng yě bú huì　yǒu shénme tèbié de ānpái,

应该 会 先 在家 / 好好② 睡 一 觉⑤，然后 一 个⑤ 人 / 去 书店 /
yīnggāi huì xiān zài jiā hǎohǎo shuì yí jiào, ránhòu yí ge rén qù shūdiàn

逛逛，　最后，　抽出 一 天⑤ 时间 / 陪 父母，跟 他们 / 一起
guàngguang, zuìhòu chōuchū yì tiān shíjiān péi fùmǔ, gēn tāmen yìqǐ

去① 超市 / 购物、陪 他们 / 聊天，他们 / 一定 会ⓒ 很 开心 的ⓒ。
qù chāoshì gòuwù, péi tāmen liáotiān, tāmen yídìng huì hěn kāixīn de.

해석　모두가 알고 있듯이, 한국의 공휴일과 휴가 기간은 보통 비교적 짧습니다. 많은 사람들은 주말을 이용하여 공부를 하거나 아르바이트를 하곤 합니다. 저도 예외는 아니어서, 학생 시절에 저는 이미 여가 시간을 이용하여 아르바이트로 돈을 벌기 시작했습니다. 만약 지금 저에게 3일의 장기 휴가가 주어진다면 저는 별 특별한 일정 없이 일단 집에서 잠을 푹 잘 것 같습니다. 그리고 나서 혼자 서점에 가서 구경도 할 것입니다. 마지막으로 하루 시간을 내서 부모님을 모시고 함께 마트에 가서 쇼핑도 하고, 얘기도 나누면 부모님(그들)이 매우 기뻐할 것 같습니다.

어휘　☆ 如果 rúguǒ 접 만약 | ★ 周末 zhōumò 명 주말 | ★ 如何 rúhé 데 어떻게 | ★ 安排 ānpái 동 안배하다 명 안배 [여기서는 '일정'으로 쓰임] | 众所周知 zhòngsuǒzhōuzhī 성 모든 사람이 다 알고 있다 | 韩国 Hánguó 고유 한국 | 公休日 gōngxiūrì 명 공휴일 | 假期 jiàqī 명 휴가 기간 | ☆ 一般 yìbān 형 보통이다 | 比较 bǐjiào 부 비교적 | ☆ 短 duǎn 형 짧다 | ☆ 更 gèng 부 더 | ★ 利用 lìyòng 동 이용하다 | ☆ 或者 huòzhě 접 ~든지 | 打工 dǎgōng 동 아르바이트하다 | 例外 lìwài 동 예외가 되다 [주로 부정문에 쓰임] | ★ 时期 shíqī 명 시기 | ★ 业余 yèyú 명 여가 [*业余时间: 여가 시간] | 赚钱 zhuànqián 동 돈을 벌다 | 特别 tèbié 형 특별하다 | 应该 yīnggāi 조동 응당 ~할 것이다 | ☆ 先 xiān 부 먼저 [*先A 然后B: 먼저A하고 나중에 B하다] | ☆ 然后 ránhòu 접 그리고 나서 | 书店 shūdiàn 명 서점 | ★ 逛 guàng 동 쇼핑하다 | ★ 最后 zuìhòu 명 맨 마지막 | 抽 chōu 동 빼내다 [*抽时间: 시간을 내다] | ★ 陪 péi 동 모시다 | 父母 fùmǔ 명 부모 | ★ 跟 gēn 개 ~과 | ★ 超市 chāoshì 명 마트 | ☆ 购物 gòuwù 동 쇼핑하다 | ☆ 聊天 liáotiān 동 이야기하다 | ☆ 一定 yídìng 부 반드시 | ★ 开心 kāixīn 형 즐겁다

해도 같은 말이다

발음 tip

① 3성-1·2·4·경성으로 연결된 부분은 반3성-1·2·4·경성으로 읽는다

② 3성이 연속된 부분은 마지막 글자만 3성으로 읽고 그 앞의 글자는 2성으로 읽는다. '好好'는 3성이 2개 이어져서 2성-3성으로 발음하며, 구어에서는 얼화해서 '好好儿'로 말하기도 하는데, 이 경우 두 번째 '好'를 1성으로 발음한다

③ '我也不例外'는 3성이 2개 연속되고 '不'의 성조가 변하기 때문에 읽을 때 조금 까다로울 수 있다. 2성-반3성-2성-4성-4성으로 읽으면 자연스럽다

④ '不' 뒤의 글자가 4성일 때, '不'의 성조가 2성으로 바뀌는 것을 이제는 확실히 알 수 있을 것이다

⑤ '一'는 뒤에 오는 단어의 성조에 따라 성조가 변하며, 1, 2, 3성 단어 앞에 있을 때는 4성, 4성 단어 앞에 있을 때는 2성이 된다. '一个'에서 양사 '个'는 경성이지만, 본래 성조는 4성이기 때문에 '一'가 2성이 된다

모의고사 (5회)

---

1. 她花了半年的时间写这本书。
2. 这场球赛我们一定会赢。
3. 不要把房间弄乱。
4. 洗手间在办公室的对面。
5. 我在网上认识了很多朋友。
6. 清晨的院子里空气很清新。
7. 我吃饱了，你们慢慢吃吧。
8. 最近国内外出现了一些新情况。
9. 桌子上有个照相机。
10. 这不是我第一次来中国。

해석&풀이

1. 花时间A: A하는 데 시간을 쓰다 ⊙ track 857

她 花 了 / 半年的时间 / 写 这本书。
주어+술어1+了　관형어+的+목적어1　술어2+관형어+목적어2
그녀는 이 책을 쓰는 데 반년의 시간을 썼다.

첫 번째 술어와 '了' 뒤, 두 번째 술어 '写' 앞인 '半年的时间'의 앞뒤를 기준으로 끊어 읽는다. '时间'의 '时', '这', '书'의 권설음 [zh·sh]에 유의하여 발음하자.

어휘 ☆ 花 huā 图 쓰다 [*花时间: 시간을 쓰다] | ☆ 半 bàn 仝 절반

2. 赢球赛: 구기 경기를 이기다 ⊙ track 858

这场球赛 / 我们 一定会 赢。
관형어+목적어　주어 + 부사어 + 술어
이번 구기 경기를 우리는 반드시 이길 것이다.

이 문장은 동사술어문을 도치한 것으로, 목적어가 앞에 위치해 있다. 목적어까지 끊어 읽고 나머지 부분을 읽는다. '这场球赛'에서 '场'은 반3성으로 읽어 주면 더 좋다.

어휘 ★ 场 chǎng 먕 번 [체육활동·오락·시험 등의 횟수를 세는 단위] | 球赛 qiúsài 圀 구기 경기 | ☆ 一定 yídìng 凰 반드시 | ★ 赢 yíng 图 이기다

3. 把A弄乱: A를 어지럽히다 · 不要 + 금지하는 내용: ~하지 마라 ⊙ track 859

不要把房间 / 弄乱。
　부사어　　　술어+결과보어
방을 어지럽히지 마라.

이 문장은 금지를 나타내는 '不要'와 '把'자문이 통합된 중요 문장으로, '把'자문에서 A부분인 '房间'까지 읽은 후, 잠깐 쉬고 그 뒤를 읽는다. 이때 '不'는 2성으로 바뀌는 것을 잊지 말고, '把'는 반3성으로 읽어 주자.

어휘 不要 búyào 凰 ~하지 마라 | ☆ 把 bǎ 筝 ~을 [*주어+把+목적어+술어+기타성분] | ★ 弄 nòng 图 하다 | ★ 乱 luàn 혱 어지럽다

4. A在B: A는 B에 있다 ⊙ track 860

洗手间 / 在 办公室的 对面。
주어　　　술어 + 관형어+的 + 목적어
화장실은 사무실 건너편에 있다.

이 문장은 특정 대상의 존재를 나타내는 문형으로, 주어를 읽은 뒤 나머지를 읽어 준다. '洗手间'은 2성-반3성-1성으로 읽는다. '洗手间'의 '手'와 '办公室'의 '室' 권설음 발음에 주의하자.

어휘 ☆ 洗手间 xǐshǒujiān 圀 화장실 | ☆ 办公室 bàngōngshì 圀 사무실 | ★ 对面 duìmiàn 圀 건너편

5. 在 + 장소 + 행위: ~에서 ~하다 · 认识朋友: 친구를 알다

● track 861

我 在网上 认识 了 / 很多朋友。
주어 + 부사어 + 술어 + 了　　관형어+목적어
나는 인터넷에서 많은 친구를 알게 되었다.

크게 주어+술어를 같이 읽은 뒤 목적어를 읽는다. 동태조사 '了'는 술어와 관련 있고 관형어 '很多'는 목적어와 관련 있으므로, '了'와 '很多' 사이에서 끊어 읽는다. 이 문장의 핵심 내용은 '친구를 알게 됐다'는 것으로 '认识'와 '朋友'를 강조해서 읽는다.

〔어휘〕 网上 wǎngshàng 명 인터넷

---

6. 空气清新: 공기가 신선하다

● track 862

清晨的院子里 / 空气很清新。
관형어+的+관형어　　주어+부사어+술어
새벽녘 정원의 공기는 신선하다.

이 문장은 형용사술어문으로, 주어를 수식하는 관형어가 길기 때문에 관형어까지 읽은 후 나머지 부분을 읽는다. 또한 문장의 핵심인 '空气'와 '清新'을 강조하여 읽는다.

〔어휘〕 清晨 qīngchén 명 새벽녘 | 院子 yuànzi 명 정원 | ★ 空气 kōngqì 명 공기 | 清新 qīngxīn 형 신선하다

---

7. 吃饱: 배불리 먹다 · 慢慢吃: 천천히 먹다

● track 863

我 吃 饱 了, / 你们 慢慢 吃 吧。
주어+술어+보어+了　　주어 + 부사어+술어+吧
나는 배불리 먹었어, 너희 천천히 먹어.

두 절을 쉼표로 연결한 문장으로, 쉼표를 기준으로 끊어 읽는다. 혀를 말아 혀끝을 잇몸의 뒤쪽에 대고 내는 소리인 '吃 chī' 권설음 발음에 주의하자.

〔어휘〕 ☆ 饱 bǎo 형 배부르다

---

8. 出现情况: 상황이 나타나다

● track 864

最近 / 国内外 出现了 / 一些新情况。
부사어　　주어 + 술어+了　　관형어+목적어
최근 국내외에 새로운 상황들이 나타났다.

부사어는 일반적으로 주어 뒤에 위치하지만, 시간을 나타내는 부사어를 강조할 때는 주어 앞에 위치하기도 한다. 따라서 부사어 '最近'과 문장의 핵심인 '出现', '新情况'을 강조해서 읽는다.

〔어휘〕 ☆ 最近 zuìjìn 명 최근 | 国内外 guónèiwài 국내외 | ★ 出现 chūxiàn 동 나타나다 | ★ 情况 qíngkuàng 명 상황

---

9. A有B: A에 B가 있다 (A: 장소·B: 사물)

● track 865

桌子上 / 有 个 照相机。
주어　　술어+관형어 + 목적어
탁자 위에 카메라가 있다.

존재를 나타내는 '有'자문으로, 주어까지 읽은 후 그 뒤를 읽는다. 또한 '有'자문은 일반적으로 주어와 목적어를 강조하여 읽는 경우가 많다.

〔어휘〕 ☆ 照相机 zhàoxiàngjī 카메라

---

10. A不是B: A는 B가 아니다 (A: 지시대사·B: 설명)

● track 866

这 不 是 / 我第一次来中国。
주어+부사어+술어　　목적어
이번이 내가 중국에 처음 온 것이 아니다.

'A是B' 구문의 부정형으로, 주어 '这'는 짧기 때문에, '这不是'를 한꺼번에 읽고 목적어를 그 뒤에 읽는다. 이때 '是'가 4성이므로, '不'는 2성으로 바뀐다. 또한 '第一'는 서수를 나타내므로, 뒷글자의 성조에 관계없이 '一'를 1성 그대로 읽어야 한다.

11.

| 연상 어휘 떠올리기 | • 负责任务 임무를 맡다
• 完成工作 일을 마치다
• 帮我 나를 도와주다 |

| 어휘 확장하기 | • 负责重要的任务 중요한 임무를 맡다
• 成功地完成工作 성공적으로 일을 마치다
• 一有时间就会来帮我 시간이 날 때마다 나를 도와준다 |

| 논리적으로 구성하기 | 我工作的部门最近正在负责一个很重要的任务
내가 근무하는 부서에서는 요즘 중요한 임무를 맡고 있다
→ 我的前辈一有时间就会来帮我 선배가 시간이 날 때마다 나를 도와주시곤 한다
→ 我们部门成功地完成了这次的工作 우리 부서는 성공적으로 이번 일을 마쳤다 |

모범 답안 ● track 867

我 工作 的 部门 / 最近 正在 / 负责 一 个① 很 重要
Wǒ gōngzuò de bùmén zuìjìn zhèngzài fùzé yí ge hěn zhòngyào

的 任务，因为① / 我 / 刚 进 公司，很 多 地方 / 都 还 不 太②
de rènwu, yīnwèi wǒ gāng jìn gōngsī, hěn duō dìfang dōu hái bú tài

熟悉，所以①③ / 最近 几 天 / 我 的 前辈 / 一 有① 时间 / 就 会 来
shúxī, suǒyǐ zuìjìn jǐ tiān wǒ de qiánbèi yì yǒu shíjiān jiù huì lái

帮 我。虽然 / 我 第一① 次 / 见到 他 时，觉得 / 他 很 严厉④
bāng wǒ. Suīrán wǒ dì-yī cì jiàndào tā shí, juéde tā hěn yánlì

有点儿Ⓛ③ 怕 他，可 在 他 帮助 我 的 / 过程 中，我 感到③
yǒudiǎnr pà tā, kě zài tā bāngzhù wǒ de guòchéng zhōng, wǒ gǎndào

他 是 / 一 个① "外冷内热Ⓒ" 的 人。几 天 后，我们 部门 /
tā shì yí ge "wàilěngnèirè" de rén. Jǐ tiān hòu, wǒmen bùmén

成功 地 / 完成了 这次 的 工作，大家 / 一起 聚餐 时，我 /
chénggōng de wánchéngle zhècì de gōngzuò, dàjiā yìqǐ jùcān shí, wǒ

向 这 位 前辈 / 表示了 感谢。他 / 告诉 我，因为 / 我 很
xiàng zhè wèi qiánbèi biǎoshìle gǎnxiè. Tā gàosu wǒ, yīnwèi wǒ hěn

努力③，所以③ / 他 愿意 / 教 我，他 / 很 高兴 / 能 成为
nǔlì, suǒyǐ tā yuànyì jiāo wǒ, tā hěn gāoxìng néng chéngwéi

我 的 同事。
wǒ de tóngshì.

해석 내가 근무하는 부서에서는 요즘 중요한 임무를 맡고 있다. 나는 막 회사에 입사해 아직 잘 모르는 부분이 많아서, 최근 며칠 선배가 시간이 날 때마다 나를 도와주시곤 한다. 비록 내가 선배(그)를 처음 만났을 때는 선배(그)가 엄격하다고 생각해서 (그를) 좀 무서워했지만, 그가 나를 도와주는 과정에서 나는 그가 '츤데레'라고 느꼈다. 며칠 후 우리 부서는 성공적으로 이번 일을 마쳤고, 다같이 회식할 때 나는 선배님께 감사를 표했다. 그는 내가 열심히 했기 때문에 달갑게 나를 가르친 것이라면서, 나의 동료가 될 수 있어서 기쁘다고 나에게 말해 주셨다.

어휘 ★部门 bùmén 몡 부서 | ☆最近 zuìjìn 요즘 | 负责 fùzé 동 책임을 지다 | ☆重要 zhòngyào 톙 중요하다 | ★任务 rènwu 몡 임무 | ★刚 gāng 믠 막 | ☆地方 dìfang 몡 부분 |

표현 tip

㉠ 因为A，所以B A하기 때문에 그래서 B하다
인과 관계를 나타내는 접속사로, '因为' 대신 '由于'를 써도 같은 의미이다

㉡ 有点儿 좀 하다
뒤에 부정적인 어휘의 형용사나 심리 활동 동사가 들어간다

㉢ 外冷内热 츤데레, 외강내유
직역하면 '겉은 차갑고 안은 뜨겁다'라는 뜻으로, 의역하면 외강내유, 흔히 쓰는 표현으로는 '츤데레'라는 의미이다

발음 tip

① '一'는 1, 2, 3성 단어 앞에서는 4성이 되고 4성 단어 앞에서는 2성이 되지만, 서수를 나타낼 때는 1성을 그대로 유지한다

② '不'는 4성인 단어이지만, 4성으로 시작하는 단어 앞에 있을 때는 2성으로 바뀐다

③ '所以' 같이 3성으로만 이루어진 단어는 앞글자를 2성으로 발음하며, 마찬가지로 '我很努力' 같은 문장도 '我很'은 2성으로 읽어야 한다

④ '很严厉'를 읽을 때는 '很'을 반3성으로 읽어 주는 것이 훨씬 좋다

★熟悉 shúxī 图 충분히 알다 | 前辈 qiánbèi 명 선배 | 严厉 yánlì 혱 임격하다 | 怕 pà 图 무서워하다 | ☆过程 guòchéng 명 과정 | 感到 gǎndào 图 느끼다 | 外冷内热 wàilěngnèirè 츤데레 | ★成功 chénggōng 图 성공하다 | ☆地 de 조 ~하게 [*부사어+地+술어] | ☆完成 wánchéng 图 완성하다 | 聚餐 jùcān 图 회식하다 | ☆向 xiàng 개 ~에게 [*向A表示感谢: A에게 감사를 표하다] | ☆位 wèi 양 분 [공경의 뜻을 내포함] | ★表示 biǎoshì 图 표시하다 | 感谢 gǎnxiè 명 감사 | 努力 nǔlì 图 열심히 하다 | ☆愿意 yuànyì 조동 ~하길 원하다 | ☆教 jiāo 图 가르치다 | ★成为 chéngwéi 图 ~이 되다

12.

내용 구상하기

연상 어휘 떠올리기
- 拍照 사진을 찍다
- 上传照片 사진을 업로드하다(올리다)
- 分享照片 사진을 공유하다

어휘 확장하기
- 用拍照的方式记录生活 사진을 찍는 방식으로 삶을 기록하다
- 上传美食的照片 맛있는 음식 사진을 올리다
- 在社交网站上分享照片 SNS에 사진을 공유하다

논리적으로 구성하기
我的一个好朋友经常在社交网站上分享照片 내 친한 친구는 늘 SNS에 사진을 공유한다
→ 她喜欢用拍照的方式记录生活 그녀는 사진을 찍는 방식으로 생활을 기록하기를 좋아한다
→ 经常上传一些美食的照片 맛있는 음식 사진을 자주 올리곤 한다

모범 답안 ● track 868

我 的① 一个② 好 朋友① / 经常 在 社交 网站① 上
Wǒ de yí ge hǎo péngyou jīngcháng zài shèjiāo wǎngzhàn shang

分享 照片, 她 喜欢① 用③ 拍照 的 方式⑤ / 记录 生活。
fēnxiǎng zhàopiàn, tā xǐhuan yòng pāizhào de fāngshì jìlù shēnghuó.

最近 / 她 / 迷上了 做菜, 所以③ / 会 经常 上传 / 一些
Zuìjìn tā míshàngle zuòcài, suǒyǐ huì jīngcháng shàngchuán yìxiē

美食① 的 照片。 她 / 今天还 邀请 我 / 去 品尝① 自己 新
měishí de zhàopiàn. Tā jīntiān hái yāoqǐng wǒ qù pǐncháng zìjǐ xīn

学 的 一道② 菜。然而, 她 / 把 菜① / 端上来 后, 竟然 说 /
xué de yí dào cài. Rán'ér, tā bǎ cài duānshànglai hòu, jìngrán shuō

要 先 拍儿 张① 照片 / 才 能 吃, 我 / 虽然 已经⑥① 很 饿
yào xiān pāi jǐ zhāng zhàopiàn cái néng chī, wǒ suīrán yǐjīng hěn è

了⑥, 但 / 还是 忍到 她 拍完, 朋友 / 看 我 饿 的 样子 / 也
le, dàn háishi rěndào tā pāiwán, péngyou kàn wǒ è de yàngzi yě

觉得① 很 不好意思①, 所以③ / 特意⑥ 为我 / 做了 她 最 拿手
juéde hěn bùhǎoyìsi, suǒyǐ tèyì wèi wǒ zuòle tā zuì náshǒu

的 炒饭。我 吃① 得 / 非常 开心, 和 朋友 / 一边⑫ 吃 / 一边⑫
de chǎofàn. Wǒ chī de fēicháng kāixīn, hé péngyou yìbiān chī yìbiān

聊, 我们① / 就 这样 度过了 / 一个② 美好③ 的 下午。
liáo, wǒmen jiù zhèyàng dùguòle yí ge měihǎo de xiàwǔ.

해석 내 친한 친구는 늘 SNS에 사진을 공유하는데, 그녀는 사진을 찍는 방식으로 생활을 기록하기를 좋아한다. 요즘 그녀는 요리하는 것에 푹 빠져서 맛있는 음식 사진을 자주 올리곤 한다. 그녀는

표현 tip

㉠ 用A的方式B A의 방식으로 B하다
'用'을 활용한 고정격식으로 그림을 그대로 묘사할 수 있다

㉡ 已经A了 이미 A했다
A라는 상태나 동작이 이미 진행된 것을 의미한다

㉢ 特意 특별히
'일부러'라는 뜻을 가지고 있으며 '특별히'라는 어감까지 가지고 있는 어휘이다

㉣ 一边A一边B A하면서 B하다
동시 동작을 나타내는 접속사로, 친구와의 식사 자리에서 일어날 수 있는 상황을 묘사할 수 있다

발음 tip

① 3성인 글자가 1·2·4·경성인 글자 앞에 위치할 때 반3성으로 읽는 경우가 많다

② '一'는 4성으로 시작하는 단어 앞에서 성조가 2성으로 변하며, 양사 '个'는 경성이지만 본래

오늘 나를 초대해서 새로 배운 요리 하나를 맛보게 했다. 그런데 음식을 들고 와서 뜻밖에도 사진을 몇 장 찍어야 먹을 수 있다고 했다. 나는 비록 이미 배가 고팠지만 그녀가 사진을 다 찍을 때까지 참았고, 친구는 내가 배가 고픈 모습을 보고 미안해서, 특별히 나를 위해 그녀가 가장 잘하는 볶음밥을 만들어 주었다. 나는 매우 즐겁게 먹었고, 친구와 먹으면서 이야기도 나누며 우리는 이렇게 행복한 오후를 보냈다.

성조가 4성이기 때문에 그 앞에 '一'는 2성이 된다

③ 단어나 구절의 성조가 3성이 2개 이상 연속될 때, 맨 마지막 글자의 성조만 3성을 지키고 그 앞의 글자는 2성으로 읽는다

어휘 ☆ 经常 jīngcháng 분 늘 | 社交网站 shèjiāo wǎngzhàn SNS | 分享 fēnxiǎng 동 공유하다 | ☆ 照片 zhàopiàn 명 사진 | ☆ 用 yòng 개 ~으로 | 拍照 pāizhào 동 사진을 찍다 | ★ 方式 fāngshì 명 방식 | ☆ 记录 jìlù 동 기록하다 | ★ 生活 shēnghuó 명 생활 | ☆ 最近 zuìjìn 명 요즘 | 迷 mí 동 빠지다 | 上传 shàngchuán 동 업로드하다 | 美食 měishí 명 맛있는 음식 | 邀请 yāoqǐng 동 초대하다 | 品尝 pǐncháng 동 맛보다 | ☆ 自己 zìjǐ 자신 | 道 dào 양 요리를 세는 단위 | 然而 rán'ér 접 그런데 | ☆ 把 bǎ 개 ~를 [*주어+把+목적어+술어+기타성분] | 端 duān 동 두 손으로 들어 나르다 | ★ 竟然 jìngrán 분 뜻밖에도 | ★ 先 xiān 분 먼저 | 拍 pāi 동 찍다 | ☆ 张 zhāng 양 장 [종이·가죽 등을 세는 단위] | 才 cái 분 비로소 | 饿 è 형 배고프다 | 还是 háishì 분 그래도 | 忍 rěn 동 참다 | ★ 样子 yàngzi 명 모습 | 不好意思 bùhǎoyìsi 미안하다 | 特意 tèyì 분 특별히 | ☆ 为 wèi 개 ~을 위해 | 拿手 náshǒu 형 자신 있다 | 炒饭 chǎofàn 명 볶음밥 | ☆ 开心 kāixīn 형 즐겁다 | ☆ 一边 yìbiān 접 한편으로 ~하면서 [*一边A一边B: A하면서 B하다] | 聊 liáo 동 이야기하다 | ★ 度过 dùguò 동 보내다 | 美好 měihǎo 형 행복하다

Jìnrù yí ge xīn de gōngzuò huánjìng hòu, nǐ huì wèi shìyìng xīn gōngsī zuò xiē shénme?

13. 进入 一 个 新 的 工作 环境 后，你 会 为 适应 新公司 做 些 什么?

새로운 업무 환경에 들어간 후, 당신은 새로운 회사에 적응하기 위해 무엇을 할 것입니까?

내용 구상하기

도입	'首先A，其次B，再次C'를 활용하여 어떻게 행동할 지 답변을 나열한다.	刚到一个新的环境后，我首先会保持积极的态度去工作，因为第一印象十分重要。其次，会在不影响自己工作的情况下，尽可能地配合上司和同事交给我的任务。再次，如果可以的话，我会比其他同事更早一些到公司开始一天的工作。
전개 & 마무리	'最重要的是'를 이용하여 가장 중요하다고 생각하는 것을 이야기한다.	最重要的是，不会勉强自己无条件的配合，如果做不到的话，我会合理地表达自己的想法。我不想给人留下"开始很认真，后来就不一样了"的印象。

모범 답안 ● track 869

刚 到 一 个① / 新 的 环境 后，我 / 首先⑦ 会 保持② /
Gāng dào yí ge xīn de huánjìng hòu, wǒ shǒuxiān huì bǎochí

积极 的 态度 / 去ⓛ 工作，因为 / 第一① 印象 / 十分 重要。
jījí de tàidu qù gōngzuò, yīnwèi dì-yī yìnxiàng shífēn zhòngyào.

其次⑦，会 在ⓒ 不 影响③ / 自己 工作 的 情况 下ⓒ，尽
Qícì, huì zài bù yǐngxiǎng zìjǐ gōngzuò de qíngkuàng xià, jǐn

可能② 地 / 配合 上司 / 和 同事 / 交给 我③ 的 任务。再次⑦，
kěnéng de pèihé shàngsi hé tóngshì jiāogěi wǒ de rènwu. Zàicì,

如果 / 可以③ 的 话，我 会② / 比 其他② 同事 / 更 早 一些② /
rúguǒ kěyǐ de huà, wǒ huì bǐ qítā tóngshì gèng zǎo yìxiē

到 公司 开始 / 一 天① 的 工作。最 重要 的 是ⓔ，不 会④
dào gōngsī kāishǐ yì tiān de gōngzuò. Zuì zhòngyàode shì, bú huì

勉强③ / 自己 无条件 的 配合，如果 / 做不到⑤ 的话，我 会②
miǎnqiáng zìjǐ wútiáojiàn de pèihé, rúguǒ zuòbudào dehuà, wǒ huì

표현 tip

⑦ 首先A，其次B，再次C
먼저 A하고 둘째로는 B하고 그 다음 C하다
질문에서 무엇을 할지 물었으므로, 나열을 나타내는 표현으로 대답을 할 수 있다

ⓛ 去 ~해 보다
기본적으로 '가다'라는 뜻이지만 다른 동사 앞에 사용하여 어떤 일을 하겠다는 어기를 나타내기도 한다

ⓒ 在A下 A하에
일정한 범위·장소·조건 등에 속함을 나타낼 때 사용하며, A에는 '情况(상황)', '帮助(도움)' 등이 자주 들어간다

合理 地② / 表达② 自己 的② 想法。我 不② 想 / 给 人② / 留下 /
hélǐ de biǎodá zìjǐ de xiǎngfa. Wǒ bù xiǎng gěi rén liúxià

"开始 / 很 认真②，后来 / 就 不 一样 了"的 印象。
"kāishǐ hěn rènzhēn, hòulái jiù bù yíyàng le" de yìnxiàng.

해석 새로운 환경에 막 들어간 후, 저는 우선 적극적인 태도를 유지하며 일할 것입니다. 첫인상
이 중요하기 때문입니다. 두 번째로 자신의 업무에 영향을 미치지 않는 상황에서 상사와 동료가 내
게 맡긴 임무를 가능한 한 협조할 것입니다. 그 다음, 만약 가능하다면 저는 다른 동료들보다 조금 더
일찍 회사에 도착해서 하루 업무를 시작할 것입니다. 가장 중요한 것은 억지로 무조건 협조하지는
않을 것이며, 만약 그게 안 되면 저의 생각을 합리적으로 표현할 것입니다. 저는 사람들에게 '처음엔
성실했지만 나중엔 달라졌다'는 인상을 주고 싶지 않습니다.

어휘 **进入** jìnrù 图 들어가다 | ☆**环境** huánjìng 圐 환경 | ☆ **为** wèi 꿰 ~을 위해 | ★**适应**
shìyìng 图 적응하다 | ★ **刚** gāng 囝 막 | ★**首先** shǒuxiān 囝 우선 [*首先A, 其次B, 再次C: 우선 A하
고, 둘째는 B하고 다음은 C하다] | ★ **保持** bǎochí 图 (좋은 상태를) 유지하다 | ★**积极** jījí 圐 적극적이다
| ★**态度** tàidu 圐 태도 | ★**印象** yìnxiàng 圐 인상 [*第一印象: 첫인상] | ★**十分** shífēn 囝 매우 |
☆**重要** zhòngyào 圐 중요하다 | ★ **其次** qícì 圐 두 번째 | ★**影响** yǐngxiǎng 图 영향을 주다 |
☆**自己** zìjǐ 団 자신 | ☆ **情况** qíngkuàng 圐 상황 | **尽可能** jìnkěnéng 圐 가능한 한 | ☆**地** de 图 ~
하게 [*부사어+地+술어] | ★**配合** pèihé 图 협조하다 | **上司** shàngsi 圐 상사 | ★ **交** jiāo 图 맡기다 |
★**任务** rènwu 圐 임무 | **再次** zàicì 囝 그 다음 | ☆**如果** rúguǒ 젭 만약 [*如果A的话: 만약 A라면] |
☆**其他** qítā 団 그 외 | ★ **更** gèng 囝 더 | **勉强** miǎnqiáng 圐 강요하다 | **无条件** wútiáojiàn 圐 무
조건의 | ★**条件** tiáojiàn 圐 조건 | ★ **合理** hélǐ 圐 합리적이다 | ★**表达** biǎodá 图 표현하다 | **想法**
xiǎngfa 圐 방법 | ★ **留** liú 图 남기다 [*给A留下B: A에게 B를 남기다] | ★**认真** rènzhēn 圐 성실하다 |
☆**后来** hòulái 囝 그 뒤에 | ☆**一样** yíyàng 圐 똑같다

뤼 最重要的是 가장 중요한
것은 ~이다

목적어에 화자가 하고자 하는 말
의 핵심이 들어간다

발음 tip

① '一'는 1, 2, 3성 글자 앞에서
는 4성으로, 4성 글자 앞에서는
2성으로 읽는다. 양사 '个'는 경
성이지만 원래 성조는 4성이므
로 '一个'의 '一'는 2성으로 읽는
다. 또한 서수를 나타낼 때 '一'는
1성을 그대로 유지한다

② 3성-1·2·4·경성의 경우 앞
글자를 반3성으로 읽는다

③ 3성이 2개 이상 있는 부분은
앞에는 2성, 맨 마지막 글자만 3
성으로 발음한다

④ 4성으로 된 글자인 '会' 앞에
'不'가 있기 때문에 '不'의 성조는
2성으로 바뀐다

⑤ '做不到'는 술어와 가능 보어
의 부정형으로, 이때 '不'는 뒷글
자의 영향을 받지 않고 항상 경
성으로 발음한다

Zài nǐ de xuésheng shíqī, yǒu méi yǒu yùdàoguo "hǎo lǎoshī"? Nǐ rènwéi shénmeyàng de
14. 在你的 学生 时期，有 没 有 遇到过"好 老师"？你 认为 什么样 的
lǎoshī kěyǐ bèi chēngwéi "hǎo lǎoshī"?
老师 可以 被 称为 "好 老师"？
학창 시절 좋은 선생님을 만난 적이 있나요? 당신은 어떤 선생님을 '좋은 선생님'이라고 부를 수 있다고 생각하나요?

내용 구상하기

도입	첫 번째 질문에 대해 대답한다	在我的学生时期，遇到过很多好老师。他们出现在我学生时期的不同阶段，对我的教育也是终身难忘的。
전개	두 번째 질문에 답변한다.	我认为，能被学生称为"好老师"的老师应该是理解学生，并且耐心对待每一个学生的老师。理解学生的老师更容易与学生们沟通，耐心地倾听学生话是很重要的。
마무리	두 번째 답변에 대한 이유를 간략히 설명한다.	学生时期的"好老师"其实会影响这些学生的一生，他们的一言一行对学生来说起到的作用比想象中的要大得多。

在[⊙] 我 的^① 学生 时期^{①②}，遇到过 很 多 / 好 老师^③。
Zài wǒ de xuésheng shíqī, yùdàoguo hěn duō hǎo lǎoshī.

他们 出现 在 / 我 学生^① 时期^② 的 / 不同 阶段，对 我 的
Tāmen chūxiàn zài wǒ xuésheng shíqī de bùtóng jiēduàn, duì wǒ de

教育 / 也 是 终身 难忘 的。我 认为[Ⓛ]，能 被 学生 /
jiàoyù yě shì zhōngshēn nánwàng de. Wǒ rènwéi, néng bèi xuésheng

称为^② "好 老师^③" 的 老师^② / 应该[Ⓒ] 是 理解 学生^④，并且 /
chēngwéi "hǎo lǎoshī" de lǎoshī yīnggāi shì lǐjiě xuésheng, bìngqiě

耐心 对待 / 每 一 个^⑤ 学生 的 老师。理解 学生^④ 的 老师 /
nàixīn duìdài měi yí ge xuésheng de lǎoshī. Lǐjiě xuésheng de lǎoshī

更 容易^② / 与 学生们^① 沟通，耐心 地 / 倾听 学生 话
gèng róngyì yǔ xuéshengmen gōutōng, nàixīn de qīngtīng xuésheng huà

是 很 重要 的。学生 时期^② 的 / "好 老师^③" / 其实 会
shì hěn zhòngyào de. Xuésheng shíqī de "hǎo lǎoshī" qíshí huì

影响^③ 这些 学生 的 / 一生，他们 的 一言一行 对[Ⓔ] 学生
yǐngxiǎng zhèxiē xuésheng de yìshēng, tāmen de yìyányìxíng duì xuésheng

来说[Ⓔ] / 起到 的 作用 / 比 想象^① 中 的 / 要 大 得 多。
láishuō qǐdào de zuòyòng bǐ xiǎngxiàng zhōng de yào dà de duō.

해석 저는 학창 시절 많은 좋은 선생님을 만났습니다. (그들은) 제 학창 시절의 다른 학년(단계)에서 나타나셨고, 저에 대한 가르침도 평생 잊을 수 없습니다. 저는 학생들에게 '좋은 선생님'으로 불릴 수 있는 선생님이란, 반드시 학생을 이해하고 모든 학생들을 인내심 있게 대하는 선생님이라고 생각합니다. 학생을 이해하는 선생님은 학생들과 더 쉽게 소통할 수 있으며, 인내심 있게 학생의 말을 경청하는 것이 중요합니다. 학창 시절의 '좋은 선생님'은 사실 이 학생들의 일생에 영향을 줄 수 있으며, 그들의 사소한 말과 행동이 학생들에게 미치는 영향은 생각보다 훨씬 큽니다.

어휘 ★ 时期 shíqī 몡 시절 | ☆ 遇到 yùdào 동 마주치다 | ☆ 认为 rènwéi 동 ~라고 생각하다 | 什么样 shénmeyàng 데 어떤 | ☆ 被 bèi 개 ~에게 ~를 당하다 [*주어+被+목적어+술어+기타성분] | 称为 chēngwéi ~라고 부르다 [*被称为: ~라고 불리다] | ★ 出现 chūxiàn 동 나타나다 | ★ 阶段 jiēduàn 몡 단계 [여기서는 '학년'으로 쓰임] | ★ 教育 jiàoyù 몡 교육 | 终身 zhōngshēn 몡 평생 | 难忘 nánwàng 톙 잊을 수 없다 | ☆ 应该 yīnggāi 조동 마땅히 ~해야 한다 | ★ 理解 lǐjiě 동 이해하다 | ★ 并且 bìngqiě 젭 그리고 | 耐心 nàixīn 몡 인내심 | ★ 对待 duìdài 대하다 | ☆ 更 gèng 더 | 容易 róngyì 톙 쉽다 | 与 yǔ 개 ~과 | 沟通 gōutōng 동 소통하다 | 地 de 조 ~하게 [*부사어+地+술어] | 倾听 qīngtīng 동 경청하다 | 重要 zhòngyào 톙 중요하다 | ☆ 其实 qíshí 사실 | ☆ 影响 yǐngxiǎng 영향을 주다 | 一生 yìshēng 몡 일생 | 一言一行 yìyányìxíng 졍 사소한 말과 행동 | 来说 láishuō ~으로 말하자면 [*对A来说: A에게 있어서] | ★ 作用 zuòyòng 몡 역할 [*起到作用: 역할을 미치다] | ★ 想象 xiǎngxiàng 동 상상하다

⊙ 在A时期 A 시기에
A라는 시기에는 어떠했는지 표현할 때 쓸 수 있다

Ⓛ 我认为 나는 ~라고 생각한다
첫 문장이나 맨 마지막 문장에 가장 많이 쓰이지만 중간에도 종종 쓰이는 표현이니, 반드시 암기하자

Ⓒ 应该 마땅히 ~해야 한다
당위를 나타내는 조동사로, 화자가 생각하는 좋은 선생님의 조건을 이야기하고 있다

Ⓔ 对A来说 A에게 있어서
A의 입장에서 말하는 표현으로, 자주 쓰는 표현이니 반드시 기억해야 한다

발음 tip

① 3성-1·2·4·경성으로 이루어진 부분은 반3성-1·2·4·경성으로 읽는다

② '时期'의 '时'와 같은 권설음 [zh·ch·sh·r]은 혀를 말고 있는 상태에서 혀끝을 윗잇몸 뒤쪽에 대고 소리를 낸다

③ 3성이 연속하는 부분을 읽을 때, 마지막 글자만 본래 성조를 지키고 앞의 글자는 2성으로 발음한다

④ ①번과 ③번을 종합해보면 '理解学生'은 2성-반3성-2성-경성으로 읽는다는 것을 알 수 있다

⑤ 양사 '个'는 경성이지만 원래 성조는 4성으로, 그 앞의 '一'는 2성이 되고, '一' 앞에 '每'는 3성이기 때문에 '每一个'는 반3성-2성-경성으로 읽는다